叶圣陶年谱长编

第一卷　1894 — 1935

第二卷　1936 — 1949

第三卷　1950 — 1965

第四卷　1966 — 1988

“十五”国家重点图书出版规划项目

国家教育部重点图书选题规划项目

叶圣陶年谱长编

第二卷

商金林 撰著

人民教育出版社

图书在版编目（CIP）数据

叶圣陶年谱长编. 第二卷／商金林撰著. —北京：人民教育出版社，2004
ISBN 978-7-107-18025-5

Ⅰ. 叶…　Ⅱ. 商…　Ⅲ. 叶圣陶(1894—1988)—年谱　Ⅳ. K825. 46

中国版本图书馆 CIP 数据核字(2004)第 095726 号

叶圣陶年谱长编　第二卷

出版发行　人民教育出版社
（北京市海淀区中关村南大街 17 号院 1 号楼　邮编：100081）
网　址　http://www. pep. com. cn
经　销　全国新华书店
印　刷　山东德州新华印务有限责任公司
版　次　2004 年 10 月第 1 版
印　次　2018 年 3 月第 3 次印刷
开　本　890 毫米×1240 毫米　1/32
印　张　18
插　页　6
字　数　460 千字
定　价　54. 50 元

叶圣陶铜像

1939 年四川乐山被炸后叶圣陶全家合影

1942 年叶圣陶全家在成都农舍院子里合影

1943 年 11 月 15 日中华文艺界抗敌协会暨成都文艺工作者为叶圣陶（前排左四）祝寿

1945 年 10 月 19 日鲁迅逝世九周年纪念会留影（从左至右依次为叶圣陶、冯雪峰、老舍、周恩来、冯玉祥、郭沫若、邵力子、柳亚子、胡风）

1946年6月23日叶圣陶与许广平、周建人等到上海火车站欢送马叙伦等十位代表为反对内战到南京请愿

1949 年 2 月 23 日叶圣陶与夫人胡墨林在香港达德学院合影

1949 年 2 月叶圣陶与曹禺、郑振铎等在香港合影

1949年2月奔赴解放区的部分民主人士在华中轮上合影（三排右二为叶圣陶）

1949年3月8日叶圣陶在解放区演讲

1949 年 9 月全国政协第一届全体会议教育组合影（二排左一为叶圣陶）

1949 年 10 月 1 日华北人民政府教育部教科书编审委员会全体工作人员合影

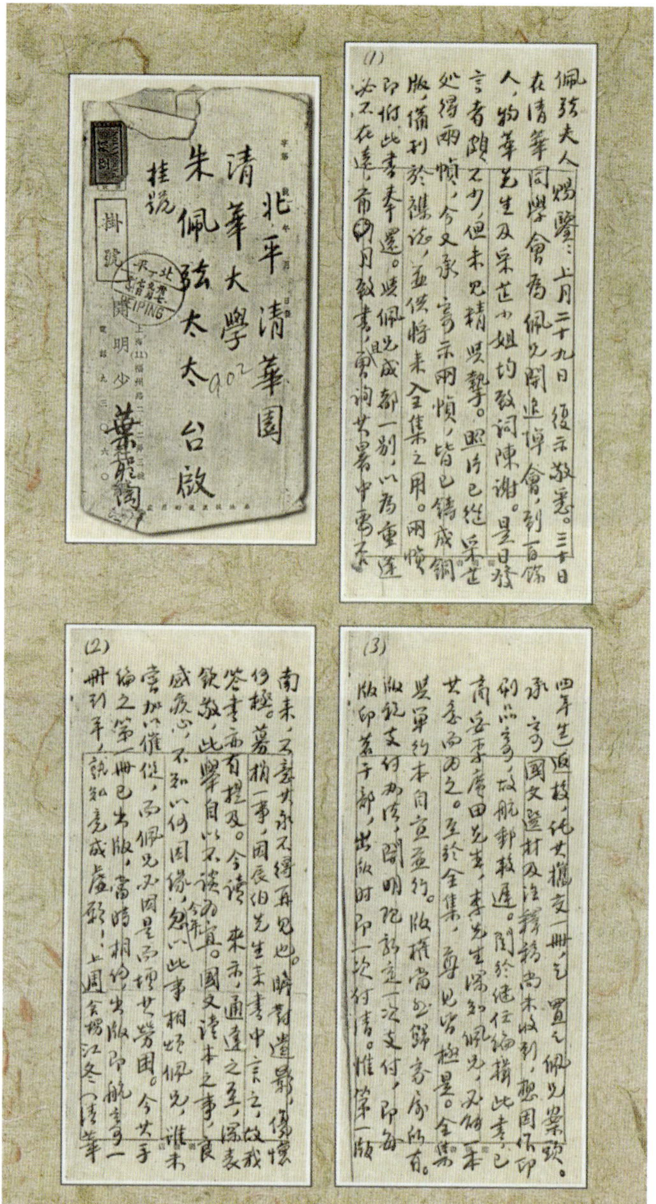
北平清華園
清華大學
朱佩弦太太 台啟
掛號
葉聖陶

(1)
佩弦夫人賜鑒：上月二十九日復示敬悉。三十日在清華同學會為佩兄開追悼會，到百餘人，朔華先生及采芷小姐均致詞陳謝。是日發言者頗不少，但未見精要熱摯。照片已從采芷處得兩幀，今又承寄示兩幀，皆已鑄成銅版，備刊於雜誌，並供將來全集之用。兩幀即附此書奉還。曩佩兄成都一別，以為重逢必不在遠，前月致書，且曾詢其暑中當不

(2)
南來，不意其永不得再見也。晤對遺影，傷懷何極。募捐一事，因展伯先生來書中言之，故我答書亦有提及。今讀來示，通達之至，深表欽敬，此舉自以不談為宜。國文讀本之事，良感歉心，不知以何因緣，忽以此事相煩佩兄，雖未嘗加以催促，而佩兄亦因是而增其勞困。今其手編之第一冊已出版，當時相約出版印成寄一冊到手，詎知竟成虛願！上週會晤江冬（清華

(3)
四年生返校，托其攜交一冊，已置之佩兄案頭。承示國文選材及注釋稿尚未收到，想因作印刷品寄，故航郵較遲。關於繼任編撰此書，已商妥李廣田先生，李先生深知佩兄，又能一本其意而為之。至於全集，尊見皆極是。全集與單行本自宜並行。版稅當照歸寄府所有。版稅支付辦法，開明擬訂定一次支付，即每版印若干部，出版時即一次付清。惟第一版

叶圣陶手迹

出版说明

叶圣陶先生是我国现代著名的文学家、教育家、编辑出版家和社会活动家，他为我国现代教育、现代文学和现代出版事业都作出了重大贡献，是现代中国文化教育的一代宗师。

圣陶先生是新中国教材和教育图书编辑出版发行事业的卓越领导人。他以中央出版总署副署长和教育部副部长的身份，长期担任人民教育出版社社长和总编辑，为人教版教材和教育图书编辑出版工作倾注了毕生的心血。

我社曾在社内圣陶先生工作过的地方树立了圣陶先生的铜像，以激励广大干部职工学习圣陶先生为教材编辑出版事业呕心沥血的献身精神。我社还隆重推出了《叶圣陶教育文集》（全五卷）和《叶圣陶画传》，先后荣获全国教育图书奖、国家图书奖等多种奖项，为人们研究和学习圣陶先生的教育事迹和教育思想，特别是教材编辑思想提供了重要文献。

为了深切缅怀圣陶先生的丰功伟绩，继承圣陶先生的思想财富，在圣陶先生诞辰110周年、人民教育出版社成立55周年之际，我们特约叶圣陶研究会副会长、叶圣陶研究专家、北京大学中文系博士生导师商金林教授撰著《叶圣陶年谱长编》（全四卷）。本书业已被国家新闻出版总署列为“十五”国家重点图书出版规划项目和国家教育部重点图书选题规划项目。

人民教育出版社

2004年7月

为了纪念

——《叶圣陶年谱长编》自序

商金林

叶圣陶先生是我国现代著名的作家、教育家、编辑出版家、社会活动家。我对圣陶先生的研究始于 1976 年，是从编写年谱入手的。1981 年至 1982 年，《新文学史料》一连五期刊登了我编写的《叶圣陶年谱》，内容自 1894 年始，至 1949 年止，约十一万字。隔了将近五年，1986 年 12 月，江苏教育出版社出版了我编写的《叶圣陶年谱》，内容自 1894 年始，至 1984 年止。当时，圣陶先生还健在，所以那本年谱尚未写完，材料挖掘得也还不够；再加上想把字数压缩在三十六七万字左右，把许多可用的材料都割舍了，因而显得单薄。虽说出版后受到好评，但我心里总觉得没有尽到责任，总想把这项工作继续做下去，就利用撰写《叶圣陶传论》，以及协助叶至善先生编《叶圣陶集》的机会，继续搜集材料，及时地进行修订增补，年复一年，持之以恒。不久前，人民教育出版社吕达先生、刘立德先生和胡兰江女士约我编撰《叶圣陶年谱长编》，由原来的一卷扩充为四卷，为研究者提供更为完整、丰富、翔实的史料，以此纪念新中国教材建设的奠基人、人民教育出版社的创始人、他们的老社长兼总编辑——圣陶先生诞辰 110 周年。这可实现了我的一桩心愿。

这是一部相当真实的年谱。我为此付出的辛苦，难以言述；从中得到的许许多多“发现”的欢欣和喜悦，也非笔墨所能形容。圣陶先生长长的一生奋进的历程，以及他的嘉言懿行，使我渐渐懂得了做人和学习的一些道理，终身受用；圣陶先生在现代文学、教育、编辑出版和社会活动诸多领域做出的业绩，为我的学术研究提供了新的思路。我花这么长的时间编撰年谱，也是对他老人家的一种敬仰，一个纪念。

《新文学史料》上的《叶圣陶年谱》，是经牛汉先生之手发表的，我由衷地感谢他。江苏教育出版社出版的《叶圣陶年谱》，是经叶至诚先生审定的。至诚先生于 1992 年 9 月 23 日去世了，我永远怀念他。这次增订，得到叶至善先生的指教。近三十年来，至善先生一直关爱着我，从他身上我又看到了圣陶先生的精神面貌。

是为序。

2004 年于北大畅春园寓所

凡 例

一、本书包括谱文和附录两部分。谱文是谱主从 1894 年 10 月 28 日（阴历九月三十日）出生至 1988 年 2 月 16 日逝世为止的正谱。谱主逝世后有关他的著作的出版和纪念活动，作为附录排在正谱后面。

二、引用的文字，凡公开发表的一律注明出处；未经发表的注明现存何处；向叶圣陶先生及其亲朋故旧的访问所得均注明访问日期。

三、全部著作一律入谱，按写作时间排列，注明写作日期、体裁、初次刊载处、署名，以及最初收入何集等。谱主公开发表的日记中记载的他写的诗文，有的虽已失存，也将篇名编入年谱。

四、凡记有写作日期的文章，年、月、日注在文章后面；不记写作日期的文章，以发表时间为据，在出版物的后面注明出版日期。

五、本书所列，1911 年以前的日期，为阴历（均括注阳历的月、日）；1912 年后，则概为阳历。阴历以汉字标注，阳历以阿拉伯数字标注。

六、所标的季，以阳历 2 至 4 月（阴历元至三月）为春，阳历 5 至 7 月（阴历四至六月）为夏，阳历 8 至 10 月（阴历七至九月）为秋，阳历 11 月至翌年 1 月（阴历十至十二月）为冬。

七、凡属小说、童话、诗歌、评论、戏剧，均注明体裁，散文一律不注。

八、文章凡署名叶圣陶的一律不注。

九、书中的“日记”，均为叶圣陶日记。

十、书中的《叶圣陶集》，由江苏教育出版社1987年至1994年出版，共25卷，为节省篇幅，出版年月从略。

十一、为了说明谱主生活、工作、著作和翻译的时代背景，在每年的本事前，略记有关国内外政治、经济、文化大事。

十二、谱主的译文、书信、日记、序跋、诗词等，凡能反映或说明其政治见解、思想状况、文艺主张、创作观念、教育理论的，多作扼要的介绍。

目录·提要

所撰小学低年级三、四年级语文教科书《儿童国语读本》出版（8月）。

为开明书店新建之编辑部楼题名“怀夏楼”，以纪念创办人夏丏尊（11月3日）。

决定接受中共中央邀请，与胡墨林绕道香港赴华北或东北解放区（12月）。

至诚秘密赴苏北解放区（12月30日）。

登永生轮秘密离沪（1月7日）。

泊基隆（1月9日）。

抵香港，住九龙德邻公寓；在香港候船北上的五十天里，会文化、教育、出版各界新旧朋友（1月11日至2月27日）。

化装为船员，登挂葡萄牙国旗之苏联货轮离港，同行者有柳亚子、陈叔通、马寅初、郑振铎、曹禺、宋云彬、傅彬然等二十七人（2月28日）。

抵烟台，进入山东解放区（3月5日）。

在石家庄晤杨之华、邓颖超（3月17日）。

到达北平，市长叶剑英等到车站迎接；住六国饭店（3月18日）。

往西郊机场欢迎中共中央迁驻北平（3月25日）。

任华北人民政府教科书编审委员会主任，周建人、胡绳为副主任（4月7日）。

安家于东四二条胡同（4月25日）。

与茅盾、胡愈之等主编之《进步青年》创刊（5月4日）。

出席新政协筹备会，被推为筹备员之一（6月11日）。

出席第一次文代会，被推选为文联全国委员会委员和文协全国委员（7月）。

迁居东四八条胡同（8月28日）。

《中学生》与《进步青年》合并，作文致贺（9月1日）。

出席政治协商会议（9月21日）。

被推选为政协全国委员会委员（9月30日）。

登天安门参加开国大典（10月1日）。

与出版工作会议代表入中南海，见毛泽东于颐年堂（10月18日）。

被任命为出版总署副署长（10月20日）。

作成《中学语文科课程标准（草稿）》（10月）。

1936 年

（中华民国二十五年　丙子）　四十二岁

1 月 21 日　日本外相广田发表“对华三原则”的演讲，公然提出与国民党政府“共同防共”，“取缔排日”，实行中、日、“满”经济合作。

2 月　中国左翼作家联盟宣布解散。

4 月　国民党“冀察政务委员会”与日本秘密签订《华北防共协定》。

10 月 19 日　鲁迅先生在上海逝世，享年 56 岁。

12 月 12 日　张学良、杨虎城扣留到西安督促“剿共”的蒋介石，史称“西安事变”。

*　*　*

1 月 1 日　发表《“穷则变”》，刊《中学生》第六十一号（1936 年 1 月号），署名编者（收入《叶圣陶集》第十二卷）。文章说：“一切都到了‘穷’的地步，那末所谓‘变’应该就要来了。不相信会有‘变’而对一切绝望的，是自暴自弃的弱者。等待‘变’的到来，自己只想凑现成的，是不可为训的庸人。不悲观，不颓丧，昂头挺胸，脚踏实地，去发动去推进那所谓‘变’的，是适应时代的勇士。”

同日　发表《“研究和体验”》，刊《中学生》第六十一号，署名编者（收入《叶圣陶集》第十八卷时题名为《关于〈研究和体验〉特辑》）。文章说：特辑的“执笔者”的“这些叙述没有把学习的复杂而又完整的特性忘掉”，“里面差不多都是亲身尝到的甘苦，这对于鼓励人家指导人家最有实效”。

同日　发表小说《一桶水》，刊《中学生》第六十一号，署名圣陶（收入《四三集》，又收入《叶圣陶集》第四卷）。小说以当年上海推行的“识字运动”为背景，写生活在贫民窟的童工进“识字学校”识了字，宣传防火的常识，还劝告人们“预备一桶水”，以防万一。

同日　发表《二十五史人名索引》广告，刊《中学生》第六十一号，未署名（收入《叶圣陶集》第十八卷）。

同日　发表《速写与随笔》广告，刊《中学生》第六十一号，未署名（收入《叶圣陶集》第十八卷）。

同日　发表《平屋杂文》广告，刊《中学生》第六十一号，未署名（收入《叶圣陶集》第十八卷）。

同日　发表《坛子》（李健吾小说）广告，刊《中学生》第六十一号，未署名（收入《叶圣陶集》第十八卷）。

同日　发表《〈中学生〉第六十一号编辑后记》，刊《中学生》第六十一号，未署名（收入《叶圣陶集》第十八卷）。《编辑后记》介绍黄源翻译的高尔基的《人间》，说：“高尔基在这部书里叙述他少年时代的生活，富有变化，充满奋斗精神。故这部书不但是文艺，也可以作为修养书看。”

同日　发表《路》，刊《文学》月刊第六卷一号，署名圣陶（收入《叶圣陶散文甲集》，又收入《叶圣陶集》第五卷）。文章介绍金焰主演的影片《大路》里的主题歌。

1月4日 王伯祥"写信致圣陶"。(王伯祥日记)

1月10日 开明书店为纪念创业十周年创办的《新少年》半月刊创刊，夏丏尊任社长，叶圣陶、金仲华、徐调孚、贾祖璋为编辑。《新少年》半月刊出版广告："本刊主旨在教少年们'认识社会，欣赏文艺，了解自然。'所载文字除由编者撰述外，并特约国内著名学者撰稿。内容丰富新颖，文字浅显通俗。内有少年阅览室、文章展览、科学与实验、读报指导、新少年座谈等栏，和许多趣味浓厚意义深刻的文艺作品等。都是新时代的少年们应有的智识，极适宜于高小五六年级和初中一二年级的学生阅读，堪称全国少年惟一的良友。"

同日 发表《〈新少年〉发刊辞》，刊《新少年》半月刊创刊号，署名编者（收入《叶圣陶集》第十八卷）。

同日 发表童话《"鸟言兽语"》，刊《新少年》半月刊创刊号，署名圣陶（收入《四三集》，又收入《叶圣陶集》第四卷）。叶圣陶在《英译本〈叶圣陶童话选〉序》中说："写《"鸟言兽语"》是在墨沙里尼发动侵略阿比西尼亚的时候。"墨沙里尼以阿是"野蛮国家"为由，向阿宣战。童话借用麻雀和松鼠的游历，对"文明"和"野蛮"作深入探究。

同日 发表评论《朱自清的〈背影〉》，刊《新少年》半月刊创刊号，署名圣陶（收入《文章例话》，又收入《叶圣陶集》第十卷）。这篇评论说："读一篇文章，如果不明白它的主旨，而只知道一点零零碎碎的事情，那就等于白读。"《背影》的主旨"就是把父亲的背影作为叙述的主脑，从其间传出父亲爱惜儿子的一段深情"。

1月12日 夜抵沪，仍住妹妹家。

同日 发表评论《各省市专科以上校长学生入京》，刊《申报》第二张第八版，署名秉（收入《叶圣陶集》第十卷）。这是叶圣陶为《申报》写的社评。1月15日，交通较便各省及直辖市专科以上校长学生将集会南京，聆悉政府外交方针，陈述维护国家意见，“藉此贯通意志”。社评肯定当局“立意至善”。

1月13日 到开明书店工作。

1月14日 夜与雪村、伯祥、云彬等共赴洗人东方饭店之约，纵饮甚欢。(王伯祥日记)

1月16日 午与丏尊、振铎、伯祥、洗人、晓先、子良聚饮。夜与丏尊、伯祥、晓先、雪山、诵邺、索非饮于马上侯。

1月25日 发表评论《夏丏尊的〈整理好了的箱子〉》，刊《新少年》半月刊第一卷第二期，署名圣陶（收入《文章例话》，又收入《叶圣陶集》第十卷）。夏丏尊的《整理好了的箱子》是一篇随笔。1935年11月初，上海市民以为中、日又要开战，纷纷向租界里搬。《整理好了的箱子》记叙的是想搬而没有搬的一家。

1月27日 发表评论《非常时期之教育》，刊《申报》第二张第八版，署名秉（收入《叶圣陶集》第十卷）。这是叶圣陶为《申报》写的社评。1月17日，入京会谈之各省市专科以上校长百余人发表《宣言》，谈到“尽力实施切合国难时期需要之教育”。社评就“实施非常时期之教育”进行阐述。

同日 发表《怎样才是“新少年”?》，刊《新少年》半月刊第一卷第二期，署名编者（收入《叶圣陶集》第十八卷）。文章重点强调“新少年”是不会糊里糊涂生活的，“新少年”有一种正当的生活态度。

2月1日 发表《“一·二八”四周年》，刊《中学生》第六十二号（1936年2月号），未署名。

同日 发表《残阳》（靳以著）广告，刊《中学生》第六十二号，未署名（收入《叶圣陶集》第十八卷）。

同日 发表《海底梦》（巴金著）广告，刊《中学生》第六十二号，未署名（收入《叶圣陶集》第十八卷）。

同日　发表《杨柳风》（格莱亨著、尤炳圻译）广告，刊《中学生》第六十二号，未署名（收入《叶圣陶集》第十八卷）。

同日　发表《〈中学生〉第六十二号编辑后记》，刊《中学生》第六十二号，未署名（收入《叶圣陶集》第十八卷）。《编辑后记》重点介绍李健吾的剧本《以身作则》，说："李健吾先生的剧本，向为文艺界所推重。他的取材独辟蹊径，而能宣示社会的一种形相；文字绝对不是'白话文'，念在口头，句句都是活生生的恰如其人身份的语言；他又有舞台经验，自己上过台，所以他的剧本不是书斋里的读物而是剧团里的至宝。"

2月4日　发表评论《儿童读物展览会》，刊《申报》第二张第七版，署名秉（收入《叶圣陶集》第十卷）。这是叶圣陶为《申报》写的社评。社评对参加全国儿童读物展览的作品的评审工作，提出两点建议："第一，宜认定现代中国儿童之立场"；"第二，宜持明澈之眼光与公正之态度"。

2月10日　发表评论《茅盾的〈浴池速写〉》，刊《新少年》半月刊第一卷第三期，署名圣陶（收入《文章例话》，又收入《叶圣陶集》第十卷）。评论称茅盾的这篇速写很特别，"不是告诉我们一个故事，只是告诉我们他眼睛里看见的一番光景"。

同日　发表《救国从何下手?》，刊《新少年》半月刊第一卷第三期，署名编者。

2月14日　由苏来沪。

2月15日　应章雪村招午宴，王伯祥陪席。

2月16日　与丏尊、伯祥茗于得意楼，饮于马上侯。

2月19日　散馆后偕伯祥过会宾楼小饮。八时许，同赴北平书场听大鼓书，中有刘月霞之河南坠子调。

2月21日　下午回苏州。

2月25日　发表童话《火车头的经历》，刊《新少年》半月刊第一卷第四期，署名圣陶（收入《四三集》，又收入《叶圣陶集》

第四卷)。叶圣陶在《英译本〈叶圣陶童话选〉序》中说:“写《火车头的经历》是在日本帝国主义侵略我们中国,我们中国人民都要起来抵抗,可是反动派的国民党却不许人民起来抵抗的时候。”童话以上海学生赴南京请愿,要求抗日,遭反动当局阻扰为背景,用“童话”主人公“火车头”的口吻,讴歌学生的爱国热忱。

同日 发表《发明的事业》,刊《新少年》半月刊第一卷第四期,署名编者。

同日 发表评论《俞庆棠女士的〈写给上海学生请愿团的一封公开信〉》,刊《新少年》半月刊第一卷第四期,署名圣陶(收入《文章例话》,收入《叶圣陶集》第十卷时题名为《俞庆棠的〈一封公开信〉》)。1935 年 12 月 23 日,上海学生乘火车到南京去请愿,遇到种种障碍,没有成功。俞庆棠在信中提出“力求救国更有效的方法”、“组织严密”、“为大众谋利益,为民族求解放”等三点希望。

2 月28 日 王伯祥“写信与圣陶,告明日会苏州”。(王伯祥日记)

2 月29 日 丏尊夫妇及伯祥、洗人、晓先、调孚、云彬等来苏州,叶圣陶到车站迎接。游怡园、沧浪亭。夜在寓宴请丏尊一行,章雪村和刘叔琴亦由南京赶来共聚。

3 月1 日 晨陪丏尊一行登舟赴光福镇,就大新饭店午餐,后至司徒庙看古柏,登邓尉山探梅,访圣恩寺、还元阁等处。夜饮于观前街之松鹤楼。丏尊一行于当晚回沪。

同日 发表《课程标准又将修订》,刊《中学生》第六十三号(1936 年 3 月号),署名编者(收入《叶圣陶集》第十二卷)。国民党政府教育部于 1932 年颁布了《课程标准》,1936 年 2 月 18 日公布了修订后的《课程标准》:授课的总时数有所减少,高中分设文、理组。

同日 发表《一个总目标》,刊《中学生》第六十三号,署名编者

（收入《叶圣陶集》第十二卷）。文章就修订课程标准立论，提出应该有“一个总目标”，就是“争求民族解放”。

同日　发表《〈中学生〉第六十三号编辑后记》，刊《中学生》第六十三号，未署名（收入《叶圣陶集》第十八卷）。《编辑后记》谈及“修订课程标准”。

同日　发表《巴金短篇小说集（一）》广告，刊《中学生》第六十三号，未署名。

3月7日　发表小说《丁祭》，刊《永生周刊》第一卷第一期，署名圣陶（收入《四三集》，又收入《叶圣陶集》第三卷）。小说写的是江南某地仲春“丁祭”的一场闹剧：为了与冀察政务委员会委员长宋哲元“祭圣庙”的行动相呼应，一帮封建僵尸来到孔庙上香、献爵、跪拜、焚帛……

3月10日　发表小说《邻居》，刊《新少年》半月刊第一卷第五期，署名圣陶（收入《四三集》，又收入《叶圣陶集》第四卷）。《邻居》是儿童小说。主人公“我”的邻居是可恶的日本人，半夜三更上“我”家来寻衅生事，闹得“我”家不得不搬家，巡官和警察却说“我”家搬走是“识相!”

同日　发表评论《巴金的〈朋友〉》，刊《新少年》半月刊第一卷第五期，署名圣陶（收入《文章例话》，又收入《叶圣陶集》第十卷）。这篇评论赞扬巴金的文章“充满着热情”，“他的文章读下去很是爽利，好像听一个绝无城府的人滔滔汩汩吐露他的心胸”。

同日　发表《再谈发明的事业》，刊《新少年》半月刊第一卷第四期，署名编者。

3月14日　由苏到沪。夜与开明同人赴晓先之子会宾楼汤饼宴。

3月19日　散馆后与丏尊、伯祥、调孚访卢冀野。后赴味雅聚餐会，雁冰、振铎、予同、煦先、东华、仲华和张天翼到会。

3月25日　发表评论《鲁迅的〈看戏〉》，刊《新少年》半月刊第一卷第六期，署名圣陶（收入《文章例话》，又收入《叶圣陶集》第十卷）。鲁迅的《看戏》，即《社戏》的开头部分，题名是叶圣陶拟的。

同日 发表《儿童节》，刊《新少年》半月刊第一卷第六期，署名编者。

3月26日 发表评论《为出版业进一言》，刊《申报》第二张第六版，署名秉（收入《叶圣陶集》第十卷）。这是叶圣陶为《申报》写的社评。社评抨击出版业“翻印古书”的风气，指出近“一二年为‘古书年’”，不能让“古书年”“赓续三年四年以至九年十年”。

同月 《圣陶短篇小说集》由上海商务印书馆出版，为文学研究会丛书之一，同年8月再版，1938年5月三版，收入小说《一生》、《母》、《一个朋友》、《一课》、《饭》、《义儿》、《云翳》、《风潮》、《小铜匠》、《孤独》、《平常的故事》、《病夫》、《潘先生在难中》、《外国旗》、《前途》、《城中》、《晨》、《搭班子》、《遗腹子》、《苦辛》、《一包东西》、《小病》、《夜》、《某城纪事》、《李太太的头发》、《某镇纪事》、《席间》、《秋》等二十八篇，书前有《付印题记》一篇。这是叶圣陶的自选集。

叶圣陶《付印题记》说：“经郑振铎先生的督促，才动手编选，结果取了二十八篇。……我只希望没有把太无聊的东西留在这里罢了。三四年前，朱佩弦先生选过我的小说，定下一个目录。朱先生人好心慈，对于经过他眼前的各篇，大多从宽发落，所以入选的比这里多。现在我没有采用他那个目录，辜负了他的好意，很觉得抱歉。”

4月1日 发表《“爱国”和“救国”》，刊《中学生》第六十四号（1936年4月号），署名编者（收入《叶圣陶集》第十二卷）。文章抨击国民党政府2月20日颁布的《维持治安紧急办法》，激励“爱国”青年“站在民族解放斗争的阵线上”。

同日 发表《春假》，刊《中学生》第六十四号，署名编者（收入《叶圣陶集》第十二卷）。文章激励青年学生利用“春假”到“乡村”去，看看“农村破产”的情形，同时把“外面的消息带到乡村中去”。

同日 发表《〈中学生〉第六十四号编辑后记》，刊《中学生》第六十四号，未署名（收入《叶圣陶集》第十八卷）。《编辑后记》阐释夏丏尊给《中学生》杂志读者赠送的七绝。诗云：“击楫澄清志未伸，时艰依旧岁华新。闻鸡起舞莫长叹，忧患还须惜好春。”

4月4日 发表小说《儿童节》，刊《永生周刊》第一卷第五期，署名圣陶（收入《四三集》，又收入《叶圣陶集》第四卷）。1935年是“儿童年”，1936年儿童有了自己的节日“儿童节”，各地热烈庆祝。小说以冷静的观察，把“儿童世界”贫富的悬殊、儿童思想的迷误，以及人世间的不平，呈现在读者的面前。

4月7日 王伯祥“写信与圣陶”，约同游无锡。（王伯祥日记）

4月9日 “圣陶来片，以故不能赴锡。”（王伯祥日记）

4月10日 发表评论《徐志摩的〈我所知道的康桥〉》，刊《新少年》半月刊第一卷第七期，署名圣陶（收入《文章例话》，又收入《叶圣陶集》第十卷）。评论说：“这篇文章使读者增进了观察景物的眼力。它告诉你一些观览的法门，如探听河上的春信，就得‘关心石上的苔痕，关心败草里的花鲜，关心这水流的缓急，关心水草的滋长，关心天上的云霞，关心新来的鸟语。’这些不但对于观览有用，也是研究自然的门径。”

同日 发表《莫错过最适于亲近生物的季节》，刊《新少年》半月刊第一卷第七期，署名编者。

4月15日 发表小说《一篇宣言》，刊《大公报·文艺栏》，署名圣陶（收入《四三集》，又收入《叶圣陶集》第三卷）。小说以1935年冬季开始的大规模的爱国救亡运动为背景，讴歌了知识分子抗日爱国的激情。

4月17日 由苏来沪，与王统照访王伯祥。

4月18日 夜与伯祥、鞠侯、聿修共饮于马上侯。

4月21日 出席开明编审会议。

4月23日 王统照随叶圣陶由沪来苏游览，叶圣陶陪王统照游可园、沧浪亭、文庙、植园、怡园以及洞庭西山等处，又在吴苑吃茶，品尝苏州趣味。王在苏州停留的时间大致有五天。

叶圣陶《记游洞庭西山》说："四月二十三日，我从上海回到苏州，王剑三兄要到苏州玩儿，和我同走。苏州实在很少可以玩儿的地方，有些地方他前一回到苏州已经去过了，我只陪着他看了可园，沧浪亭，文庙，植园以及顾家的停园，又在吴苑吃了茶，因为他要尝尝苏州的趣味。二十五日，我们就离开苏州，往太湖中的洞庭西山。"（《越风》半月刊第十三期）

4月25日 发表评论《刘延陵的〈水手〉》，刊《新少年》半月刊第一卷第八期，署名圣陶（收入《文章例话》，又收入《叶圣陶集》第十卷）。《水手》"是说一个水手在海船上想念他的女人"，叶圣陶称赞诗人刘延陵"用艺术手段表现一种情境"。

同日 发表《写那知道得最亲切的东西》，刊《新少年》半月刊第一卷第八期，署名编者。

同月 《叶绍钧选集》（徐沉泗、叶忘忧编选）由上海万象书屋印行，为《现代创作文库》第五辑，收入小说《丁祭》、《微波》、《遗腹子》、《潘先生在难中》、《火灾》、《小蚬的回家》、《地动》、《乐园》、《义儿》、《饭》、《一课》、《绿衣》、《阿凤》、《隔膜》、《低能儿》、《母》等十八篇；童话《古代英雄的石像》、《稻草人》、《花园之外》、《梧桐子》、《小白船》等五篇；散文《三种船》、《速写》、《牵牛花》、《两法师》、《"心是分不开的"》、《五月三十一日急雨中》等六篇；诗《悲语》、《黑夜》两首。书前有《〈现代创作文库〉序》、《编者〈题记〉》及叶绍钧《随便谈谈我的写小说》。

5月1日 发表《胡适先生的幻想》，刊《中学生》第六十五号（1936年5月号），署名编者（收入《叶圣陶集》第五卷）。文章批评胡适4月12日在《大公报》发表的《调整中日关系的先决条件》，以及胡适以前发表的《敬告日本国民》。

同日 发表《巴金短篇小说集（二）》广告，刊《中学生》第六十五号，未署名。

同日 发表《城下集》（蹇先艾著）广告，刊《中学生》第六十五号（1936年5月号），未署名（收入《叶圣陶集》第十八卷）。

同日 发表《〈中学生〉第六十五号编辑后记》，刊《中学生》第六十五号，未署名（收入《叶圣陶集》第十八卷）。《编辑后记》着重介绍周予同的《大学与礼运》、夏丏尊的《文章偶谈》、王统照的短篇《游离》，以及悄吟的《随笔三篇》。说《大学与礼运》"这不是一篇宣言'国学'的文章，乃是一篇针对现实，有思想的文章"，"阅读之后可以增进我们对于现实的认识"。读了《文章偶谈》，"在写作的知识上和技术上当有不少的进益"。说"王统照先生的小说描写学校中的游离分子，竭尽烘托之能事"。称赞悄吟的"文章非常劲健"，"有一种特殊的美"。

同日 胡墨林到沪，与夏丏尊夫妇及满子往白马湖小住。

5月10日 发表评论《周作人的〈小河〉》，刊《新少年》半月刊第一卷第九期，署名圣陶（收入《文章例话》，又收入《叶圣陶集》第十卷）。评论说《小河》"全篇的材料无非从想象得来。但是想象的根据却是世间的真实。无论作文作诗，这样取材是比较好的办法：情境普遍，使多数读者感到亲切有味，仿佛他们意想中原来有这么一种情境似的"。

同日 发表《五月》，刊《新少年》半月刊第一卷第九期，署名编者。

5月15日 由苏到沪，乘轮船去白马湖看胡墨林（胡患扁桃腺炎）。

同日 发表《记游洞庭西山》，刊《越风》半月刊第十三期（收入《叶圣陶散文甲集》，又收入《叶圣陶集》第五卷）。

5月19日 由白马湖来沪。

5月21日 夜与王伯祥、王统照、徐调孚饮于陶乐春。

5月22日 出席开明业务会议常会。

5月23日 下午回苏州。

5月25日 发表评论《丰子恺的〈现代建筑的形式美〉》，刊《新少年》半月刊第一卷第十期，署名圣陶（收入《文章例话》，又收入《叶圣陶集》第十卷）。丰子恺对于“现代建筑的形式美”有四项理解：建筑形态须视实用目的而定；建筑形态须合于工学的构造；建筑形态巧妙地应用材料的特色；建筑形态须表现出现代感觉。

同日 发表《华北走私》，刊《新少年》半月刊第一卷第十期，署名编者。

同月 被国民党反动派幽禁在南京的丁玲在给叶圣陶的短简中说：“我人是一动也没动，可是心却是一刻也没停，尽向远处飞，尽向高处飞。”（丁玲：《幽居小简》，刊《万象》第三年第六期，1943年12月出版）

6月1日 发表《关于本志的特辑》，刊《中学生》第六十六号（1936年6月号），署名编者。

同日 发表《意国并吞阿比西尼亚》，刊《中学生》第六十六号，署名编者。

同日 发表《一点感想》，刊《中学生》第六十六号，署名编者（收入《叶圣陶集》第十二卷）。文章批评学校教育采取的“形式主义”，学生的负担重了，但没有得到实益。

同日 发表《〈中学生〉第六十六号编辑后记》，刊《中学生》第六十六号，未署名（收入《叶圣陶集》第十八卷）。

6月7日 由茅盾、傅东华、叶圣陶、夏丏尊、洪深、郑振铎、周立波、沈起予等四十人发起的中国文艺家协会宣告成立，发表了《中国文艺家协会组织缘起》（收入杨晋豪编《1936年中国文艺年鉴》，北新书局1937年出版）和《中国文艺家协会宣言》、《中国文艺家协会简章》（刊《文学界》第一卷第二号）。

6月10日 发表评论《苏雪林的〈收获〉》，刊《新少年》半月刊第一卷第十一期，署名圣陶（收入《文章例话》，又收入《叶圣陶集》第十卷）。苏雪林的《收获》写的是她1924年在法国乡村采葡萄的事情。叶圣陶认为这是“一篇清新愉快的文章”，“是一篇很好的抒情文”。

同日 发表《再论救国从何下手》，刊《新少年》半月刊第一卷第十一期，署名编者。

6月16日 宋云彬来访。宋来苏州吊章太炎之丧。章太炎6月14日晨逝世。

6月25日 发表评论《赵元任的〈科学名词跟科学观念〉》，刊《新少年》半月刊第一卷第十二期，署名圣陶（收入《文章例话》，又收入《叶圣陶集》第十卷）。赵元任的《科学名词跟科学观念》是说明文，叶圣陶认为这篇说理文有“风趣”。

同日 发表《再论救国从何下手》，刊《新少年》半月刊第一卷第十二期，署名编者。

同月 《叶绍钧文选》（少侯编选）由上海仿古书店印行，为《现代名人创作丛书》之一。收小说《城中》、《一个青年》、《抗争》、《春光不是她的了》、《祖母的心》、《地动》、《潜隐的爱》、《隔膜》、《绿衣》等九篇；小品《与佩弦》、《没有秋虫的地方》、《藕与莼菜》、《将离》、《水患》、《诗人》等六篇。

同月 《国文百八课》由开明书店陆续出版，署名夏丏尊、叶圣陶。原定出六册，实出四册，因抗战爆发而中止。夏丏尊、叶圣陶在《关于〈国文百八课〉》一文中说：“这是一部侧重文章形式的书。”“本书预分为一百零八课，每课各说述文章上的一个项目。……我们预定的文话项目有一百零八个，就代表着文章知识的一百零八个方面。”书前的《〈国文百八课〉编辑大意》中说：

一、本书依教育部初级中学国文科课程标准编辑，供初级中学国文科教学及有志自修者之用。

一、本书用分课的混合编制法，共六册。每册十八课，供一学期的教学。

一、在学校教育上，国文科向和其他科学对列，不被认为一种科学，因此国文科至今还缺乏客观具体的科学性。本书编辑旨趣最重要的一点就是想给与国文科以科学性，一扫从来玄妙笼统的观念。

一、从来教学国文，往往只把选文讲读，不问每小时、每周的教学目标何在。本书每课为一单元，有一定的目标，内含文话、文选、文法或修辞、习问四项，各项打成一片。文话以一般文章理法为题材，按程配置；次选列古今文章两篇为范例，再次列文法或修辞，就文选中取例，一方面仍求保持其固有的系统；最后附列习问，根据着文选，对于本课的文话、文法或修辞提举复习考验的事项。

一、古今论文之作及关于文艺上主义、派别的论著向占国文教材的一部分，本书虽也采取纯文艺作品，但论文之作及文艺理论概不收录。一则因每课已有自具系统的特编的文话，不必再依赖此种零星材料，二则编者在经验上深信片段的论文之作及文艺理论对于初中程度的青年并非必要，甚且足以诱致一知半解的恶果。

一、本书选文力求各体匀称，不偏于某一种类、某一作家。内容方面亦务取旨趣纯正有益于青年的身心修养的。唯运用上注重于形式，对于文章体制、文句格式、写作技术、鉴赏方法等，讨究不厌详细。

一、本书每课所列文选，以文话为中心，并不一定取同类的文章，使活用的范围更广。

一、应用文为中学国文教学上的一个重要纲目，坊间现行国文课本大都不曾列入。本书从第一册起即分别编入此项材料，和普通文同样处置。

一、本书选文不附注释。一般所谓注释只着眼于难字、典故和人地名。其实，何者应注释，何者不应注释，因用书的人而不同，定不出明确的标准。本书所收选文都是极常见的传颂之作，不附注释，教学时当也不致有何困难。编者又以为对于每一篇选文，教学上所当注意的方面正多，关于难字、典故、人地名有现成的辞书可以利用，比较上还是最容易解决的一方面，很可以把这余地留给教学者的。（下略）

《国文百八课》第一册

第一课

文话一　文章面面观

文选一　读书与求学　　孙伏园

文选二　差不多先生传　　胡　适

文法一　字和词

习问一

第二课

文话二　文言体和语体（一）

文选三　孙策太史慈神亭之战　　《三国演义》

文选四　语录八则

文法二　词的种类（一）

习问二

第三课

文话三　文言体和语体（二）
文选五　希伯来开辟神话（一）
文选六　希伯来开辟神话（二）
文法三　词的种类（二）
习问三

第四课

文话四　作者意见的有无
文选七　广州脱险记　　宋庆龄
文选八　我的新生活观　　蔡元培
修辞法一　求不坏
习问四

第五课

文话五　文章的分类
文选九　小雨点　　陈衡哲
文选十　工作与人生　　王光祈
文法四　句和短语
习问五

第六课

文话六　应用文
文选十一　中学法
文选十二　中国国民党之政纲
文法五　句的主要成分和附加成分
习问六

第七课

文话七　书信的体式
文选十三　谈动　　朱光潜
文选十四　致俞平伯书　　周作人

文法六　句的种类

习问七

第八课

文话八　书信和礼仪

文选十五　与郭意城书　彭玉麟

文选十六　与子书　左宗棠

修辞法二　求更好

习问八

第九课

文话九　书信和诸文体

文选十七　寄小读者通讯七　冰　心

文选十八　范县署中寄弟墨　郑　燮

文法七　句的成分的省略

习问九

第十课

文话十　记述和叙述

文选十九　三弦　沈尹默

文选二十　一个小农家的暮　刘半农

文法八　主语的几种样式

习问十

第十一课

文话十一　记述的顺序

文选二十一　卢参　朱自清

文选二十二　核舟记　魏学洢

文法九　述语的几种样式

习问十一

第十二课

文话十二　叙述的顺序

文选二十三　武训传略　蒋维乔
文选二十四　五四事件　周予同
修辞法三　积极修辞的原则（一）
习问十二

第十三课

文话十三　记叙的题材
文选二十五　落华生　落华生
文选二十六　梧桐　李　渔
文法十　句的成分的排列
习问十三

第十四课

文话十四　材料的判别和取舍
文选二十七　欧游心影录楔子　梁启超
文选二十八　项脊轩志　归有光
文法十一　叙述句和说明句
习问十四

第十五课

文话十五　叙述的快慢
文选二十九　王冕的少年时代
《儒林外史》
文选三十　马伶传　侯方域
修辞法四　积极修辞的原则（二）
习问十五

第十六课

文话十六　叙述的倒错
文选三十一　从孩子得到的启示　丰子恺
文选三十二　杨修之死　《三国演义》
文法十二　单句的分解（一）

习问十六

第十七课

文话十七　过去的现在化

文选三十三　景阳冈　《水浒》

文选三十四　愚公移山　《列子》

文法十三　单句的分解（二）

习问十七

第十八课

文话十八　观点的一致与移动

文选三十五　几种赠品　叶绍钧

文选三十六　荆元　《儒林外史》

修辞法五　情境

习问十八

《国文百八课》第一册的“文话”、“文法”和“习问”，收入《叶圣陶集》第十六卷。

《国文百八课》第二册

第一课

文话一　日记

文选一　苦雨斋之一周　周作人

文选二　求阙斋日记　曾国藩

文法一　名词的种类

习问一

第二课

文话二　游记

文选三　谒孙中山先生故居　耘　愚

文选四　游黄山记　袁　枚

文法二　名词的构成

习问二

第三课

文话三　随笔
文选五　朋友　巴　金
文选六　风筝　鲁　迅
文法三　名词语
习问三

第四课

文话四　直接经验和间接经验
文选七　金字塔　沈德鸿
文选八　龙潭之役　徐鹤林
修辞法一　譬喻（一）
习问四

第五课

文话五　间接经验的证明
文选九　左忠毅公逸事　方　苞
文选十　书叶机　龚自珍
修辞法二　譬喻（二）
习问五

第六课

文话六　第一人称的立脚点
文选十一　养蚕　丰子恺
文选十二　我与小说　胡　适
文法四　代名词的种类
习问六

第七课

文话七　第二人称的立脚点
文选十三　苏打水　《科学丛谈》

第十二课

文话十二　抒情的方式
文选二十三　先妣事略　归有光
文选二十四　背影　朱自清
文法　倒置的文言代名词
习问十二

第十三课

文话十三　情绪与情操
文选二十五　闲情记趣　沈　复
文选二十六　念奴娇·赤壁怀古　苏　轼
修辞法四　引用（一）
习问十三

第十四课

文话十四　记叙与描写
文选二十七　口技　林嗣环
文选二十八　雨前　罗黑芷
修辞法五　引用（二）
习问十四

第十五课

文话十五　印象
文选二十九　画家　周作人
文选三十　绝句四首　李　白
文法十　补足格的几种样式（一）
习问十五

第十六课

文话十六　景物描写
文选三十一　黄浦滩　《子夜》
文选三十二　荷塘月色　朱自清

文法十一　补足格的几种样式（二）

习问十六

第十七课

文话十七　人物描写

文选三十三　邻　　　　　　　　茅　盾

文选三十四　新教师的第一堂课

日本田山花袋　夏丏尊译

文法十二　副格的几种样式

习问十七

第十八课

文话十八　背景

文选三十五　林黛玉的死　　《红楼梦》

文选三十六　词四首　　　　　　李　煜

修辞法六　设问

习问十八

《国文百八课》第二册的“文话”、“文法”和“习问”，收入《叶圣陶集》第十六卷。

《国文百八课》第三册

第一课

文话一　记叙文与小说

文选一　卖汽水的人　　　　　周作人

文选二　孔乙己　　　　　　　鲁　迅

文法一　动词的种类

习问一

第二课

文话二　小说的真实性

文选三　赤着的脚　　　　　　叶绍钧

文选四　项链　　法国莫泊桑　常惠译
文法二　动词的复合
习问二

第三课

文话三　韵文和散文
文选五　送李愿归盘谷序　　韩　愈
文选六　祭蔡松坡文　　梁启超
文法三　主要动词和散动词
习问三

第四课

文话四　诗的本质
文选七　水手　　刘延陵
文选八　海燕　　郑振铎
修辞法一　借代
习问四

第五课

文话五　暗示
文选九　三戒　　柳宗元
文选十　疲劳
日本国木田独步　夏丏尊译
文法四　动词的被动式
习问五

第六课

文话六　报告书
文选十一　中国大学发现唐墓调查报告
常　惠　王鹏霄
文选十三　点查柏林寺所藏经板数目报告
庄　严　黄鹏霄　金希贤

文选二十一　机器人　黄幼雄
文选二十二　雕刻　蔡元培
修辞法三　呼告
习问十一

第十二课

文话十二　类型的事物
文选二十三　梅　贾祖璋
文选二十四　蟑螂　克　士
文法九　动词的时
习问十二

第十三课

文话十三　抽象的事理
文选二十五　二十三年夏季长江下游干旱之原因　竺可桢
文选三十六　动物的运动　贾祖璋
文法十　“了”和“着”
习问十三

第十四课

文话十四　事物的异同
文选二十七　菌苗和血清　顾寿白
文选二十八　不为与不能　《孟子》
修辞法四　铺张
习问十四

第十五课

文话十五　事物间的关系
文选二十九　美与同情　丰子恺
文选三十　科学名词跟科学观念　赵元任

文法十一　数字

习问十五

第十六课

文话十六　事物的处理法

文选三十一　导气管的制法

《化学奇谈》

文选三十二　怎样读书　胡　适

文法十二　数和量

习问十六

第十七课

文话十七　语义的诠释

文选三十三　何谓自由　翼　公

文选三十四　说“合理的”意思　任鸿隽

文法十三　实数和虚数

习问十七

第十八课

文话十八　独语式和问答式

文选三十五　中国之蚕桑

美国加本特　沈德鸿译

文选三十六　谈风　《上下古今谈》

修辞法五　镶拼

习问十八

《国文百八课》第三册的“文话”、“文法”和“习问”，收入《叶圣陶集》第十六卷。

《国文百八课》第四册

第一课

文话一　知的文和情的文

文选一　霜之成因　　　　　　李良骐
文选二　春天与其力量
　　　　　俄国爱罗先珂　仲　密译
文法一　形容词在句中的用途
习问一

第二课

文话二　学术文
文选三　物理学和人生　　　　周昌寿
文选四　论语解题　　　　　　梁启超
文法二　带副词的形容词
习问二

第三课

文话三　对话
文选五　子路曾皙冉有公西华侍坐
　　　　　　　　　　　　　《论语》
文选六　广田示儿记　　　　　林语堂
修辞法一　排比
习问三

第四课

文话四　戏剧
文选七　苏州夜话　　　　　　田　汉
文选八　娜拉临走的一幕
　　　　　　挪威易卜生　潘家洵译
文法三　形容词带“的”“之”与否
习问四

第五课

文话五　文章中的会话
文选九　鸭的喜剧　　　　　　鲁　迅

文选十　冯谖　《战国策》
文法四　形容词的比较法（一）
习问五

第六课

文话六　抒情诗
文选十一　整片的寂寥　刘大白
文选十二　归园田居　陶　潜
文法五　形容词的比较法（二）
习问六

第七课

文话七　叙事诗
文选十三　木兰诗（古辞）
文选十四　盲乐诗　蒋山青
修辞法二　反复
习问七

第八课

文话八　律诗
文选十五　七律四首　杜　甫
文选十六　五律四首　王　维
文法六　副词在句中的用途及位置
习问八

第九课

文话九　仪式文（一）
文选十七　欢宴国民党第一次全国代表词
孙　文
文选十八　黄花岗烈士纪念会演说词
陈布雷
文法七　副词的带字（一）

习问九

第十课

文话十　仪式文（二）

文选十九　杜威博士生日演说词

蔡元培

文选二十　送东阳马生序　宋　濂

文法八　副词的带字（二）

习问十

第十一课

文话十一　宣言

文选二十一　废除不平等条约宣言

文选二十二　北伐宣言

修辞法三　对偶

习问十一

第十二课

文话十二　意的文

文选二十三　立志　高一涵

文选二十四　牺牲　顾颉刚

文法九　副词语

习问十二

第十三课

文话十三　议论文的主旨

文选二十五　去私　《吕氏春秋》

文选二十六　缺陷论　李石岑

文法十　副词和助词的呼应

习问十三

第十四课

文话十四　立论和驳论

第十五课

第十六课

第十七课

第十八课

习问十八

《国文百八课》第四册的“文话”、“文法”和“习问”，收入《叶圣陶集》第十六卷。

奇中在《介绍〈国文百八课〉》一文中说：“混笼统说本书的好”有三点：第一，“本书每课以讲文章理法之文话为主体，按文话之题材而配以范例之文选，再就文选中取例，来阐述文法与修辞，各方面能够连络，教学之困难点自然减少，良好的成绩也就容易获到”。第二，“本书每课有自具的系统，而全书各课，又按着次序成一个完全的系统”。第三，“因为前有文话，讲述文章理法，后有练习，可以将所学复习考验，固自修国文，亦甚适用。自习国文者，采用此书，比之单读一篇选文而暗中摸索，其进步之神速，自可预言”。（《中学生》第五十九号，1935年11月号）

7月1日 发表儿童小说《一个练习生》，刊《文学》月刊第七卷第一号，署名圣陶（收入《四三集》，又收入《叶圣陶集》第四卷）。小说中的小主人公“我”初中二年级那年好不容易当上了一家书局的练习生，只因参加了反帝大游行，就被书局开除了。

同日 发表儿童小说《寒假的一天》，刊《文季月刊》第一卷第二号，署名圣陶（收入《四三集》，又收入《叶圣陶集》第四卷）。小说通过小学生“我”看大学生演讲所受的遭遇，揭露国民党反动派镇压学生运动的暴行。

7月10日 发表评论《胡适的〈差不多先生传〉》，刊《新少年》半月刊第二卷第一期，署名圣陶（收入《文章例话》，又收入《叶圣陶集》第十卷）。文章说：差不多先生“虽非实有，却比实有的人物还要真实”。

7月15日 发表小说《招魂》，刊《作家》月刊第一卷第四号（收入《四三集》，又收入《叶圣陶集》第三卷）。小说写的是“真人真事”。小说里的“季勉”即夏丏尊。他的长女吉子（小说里的“宛宛”）死了，夏丏尊的学生来给“宛宛”招魂。

7月19日 朱自清来访。朱自清日记：“好不容易到圣陶家，房屋高大。旋访心如及叔琴。共至凝园，穿行假山。圣陶招待晚餐。”

7月20日 与刘叔琴陪朱自清游灵岩与天平山。朱自清日记：“叔琴招待在元大昌晚餐。饮酒过多。”

同日 王伯祥日记：“丏尊为予所纠之会，今日举行第一期，即由予召集，具酒邀会家飨之，到仲盐、洗人、丏尊、雪村、调孚、云彬、均正、祖璋九人，圣陶则以佩弦方在苏盘桓，陪游未能即到，托予代表也。”

7月21日 陪朱自清游张家花园、虎丘、留园、拙政园、狮子林。朱自清日记：（夜）“刘君邀再至元大昌饮酒”，叶圣陶作陪。

7月22日 朱自清日记：“圣陶举办虽非正规但颇盛大之宴会。”夜，朱自清登车去南京。

7月25日 发表评论《夏衍的〈包身工〉》，刊《新少年》半月刊第二卷第二期，署名圣陶（收入《文章例话》，又收入《叶圣陶集》第十卷）。文章阐述“报告文学”与“调查报告书”的区别。“报告文学”的“作用在向大众报告一些什么，而它的本身却是文学”。

同日 发表小说《老沈的儿子》，刊《光明》半月刊第一卷第四期，署名圣陶（收入《四三集》，又收入《叶圣陶集》第三卷）。小说带有“国防文学”的色彩，透过中学生参加“军训”的重要性，突击老沈父子的抗日爱国情怀。

7月31日 由苏来沪。夜与丏尊、伯祥、诵邺、晓先饮于同宝泰酒楼。

同月 发表小说《英文教授》，刊夏丏尊编开明书店创业十周年纪念刊《十年》，开明书店出版（收入《四三集》，又收入《叶圣陶集》第三卷）。小说写的是真事。英文教授董无垢（即叶圣陶挚友吴宾若的二哥吴致觉），哈佛大学哲学硕士，风流倜傥，五卅运动中的斗士，大革命失败后遁入空门。

8月3日 与丏尊、颉刚、郑德坤到伯祥所晤聚。颉刚为通俗读物、禹贡学会丛书及北平研究院史学研究会书稿出版事来沪与亚东图书馆、申报馆、商务印书馆等处接洽。

8月4日 下午回苏。

8月10日 发表评论《郭沫若的〈痈〉》，刊《新少年》半月刊第二卷第三期，署名圣陶（收入《文章例话》，又收入《叶圣陶集》第十卷）。《痈》是郭沫若的一篇随笔。叶圣陶在评论时说："随笔的唯一条件在于'新鲜的意趣'。"

8月17日 由苏来沪。夜与雪村、伯祥、云彬、晓先、孙鹰若等饮于悦宾楼，谈《章氏丛书》、《量守庐日记》、《古韵三表》及《音学述闻》出版事。

8月18日 午时饭云彬所，同坐陈望道、丏尊、雪村、伯祥、孙鹰若、朱宇苍，续谈黄季刚、章太炎书籍接洽事。20日，正式签约。

8月21日 夜赴聚丰园聚餐会。耿济之、陈望道、胡愈之、金仲华、林本侨为客。作东还有雁冰、振铎、伯祥、东华、心如、煦先、宗融、六逸、丏尊、雪村、调孚、祖璋、云彬。九时许散。

8月22日 胡愈之来访。次日，回苏州。

8月24日 作评论《〈假如我有一个弟弟〉作者题记》，刊《新少年》半月刊第二卷第七期别册《新少年读本》，署名郢生。

8月25日 发表评论《沈从文的〈辰州途中〉》，刊《新少年》半月刊第二卷第四期，署名圣陶（收入《文章例话》，又收入《叶圣陶集》第十卷）。《辰州途中》选自沈从文的《湘行散记之一》，题目是叶圣陶拟的。叶圣陶在评论中极力推崇沈从文写游记的手法："把给与自己印象最深的事物记下来，宛如摄一套活动影片。"

同月 发表《〈四三集〉自序》，刊《四三集》，上海良友图书印刷公司1936年8月出版（收入《叶圣陶序跋集》，又收入《叶圣陶集》第三卷）。

同月 短篇小说及童话集《四三集》由上海良友图书印刷公司印行，为赵家璧编选的《良友文学丛书》第二十九种（1941年5月普及本初版，1945年6月再版）。收入《半年》、《投资》、《"感同身受"》、《一个练习生》、《得失》、《寒假的一天》、《一篇宣言》、《邻居》、《逃难》、《一个小浪花》、《丁祭》、《儿童节》、《老沈的儿子》、《多收了三五斗》、《一桶水》、《冥世别》、《招魂》、《英文教授》、《火车头的经历》、《"鸟言兽语"》等共二十篇，卷首前有《自序》。

《〈四三集〉自序》："编一本集子，必须定个名字，以便称说。定名字很不容易，于是想到取巧的办法：这本集子是四十三岁这一年出版的，就叫它《四三集》吧。四十三岁是'中国算法'，扣实足算，四十二岁还不到一点。然而'户口调查表'上是照'中国算法'填的，其他需要填具年龄的场合也一向这么填，因此，现在不作更改。"

9月1日 发表《又开学了》，刊《中学生》第六十七号（1936年9月号），署名编者（收入《叶圣陶集》第十二卷）。文章寄语青年：要准备一副"努力奋发的精神"，"争民族解放"。

同日 发表《〈中学生〉第六十七号编辑后记》，刊《中学生》第六十七号，未署名（收入《叶圣陶集》第十八卷）。《编辑后记》介绍迪福为纪念高尔基逝世特撰的《高尔基之死》，以及宋云彬为纪念章太炎逝世写的《章太炎》。

同日 发表《关于〈国文百八课〉》，刊《申报》"读书俱乐部"专版，署名夏丏尊、叶绍钧（收入《阅读与写作》，开明书店1938年4月初版；又收入《叶圣陶集》第十六卷）。

同日 开明书店发表广告《教学界渴望已久之国文百八课（第三册）出版》（夏丏尊、叶绍钧合编），刊《中学生》第六十七号（1936年9月号）。广告云：“本书自第一二册出版后，好评潮涌。全国著名中等学校纷纷采作教本，自学青年亦多奉为进修南针。现第三册已出版，适足应新学年之需要。务请尽先采用为荷！”

9月3日 由苏到沪医牙，同日回苏。

9月6日 发表《运动明星与一般人的健康》，刊《生活星期刊》第一卷十四号，署名圣陶。

9月10日 发表评论《韬奋的〈分头努力〉》，刊《新少年》半月刊第二卷五期，署名圣陶（收入《文章例话》，又收入《叶圣陶集》第十卷）。论文阐述《分头努力》的中心议题：“救国的工作是要靠各种各样的分工配合的，是要各就自己所有的能力作最大限度的奋斗。”

9月17日 由苏来沪。

9月18日 夜与伯祥、洗人、晓先饮于味雅，长谈至十一时。

9月20日 发表《勒令转学》，刊《中流》半月刊第一卷第二期，署名圣陶（收入《文章例话》，又收入《叶圣陶集》第五卷）。文章说“勒令转学”是当时处分学生的一个很通行的办法，“并且酿成了自杀”。

9月25日 发表评论《丁西林的〈压迫〉》，刊《新少年》半月刊第二卷第六期，署名圣陶（收入《文章例话》，又收入《叶圣陶集》第十卷）。论文赞扬《压迫》所写的句句“是传神的口语”，希望读者阅读时留心“故事的进展怎样在对话中表达出来，以及对话的背后隐藏着剧中人物怎样的情意”。

同月 童话集《小白船》由上海艺林书店出版，署叶绍钧等著，收叶绍钧、巴金、米星如、陈衡哲等所作童话十一篇，其中叶绍钧六篇：《小白船》、《画眉鸟》、《克宜的经历》、《古代英雄的石像》、《皇帝的新衣》及《“鸟言兽语”》。

10月1日 发表《报销主义》，刊《文学》月刊第七卷第四期，署名圣陶（收入《叶圣陶散文甲集》，又收入《叶圣陶集》第五卷）。文章揭露当时的行政部门“竟让公文跟事务脱离关系”，下面凭“公文”向上面“报销”。

同日 发表《读教科书不是最后目的》，刊《中学生》第六十八号（1936年10月号），署名编者（收入《叶圣陶集》第十二卷）。文章说：“教科书好比一张旅行的路程单，你要熟识那些地方必须亲自到那些地方去旅行，不能够单单记住一张路程单。”

同日 发表《〈中学生〉第六十八号编辑后记》，刊《中学生》第六十八号，未署名（收入《叶圣陶集》第十八卷）。《编辑后记》中说：“明年一月特大号是‘青年和文艺’特辑，刊载青年所创作的各种文艺作品，以及专家所撰写的关于青年文艺的理论和批评。青年多数爱好文艺，但态度应该怎样呢，取径应该怎样呢，这是值得讨论的。大时代已经临到青年的面前，青年应该怎样在大时代中摄取了材料，融裁而成文艺呢，这是值得看看的。可说的当然很多，这里暂不细说，总之，这个特辑对于读者诸君是很有意义的。”

同日 由苏来沪医牙。

同日 鲁迅、茅盾、郭沫若、夏丏尊、叶圣陶、谢冰心、巴金等二十一人联名发表《文艺界同人为团结御侮与言论自由宣言》，刊《文学》第七卷第四号。

10月3日 发表《闲谈标语文字》，刊上海《立报·言林》。

10月4日 发表《闲谈标语文字》，刊上海《立报·言林》。

10月10日 发表评论《萧乾的〈邓山东〉》，刊《新少年》半月刊

第二卷第七期，署名圣陶（收入《文章例话》，又收入《叶圣陶集》第十卷）。评论由《邓山东》谈到“人物的描写”，认为：“描写人物性格要在人物的一言一行一颦一笑上下工夫，没有一句评判的话也不要紧。能使读者从人物的一言一动一颦一笑上体会得出人物的性格来，那才是上等的描写”。

10月11日 发表《时势教育着我们》，刊《生活星期周刊》第一卷十九号，署名圣陶（收入《叶圣陶散文甲集》，又收入《叶圣陶集》第五卷）。文章阐述是“时势教育”促成了中国人识见的“突跃的进步”，强调与时俱进。

10月15日 发表《某商人的话》，刊《作家》月刊第二卷第一号，署名圣陶（收入《叶圣陶集》第五卷）。文章借用“某商人的话”，揭露日本帝国主义在“沦陷区”的暴行，以及义勇军的抗争。

10月17日 发表《假山》，刊《宇宙风》半月刊第二十七号，署名圣陶（收入《叶圣陶散文甲集》，又收入《叶圣陶集》第五卷）。文章谈苏州园林的“假山”。

同日 由苏来沪。夜与王伯祥饮于王宝和。

10月18日 出席开明第七届股东常会。邵仲辉、范洗人、夏丏尊、章雪琛、孙道始、马荫良、朱达君、杨廉当选为董事。周予同、曾仲鸣、叶圣陶、王伯祥为候补董事。章守宪、何五良、吴觉农为监察人。曾仲鸣为候补监察人。散会后至宁波同乡会看画展。夜与调孚赴王统照约共饮。

10月19日 夜赴聚丰园聚会，到丏尊、雪村、调孚、振铎、伯祥、心如、文祺、一岑、愈之、仲持、济之、韬奋、仲华、剑三、东华、予同等，九时散。

10月20日 上午与丏尊、雪村、调孚、云彬、彬然共赴万国殡仪馆吊唁鲁迅。

10月22日 参加鲁迅葬仪。扶柩者是十四位作家：黄源、姚克、孟十还、田军、欧阳山、聂绀弩、胡风、周文、吴朗西、巴金、靳以、黎烈文、张天翼、曹白。执绋者是他的友人郁达夫、郑振铎、王统照、夏丏尊、叶圣陶、许钦文、萧乾、沙汀等数十人。（迪福：《鲁迅先生死了》，刊《中学生》第六十九号，1936 年 11 月）

10 月25 日 发表评论《老舍的〈北平的洋车夫〉》，刊《新少年》半月刊第二卷第八期，署名圣陶（收入《文章例话》，又收入《叶圣陶集》第十卷）。《北平的洋车夫》选自老舍《骆驼祥子》第一章，题目是叶圣陶拟的。评论从“尽量利用口头语言”和“幽默的趣味”两个方面论述老舍“文章的风格”。

同日 雪村、伯祥、索非夫妇、均正夫妇、洗人、晓先来苏州天平山看枫。叶圣陶到苏州车站迎接，陪同到木渎，在灵岩山椒宜乐饭店用午餐，后赴天平山，瞻范文公祠堂，访高义园，茗于钵盂泉。晚饮于阊门义昌福。夜，雪村一行返沪。

同月 京沪二十三家报馆联合发表题为《中日关系紧张中吾人之共同意见与信念》的宣言，鼓吹“妥洽政策”，认主张抗战为“行险徼幸”。《中学生》杂志和《光明》、《新世纪》杂志等联名发表《我们对于现阶段中日关系之共同意见》，驳斥上述卖国言论，提倡“廉耻与气节”，“遇侮辱则愤慨，遇强暴则拒抗”，要求国民党当局“应该立刻下抗战的决心，用抗战去反对侵略”。（《新世纪》第一卷第三期，1936 年 11 月 1 日出版）

11 月1 日 发表《鲁迅先生的精神》，刊《生活星期周刊》第一卷二十二号，署名圣陶（收入鲁迅纪念委员会编《鲁迅先生纪念集》，文化生活出版社 1937 年 10 月 19 日初版；又收入《叶圣陶集》第五卷）。文章讴歌鲁迅先生的“伟大”、“刚强”，以及他的精神“正在发荣滋长，广播到大众的心里”。

同日 发表《谈认字课本的编辑》，刊《申报每周增刊》第一卷第四十三期，署名圣陶（收入《叶圣陶语文教育论集》，又收入《叶圣陶集》第十六卷）。

同日 发表《现势与文学》，刊《中学生》第六十九号（1936年11月号），署名编者。

同日 发表《〈中学生〉第六十九号编辑后记》，刊《中学生》第六十九号，未署名（收入《叶圣陶集》第十八卷）。《编辑后记》中说："本志这一期编辑将完毕的时候，忽然接到鲁迅先生的噩耗。这位思想家、文学家不仅受国人的推崇，就是别国人士也钦敬着他。他的逝世激动了世界各地人的心，将同高尔基逝世当时一个样子。本志特在'卷头言'栏内刊载一篇文字（《悼鲁迅先生》——编者注），表示敬意。另外又有一篇文字（迪福《鲁迅先生死了》——编者注），记述他逝世的前后，并由社员照了一些相片作为插图（司徒乔所画《出殡的途中》与《鲁迅先生呼吸停止了以后》、《十四位作家扶柩出殡仪馆》等——编者注），下一期我们再请宋云彬先生作一篇解释他思想的长文，使哀悼鲁迅先生的读者诸君可得深切的印象。"

11月4日 夏丏尊来访，商编《初中国文教本》。6日，丏尊回沪。

11月9日 夏丏尊来苏州，与叶圣陶共编《初中国文教本》。八天后离去。

11月10日 发表评论《蔡元培的〈杜威博士生日演说词〉》，刊《新少年》半月刊第二卷第九期，署名圣陶（收入《文章例话》，又收入《叶圣陶集》第十卷）。论文正面阐释"仪式的文章"的要求：第一"要有意思"；第二"必须切合当时的情境"。称扬蔡元培的这篇演说词"是切合当时的情境的"，"自是颂扬的话，然而也未始不是实感"。

11月15日 发表诗《挽鲁迅先生》，刊《作家》月刊第二卷第二号（收入鲁迅纪念委员会编《鲁迅先生纪念集》，文化生活出版社1937年10月19日初版；又收入《叶圣陶集》第八卷）。

诗云："星陨山颓万众悲，感人岂独在文辞。暖姝夙恨时流态，刚介真堪后死师。岩电烂然无不照，遗容穆若见深慈。'相濡以沫'沫成海，试听如潮继志词。"俞平伯先生评："此诗久已传诵，写状迅公甚切，辞情亦并茂，结联用古典出新意境。"

11月16日 "振黄结婚有日，予纠丏、圣、琛、调、云、璋、雁、易、晓等合十人共送礼券廿元去。"（王伯祥日记）

11月17日 由苏来沪，吊妹夫江红蕉母亲之丧。

11月19日 与丏尊、愈之、仲华、伯祥议明年《月报》和《中学生》杂志改进事。

11月25日 发表评论《徐盈的〈从荥阳到汜水〉》，刊《新少年》半月刊第二卷第十期，署名圣陶（收入《文章例话》，又收入《叶圣陶集》第十卷）。这是一篇"记载一般人的生活情形"的旅行记。叶圣陶认为"作这一类旅行记"，"如果对于观察和查问嫌其麻烦，学识又荒疏，不足以为凭借，那么即使足迹遍天下，也写不出一般人的生活情形来"。

同月 《中学生》和《中流》、《文学季刊》、《东方杂志》、《东方文艺》、《世界知识》、《青年界》等杂志联名发表《发起全国读者"以一日供献绥军抗战"启事》和《绥远傅主席并转前敌将士同胞公鉴》，恳请四万万五千万同胞，"节省下你们一天的一部分款项，供献给英勇抗敌的绥军"，共同担负起"这最低限度的救亡责任"。

12月1日 发表《明年〈中学生〉的新阵容》，刊《中学生》第七十号（1936年12月号），未署名。

同日 发表《学习鲁迅先生的真诚的态度》，刊《中学生》第七十号，署名编者（收入《叶圣陶集》第十二卷）。

同日 发表《追》（张天翼著）广告，刊《中学生》第七十号，未署名（收入《叶圣陶集》第十八卷）。

同日 发表《蛤藻集》（老舍著）广告，刊《中学生》第七十号，未署名（收入《叶圣陶集》第十八卷）。

同日 发表《〈中学生〉第七十号编辑后记》，刊《中学生》第七十号，未署名（收入《叶圣陶集》第十八卷）。《编辑后记》中说："周予同先生的《群经新论》在本志发表以后，极受读者欢迎。像他那样地读古书，方是真懂得古书，而不致受古书的牵累，把自己弄成一个无用的人，甚而弄成一个害人的人。"

12月2日 作《〈文章例话〉序》（刊《文章例话》，开明书店1937年2月初版；后收入《叶圣陶序跋集》，又收入《叶圣陶集》第十八卷）。

12月10日 发表评论《胡愈之的〈青年的憧憬〉》，刊《新少年》半月刊第二卷第十一期，署名圣陶（收入《文章例话》，又收入《叶圣陶集》第十卷）。胡愈之在《青年的憧憬》中说："我们生活中，到处存在的只是妥洽、折衷、通融、权宜。换句话说，就只是'世故'，'世故'正是真理的反面的。"因而劝导青年努力奋发，以求实现憧憬中的世界。

同日 由苏来沪。

12月11日 "夜约圣陶归饮，盖昨由苏来，随便邀之谈谈也。……七时去，住虹口公寓，大抵有十之勾留焉。"（王伯祥日记）

12月12日 夜在聚丰园与丏尊、雪琛、洗人、伯祥、雪珊、均正、宋易、索非等人公宴开明推广部职员诵邺。诵邺辞开明，往重庆经营酒业及货物业。

12月13日 出席第八届第二次董事会。会后与伯祥、云彬、调孚、洗人饮于杏花楼。七时许赴浦东同乡会看平声剧社演昆曲。

12月14日 夜赴一家春，与丏尊、愈之、洗人、伯祥、调孚、云彬、雁冰、祖璋、均正共议《月报》事，谈至九时散。

12月19日 夜应王统照冠生园之约，徐调孚同席。

12月25日 发表评论《尤炳圻的〈杨柳风序〉》，刊《新少年》半月刊第二卷第十二期，署名圣陶（收入《文章例话》，又收入《叶圣陶集》第十卷）。文章说：“最使我们读了不忍放下的，是因为这本小书不独是篇有趣的童话，而且是篇顶曲折的小说，而且是篇极美丽的散文——尤其因为它是一首最和谐的长诗。古河、水闸、杨柳堤这一些不待说了，即使一片荒林旷野，半弯残月疏星，也写得那么绮丽动人。甚至于一杆烟袋，一盏牛角灯，也都带了抒情的趣致。童心本是诗国，童话本应似诗境。然而真能将童话化成诗境者，除格莱亨外能有几人呢？”

同日 发表广告《第二年〈新少年〉》，刊《新少年》半月刊第二卷第十二期，未署名。广告云：“本刊主旨是要和全国的新少年们交朋友，共同研究怎样‘认识社会，了解自然，欣赏文艺。’文章的内容都有正确前进的观点，每篇都有时间性；形式各不相同，但都新颖而浅显；插图丰富而明了；适合高小和初中程度的学生、店员、学徒、热爱自己学生的老师和不幸失学但仍渴望着求知的‘大人’们阅读。”

本年 《大公报·文艺》设立“文艺奖金”，邀请杨振声、朱自清、朱光潜、叶圣陶、巴金、靳以、李健吾、林徽音、沈从文、凌叔华任裁判委员。

本年 赵家璧发起编选一年中（1935年11月至1936年11月）的短篇佳作选，叶圣陶推荐端木蕻良《鸶鹭湖之幽郁》、青子《黑》、刘白羽《草原上》等三个短篇。

本年 上海良友图书公司设立“文学奖金”，担任评选者为蔡元培、叶圣陶、郁达夫、王统照、郑伯奇等。得奖作品为左兵《天下太平》和陈涉《像样的人》。

本年 《潘先生在难中》由日本增田涉译成日文，改题名为《潘先生的避难》，收入《世界短篇杰作集》，河内书房出版。

本年 短篇小说集《孤独》由上海三联出版社出版，署叶绍钧等著，内收叶圣陶小说五篇：《孤独》、《一包东西》、《饭》、《潘先生在难中》、《演讲》。

1937 年

（中华民国二十六年　丁丑）　四十三岁

7 月 7 日　日军发动“七七事变”，抗日战争全面爆发。7 月 28 日，北平沦陷。

8 月 13 日　日本帝国主义进攻上海，中国军队奋勇反击，史称“八一三”事变。

9 月 22 日　天津沦陷。

11 月 12 日　日军侵占上海。苏州、太原等地相继沦陷。20 日，国民党政府宣布迁都重庆。

12 月 5 日　南京被日军包围。13 日，国民党政府机关由南京迁到武汉。同日，日军侵占南京，制造了惨绝人寰的“南京大屠杀”。

同月　伪中华民国临时政府在北平成立。王克敏任行政委员会委员长，汤尔和任议政委员会委员长兼教育总长。

*　*　*

1 月 1 日　发表评论《其实也是诗》，刊上海《大公报》“集体批评《日出》专栏”；同日，天津《大公报》“集体批评《日出》专栏”刊出时题名为《成功的群象》，均署名圣陶（收入《叶圣陶散文甲集》时题名为《其实也是诗》，收入《叶圣陶集》第十卷时题名为《其实也是诗——读〈日出〉》）。

同日　发表《二十五年我的爱读书》，刊《宇宙风》半月刊第三十二期“新年特大号”。列举三部：《杨柳风》（尤炳圻译）、《人与医学》（顾谦吉译）、《福楼拜评传》（李健吾著）。

同日　发表《谈课外作业》，刊《中学生》第七十一号（1937年1月号），署名编者（收入《叶圣陶集》第十二卷）。文章批评教育行政机关发施的“收取”学生“课外作业簿子”的“功令”。

同日　发表《巴金短篇小说集（第一二集）》广告，刊《中学生》第七十一号，未署名（收入《叶圣陶集》第十八卷）。

同日　发表《诗境浅说》（俞陛云著）广告，刊《中学生》第七十一号，未署名（收入《叶圣陶集》第十八卷）。

同日　发表《词和句》（孟起著）广告，刊《中学生》第七十一号，未署名（收入《叶圣陶集》第十八卷）。

同日　发表《名人之芽》（田惜庵著）广告，刊《中学生》第七十一号，未署名（收入《叶圣陶集》第十八卷）。

同日　发表《开河》文章修改，刊《中学生》第七十一号，署嵇汝运原作、叶圣陶修改（收入《叶圣陶集》第十五卷）。

同日　发表《〈中学生〉第七十一号编辑后记》，刊《中学生》第七十一号，未署名（收入《叶圣陶集》第十八卷）。《编辑后记》介绍青年作者刘钝安的小说《角落里》，说这个短篇“风格很新颖，描写简练而有力，它超过一般水准，经得特别留意。”又，介绍萧乾的《感觉的纪录》说：这篇“写他怎样纪录他的日常感觉”的文章，对日后从事创作的读者是有帮助的。

同日　下午与愈之、伯祥、洗人、子如同茗于北四川路新雅酒楼。夜，吃章雪村之子士敏喜酒，同坐伯祥、愈之、仲持、晓先、祖璋、均正、伯恳等。

1月2日 访王统照未遇。夜，参加章雪村会亲宴。

1月3日 上午出席业务会议。下午回苏州。

1月10日 发表评论《文艺作品的鉴赏——一、要认真阅读》，刊《新少年》第三卷第一期，署名圣陶（收入《叶圣陶集》第十卷）。文章说："取着走马看花的态度的，决谈不到文艺鉴赏。纯处于被动的地位的，也谈不到文艺鉴赏。""在阅读中要研究，考察。这样才可以走上文艺鉴赏的途径。"

1月15日 综合性文摘型刊物《月报》创刊。夏丏尊任社长，胡愈之主编"政治栏"，孙怀仁主编"经济栏"，邵宗汉主编"社会栏"，胡仲持主编"学术栏"，叶圣陶主编"文艺栏"。出至第七期因"八一三"事变停刊。"文艺栏"设有《文艺情报》、《每月的文艺产品》、《每月上海开演的优良电影》等专辑。叶圣陶回忆说："《文艺情报》和《每月的文艺产品》的栏目很多，主要是徐调孚先生和别的同志收集起来的。"（编者 1979 年 7 月 7 日访叶圣陶）

《关于〈月报〉的谈话》指出："《月报》不是一种杂志，而是全世界数千种报章杂志中的精华。""这不是一种杂凑的刊物。这是从中国的、外国的，中文的、英文的、日文的、俄文的、德文的、法文的无数种定期刊物里面，把所有最精采的文字，挑选出来，一部分翻译，一部分转载，再加上一番编辑校订的工夫，然后编成一种杂志，这就成为《月报》。""《月报》是一种包罗万象的综合杂志。这好比是知识的百货商店。凡是应时的，实用的，细巧的，坚实的，不论是道地土产，或环球货品，无所不备。所缺少的只有一件东西，就是品质低劣或于读者有害无益的那些文字。""在大体上，《月报》的内容，分作政治、经济、社会、学术、文艺五栏。每一栏都有一个详细明确的情报，把过去一个月国内国外的政治、经济、社会、学术、文艺消息，完全披露出来。有了这些情报，你可以不用看

报，却能够知道比报纸所录更多的消息。”（《中学生》第七十一号，1937 年 1 月）

1 月 17 日 发表《弘一法师的书法》，刊厦门《星光日报》第四张第十五版“弘一法师特刊”，署名叶绍钧（收入《叶圣陶散文甲集》，又收入《叶圣陶集》第五卷）。叶圣陶在文章中说他喜欢弘一法师近几年来的书法，“因为他蕴藉有味。就全幅看，好比一堂温良谦恭的君子人，不亢不卑，和颜悦色，在那里从容论道。就一个字看，疏处不嫌其疏，密处不嫌其密，只觉得每一笔都落在最适当的位置上，不容移动一丝一毫。再就一笔一画看，无不使人起充实之感，立体之感。有时候有点儿像小孩子所写的那样天真，但是一面是原始的，一面是成熟的，那分别又显然可见。总括以上的话，就是所谓蕴藉，毫不矜才使气，功夫在笔墨之外，所以越看越有味。”

1 月 18 日 由苏来沪，寓虹口公寓。与伯祥访来青阁老板杨寿祺，欲托估计俞平伯所写曲本印价，未晤。即走高长兴对饮。

1 月 19 日 夜与丏尊、伯祥饮于雪村所。

1 月 21 日 下午回苏州。

2 月 1 日 发表《给与学生阅读的自由》，刊《中学生》第七十二号（1937 年 2 月号），署名编者（收入《叶圣陶集》第十二卷）。文章抨击当时中等学校把学生看作“思想上的囚犯”，“对于学生课外阅读书报，颇有加以取缔的做法”。

同日 发表《“论非常时期的领袖”》，刊《中学生》第七十二号，署名编者。

同日 发表《〈中学生〉第七十二号编辑后记》，刊《中学生》第七十二号，未署名（收入《叶圣陶集》第十八卷）。《编辑后记》介绍黄源为纪念普式庚（今译普希金——编者注）逝世百周年写的《普式庚的一生》，以及克夫翻译的普式庚的《牧师及其工役巴而达的故事》，又介绍夏丏尊的《文章的静境》。

同日 发表评论《语体文要写得纯粹》，刊《语文》月刊第一卷第二期（收入《阅读与写作》，又收入《叶圣陶集》第十七卷）。

2月10日 发表评论《文艺作品的鉴赏——二、驱遣我们的想象》，刊《新少年》半月刊第三卷第三期，署名圣陶（收入《叶圣陶集》第十卷）。文章说："我们鉴赏文艺，最大目的无非是接受美感的经验，得到人生的受用。要达到这个目的，不能够拘泥于文字。必须驱遣我们的想象，才能够通过文字""接触到作者的意境"，领会到作品"没有说出来"的"言外之意、弦外之音"。

2月15日 发表评论《读〈号子里〉》，刊《写作与阅读》月刊第一卷第四期，署名圣陶。

2月18日 自苏来沪。夜，章雪村设宴为丁晓先饯行（丁调教育部编书），叶圣陶与丏尊、伯祥、云彬、均正、调孚、洗人、雪珊、索非、宋易作陪。

2月19日 夜应翊新马上侯约，同坐伯祥、晓先、洗人。饮后与伯祥、晓先、红蕉往大中华看北昆名角韩世昌、白云生之《琴挑》、《问病》、《偷诗》，十二时半散。

2月20日 夜在聚丰园与雪村、丏尊、伯祥、云彬、均正、调孚、洗人、雪珊、索非、宋易设宴为丁晓先饯行。饮后往大新看仙霓社戏。

2月21日 午间赴仲盐所宴，同坐丏尊、雪村、伯祥。夜往大新看仙霓社戏。

2月22日 夜与丏尊、伯祥、洗人饮于高长兴。次日回苏州。

同月 文艺评论集《文章例话》由上海开明书店出版（1945年3月福建崇安开明出第一版，1949年3月开明书店出第十一版，1983年10月三联书店出第一版）。书前有作者《序》，内收朱自清《背影》、茅盾《浴池速写》、徐志摩《我所知道的康桥》、苏雪林《收获》、郭沫若《痈》、夏丏尊《整理好了的箱子》、巴金《朋友》、丰子恺《现代建筑的形式美》、赵元任《科学名词跟科学观念》、韬奋《分头努力》、胡愈之《青年的憧憬》、胡适《差不多先生传》、老舍《北平的洋车夫》、夏衍《包身工》、俞庆棠《给上海学生请愿团的一封公开信》、尤炳圻《杨柳风序》、蔡元培《杜威博士生日演说词》、沈从文《辰州途中》、徐盈《从荥阳到汜水》、鲁迅《看戏》、萧乾《邓山东》、刘延陵《水手》、周作人《小河》及丁西林《压迫》。1949 年 3 月开明书店出第十一版时删去周作人《小河》，加进卞之琳《给修筑飞机场的工人》。

3 月 1 日 发表《教育播音》，刊《中学生》第七十三号（1937 年 3 月号），署名编者（收入《叶圣陶集》第十二卷）。从 1935 年起，当时的教育部在中央广播电台放送教育播音，每天请人作半小时讲演，叶圣陶在文中对“广播讲演人”提出两点希望：“第一自然要认识这种设施是‘为着学生’的，一切都得以学生为本位：凡学生所要明晓的，倾筐倒箧，不厌其详；凡学生所要解决的，借箸代筹，唯求其尽。第二更要对于自己的讲演技术作深切地反省：怎样能使听众感到兴味？怎样能使听众充分容受？在坐到播音机前以前，必须胸有成竹。”

同日 发表文章修改《姐姐的死》，刊《中学生》第七十三号，署忆之原作、叶圣陶修改（收入《叶圣陶集》第十五卷）。

同日 发表《文章例话》（叶圣陶著）广告，刊《中学生》第七十三号，未署名（收入《叶圣陶集》第十八卷）。

同日 发表《〈中学生〉第七十三号编辑后记》，刊《中学生》第七十三号，未署名（收入《叶圣陶集》第十八卷）。

3 月 10 日 发表评论《文艺作品的鉴赏——三、训练语感》，刊《新少年》半月刊第三卷第五期，署名圣陶（收入《叶圣陶集》第十卷）。文章中说“语感”指的是“对于语言文字的灵敏的感觉”，鉴赏文艺的人如果对于语言文字本身所有的意义和情味不很了了，那就如入宝山空手回，结果将一无所得。

3月18日 由苏来沪，仍寓虹口公寓。

3月20日 夜赴伯祥所参加第五次消寒会，同坐雪村、丏尊、愈之、振铎、洗人、调孚、云彬等。

3月21日 章雪村发起“生日会”，夜即在新半斋为王伯祥做生日。加入为丏尊、圣陶、雪村、雪珊、伯祥、孑如、红蕉、道始、挺生、洗人等。散席后登天韵楼远眺，九时许散。

《生日会题名》（丁丑集录）

正月初六日	雪山	四十七
正月廿五日	孑如	三十
二月初九	伯祥	四十八
二月廿六	红蕉	四十
三月二十日	晴帆	五十二
五月十四	丏尊	五十二
七月廿八	雪村	四十九
九月三十	圣陶	四十四
十月初六	洗人	五十二
十月廿五	道始	三十八
十一月十二	廉逊	六十
十二月初五	挺生	四十五
十二月初十	叔琴	四十六

3月22日 傍晚与雪村、伯祥同过来青阁访杨寿祺未遇，小饮于高长兴。次日回苏州。

同月 发表《〈二十五史补编〉刊行缘起》，刊开明版《二十五史补编》，开明书店出版，署开明书店编译所（收入《叶圣陶序跋集》，又收入《叶圣陶集》第十七卷）。《缘起》中说：《二十五史补编》跟开明版《二十五史》相辅而行，“这个补编里包含天文、地理、兵、刑、食货等各方面的材料。谁要研究文化史上的任何问题，这里给他预备着充实的库藏。关于经籍源流的材料，这个补编里尤其丰富；把收入的艺文志、经籍志合起来计算，比较八史经籍志多到两倍。我们猜想，研究目录学的人更将喜爱这个巨大的结集”。

4月1日 发表《再谈取缔书报》，刊《中学生》第七十四号，署名编者（收入《叶圣陶集》第十二卷）。文章继续抨击中等学校取缔中学生课外阅读书报的做法。

同日 发表《〈中学生〉第七十四号编辑后记》，刊《中学生》第七十四号，未署名（收入《叶圣陶集》第十八卷）。《编辑后记》介绍著名爱国将领冯玉祥的《今日中学生应有的认识》和《大公报》总编辑张季鸾的《青年对于国事的认识》。说青年读者读了这两篇文章，“一定感觉得兴奋，认为我们的前途绝不悲观”。

4月10日 发表评论《文艺作品的鉴赏——四、不妨听听别人的话》，刊《新少年》半月刊第三卷第七期，署名圣陶（收入《叶圣陶集》第十卷）。文章认为：“鉴赏文艺，要和作者的心情相契合，要通过作者的文字去认识世界，体会人生，当然要靠读者自己的努力。有时候也不妨听听别人的话。别人鉴赏以后的心得不一定就可以转变为我的心得；也许它根本不成为心得，而只是一种错误的见解。可是只要抱着参考的态度，听听别人的话，总不会有什么害处。抱着参考的态度，采取不采取，信从不信从，权柄还是在自己手里。即使别人的话只是一种错误的见解，我不妨把它搁在一旁；而别人有几句话搔着了痒处，我就从此得到了启发，好比推开一扇窗，放眼望出去可以看见许多新鲜的事物。阅读文艺也应该阅读批评文章，理由就在这里。”

同日 由苏来沪。夜与雪村、伯祥饮于王宝和。宿源源旅社。

4月11日 上午在雪村所与丏尊、伯祥等共商《小学国语课本》修订事。午后与伯祥茗于邑庙得意楼。夜饮于雪村所。宿新亚旅舍。

4月16日 夜与雪村、伯祥、心如、云彬、立斋等饮于正兴馆。

4月17日 发表《写作漫谈》，刊《自修大学》双周刊第一辑第七号，署名圣陶（收入《阅读与写作》，又收入《叶圣陶集》第九卷）。文章认为“预备写作”要懂得一点“文章的理法”，“要训练一副明澈的眼光”，“又要训练一副熟练的手腕”，同时强调要多“练习”；“总之，写作是‘行’的事情，不是‘知’的事情。要动脚，才会走；要举手，才会取；要执笔，才会写作；看看文章作法之类只是‘知’的事情，虽然不一定有什么害处，但是无益于写作的‘行’是显然的。”

同日 与胡愈之等共商《月报》事。

4月20日 晚赴开明书店营业处觉林宴，主客为开明书店济南代办分庄经理王畹卿、刘震初。陪客还有丏尊、雪村、雪山、伯祥、索非和丰子恺。散席后与伯祥、子恺、洗人、雪村赴大新仙霓社听昆曲《刘唐》、《前诱》、《后诱》、《杀惜》、《放江》、《活捉》。

4月21日 夜在伯祥所小饮长谈。

4月22日 王伯祥日记：“夜与圣陶饮雪村所，谈至九时乃散。圣陶为赶改《国语课本》事来沪已半月，明日当可竣事，后日返苏矣。”

4月23日 夜与丏尊、雪村、调孚、伯祥、洗人、红蕉饮于马上侯。次日回苏州。

春 青年作家李辉英把书稿《北方集》寄给叶圣陶，“大约过了两个多月的样子，叶圣陶先生的复信寄来了北平，封内还附上了版税合约两份，叫我签好之后，一份自存，一份寄还书店。叶先生说：‘开明文学丛刊，已把我的《北方集》编入了，大约秋季可以出书。有些笔误之处，已做了修正。’叶先生忠厚老成，对于后辈循循善诱，令人难忘。他待人客气，说是做了修正，我那篇拙作，真不知耗去了他多少宝贵的时间呢。……不料一九三七年秋上海的‘八一三’战事一起，开明书店的编辑部、印刷厂（大约在东有恒路），便为敌人的炮火所毁，排好的《北方集》，正像当时的北方一样，也就遭了同样的苦难。”（李辉英：《失落的书稿》，载《三言两语》，香港文学研究社 1975 年 4 月版）

5 月1 日 发表《不成问题的读经问题》，刊《中学生》第七十五号（1937 年 5 月号），署名编者。

同日 发表《〈中学生〉第七十五号编辑后记》，刊《中学生》第七十五号，未署名（收入《叶圣陶集》第十八卷）。

5 月9 日 发表《我如果是一个作者》，刊上海《大公报》“作家怎样书评”栏，署名圣陶。

5 月18 日 晨由苏来沪，即去生活书店访金仲华，商《民众周报》事。时，北平通俗读物社（顾颉刚主持）主编的《民众周报》由开明书店出版发行。该刊宣传爱国主义，引起“警察机关”和“西捕房”的注意。是日，中西探捕持法院搜查证，搜查开明书店，查抄《民众周刊》第三卷第八期万余册送法院起诉。次日，上海特区第一法院裁定：《民众周刊》妨碍（中日）邦交，予以扣押，听候侦查。

5 月20 日 下午出席业务常务会议，通过变更组织及人事调动两案。

5 月21 日 夜与伯祥、云彬、洗人饮于董家渡大街王恒豫酒店。

5 月22 日 接好友章元善之父章式之讣，廿八日在平寓开吊，即与王伯祥联名致书开明书店北平分店经理吴心厂，托代办奠幛。

5 月22 日、24 日 作《中学生课外读物的商讨——教育播音演讲录稿》（刊《播音教育月刊》第一卷第九期，1937 年 7 月出版，署名叶绍钧；后收入《阅读与写作》，又收入《叶圣陶集》第十一卷）。叶圣陶5月22日的演讲中说，“中学生的课外读物”大致可以分为四类：“第一类是各种科目的参考书。如学习了动物学植物学，再去看一些有关生物学方面的书，学了物理学化学，再去看一些讲这些科学家发现和发明的书，这些书就属于这一类。第二类是关于修养的书，如伟大人物的传记，学问家事业家的言行录，都属于这一类。第三类是供欣赏的书，小说、剧本、文集、诗歌集，都属于这一类。第四类是供临时需要的书。如预备练习游泳之前，去看一些讲游泳方法的书；当社会上发生了某种问题的时候，去看一些关于某种问题的书，这些书就属于这一类。”

5月24日演讲中谈到读书的方法：“无论什么书，都不能让眼光像跑马似地溜过就算，一定要集中心思，把注意力放在书上。这是第一。第二，一口气直往下读，不如每读一段，稍稍停一停，回过头去想一想这一段主要说了些什么。一口气往下读往往不能消化，好像囫囵吞枣一个样；停下来想一想就像咀嚼一个样，才能辨出真的滋味来。对于第二类和第三类的课外读物，尤其需要下这个功夫。第三，想到了什么，不妨随时提起笔把它记下来，这就是读书笔记。想的时候往往比较杂乱，比较浮泛；写下来就非有条有理不可了，非切切实实不可了：所以写读书笔记是督促自己认真阅读的一个好办法。读书笔记或者采用列表的形式，或者采用杂记的形式，可以根据所读的书的性质而定。”

6月1日 发表《“临时抱佛脚”》，刊《中学生》第七十六号（1937年6月号），署名编者（收入《叶圣陶集》第十二卷）。文章针对青年学生为了应付毕业会考及大学入学考试，“临时抱佛脚”，啃“问题解答”、“考题汇编”之类的书籍做法，指出：“青年为‘志在必胜’起见，临时抱一抱佛脚，自是人情之常，未可厚非。但是，如果意不在此，而只为程度还没有达到水准，所以不得不匆匆忙忙临时预备，这就很可虑了。一个青年应当知道：所修习的功课犹如食物，必须随时把它消化让它化为自身的血肉。一个青年更应当知道：考试只是一种测验的方法，并不是修习的目的，他必须为自身受用而修习，不该为对付考试而修习”；“不能够把所修习的功课完全消化，在知识上能力上就多少有点不健康，这不健康会影响到青年整个的生活”。

同日 发表《〈中学生〉第七十六号编辑后记》，刊《中学生》第七十六号，未署名（收入《叶圣陶集》第十八卷）。《编辑后记》介绍“华北与国防”特辑和“大学写生”特辑；又介绍许寿裳先生《青年期的读书》一文。许氏在这次文章中提出：“少读中国书，多读外国书；少捧国粹，多捧‘人粹’。”说：“现在有一二省份的青年正被逼着‘读经’；许先生特向青年提出这样的警告，真是具有良心的可敬的人物。”

6月2日 法院第二次开庭审理《民众周刊》案。因开明书店董事长邵力子出面调停，法院改判为：妨碍秩序无罪，未经登记即发行，罚款三十元，《民众周刊》暂停发行。判决书云：“查《民众周报》所载关于‘中国领土歌’、‘中国疆域论’、‘中国铁路网’等项，或记载历史上事迹，或解说中国疆域，与违背法令之条件，尚不相符，关于此部分，应论无知罪。”

6月上旬 长子叶至善、次子叶至诚前后染猩红热，直至26日才出院。故本月未到沪开明书店办事。

6月15日 发表《我们的态度》，刊《写作与阅读》月刊第二卷第二期，署名叶圣陶、夏丏尊、王伯祥（收入《叶圣陶集》第十八卷）。该文阐述对于《经》的正确的态度，既抨击把《经》看作“符咒”的“愚不可及”，也批判用《经》来“治”青年的“荒谬的见解和举动”。

6月25日 发表《骑马》，刊《新少年》半月刊第十二期，署名圣陶（收入《叶圣陶散文甲集》，又收入《叶圣陶集》第五卷）。文章回忆在苏州草桥中学读书时课余练习骑马的经历。

6月 《初中国文教本》（六册）由开明书店陆续出版，署夏丏尊、叶绍钧合编（1940年3月三版）。书前《编辑大意》云：

一、本书遵照教育部二十五年六月修正课程标准编辑，供初级中学国文科精读教学之用。全部六册，每学期各用一册。

一、本书含有精读范文及文章法则两项教材。文章法则又分甲乙二部，甲部提示文法要项，乙部提示文章理法，皆按照范文分别安插；即以范文为例证，打成一片。

一、本书所选范文，内容力求与课程标准所举目标相合，间或加以删节改窜，以期适应教学。文体亦按照标准所定百分比精密分配。

一、本书为图学生自动学习及教师自由活用起见，除在文章法则后各列扼要之习问外，每篇范文不附习题。范文中之生字难句及故实虽详加注释，皆并置卷末，仅于本文用数字标记，备必要时检查。

一、本书注重文言与语体之沟通，每于提示文法要项时，必双方并及，说明异同。并于注释中特别留意，凡文言特有之词及用法，皆于初见时详加注释比较，以期减少文言文教学之困难。

第一册

一　四种重要粮食　《三民主义》

二　敬告中等学生　陆费逵

文章法则甲　一　字和词

三　王冕　《儒林外史》

四　神亭之战　《三国演义》

文章法则乙　一　报告和表白

五　诗二首
三弦　沈尹默
慈姑的盆　周作人
六　大明湖　《老残游记》
文章法则甲　二　词的种类（一）
七　亚美利加之幼童　包公毅
八　慈爱的结束　冰　心
文章法则乙　二　记述文和叙述文
九　新生活　胡　适
一〇　舍己为群　蔡元培
文章法则甲　三　句的基本成分和式样
一一　机械人　黄幼雄
一二　蟑螂　克　士
文章法则乙　三　说明文和议论文
一三　中山先生轶事　因　公
一四　纳尔逊轶事　梁启超
文章法则甲　四　词的种类（二）
一五　中国之蚕桑　衣食住
一六　从孩子得到的启示　丰子恺
文章法则乙　四　各体的混合
一七　诗二首
天上的街市　郭沫若
一个星儿　胡　适
一八　为学　彭端淑
文章法则甲　五　短语
一九　观巴黎油画记　薛福成
二〇　广州脱险记　宋庆龄
文章法则乙　五　应用文和文艺文

文章法则甲　句的成分的排列
五　景阳冈　《水浒传》
六　谈风　《上下古今谈》
文章法则乙　二　记叙文的顺序
七　病　余云岫
八　诗二首
采野菜的女孩　何植三
一个小农家的暮　刘　复
文章法则甲　二　名词代名词在句中的用途
九　“和平”“奋斗”“救中国”　汪兆铭
一〇　朋友　巴　金
文章法则乙　三　记叙文的剪裁
一一　最苦与最乐　梁启超
一二　科学的头脑　任鸿隽
文章法则甲　三　重要的文言代名词(一)
一三　黄花岗烈士纪念会演说　陈布雷
一四　平民夜校开学演说　蔡元培
文章法则乙　四　仪式文
一五　奕喻　钱大昕
一六　喜怒忧惧　张耀翔
文章法则甲　四　重要的文言代名词(二)
一七　图画　蔡元培
一八　词四首
相见欢　李　煜
卜算子　苏　轼
小重山　岳　飞

第三册（1939 年 6 月初版）

四　荷塘月色　　朱自清

文章法则甲　一　动词的单用和复用

五　打蕴草　　茅　盾

六　二十三年夏季长江下游干旱之原因

竺可桢

七　“摩娜里莎”　　巴　金

八　最后一课　　胡　适

文章法则乙　一　描写

九　一件小事　　鲁　迅

一〇　篮球比赛　　叶绍钧

一一　繁星　　巴　金

一二　秃的梧桐　　苏　梅

文章法则甲　二　主要动词

一三　诗四首

秦中吟（十首选二）

重赋

轻肥

新乐府（五十首选二）

杜陵叟

卖炭翁

一四　命运　　顾颉刚

一五　我的人生观　　黄炎培

一六　责己重而责人轻　　蔡元培

文章法则乙　二　景物描写

一七　画师洪野　　施蛰存

一八　先妣事略　　归有光

一九　鲸　　贾祖璋

二〇　志摩在回忆里　　郁达夫

文章法则甲 三 动词的被动式

二一 记王隐君 龚自珍

二二 报纸 金仲华

二三 我们的血 靳 以

二四 世说新语七则 刘义庆

文章法则乙 三 人物描写

二五 上海著作人公会缘起

二六 口技 林嗣环

二七 学费（上） 张天翼

二八 学费（下） 张天翼

文章法则甲 四 动词的表时

二九 漳南侠士传 崔 述

三〇 立志 高一涵

三一 非攻 《墨子》

三二 子路曾哲冉有公西华侍坐《论语》

文章法则乙 四 有定型的文章

三三 木兰诗

三四 露霜雹雪 胡焕庸

三五 理性与兽性之战 郭沫若

三六 重华书院简章 梁漱溟

文章法则甲 五 助动词

注释 编 者

《初中国文教本》第四至六册目录待查。

《〈初中国文教本〉注释举隅：王冕》，收入《叶圣陶教育文集》第四卷（人民教育出版社 1994 年出版）。

7 月 1 日 发表小说《乡里善人》，刊《文学》月刊第九卷第一号，署名圣陶（收入《叶圣陶文集》第三卷，人民文学出版社 1958

年 10 月出版；又收入《叶圣陶集》第三卷）。小说里坐吃祖宗家业的庸碌之辈钱康侯一心想“传名”，“送五百番的润笔”给大文章家鲁太公，求他做了篇三百字的“寿序”，称他是“乡里善人”。钱花了，可“传名”则成了一个“渺茫的梦”。

7 月7 日 日军发动“七七事变”，抗日战争全面爆发。

叶圣陶《抗战周年随笔》说：“卢沟桥事件发生以后，不到半个月，中央当局就有明白严正的表示。但是北平天津相继失陷，中央当局还没有什么实际行动，不免使人有‘但闻楼梯响，不见人下来’之感。其时我怅惘得很，写了一首用《鹧鸪天》调子的词，词云：‘不定阴晴落叶飞，小红花自媚疏篱。颇惊宿鸟依枝久，亦讶行云出岫迟。　吟止酒，写新词，寻消问息费然疑。同仇敌忾非身外，莫道书生无所施。’”（《抗战文艺》第一卷第十二期）

7 月23 日 王伯祥日记：“接圣陶信，甚愤慨。谓苏地如不免战事，必不避，拟投效防御机关奋力云。”

同月 作《鹧鸪天　不定阴晴落叶飞》（初见叶圣陶《抗战周年随笔》，后收入《叶圣陶集》第八卷）。

同月 《叶绍钧代表作选》（张均编）由上海全球书店印行，为《当代名人创作丛书》之一。书前有《序》。内收小说十七篇：《英文教授》、《招魂》、《多收了三五斗》、《春光不是她的了》、《微波》、《一个小浪花》、《逃难》、《隔膜》、《火灾》、《城中》、《遗腹子》、《潘先生在难中》、《夜》、《义儿》、《丁祭》、《一个练习生》、《半年》；童话四篇：《火车头的经历》、《“鸟言兽语”》、《古代英雄的石像》、《稻草人》；散文六篇：《报销主义》、《某商人的话》、《勒令转学》、《养蜂》、《没有秋虫的地方》和《藕与莼菜》。

8 月1 日 发表《书桌》，刊《文学》月刊第九卷二号（收入《叶圣陶散文甲集》，又收入《叶圣陶集》第五卷）。文章怀念十多年前寄居乡下的时候，给作者做书桌的老木匠和他的徒弟。

8月16日 排印中的《中学生》杂志第七十七号随同开明书店的编辑、出版、发行部以及为开明书店承印书刊的美成印刷厂，全被日寇的炮火轰毁。《中学生》和《新少年》停刊。

8月22日 王伯祥“接圣陶十二日信，告近状，并询我况”。苏沪近在咫尺，信在途中滞留十天，可见时局之混乱。（王伯祥日记）

8月23日 王伯祥“复圣陶信”。（王伯祥日记）

8月24日 王伯祥“又接圣陶信”。（王伯祥日记）

同月 作《卜算子 伤兵、难民》（刊《救亡日报·文艺副刊》，1937年10月15日；又刊《春云》第三卷第三期，1938年3月15日；后收入《我与四川》，四川人民出版社1984年1月出版；又收入《叶圣陶集》第八卷）。时，在上海做救护难民工作的吴大琨来访。吴告诉叶圣陶前方伤员英勇抗战的事迹，叶圣陶听后很激动，写了这两首《卜算子》。

同月 作《浣溪沙 战事初作苏州即事》（刊《春云》第三卷第三期，后收入《叶圣陶集》第八卷）。

同月 作《长亭怨慢 颂抗战将士，言不尽怀》（刊《春云》第三卷第三期，后收入《我与四川》，又收入《叶圣陶集》第八卷）。词云：“最前线，炮声含怒。赳赳桓桓，似潮奔赴。此役光荣，寻常征战岂其伍。众心无二，拼血淹、东方虏。热泪几多腔，保一寸、中华疆土。 艰苦。尽忍饥耐渴，况复弹飞如雨。伤残死灭，尽都替、国人担负。未愿任、正义摧颓，又挑上、双肩维护。问两字英雄，此外伊谁堪付。”

9月4日 作书信致夏丏尊。

9月14日 王伯祥“写信致圣陶”。（王伯祥日记）

9月16日 王伯祥日记：“汇圣陶之四十元今已寄出，因再写信与之。接红蕉电话，据云圣陶曾一度拟乘舟避乡，未果行，而舟子强索三十元去。现在苏州情况甚紊乱，即此可见一斑。”

9月17日 王伯祥日记："又接圣陶片，知曾断信未到，俱未及复。"

9月19日 发表词《木兰花》，刊《烽火》周刊第三期，署名圣陶（收入《叶圣陶集》第八卷）。

9月20日 王伯祥"写信致圣陶"。（王伯祥日记）

9月21日 扶老母、胡墨林、至善、至美、至诚、夏满子，以及妹妹叶绍铭一家乘木船经运河抵杭州，先住在瀛州旅馆，后住到绍兴直乐泗胡墨林的亲戚家里。

叶圣陶《抗战周年随笔》说："那天走出了家屋，几时再回来是未可预料的，或者回来时屋已被炸被烧了也说不定，可是当时我省察自己的心中，并没有什么依恋爱惜之感。我以为抗战要本钱，本钱就是各个人的牺牲，牺牲具有积极意义的，就是所谓'有钱者出钱'，'有力者出力'，其仅有消极意义就是不惜放弃所有，甘愿与全国同胞共同忍受当前的艰苦。"（《抗战文艺》第一卷第十二期）

9月30日 王伯祥日记："红蕉来辞，今晚即赴杭，划杭之百元及今日应领之维持费五十元，均托交圣陶。红蕉去后，即接圣陶杭州来书，知其甥冬官忽患猩红热，十分慌乱，而倭机又正袭杭，频传警报。想见狼狈之至，甚为萦念。"

10月4日 作书信《致雪村》（收入《叶圣陶集》第二十四卷）。信中说："小墨（叶至善——编者注）等四人，已于昨日上午安抵白马湖，陪送前往之人，此刻已来复命，大家放心。我们与直乐泗施太太约好，如宁波方面有何不稳，他们即移居她家，其地离马山，云止一二里地。……弟处为'杭州大东门内燕子弄杭州织绸厂'，惠书可寄此。"

王伯祥10月4日日记："接圣陶信，知小墨及满子、至美、至诚已打发往白马湖，彼等将决赴汉，言下颇有离散之感，甚为扼腕。"

10月5日 王伯祥日记："又接圣陶信，知其甥冬官病势甚危，红蕉夫妇为之抱头哭喊，予甚为怅之。”

10月6日 王伯祥“写信附致圣陶”，“接圣陶信”。（王伯祥日记）

10月11日 王伯祥“接圣陶、红蕉信，知冬官已痊，不日当赴汉。当即作复，仍附雪村信中寄去”。（王伯祥日记）

10月19日 王伯祥“接洗人、圣陶信，俱催雪村前往（杭州），盖长途电话不通，而此间所发电报亦未能以时送达也。圣陶在杭遭倭机迫胁，俱伏竹林中获免，甚狼狈，予深为扼腕”。（王伯祥日记）

10月22日 王伯祥“写信寄雪村、洗人、圣陶杭州。圣陶已送眷赴直乐泗安顿，雪村信言之”。（王伯祥日记）

10月29日 王伯祥“接圣陶、雪村自杭来信，日内将与洗人先赴汉。定有赴汉及留沪职员待遇办法及名单附来，属即为发表”。时，叶圣陶与开明书店经理章锡琛、范洗人，以及开明书店汉口分店经理章雪舟在杭州会齐，取道吴兴、宣城、芜湖赴汉口，准备在汉口筹建编辑部。日寇在金山卫登陆后，叶圣陶函嘱胡墨林率家人至南昌汇合。（王伯祥日记）

11月1日 王伯祥日记：“琛、洗、圣芜湖来片。大约日内琛等即可抵汉矣。惟此间续运之件，以输路困难，一时无法装载，遍访太古、怡和、招商等局，亦无法承揽，是则大堪忧虑耳。”

11月10日 发表词《感奋词钞》，刊《文学》月刊第九卷第四号，署名章雪村、叶圣陶。题名为《文学》月刊编者所加。

《〈文学〉编者附记》：“于调孚处偶见雪村圣陶唱酬之作，乱离忧愤，情见乎辞，而慷慨激昂，应不让稼轩独步。爰不待征得二君同意，亟为录布以公同好，并为着‘感奋’二字，以概其意云。”

11月11日 作书信《致丏翁》（收入《叶圣陶集》第二十四卷）。信中说：“今日报载敌人在余姚附近登岸，似有攻杭之意，上虞绍兴，均将起恐慌。……弟家属在直乐泗，路远难照顾，想他们必能善自处置也。”

同日 王伯祥“写信与村、洗、圣三公，并托雪山汇百元至绍兴转叶家”。（王伯祥日记）

11月18日 叶圣陶自汉口登轮船经九江到南昌接家眷未遇。

11月20日 作书信《致丏伯二翁》（收入《叶圣陶集》第二十四卷）。信中说：“弟遂以前晚登轮，独行到此。正值西北风大作，江雨狂肆，思绪起伏，竟夕不眠。到此探听，知浙赣路车每日到达，但误点极多，到时每在深夜。以家母之高年，墨林之弱体，而令冒寒冲风，拥挤于长途之客车中，念之真欲陨涕。今日傍晚，拟随旅馆接客人往车站迎候。如今晚接不到，明日再往。或他们挤不上车，明日仍接不到，则他们之困顿，弟心之烦愁，将不堪设想矣。果如愿接到，即在汉暂住；器物绝不购置，吃用自当在最低限度。但能住几时，亦难预料，苟至不能再住之时，又将何往，则弟智穷力索，实亦无法解答。

“弟到汉后，业将国文三四两册改毕，调换文篇，亦大致有着落。不日即可将该两册发排。……”

11月21日 作书信《致丏伯二翁》（收入《叶圣陶集》第二十四卷）。信中说：“今日始知自金华以东，客车久已不通，我家诸人必不能来。……两日来在狂大之西北风中，徘徊于南昌街市，此中沉味，可以想见。”次日回汉口。

王伯祥12月3日日记：“接圣陶南昌二十一日来片，知正在彼候墨林，惟尚未到，甚为抱虑。且云先有快信寄予，予未见之，忧懑甚矣！”

12月初 胡墨林一行经金华、龙游、南昌、九江抵汉口。

12月上旬 从上海运往汉口的美成印刷厂的印刷机械以及开明书店的书籍纸张在镇江白莲泾附近遭劫。12日，南京被围，武汉人心浮动，许多工商业开始撤离武汉。开明书店遂放弃在汉口建立书业基地的计划。夏丏尊和王伯祥劝叶圣陶回沪。叶圣陶24日致王伯祥、夏丏尊书："承嘱返沪，颇加考虑。沪如孤岛，凶焰绕之，生活既艰，妖氛尤炽。并欲离汉，亦因斯故。……近日所希，乃在赴渝。渝非善地，故自知之。然为我都，国命所托，于焉饿死，差可慰心。幸得苟全，尚可奋勤，择一途径，贡其微力。"

12月13日 发表评论《重看〈今日的苏联〉》，刊天津《大公报·战线》第七十三号（收入《叶圣陶集》第五卷）。评论说："这个《今日的苏联》影片，对于心理上决不失败的我们，正是一个借镜，一服兴奋剂。"

12月20日 王伯祥"接雪村先所发函，汉口情形已大窘……圣陶家眷虽已到汉，而警报频仍，愁思无计，又别谋内徙矣，闻之怅惘万分"。（王伯祥日记）

12月21日 王伯祥"接雪村最近航函，附圣陶信，知彼此往回之信颇多差池落后者，或者竟有遗失，甚恨恨也。雪村转告店况甚详，圣陶则全家迁往汉口西北四百里之岳口镇矣。如此转徙，想多辛苦，不觉悲从中来"。（王伯祥日记）

12月22日 王伯祥"写详信寄圣陶，约彼此勤通信"。（王伯祥日记）

12月24日 作书信《致伯翁》（收入《叶圣陶集》第二十四卷）。信中说："旬日以来，无复工作，惘然而起，惘然而食，徘徊踯躅，莫知所适。倚栏下望，车辆纷纭，幞被箱笼，触目而是。察彼乘者，语操吴越，颇有其人，似曾相识。逃避奔窜，各有故事，或失其亲，或亡其财，累遭轰炸，幸未丧生，言之犹悸，尤为常见。……民族移徙，古史多有，不图今日，乃身历之。……

"出版之业，实未途穷。唯是我店，机构所限，处常有余，应变则难，困守而外，殆乏他术。尝为空想，姑妄言之。

设能入川，张一小肆，贩卖书册，间印数籍，夫妻子女，并为店伙，既以糊口，亦遣有涯。顾问之选，首为我甥，李君诵邺，并可请益。此想实现，亦新趣也，未知前途，究何如耳。”

12月26日 作书信《致丏、伯、村、山、调、均、索诸位》（收入《叶圣陶集》第二十四卷）。信中说，他偶遇民生轮船公司“买办”陆佩萱，购得去重庆的船票，“抵重庆至早在明年一月十号左右矣。相去愈远，晤面何期，思之怅怅，唯亦不得不勉自振奋耳。此后作何生涯，且待到后再说，手口犹在，大约不致饿死乎。盼惠信，一纸书信，珍如大宝，寄‘重庆商务印书馆刘仰之转交’”。

同日 叶圣陶率家眷登“民族轮”赴重庆。次日晨开行，行四日抵宜昌。在轮船上听到南京沦陷的消息。

1938 年

（中华民国二十七年　戊寅）　四十四岁

1 月　北平伪临时政府举行就职典礼。

3 月27 日　中华全国文艺界抗敌协会在武汉成立，发表《中华全国文艺界抗敌协会宣言》。会议选出郭沫若、茅盾、叶圣陶等四十五人为理事。

3 月28 日　南京伪中华民国维新政府成立。

6 月　《鲁迅全集》在上海出版，由鲁迅先生纪念委员会编纂，鲁迅全集出版社出版，共二十卷。

9 月　北平伪临时政府与南京伪维新政府合流，在北平成立伪中华民国政府联合委员会。“联合委员会”由王克敏、王揖唐、朱深、梁鸿志、温宗尧、陈群组成，王克敏为主席。

12 月18 日　汪精卫与其党羽曾仲鸣等潜离重庆叛国投敌。23 日，飞抵河内，并于 29 日发表致蒋介石及国民党中央的“艳电”，要求承认伪满洲国，公开为日本首相近卫发表的中日关系之“根本调整方针”的声明张目。

*　*　*

1 月4 日　全家自宜昌登“民主轮”。于 9 日抵渝，暂居在复兴观巷二号甥刘仰之家。次月初，迁居市西三街九号开明书店驻渝办事处。

王伯祥1月4日日记："接圣陶去年十二月二十七日汉口来航函，知遇民生公司之陆佩萱，即日附轮西上，径往重庆矣。"

1月6日 王伯祥写信寄叶圣陶，"惟邮途修阻，不审何时到达耳"。（王伯祥日记）

1月11日 作书信《致丏、村、山、伯、调、均、索诸位》（刊《收获》1982年第六期；后收入《我与四川》，又收入《叶圣陶集》第二十四卷）。

同日 作《江行杂诗》三首（刊重庆《新民报·血潮》第十三号，1938年1月27日，又刊《文史杂志》第一卷第九期；后收入《箧存集》，又收入《叶圣陶集》第八卷）。《江行杂诗》第三首云："故乡且付梦魂间，不扫妖氛誓不还。偶与同舟作豪语，全家来看蜀中山。"林宰平评："不独以气胜，'全家来看蜀中山'此七字隽绝。"

同日 作《宜昌杂诗》四首（刊重庆《新民报·血潮》第十三号，其中一、二、三首收入《箧存集》，又收入《叶圣陶集》第八卷）。

1月15日 支持并帮助谢冰莹创办的重庆《新民报》副刊"血潮"创刊。

1月22日 王伯祥"午前与调孚写一信，备寄圣陶。甫写毕而圣陶在渝所发第一信至，因于午后又添写并复之，均正、雪村各附多语焉"。（王伯祥日记）

1月25日 作书信《致丏翁》（刊《收获》1982年第六期；后收入《我与四川》，又收入《叶圣陶集》第二十四卷）。信中说："现居重庆，固亦一无可为，静待窘境之来临耳。为文殊无心思，且何处可得润笔耶。或思老着面皮登台作教，而现任教员失业者且繁多，更何容我插足其间。前言设一小书摊，以老板兼伙计，借谋微利；但一经探问，此路不通，前言只成戏言而已。思之思之，殊无曙光，虽不致忧郁成疾，究未免怅怅无欢。”“洗翁（范洗人——编者注）租定一屋，为开明驻渝办事处，月租四十金，屋为三层，层各二间。三层之二间归我家分租，家具均前此房客所遗，我们范围内有大小写字桌各一，藤椅四，几四，橱二，自己仅借了二床一榻，又买了一床。布置之后，居然楚楚，自离苏以后，半年内无此宽舒也。玻璃窗上贴上薄桑皮纸，以隔绝外景。路上有售红梅折枝者，名曰‘太平花’，以二分钱买一枝，用盛油之瓦罐供之。若心绪安泰，睹此纸窗瓶供，亦复可以悠然自得矣。”

同日 作书信《致村公》（刊《收获》1982年第六期；后收入《我与四川》，又收入《叶圣陶集》第二十四卷）。信中说：“前此数日，曾往中央大学一观。白木为架，涂泥作墙，屋顶只盖瓦片，别无他物。桌椅均竹架板面。卧室中则白木制之双层床，位置几无隙地，不如寻常工人宿舍。图书馆挤得像货栈房，四百七十箱书，开了七十箱，已把房子塞满，四百箱无法再开。当初大学均抱洋房主义，建筑何等轮奂，今乃简陋至此，殆所谓物极必反欤。教师学生据云大部与家乡断了音信。学生更无从得到接济，只好过苦日子，读苦书而已。”

同日 作书信《致伯翁》（刊《收获》1982年第六期；后收入《我与四川》，又收入《叶圣陶集》第二十四卷）。

同日 作书信《致调孚兄》（刊《收获》1982年第六期；后收入《我与四川》，又收入《叶圣陶集》第二十四卷）。信中说：“前送村公词，承兄赏可，惭愧之至，词诚平常，而意境确萧瑟。弟犹如打马将者能赢不能输，输了就要面红耳赤，大为懊丧。其实只表示其人之不坚定，受不起挫折。如此不坚定之人，让他心理上受些痛楚，固其分也。此言兄以为何如？芳春如竟挽，化尘沙绝无所怨，第恐芳春终莫挽耳。”

同日 作书信《致均正兄》（刊《收获》1982年第六期；后收入《我与四川》，又收入《叶圣陶集》第二十四卷）。

同日 作书信《致天然妹》（刊《收获》1982年第六期；后收入《我与四川》，又收入《叶圣陶集》第二十四卷）。

1月30日 发表评论《向着简练方面努力》，刊重庆《新民报·血潮》第十六号（收入《叶圣陶集》第九卷）。文章说：“我所说的简练，和用钱要讲经济一个意思。用钱讲经济并不是按住钱袋不用，而是用得得当，一个钱有一个钱的效果。文章要简练不是略去了一半意思不说，也不是粗粗画个轮廓，让读者认识个大概就此了事，而是一个字有一个字的专责，一句话有一句话的用处，凡是可有可无不关紧要的字句，都排除得干干净净。”

同月 作《〈阅读与写作〉小序》（收入《阅读与写作》，开明书店1938年4月出版）。

2月2日 王伯祥“接圣陶重庆一月廿六日所寄信”。（王伯祥日记）

2月5日 发表评论《教科书的缺乏》，刊重庆《新民报·血潮》第十六号（收入《叶圣陶集》第十一卷）。

2月7日 发表评论《“自己练习”和“给别人看”》，刊重庆《新民报·血潮》第二十二号（收入《叶圣陶集》第九卷时题名为《自己练习和给别人看》）。文章说：“作者为练习计，什么题材都可以写，写得越多，心和手越熟练。如果要给别人看，当然也是什么题材都可以写，但是必须剔除那些普普通通的材料，单把的确属于自己的东西写进去。剔除得越干净，的确属于自己的东西的成分越多，那越是成功的作品。”

2月8日 发表评论《写那的确属于自己的东西》，刊重庆《新民报·血潮》第二十三号（收入《叶圣陶集》第九卷）。文章说：“我所说的确属于自己的东西，就指那些较深的经验或情思而言，因为它是生活的体验，智慧的成果。……从我这方面说，这是的确属于我自己的东西，从别人方面说，看了这样东西，一定能够得到一点儿什么”。

2月12日 发表评论《动手写作以前》，刊重庆《新民报·血潮》第二十七号（收入《叶圣陶集》第九卷）。

2月14日 发表评论《求其“达”》，刊重庆《新民报·血潮》第二十九号。

2月15日 发表评论《求其“达”（续）》，刊重庆《新民报·血潮》第三十号(《求其“达”（续）》和《求其“达”》合并为一篇，题为《求其“达”》，收入《叶圣陶集》第九卷)。文章所说的“达”指的是达到了“熟和巧的意境”。

2月17日 王伯祥“发出圣陶信，附雪村所致洗人函中，告苏屋无恙”。（王伯祥日记）

2月19日 发表评论《语言和文章》，刊重庆《新民报·血潮》第三十四号（收入《叶圣陶集》第九卷）文章强调写进文章的语言，一定要“洗练成极端精粹的现代语言和大众语”。

2月21日 王伯祥“接圣陶十二日渝发四号信，悉将任教于巴蜀学校之中学部，且渝中人材所聚，新旧宾从，络绎往还，殊不寂寞，即写信复之，大约候此间同人各书复札，或须明后日始得寄出也”。（王伯祥日记）

2月22日 由茅盾、叶圣陶、适夷、宋云彬主编的《少年先锋》创刊。

邵力子题词：“读到《少年先锋》第一期，我非常兴奋，觉得它确能供给少年们以抗战救亡的知识。”（《少年先锋》第二期）

郭沫若题词：“大家都有过少年时代。我们自己的少年时代是在无意识中过去了。我们应该珍惜我们的少年，少年应该珍惜自己的时代。这是民族的命脉，文化的源泉。要有能够担当一切的少年，然后民族才有复兴的希望，文化才有推进的可能。目前和今后的我国是需要大才的时候。大才总要在自由的空气里才能蓬蓬勃勃地生长。若要无理地加以拳曲，使之就范，最大的成功只能收获些粉饰庭园的盆栽，于建国是毫无用处的。”(《少年先锋》第四期)

2月22日 发表《少年们的责任》，刊《少年先锋》半月刊创刊号(收入叶圣陶、茅盾等著《给战时少年》，汉口大路书店1938年5月出版，为《少年先锋丛书》之一；又收入《叶圣陶集》第十二卷)。文章希望“少年们”当“小先生”，“把教育民众的责任担在自己的肩膀上”。

2月24日 作书信《致伯翁、调孚兄》(刊《收获》1982年第六期；后收入《我与四川》，又收入《叶圣陶集》第二十四卷)。信中说：“弟自开学以后，每天八时出门，十二时回来，挤公共汽车，上坡下坡，均颇吃力，且不管他。作文有六七十本，须三个半天方了，最为麻烦。但有事则心有所寄，比枯坐无聊总胜十倍。索文者常有，不免应付一下，以是也竟日不得空了。云彬在汉编杂志颇起劲，拉弟列名编辑，每半月也得勉强作一篇。

“弟所选文选系抄近时之文章，加以修润，可供高小初中之用。选得廿余篇，已付排。此是洗翁之意，弟遵行而已。”叶圣陶选的这本文选，名为《战时国文读本》。

2月26日 发表《生命和小皮箱》，刊重庆《新民报·血潮》第四十一号(收入《我与四川》，又收入《叶圣陶集》第六卷)。文章剖析战时有些人对“生命和小皮箱的观念”(“小皮箱”里装的是“金银财物证券契据之类”的“可以活命的东西”)，希望提着“小皮箱”逃难的人“操心思”、“流血汗”，“干那保住大众的生命，守护其大无比的小皮箱的工作”。

同月 宋云彬在汉口创办大路书店，叶圣陶为发起人之一。

3月2日 王伯祥“写信寄圣陶，信甫发出，圣陶信来”。(王伯祥日记)

3月3日 王伯祥“写信复圣陶”。(王伯祥日记)

3月5日 发表《珍惜自己和锻炼自己》，刊《少年先锋》半月刊第二期（收入叶圣陶、茅盾等著《给战时少年》，又收入《叶圣陶集》第十二卷）。

3月8日 作书信《致丏、村、伯、孚、均诸翁》(刊《收获》1982年第六期；后收入《我与四川》，又收入《叶圣陶集》第二十四卷)。信中说：“弟现在每天到学校上课，去了半天，改作文每周也要三个半天，又要作些应酬文字，殊不得闲。昨夜陈子展、伍蠡甫来访，云要弟往复旦教课。复旦在北碚，距此半日之程，他们说可以为弟排得紧些，每周去两天就够了。弟早已立志不作大学教员，而他们二位不容分说，似乎非去不可，分别之际，彼此含糊其辞。为拿一点钱计，破戒似乎也不妨，只是来去不便，巴蜀方面也不好意思请他们把国文钟点挤在三四天内，实是难决。据说今明还要来，不知究竟如何决定也。”

同日 作书信《致丏翁》（刊《收获》1982年第六期；后收入《我与四川》，又收入《叶圣陶集》第二十四卷)。信中说：“弟在巴蜀教国文，用东华所编之书，觉所选文章多不配十余龄学生之胃口，而所谓‘习作’者，讲得吃力而学生大半茫然。我们所编书大体与之相类，其不切实用自可想见。闭门所造之车难合外间之辙，今益信矣。至少初中国文教学还得另起炉灶，重辟途径也。”

3月9日 王伯祥“写信寄圣陶，编沪渝新八号”。(王伯祥日记)

3月11日 作书信《致伯翁、调孚兄》（刊《收获》1982年第六期；后收入《我与四川》，又收入《叶圣陶集》第二十四卷)。信中说：“弟于下星期起，往戏剧学校多教两小时(写作练习——编者注)。……戏剧学校只教十数学生的一班二年级，想还容易对付。”

同日 王伯祥接叶圣陶信，“系三日所发航函，尚不迟，知近况颇

好”。（王伯祥日记）

3 月 13 日 作书信《致丏、伯、调三翁》（刊《收获》1982 年第六期；后收入《我与四川》，又收入《叶圣陶集》第二十四卷）。信中说：“前一书谓复旦不复来缠绕，孰知昨晚陈子展又来，学校破格迁就，谓只须每两周去一次。盛情如是，若再拒却，将被骂为不近人情矣，即一口答应。唯往北碚须溯嘉陵江而上，舟行五六小时，较之乘京沪车更为气闷。到后须两宿而归，预备，开讲，改卷，其事至劳困。今为预想，殊感吃不消。然既已实逼处此，则只有硬着头皮做去耳。

“沈从文居沅陵，来信颇念调孚兄，已答以安然居孤岛。彼为弟致书四川大学朱孟实，劝朱延弟任教，盛意可感。不料弟此次西行乃交了教书运。孟实若从其言，弟又只得婉辞谢之，再举家至成都，太麻烦矣。”

3 月 15 日 王伯祥“写信与圣陶，告勖初、致觉近闻”。（王伯祥日记）

3 月 18 日 王伯祥“接圣陶函，属打探硕民行迹，且设法汇款济之”。（王伯祥日记）

3 月 19 日 王伯祥“复圣陶以硕民尚无信，苏州汇兑无门，一时殊难如志云”。（王伯祥日记）

3 月 20 日 发表《组织起来，来做抗战的工作》，刊《少年先锋》半月刊第三期（收入叶圣陶、茅盾等著《给战时少年》，又收入《叶圣陶集》第十二卷）。

3 月 22 日 作书信《致伯、孚二公》（刊《收获》1982 年第六期；后收入《我与四川》，又收入《叶圣陶集》第二十四卷）。

同日 作书信《致丏翁》（刊《收获》1982 年第六期；后收入《我与四川》，又收入《叶圣陶集》第二十四卷）。信中说：“上星期忽有教次顾君来访，弟不识其名，及见面，方知是顾一樵也。马褂长袍，微有官气。询对于中等教育有无意见，未及弟开口，即兴辞而去，则问亦多事矣。”

3月27日 作书信《致丏、伯、孚三公》（刊《收获》1982年第六期；后收入《我与四川》，又收入《叶圣陶集》第二十四卷）。信中说：“弟现在不只作初中国文教师，且作大学国文教师，从所得实感说，中与大之作文，无甚分别，总之不求表现之精当适切，只把所有情意马马虎虎写了下来就算。随时把所感记下来，久有此想，而平时没有作笔记之习惯，至今尚未记下一个字。若教了一年半载，实际经验一定不少，即使没有笔记，也可以编一部国文教学法的讲义矣。《文章病院》很有做头，但时间不够，教罢了课，改完了卷，总想休息休息，与洗公及家里人打四圈卫生麻将，《文章病院》只得俟诸异日耳。”

同日 作演讲《对于抗战宣传的一点意见——在文协重庆支会的讲话》（刊《春云》月刊第三卷第四期，1938年4月15日，署叶圣陶讲、邓福谦记；后收入《叶圣陶集》第十七卷）。

同日 中华全国文艺界抗敌协会在武汉成立，叶圣陶为大会主席团成员，并担任会刊《抗战文艺》编委。

同月 应老友周勖人之邀，到重庆巴蜀学校教国文。

同月 应重庆中央国立戏剧学校校长余上沅的邀请，到戏校教写作课，始识在该校任教务长的曹禺。应陈子展和伍蠡甫的邀请，到复旦大学教国文。时，复旦大学在北碚，溯嘉陵江而上，舟行五六小时可达。

4月初 侯外庐、王昆仑、高璘度来访。叶圣陶受中苏文化协会聘请，任中苏文化协会研究部副主任。

4月4日 王伯祥“接圣陶渝信，即复之”，“告硕民家已托人划款去”。（王伯祥日记）

4月5日 发表《今年的“儿童节”》，刊《少年先锋》半月刊第四期（收入叶圣陶、茅盾等著《给战时少年》，又收入《叶圣陶集》第十二卷）。

4月8日 作书信《致丏翁》（刊《收获》1982年第六期；后收入《我与四川》，又收入《叶圣陶集》第二十四卷）。信中说：“复旦（大学）总办公处假一道观，供奉禹王。殿前天井即大会堂，戏台为演讲台。教室则假一小学校之教室。学生宿所则村人之余屋也。走往教室上课，小路上时时遇小猪。简陋荒凉，殆难描状。选弟课者，现代文习作四人，修辞学五人。弟讶其少，他们说并不少，最少者一人，亦为开班。统计中国文学系全系，亦不过数十人耳。如此大学教育，其最大意义为养活几个教员，此语弟昔曾言之，今乃益信。”

同日 作书信《致调孚兄》（刊《收获》1982年第六期；后收入《我与四川》，又收入《叶圣陶集》第二十四卷）。信中说：“汉口作主席团之一，于报上知之，惟参于此会，则事前由楼君（楼适夷——编者注）提及，不能算假托。最近有中苏文化协会来拉，命作研究部副主任，他们说得有理，此时大家要尽可能做点事，亦只得应之。……剑三如决往福州，请兄转告他，对于国文教学上有何意见，尽可来信相商。子恺已到汉口，在《少年先锋》上见其一文，知其离去杭州意志甚坚，再回沪上殆非所欲也。”

4月11日 王伯祥寄圣陶信，“告近状，并索题书巢”。（王伯祥日记）

4月16日 发表评论《从疏忽到谨严》，刊《文艺阵地》半月刊创刊号（收入《叶圣陶集》第九卷）。文章说：“我们写文章，不单是把自己的情思传达给读者，并且负着对读者施行语文教育的责任。这语文教育如果施行得非常完美，试想我们的读者多么得益，我国的语文前途多么光明？反过来，这语文教育如果施行得不很到家，试想我们的读者岂不吃了亏，我国语文的前途岂不黯澹？不幸得很，因为现在弄弄笔墨人的一般的疏忽，辞不达意的毛病已经染在青年习作者的身上了。常见青年习作者所写的东西，随便用词，意义不求其贴切，随便造句，词与词的关系不求其分明，起初以为是他们自己马虎，仔细检察之后，才知道原来有来历，他们已在仿效他们所读那些书中的语文习惯，他们以为惟有这样才算写文章。我对于我国语文前途不禁抱着‘杞人之忧’，像这样传递下去，将来的文章不将要篇篇迷离惝恍，须待多方揣摩斟酌，然后才能得其大概吗？我只有再行陈述我的愿望，愿我们这班弄弄笔墨的人为我国语文前途着想，改变自己的写作习惯，从疏忽到谨严。”

同日 茅盾在他主编的《文艺阵地》创刊号的《“文阵”广播》栏介绍叶圣陶近况：“叶圣陶于去年携眷西行，今在重庆，最近来信云：‘寓所有两间，有前此房客遗留之大写字桌可用，其余家具，亦皆前房客者。全家七口，并一借来之小丫头，居其中尚颇宽舒，不亚于景云里，惟地近市廛，嚣声甚盛，偶欲思静，不免心烦。本学期开学，弟即在巴蜀初中教国文十二小时……最近曹禺来邀，往其戏剧学校教国文二时。又伍蠡甫陈子展一来邀，往复旦每二星期教课六时。以是亦颇忙碌，余时已鲜。当举家西行之时，初未料将恢复从前之教师生涯也。’”

同日 王伯祥“接圣陶渝信，嘱转硕民信”。（王伯祥日记）

4月17日 作书信《致诸翁》（刊《收获》1982年第六期；后收入《我与四川》，又收入《叶圣陶集》第二十四卷）。

同日 发表《抗战救国》，刊《民力》周刊第二期。

4月20日 发表《“中国儿童号”》，刊《少年先锋》半月刊第五期（收入叶圣陶、茅盾等著《给战时少年》，又收入《叶圣陶集》第十二卷）。

4月28日 作书信《致调孚兄》（刊《收获》1982年第六期；后收入《我与四川》，又收入《叶圣陶集》第二十四卷）。

同日 作书信《致伯翁》（刊《收获》1982年第六期；后收入《我与四川》，又收入《叶圣陶集》第二十四卷）。

同日 作书信《致村公》（刊《收获》1982年第六期；后收入《我

与四川》，又收入《叶圣陶集》第二十四卷）。

同月 作诗《题伯祥书巢》（刊1938年8月9日《文汇报·世纪风》，题名为《不惜令随焦土焦》；后收入《箧存集》，又收入《叶圣陶集》第八卷）。

王伯祥4月29日日记：接圣陶渝沪十四号信，“圣陶寄来长歌一首，题予书巢，甚欣快”。王伯祥次日日记：“写信复圣陶”。

同月 《阅读与写作》由开明书店出版，署名夏丏尊、叶绍钧合著（1948年4月出第十版）。书前有著者《小序》，收有《阅读什么》、《怎样阅读》、《写作什么》、《怎样写作》、《学习国文的着眼点》、《中学生课外读物的商讨》、《文艺作品的鉴赏》、《语体文要写得纯粹》、《写作漫谈》及《关于〈国文百八课〉》等十篇。其中注明叶绍钧作的为第三、第四、第七、第八、第九，第十篇为二人合作。

同月 《文章讲话》由开明书店出版，为开明青年丛书，署夏丏尊、叶绍钧合著（1949年4月桂林中华书局再版，1949年3月开明书店印十三版，1982年9月湖北人民出版社印第一版）。书前有陈望道《序》和夏丏尊《序》。内收《句读和段落》、《开头和结尾》、《句子和安排》、《文章的省略》、《文章中的会话》、《文章的静境》、《文章的动态》、《所谓文气》、《意念的表出》以及《感慨及其发抒的法式》。其中注明叶绍钧作的为《开头和结尾》。

5月4日 《抗战文艺》创刊，叶圣陶为编委会委员。

5月8日 作书信《致诸翁》（刊《收获》1982年第六期；后收入《我与四川》，又收入《叶圣陶集》第二十四卷）。信中谈到托买《鲁迅全集》事时说：“鲁翁遗集预约价是否二十元？出版时可否有便捷办法，托重庆代售店家将书划付与弟？此书每页字数太少，似乎不经济，版式也不好看。日记及关于碑版造像的辑集不收入，大是遗憾。鲁翁的旧体诗好得很，不知多不多。这大概都在日记里，似乎可以转告编辑编委员会，请他们从日记中辑出来，收入全集。又，他的字也了不起，如有抄录什么东西的成卷的墨迹，也可以印在里头。弟久想请他写一张字，因循未果，现在是永远无望了。”

5月9日 王伯祥“接圣陶信，即复”。（王伯祥日记）

5月16日 王伯祥“写圣陶信”。（王伯祥日记）

5月18日 作书信《致丏翁》（刊《收获》1982年第六期；后收入《我与四川》，又收入《叶圣陶集》第二十四卷）。

同日 作书信《致伯翁》（刊《收获》1982年第六期；后收入《我与四川》，又收入《叶圣陶集》第二十四卷）。信中说：“芝九近是否仍在上海？彼描绘群丑之状，可否略举一二，俾得有所触发，写些文字？所谓群丑者，从忠厚人眼光看，自是维护桑梓；但严格论来，实在要不得，人尽如彼辈，天下事无可为矣。……

“最近黄任老、江问老、杨卫玉三人两次电来，邀往广州主编职教社之《国讯》，弟不欲投拜在他们门下，不加考虑，即谢之。前日晓翁来信，邀往贵阳，与同编适应现时之小学课本。弟不能独往，亦谢之。下半年大概还是作教员，只希望精力好一点，能连讲四五个钟头不吃力耳。”（芝九即王芝九，苏州人，苏州沦陷后到上海。“维护桑梓”，即指地方维持会；“群丑者”，指苏州地方维持会的一帮人。黄任老，即黄炎培；江问老，即江问渔。——编者注）

同日 作书信《致调孚》（刊《收获》1982年第六期；后收入《我与四川》，又收入《叶圣陶集》第二十四卷）。

同日 作书信《致村公》（刊《收获》1982年第六期；后收入《我与四川》，又收入《叶圣陶集》第二十四卷）。

同日 作诗《策杖》（收入《箧存集》，又收入《叶圣陶集》第八卷）。诗云："蜀道何尝萦昔梦，吴人忽遣住山城。不胜陟降腰肢惫，未老先教策杖行。"

同日 作诗《自北碚夜发至公园》三首（收入《箧存集》，又收入《叶圣陶集》第八卷）。

同日 作诗《闻丏翁回愁为喜奉赠二首》（收入《我与四川》，又收入《叶圣陶集》第八卷）。

5月20日 发表《少年先锋歌》，刊《少年先锋》半月刊第七期。歌词云："任你时代交给我们的责任多么重，我们有的是石样的肩头火样的心胸。我们不只是家中儿不只是学校的学童。我们是中华民族的少年先锋，我们是中华民族的少年先锋。/看我们举起枪和旗帜向前冲锋，看我们拿着槌子斧头努力去做工。我们认清我们的路，抗敌建国不放松。我们是中华民族的少年先锋，我们是中华民族的少年先锋。"

5月26日 王伯祥"接圣陶十九日航信，寄照片二纸与丏尊，一为满子半身，一为圣陶夫妇及其老太太与满子之全身。老太太矍铄逾昔，精神弥满，大可慰。满子肥白真如满月矣。圣陶亦无风尘色，眉宇间反呈英爽气。惟墨林则大为苍老耳。附来近作四首，想见安闲，可慰也"。（王伯祥日记）

5月27日 王伯祥"写信复圣陶，以昨接硕民信，遂叙入之"。（王伯祥日记）

5月31日 作书信《致诸翁》（刊《收获》1982年第六期；后收入《我与四川》，又收入《叶圣陶集》第二十四卷）。信中说："弟最近已辞去复旦教务。本来每去一次，六点钟的轮船实在怕。这次他们送薪水，糊里糊涂短少了十数元，与聘书不合，弟即借此为由，说他们不能敬事，以'醴酒不设，穆生去楚'为辞，表示不再去了。"

同月 作诗《今见》（刊《万象》第三年第一期，1943年7月1日，题名为《叶绍钧的诗》；后收入《我与四川》，又收入《叶圣陶集》第二十四卷）。诗云：“来时霜橘拦街贱，今见榴花满树朱。汉水蜀山行路远，江烟峦瘴寄廛孤。情超哀乐三杯足，心有阴晴万象殊。颇愧后方犹拥鼻，战场血肉已模糊”。

林宰平评：“惯家句调，如饮醇醪。”

同月 《给战时少年》由汉口大路书店出版，为《少年先锋丛书》之一，署叶圣陶、茅盾等著。内收叶圣陶作《少年们的责任》、《珍惜自己和锻炼自己》、《组织起来，来做抗战工作》、《“中国儿童号”》等四篇。

6月21日 作《书巢记》（收入《叶圣陶集》第六卷）。本文是为王伯祥书斋“书巢”作的题记。题记云：“夫积书之家，古今众矣，然或矜版本，或为饰观，彼皆有所凭藉，如商贾累财，积日自富，而实深负大书。伯祥罔所凭藉，且数历艰虞，而犹守此书巢，展诵为乐，则诚无负于书者也。方今寇烽所至，公私藏书荡毁已多，大学师生求书不得，有徒以口耳为授受者，然则伯祥之守此书巢也可慰复可慨矣。”

6月28日 作书信《致丏翁》（刊《收获》1982年第六期；后收入《我与四川》，又收入《叶圣陶集》第二十四卷）。信中说：“下星期过去，即放暑假。我家于七月十日左右迁入校中居住，下次寄书，如与店事无关，可寄‘通远门外张家花园巴蜀学校’，以期便捷。”

同日 作书信《致伯翁》（刊《收获》1982年第六期；后收入《我与四川》，又收入《叶圣陶集》第二十四卷）。

同日 作书信《致调孚兄》（刊《收获》1982年第六期；后收入《我与四川》，又收入《叶圣陶集》第二十四卷）。

7月2日 作书信《致丏翁》（刊《收获》1982年第六期；后收入《我与四川》，又收入《叶圣陶集》第二十四卷）。

同日 作书信《致伯翁》（刊《收获》1982年第六期；后收入《我与四川》，又收入《叶圣陶集》第二十四卷）。

同日 作书信《致调孚兄》（刊《收获》1982年第六期；后收入《我与四川》，又收入《叶圣陶集》第二十四卷）。

7月9日 发表《抗战周年随笔》，刊《抗战文艺》周刊第一卷第十二期“保卫大武汉专号（下）”（收入《叶圣陶散文甲集》，又收入《叶圣陶集》第六卷）。文章说到丰子恺的“缘缘堂”被日寇炸弹焚毁，丰氏的一位朋友写了诗来吊“缘缘堂”，丰子恺答复友人，说他决不顾惜。叶圣陶接着说：“不过我在苏州家屋至今没有毁。我并不因为它没有毁而感到欣喜。我希望它被我们的游击队的枪弹打得七穿八洞，我希望它被我们正规军队的大炮轰得尸骨无存，我甚至希望它被逃命无从的寇军烧得干干净净。”并说不到抗战胜利决不返回故乡。

7月上旬 迁居巴蜀学校，在观音岩下。

7月22日 作书信《致伯翁》（刊《收获》1982年第六期；后收入《我与四川》，又收入《叶圣陶集》第二十四卷）。信中说：“我们搬至巴蜀已历十日。从未住过山林，觉幽趣甚多。不必出校门，巡行一周，可消磨半个钟头。随处有小林，有泉石，可憩坐而观玩。此十日来天气不热，时时下雨，饶有秋意。居然作了一篇小说。仅出外两次，一为戏校宴毕业生，一观曹禺《日出》之上演。”

同日 作书信《致调孚兄》（刊《收获》1982年第六期；后收入《我与四川》，又收入《叶圣陶集》第二十四卷）。

同日 作书信《致丐翁》（刊《收获》1982年第六期；后收入《我与四川》，又收入《叶圣陶集》第二十四卷）。信中说：“顾一樵为教部次长，到处演说，俱传述陈立夫部长那一套，用几个德目调来搭去，说些似真理又似游戏的话。大家说今后教育必须彻底改造，看见了他们，殊觉希望无多也。”

7月26日 王伯祥日记：“圣陶信来，告山居幽闲状。”

7月27日 王伯祥“写信复圣陶，详告红蕉所遭”。（王伯祥日记）

同月 《鲁迅全集》(鲁迅先生纪念委员会编，共二十卷）在上海出版，叶圣陶曾致函鲁迅先生纪念委员会，对编辑出版《鲁迅全集》提出建议和设想。

8月7日 作书信《致伯翁》（刊《收获》1982年第六期；后收入《我与四川》，又收入《叶圣陶集》第二十四卷)。

同日 作书信《致丏翁》（刊《收获》1982年第六期；后收入《我与四川》，又收入《叶圣陶集》第二十四卷)。信中说：“‘百八课’文话目录已看过，凡有圈之各题弟决执笔。如无他阻碍，暑假内当可将第五册之八题作毕。”（“百八课”即《国文百八课》，第一至四册已于1936年出版。约在本年7月下旬，夏丏尊寄来第五、六两册之文话目录，这是叶圣陶看了文话目录的回信。——编者注）

同日 作书信《致村公》（刊《收获》1982年第六期；后收入《我与四川》，又收入《叶圣陶集》第二十四卷)。信中抨击苏州地方维持会，说：“地方上办维持行亲善者，有人谓此辈别具苦衷，未可厚非。弟则以为此辈无论心迹如何，事实上为蟊贼之尤。将来宜摈之幽冥，不与同人世。苏州一些新贵，半为诗礼之家出身。颉刚来信云：‘可见诗礼之家鲜克由礼’。可叹可恨。现在希望到底在青年。这回小墨回来，有许多同学来看他，弟与他们谈话，觉识力充富，饶有干才，大致均不错。此非学校教育之成绩，乃时代锻炼之功也。巴蜀校中近有难童百数十名借宿，小者五六岁，大者十五六岁，作息游戏均有秩序，歌声洋溢，各有至乐。此一队将来往西康，现在正习藏文。他们多数无父母，毫无挂碍，将来或许是开辟西陲之先锋也。看见这些人，总觉前途乐观。”

同日 作书信《致调孚兄》（刊《收获》1982年第六期；后收入《我与四川》，又收入《叶圣陶集》第二十四卷)。

8月9日 柯灵在他主编的《文汇报·世纪风》上刊登了叶圣陶新写的旧体诗《不惜令随焦土焦》(即《题伯祥书巢》——编者注)，

并在《编者附注》中说："右刊诗系先生近作，录寄他上海的友人某君的，虽是旧体诗，而语重心长，使人感奋。这一年来叶先生的作品很少，偶有所作，尤觉珍贵，特录以付刊，以飨读者。"不料个别青年抓住了诗中"饱啖樱桃"一类的字眼，发表文章骂叶圣陶不进步。有好几位朋友写文章为叶圣陶辩护。叶圣陶劝慰朋友说："上海报纸骂弟不前进，弟本未前进，骂得其当，无所不快。青年人之心理，我们均可原谅。"（9月24日致王伯祥书）

柯灵《拭去无知的唾沫》："别人的故乡沦陷了，家也毁了，不甘于奴隶的命运，老老小小一大串，流离颠沛，历尽风霜，这才千里迢迢地逃到重庆或桂林；喘息刚定，写一首诗寄给朋友，不料一登出来，上海的'文学家'就'痰迷诗'呀，'头昏做梦'呀，申申而詈了：'你的诗里说你吃过樱桃，喝过老酒，你饱啖红樱桃之下，也闻到千万同胞的血腥气吗？你灌饱了黄汤，可曾做过梦来？'通个报告行踪的音讯，'文学家'又咬牙切齿地大骂：'阿弥陀佛，你怎么毫无血气，说'为战争所迫，得率全家遨游名山大川，亦可谓因祸得福'？这是此路不通的游玩主义！……'

"……《世纪风》里登了叶圣陶先生的一首诗和丰子恺先生的一通短信，有一位若霖先生，就在《华美晨报》的《闲话今日》上有过这样的一通高论。我前面所说的也就是这事实。

"叶、丰两位，前者远在重庆，后者寄迹桂林，那诗和信，都不是预备发表的。拿来介绍给读者的是我。他们牺牲得很多，而都了无难色，历尽风霜，又能够处之泰然；这样从容赴难的精神，即使在一鳞半爪的文字中间也表现得极其明白。我相信，这是决不能求之于那些躲在租界里昏天黑地说风凉话的'文学家'的。不料这也终于不容于'孤岛'的文坛。——这虽然无损于叶、丰两先生，而且这些枝节，他们恐怕连知道的机会也没有，但这责任是我的，还是让我来代他们拭去那无端喷来的无知的唾沫吧。”（《柯灵杂文集》，北京三联书店 1984 年版）

8 月15 日 发表《受言》，刊重庆《新民报》（收入《叶圣陶集》第六卷）。文章说：“立言的人不宜说什么‘不以人废言’”，“受言的人却不应该忘记了‘不以人废言’”。强调面对抗战，“受言的人”要认认真真地听受“最亲密的自国人”的话。

同日 王伯祥“写信复圣陶”。（王伯祥日记）

8 月中旬 韬奋、老舍、老向、蓬子等人来访。陈通伯（西滢）来访，招往武汉大学任教。

8 月27 日 作书信《致丏、村、伯、调诸翁》（收入《我与四川》，又收入《叶圣陶集》第二十四卷）。信中说：“昨日陈通伯来访，欲招弟往武大教基本国文十二时。武大在乐山，云其地生活较便宜。弟为生活计，自宜允之。……

“老舍、老向、何容、蓬子、王平陵来此，上星期日晤见，快叙半天。老舍忠贞热忱，大可钦佩。”

9 月3 日 自《国讯》旬刊一八一期起，叶圣陶任编辑委员。

9 月18 日 作书信《致调诸翁》（刊《收获》1982 年第六期；后收入《我与四川》，又收入《叶圣陶集》第二十四卷）。

9 月19 日 王伯祥“作书与圣陶，告近况，并转硕嫂之耗”。（王伯祥日记）

9 月24 日 作书信《致伯翁》（刊《收获》1982 年第六期；后收入《我与四川》，又收入《叶圣陶集》第二十四卷）。

同日 作书信《致丏翁》（刊《收获》1982 年第六期；后收入《我与四川》，又收入《叶圣陶集》第二十四卷）。信中说：“武汉大学方面已寄来聘书，陈通伯且劝弟早去，以便直达嘉定，不须在叙府换乘小汽船。弟也只得去，不为学问，不为文化，为薪水耳。……方欣安在该校，算是熟人。袁昌英、苏雪林、凌叔华三女士去秋曾见过一面。”

10月5日 王伯祥“昨接圣陶两书，俱由红蕉转来，知渠郎至善曾患伤寒至剧，幸已脱险。并属送五十元与硕民，俾供硕嫂调理之用，凶耗尚未接到也。予今日书复，并告硕民近况，款当觅妥寄去”。（王伯祥日记）

10月8日 作书信《致洗、丏、伯、调四翁》（收入《我与四川》，又收入《叶圣陶集》第二十四卷）。信中说：“本月二日曾与顾颉刚、元善、勖成前往聚餐，为三十二年前小学四友之会。……近又多一位当时之老师，即章伯寅先生。明日拟再为一会，并邀章师，共道旧事，定多乐趣。章因苏州潘某（潘振霄——编者注）等拉彼同流合污，为表其忠贞，只身远道来此，其高节至可钦敬。我们四人有此老师，至足骄傲。弟向不善当众恭维人，但明日颇想敬宣此意焉。……

“近来弟亦甚瘦，两颧高起，双臂骨出，有如东华。此际除满子外，无人不瘦。得句云‘经年流寓全家瘦’尚未足成篇章也。”

10月14日 王伯祥“接圣陶信，告决移家乐山，二十左右成行”。（王伯祥日记）

10月18日 作书信《致诸翁》（刊《收获》1982年第六期；后收入《我与四川》，又收入《叶圣陶集》第二十四卷）。

10月下旬 全家离渝西上，月底抵乐山，赁居较场坝商务印书馆货栈之后屋。“此地无地方报，民教机关收听无线电广播，书于黑板，俾众观之。仅书比较重要之电讯四五条，遂觉与各地隔膜”（叶圣陶11月4日致诸翁书）。“忽讶生涯类隐沦，青衣江畔着吟身。更锣灯蕊如中古，翠巘丹崖为近邻。”（《鹧鸪天初至乐山》）

同月 作诗《自重庆之乐山》（刊《青年之声》第三卷二、三期合刊，1941年12月，署名叶绍钧；后收入《箧存集》，又收入《叶圣陶集》第八卷）。

11 月4 日 作书信《致诸翁》(刊《收获》1982 年第六期；后收入《我与四川》，又收入《叶圣陶集》第二十四卷)。信中说：“弟全家以上月二十二日午后四时登轮……次早开行。第一夜泊江津，第二夜泊合江，第三夜泊纳溪，第四夜到达宜宾。江津、合江、泸县、宜宾四处，弟皆登岸观览……在宜宾等候一天，二十七日夜上一小汽轮。岷江水位已低落，此行一趟以后，今年不复再行汽轮……该轮只有统舱，我们七人仅占可卧三人之地位，局促不堪。二十八早开行，夜泊么姑渡……二十九晚抵观音场，距嘉定二十里，水浅，汽轮不复能上。遂雇一划子，人物并载，船夫四人拉纤，逆流而上，直至八时始抵嘉定。……

“武大于十日上课。但弟所教系新生，新生从他处来不易，大约须至廿日始上课。同任国文者为苏雪林女士。杨今甫君闻亦要来担任此课，还有一二位尚未遇见。昨与苏商谈，她推弟拟一目录，供一年教授之用。以前大学教国文唯凭教师主观嗜好，今新有课程标准，或可渐入轨道。武大房屋系嘉定府之文庙，大成殿改为图书馆，两庑改为十四个教室。注册课、会计课居二门旁从前悬挂钟鼓处。以视重庆之中大与复旦，宽舒多矣。”

11 月29 日 作书信《致诸翁》(刊《收获》1982 年第六期；后收入《我与四川》，又收入《叶圣陶集》第二十四卷)。信中说：“弟家居乐，迄今正满一月。……弟所任为一年级国文两班，班各三时，二年级作文一班，二时，凡八时耳。大学教师任课如是其少，而取酬高出一般水准，实同劫掠。于往出纳课取钱时，弟颇有愧意，自思我何劳而受此也！……同行尚有三位，陈通伯君以为弟有什么卓识，推弟为之领导，选文由弟主持。实则弟亦庸碌得很，所选与陈所不满之老先生(旧时多黄季刚门人，今因学校搬家，他们未随来，现在老先生无一个矣）无甚差异。……校中风习素称良好，主者以安心读书为标榜，今来嘉之学生均曾署决不游心外骛之志愿书。以故入其校门，空气恬静，如不知神州有惊天动地之血战也者。如此教育，于现状究否适应，亦疑问也。”

苏雪林《叶绍钧的作品及其为人》：“民国二十七年，武汉大学迁至四川乐山县，文学院长陈通伯先生，立意要把全校基本国文课程好好整顿一下。素知叶氏对国文教学极有研究，知他此时到了大后方重庆，一时尚未找到适当的职业，遂卑辞厚礼，聘请他来武大任教。请他选择教材，订定方针，领导全校基本国文教师工作。那时国文系主任是刘博平（颐）先生，叶氏则俨然成了一个没有名义的国文主任，不过他的权限止于基本国文罢了。……叶氏做事非常负责，也非常细心，到校以后，果然不负陈院长的委托，把他多年国文教学经验一概贡献出来。”（苏雪林著：《文坛旧话》，台北文星书店1967年版）

同日　作书信《致洗翁兄》（刊《收获》1982年第六期；后收入《我与四川》，又收入《叶圣陶集》第二十四卷）。

同日　作书信《致丏翁》（刊《收获》1982年第六期；后收入《我与四川》，又收入《叶圣陶集》第二十四卷）。

同日　作书信《致村公》（刊《收获》1982年第六期；后收入《我与四川》，又收入《叶圣陶集》第二十四卷）。

同日　作书信《致伯翁》（刊《收获》1982年第六期；后收入《我与四川》，又收入《叶圣陶集》第二十四卷）。

同日　作书信《致调孚兄》（刊《收获》1982年第六期；后收入《我与四川》，又收入《叶圣陶集》第二十四卷）。

同日　作书信《致铎兄》（刊《收获》1982年第六期；后收入《我与四川》，又收入《叶圣陶集》第二十四卷）。信中说：“两承惠书，甚欢慰。近来愧甚，毫无所作，对老舍诸位之勇敢精进，尤觉暮气已深，恐难自振。偶为诗词，亦殊无新意境，如候虫之自鸣，未足以为大时代鼓吹也。”

同日 作书信《致红蕉兄》（刊《收获》1982年第六期；后收入《我与四川》，又收入《叶圣陶集》第二十四卷）。

同月 作《鹧鸪天　初至乐山》（收入《箧存集》，又收入《叶圣陶集》第八卷）。

12月17日 王伯祥“复圣陶信，询前书到未”。（王伯祥日记）

12月24日 王伯祥“接圣陶信，知沪蜀一号信已到，告我安住彼中情形，并托代支四元与天然，属送红蕉夫人作产儿礼物。”（王伯祥日记）

12月下旬 朱光潜（孟实）来乐山武汉大学执教。

同月 作诗《乐山近游》（刊《青年之声》第三卷第二、三期合刊，1941年12月，署名叶绍钧；收入《箧存集》时题名为《游乌尤山》，又收入《叶圣陶集》第八卷）。

1939年

（中华民国二十八年　己卯）　四十五岁

1月　国民党召开五届五中全会，决定了“溶共、防共、限共、反共”的反动方针。

7月　中共中央发表《为纪念抗战两周年对时局宣言》，提出了“坚持抗战，反对投降；坚持团结，反对分裂；坚持进步，反对倒退”的三大政治主张。

8月　国民党政府修订《战时图书杂志原稿审查办法》，进一步钳制言论自由。

12月　蒋介石令胡宗南部进犯陕甘宁边区，掀起第一次反共高潮。

同月　汪精卫与日本签订了卖国条约《日支新关系调整要纲》。

*　　*　　*

1月3日　作书信《致诸翁》（刊《收获》1983年第一期；后收入《我与四川》，又收入《叶圣陶集》第二十四卷）。信中说：“弟近来瘦得多了，颧骨突出，四肢均是宽宽的皮。两鬓白发亦生得特别多。但朱孟实比弟更见老，背弯，目光钝，齿少了几个，发音漏风，竟是老人了。他以前壮健如运动健将，不知何以老得如此之快。……百八课有何犯禁而亦被扣！然再一转念，甚于此者正多，如其小焉者，何足挂齿。”（“百八课”，指夏丏尊、叶绍钧合编的《国文百八课》，在上海被当局扣压审查。——编者注）

1月16日 王伯祥“接圣陶信，即并前书复之”。（王伯祥日记）

1月21日 作书信《致诸翁》（刊《收获》1983年第一期；后收入《我与四川》，又收入《叶圣陶集》第二十四卷）。信中说：“大学殆是一骗局，师生互骗，学校与社会互骗。大学之最有意义者二事：一为赡养许多教师；二为发出许多文凭。教师得赡养，可以不饿死；文凭在手，可以填履历：如是而已。弟以作小说人之眼光观种种现状，颇得佳趣。若连续任教师三年，当能作一小说，以大学为对象，令教育专家爽然自失也。即弟自己亦骗局中之一员。弟何所知乎？而人以为有所知，同业与我商谈，学生就我问业。当斯时也，亦复俨然自以为有所知，正颜庄语，‘象煞有介事’。另一个‘我’在旁，不禁窃笑。此等语不便告同业与学生，然于家中诸人则拆穿言之。今书告公等，以公等如弟之亲弟兄也。”

1月28日 作书信《致村公》（刊《收获》1983年第一期；后收入《我与四川》，又收入《叶圣陶集》第二十四卷）。信中说：“承示语文教学会盛况，颇兴遥想。朴安先生识解通脱，自是渐染之效。若弟此间所见，殊鲜其俦。大都拘墟自守，笃旧者以经子为秘宝，趋新者以理论为纲维，而于语文教学之鹄的，学生习文之指归，均未涉想及之。因念大学之前途似甚少曙光。最近教部请专家拟订大学课程草案，中国文学方面出佩弦手笔，中国语文学方面则属诸罗常培君。佩弦扩大文学史之内容，将周、秦经子与宋、元词曲兼容并包，而不复另立他科。罗君拆散旧日之声音、训诂、形体等科以归入现代语言文字学科，并注重文法、修辞。此亦至寻常之见解，而印刷品分发于各大学，讥之者蜂起。一般人盖以为往日办法已属至善，偶或更张，即为外行。其实循旧日课程，学生用功则成学究，荒惰则一无所得，求其继往而开来，未可得也。”

同日　王伯祥“寄圣陶每周通讯录第四号”。（王伯祥日记）

1月29日　作书信《致村公》（刊《收获》1983年第一期；后收入《我与四川》，又收入《叶圣陶集》第二十四卷）。信中说：“知堂被刺未伤，而连累及于朋友与车夫，懊恼差同。此后精神上之痛苦必尤难受。不知彼何以必须为北平寓公也。……

“说起翼野，尚有一事可告。彼编辑一种期刊曰《民族诗坛》，专刊新旧体韵文及关于韵文之论文。试展观之，则衮衮诸公之作为多，宜改名为《官僚诗坛》也。一笑。”

1月30日　作书信《致伯翁》（刊《收获》1983年第一期；后收入《我与四川》，又收入《叶圣陶集》第二十四卷）。信中说：“弟近来每夕饮土制仿绍，半斤而止，亦复可以消磨一小时。家母、墨林则各饮大曲一杯。日间无功课，天气苟晴佳，弟恒与小墨、满子、二官等过江闲行。负暄迎爽，山翠四围，倦则披草而坐，兴尽则觅渡而归。友朋之寓鲜往探访，殆如块然孤寓也。此间同事风习，访问必回拜，纯属礼数，毫无情趣。弟不欲开端，必俟人来过，不得已勉一回拜，故往还无多。学生来者转多可谈，且无回拜之烦，意颇乐之。其中阅《中学生》杂志者不少，均于此志之注重语文研究特感兴味，且谓获益颇多，闻暂时未能续刊，皆致惋惜。而怀念《新少年》及《月报》者亦颇有其人。附笔奉告，亦使诸翁知外间对于开明有甚深之友情也。”

同日　作书信《致洗翁》（刊《收获》1983年第一期；后收入《我与四川》，又收入《叶圣陶集》第二十四卷）。信中怂恿范洗人来乐山创办书店时说：“开明既于浙东各邑尚须竭尽人力，冀得出路，则于西南广区自宜通盘筹划，开辟利源。而翁驾轻就熟，最为胜任者也。何日启程乞先示知，俾得伫候。‘生活’

在嘉定，近已与特约店家取消前约而自设支店。来者二人晚已遇见，皆精明强干之青年。‘生活’中人自有风格，一望而知。嘉定有一武大，学生千数人，旧有书店皆冥顽不灵，新书店自可认为一个好地盘。冯月樵之分店营业亦马虎，嘱配书籍久而不至。若他店真能‘为读者服务’，生意可完全转移过来。”

1月31日 作书信《致丏翁》（刊《收获》1983年第一期；后收入《我与四川》，又收入《叶圣陶集》第二十四卷）。信中答复夏丏尊对于诗词的指点时说：“诗词意境萧瑟，弟初不自觉，今诸公皆以是为言，覆按之果然。弟心性简单无殊于三官，于外界一切鲜察其究竟，于未来之日亦不为预想。此在骨子里近于悲观，遂发而为萧瑟之音，未可知也。然感情上不甚喜萧瑟，以后当徐徐改之。”

2月17日 《叶绍钧先生讲话》刊《华西日报·华西副刊》第一五〇六号。这是叶圣陶为乐山县立女子中学学生作的演讲，叶至美记录。

2月18日 作书信《致诸翁》（刊《收获》1983年第一期；后收入《我与四川》，又收入《叶圣陶集》第二十四卷）。信中说：“今日为阴历除夕，弟家略作点缀，祀先，吃年夜饭，一如年例。最近以二元四角买得马将牌一副，灯烛之下，不便预备功课，批改作文，则偶尔打牌四圈。无胜负之劳心，诚‘卫生’马将也。”

2月25日 王伯祥“复圣陶信”。（王伯祥日记）

2月27日 王伯祥日记：“午后丏尊附笺致圣陶者送到，遂将前日写好之信发出。”

同月 作诗《农历除夕与同学聚饮》（收入《叶圣陶集》第八卷）。诗云：“岁除蜡烛两支红，座尽青年我已翁。醉唱流亡三部曲，忍言沦丧一年中。秦川岑海风将雨，人事兵机变则通。午夜角声思战士，厌听窃窃说和戎。”

3月11日　作书信《致丏翁》（刊《收获》1983年第一期；后收入《我与四川》，又收入《叶圣陶集》第二十四卷）。信中与夏丏尊谈及处世之道时说："规范以绳己，宽容以待人，此论甚卓，最为处世善道。弟之夙习亦差近斯义，故于所遇纵至不堪，亦不至于愤怒。于大学教师生涯，尚未能言不快之感，弟以作小说之眼光观之，觉此中乃空无所有，遂不免作爽然之一笑。"

同日　作书信《致调孚兄》（刊《收获》1983年第一期；后收入《我与四川》，又收入《叶圣陶集》第二十四卷）。

同日　作书信《致村公》（刊《收获》1983年第一期；后收入《我与四川》，又收入《叶圣陶集》第二十四卷）。

同日　作书信《致伯翁》（刊《收获》1983年第一期；后收入《我与四川》，又收入《叶圣陶集》第二十四卷）。

同日　作书信《致洗翁》（刊《收获》1983年第一期；后收入《我与四川》，又收入《叶圣陶集》第二十四卷）。

3月17日　著名词曲作家吴瞿安逝世，叶圣陶代彭枕霞拟一挽联："一别判人天，永忆偕为三楚旅。万方犹困厄，应悲不见九州同。"（叶圣陶1939年4月5日致诸翁书）

同月　作诗《檐月》（收入《叶圣陶集》第八卷）。诗有注云："尝作梦大骂潘某（苏州地方维持会头子、汉奸潘震霄——编者注），自觉舌无阻滞，畅快之至。"

4月5日　作书信《致诸翁》（刊《收获》1983年第一期；后收入《我与四川》，又收入《叶圣陶集》第二十四卷）。信中谈及马一浮办复性书院时说："马一浮先生已来，因昌群之介，到即来看弟，弟与欣安陪同出游数回。其人爽直可亲，言道学而无道学气，风格与一般所谓文人学者不同，至足钦敬。其复性书院事，想为诸翁所欲闻，兹略述之。先是当局感于新式教育之偏，拟办一书院以剂之，论人选，或推马先生。遂以大汽车二乘迎马先生于宜山，意殆如古之所谓'安车蒲轮'也。（马无眷属，唯有亲戚一家，倚以为生。）接谈之顷，马先生提出先决三条件：一，书院不列入现行教育系统；二，除春秋释奠于先师外，不举行任何仪式；三，不参加任何政治活动。当局居然大量，一一赞同，并拨开办费三万金，月给经常费三千金。而马先生犹恐其非诚，不欲遽领，拟将书院作为纯粹社会性的组织，募集基金，以期自给自足，而请当局诸人以私人名义居赞助者之列。今方函札磋商，结果如何尚未可知。院址已看过多处，大约将租乌尤寺，寺中有尔雅台，为犍为舍人注《尔雅》处，名称典雅，马先生深喜之。至其为教，则以六艺。重体验，崇践履，记诵知解虽非不重要，但视为手段而非目的。此义甚是，大家无不赞同。然谓六艺可以统摄一切学术，乃至异域新知与尚未发现之学艺亦可包罗无遗，则殊难令人置信。马先生之言曰：'我不讲经学，而在于讲明经术，'然则意在养成'儒家'可知。今日之世是否需要'儒家'，大是疑问。故弟以为此种书院固不妨设立一所，以备一格，而欲以易天下，恐难成也。且择师择学生两皆非易。国中与马先生同其见解者有几？大纲相近而细节或又有异，安能共同开此风气？至于学生，读过《五经》者即不易得，又必须抱终其身无所为而为之精神，而今之世固不应无所为而为也。昌群兄已离宜山，有电来，下旬可到此。书院若成，彼殆将佐理事务。而弟则别有私喜，多得一可以过从之良友也。"

4月6日 王伯祥"写圣陶信，告汗衫已托正中渝经理杨启霖带去，并谢生日衣料之赐"。（王伯祥日记）

4月10日 作书信《致伯翁》（刊《收获》1983年第一期；后收入《我与四川》，又收入《叶圣陶集》第二十四卷）。信中谈及《中学生》杂志的复刊时说："彬然信中言将恢复《中学生》，彼与祖璋主之，而令弟居社长名义。弟答谓他人或有不便，弟居其名自无弗可。今后我们要说真有所见的话，不效一般人搬弄几个名词术语，一切都是从嘴唇边滚下来的。又，我们要特别提倡个人之志概与节操，天下事未可料……须有志概与节操，将来乃有生望。此二意皆有感而发，言之有深痛，兄当解之。愈之、云彬等均愿为该志帮忙，可以拉拢之作者复不少，想可做得不坏。五月间即将出版，且是半月刊……弟在此间接触学生多，均怀念此志不已，则此志诚宜复刊也。”

4月25日 王伯祥“写沪蜀第八号信复圣陶，告近状且索书巢记”。（王伯祥日记）

4月27日 作书信《致伯翁》（刊《收获》1983年第一期；后收入《我与四川》，又收入《叶圣陶集》第二十四卷）。

同日 作书信《致村公》（刊《收获》1983年第一期；后收入《我与四川》，又收入《叶圣陶集》第二十四卷）。

同日 作书信《致丏翁》（刊《收获》1983年第一期；后收入《我与四川》，又收入《叶圣陶集》第二十四卷）。

同日 作书信《致调孚兄》（刊《收获》1983年第一期；后收入《我与四川》，又收入《叶圣陶集》第二十四卷）。信中说：“望道先生之文法讨论集，出版后务乞设法弄到一本。鲁翁全集跋涉半载，乃毫未损坏。学生来借此书者颇多，已不很干净矣。弟买了二百元书，居然成为小小借书处，亦有退学学生将借去之书带走者。”（“望道”，陈望道。“鲁翁”，鲁迅。叶圣陶托徐调孚在上海代买一套《鲁迅全集》，半年后方才寄到重庆。——编者注）

5月1日 代武汉大学学生写“慰劳前方将士信两封”。（日记）

5月2日 马一浮、贺昌群来访。（日记）

5月5日 《中学生战时半月刊》在桂林集稿编辑排印，同时在重庆、昆明两地印行。叶圣陶任社长，王鲁彦、宋云彬、胡愈之、唐锡光、张梓生、傅彬然、贾祖璋、丰子恺任编辑委员。《中学生战时半月刊》的前身即创刊于1930年的《中学生》杂志，出至第七十六期因“八一三”战事停刊，隔了22个月后，以《中学生战时半月刊》的名义在桂林复刊。为适应战时的环境与需要，内容分为“卷头言”、“讲坛”、“半月时事分析”、“时事特写”、“战时社会及自然常识”、“战时青年团体活动特写”、“前后方通讯”、“问题讨论”等门类，同时也酌量选载一些全国报刊上的文章，介绍给读者。

《〈中学生战时半月刊〉复刊献辞》云：

“……旧的炸毁了，新的建造起来。一千个一万个被战争毁灭了，十万个百万个都从瓦砾堆中重建起来。只怕信念不坚，不愁事不成。《中学生》杂志，是抱了这种坚定的信念，在西南抗战根据地宣告复刊的。

“在复刊之始，我们愿意和中学生诸君共相勖勉的——

“第一是努力追求文化与智慧。用文化和智慧的光辉，消灭世界上野蛮与疯狂的侵略。

“第二是民族利益超过一切，牺牲一切个人的利益，时刻准备为救国救民奋斗。

“第三是学习、工作、生活打成一片。生活是为工作，为工作而学习，而且从工作中学习。……”

5月7日 “晨起作书，问勖成、伯才、元善、仰之、子冈、蕻良安否。”访马一浮。(日记)

5月8日 王伯祥“接圣陶蜀沪第九号信，告此间所发第七号信已到，并告近状，正修屋，须备为善满结婚”。(王伯祥日记)

5月9日 作书信《致伯翁》(刊《收获》1983年第一期；后收入《我与四川》，又收入《叶圣陶集》第二十四卷)。信中谈及复性书院时说：“昌群兄已来，其自重庆来此以飞机，若多留重庆四日，即有受惊之分(指日寇飞机连续轰炸重庆——编者注)。不日将往成都接眷，已租屋于城外三里许。复性书院已决定开办，开办费三万，经常费月四千，孔院长又力拨基金十万。振铎兄不赞成昌群兄去浙大而来此，调孚兄以为此举系开倒车，弟均同感。丏翁言其六艺之教为礼、乐、射、御、书、数，而其所教非此六艺也，盖诗、书、礼、乐、易、春秋也。最难通者，谓此六艺可以统摄一切学艺，如文学、艺术统摄于诗、乐，自然科学统摄于易，法制、政治统摄于礼。其实此亦自大之病，仍是一切东西皆备于我，我皆早已有之之观念。试问一切学艺被六艺统摄了，于进德修业、利用厚生又何裨益，恐马先生亦无以对也。弟极赞其不偏重知解而特重体验，不偏重谈说而特重践履；然所凭藉之教材为古籍，为心性之玄理，则所体验所践履者，至少有一半不当于今之世矣。好在学生决不会多，有一二十青年趋此一途，未尝不可为一种静修事业，像有些人信佛信耶稣一般，此所以弟前信有'以备一格未尝不可'之说也。大约理学家讲学，将以马先生为收场角色，此后不会再有矣。"

同日 作书信《致洗翁》（刊《收获》1983 年第一期；后收入《我与四川》，又收入《叶圣陶集》第二十四卷）。信中叙重庆挨日机连续轰炸后之惨况。

同日 作书信《致丐翁》（刊《收获》1983 年第一期；后收入《我与四川》，又收入《叶圣陶集》第二十四卷）。信中谈及长子至善将与夏先生小女满子完婚时说："善、满婚期已定于六月四日，谨以奉闻。寓中木匠已完工，仍绘一略图以见今后之布置（图略）。最近四川木料亦太费，铺些地板，添些壁板，连工价亦费百三四十元。弟现已迁入小卧房，其宽度仅容一榻，榻前安置一叠衣箱外，只可摆三四只圆凳子。客室为最亮之一间，白板壁，纸窗，别有风味。马先生来，开头一句曰：'真可谓屋小如舟。'弟之书桌即设于西南角。公等按图想象，或可略得弟伏处其中以消磨岁月之情况。关于婚事准备，仅买了些必需之动用物品，又添了几件衣服，定做了男女各一双皮鞋。床与写字桌尚未买，不求其精美，过得去即可。届日拟请客五六桌，柬帖仅言请吃酒（午刻），以免人家送礼。客既齐集，则宣布结婚，如有人作简短演说最好，否则即举杯谢惠临之盛意。不再行其他仪式。如此较脱俗，未得翁同意，不知以为妥当否。”

同日 作书信《致村公》（刊《收获》1983年第一期；后收入《我与四川》，又收入《叶圣陶集》第二十四卷）。

同日 作书信《致调孚兄、均正兄》（刊《收获》1983年第一期；后收入《我与四川》，又收入《叶圣陶集》第二十四卷）。信中说及想写小说的雄心，以及对抗战文艺的评价：“弟作小说，雄心未死，迟我四五年，当有所成。战事作后，佳作似少见，所有小说多数为报告文学，且只有‘报告’而无‘文学’。文字技术亦越来越不讲究。”

同日 “为王功品改旧体诗二首。学生中颇有作旧体诗者，余改之，使协韵达意而已。”（日记）

5月10日 “阅鲁翁集中《唐宋传奇集》为遣。”（日记）

5月11日 “晨令甲组作文，出题二，为《乐山闻警》及《重庆惨劫》，限作抒情文。”（日记）

5月14日 “马文珍来，前日以新作诗《涿鹿之战》见示，略为评之。”（日记）

5月16日 “得子冈来信，告安全，并言《大公报》将在重庆市外购地凿山洞，谋继续出版。”（日记）

5月18日 王伯祥“写信复圣陶”。（王伯祥日记）

5月21日 作诗挽嘉兴纸厂王怀仲。诗云：“孟实坐中一面缘，渝州惨祸忽惊传。人生自古谁无死，公而忘身君独贤。”（日记）

同日 马文珍来访。贺昌群夫妇来访。（日记）

同日 王伯祥“接圣陶蜀沪第十号航信，知予所寄八号已收到矣。善满婚期已定六月四日，此间亦有喜酒吃也”。（王伯祥日记）

5月22日 偕胡墨林访贺昌群夫妇，“与昌群谈复性书院良久”，邀昌群来舍夜饮。（日记）

5月23日 赴红十字会应曹葆杰宴。购《诸子集成》和《诗韵全璧》。（日记）

5月24日 “昌群来，送小墨喜礼”。访马一浮，为夏丏尊索得近作《凌云寺》一律。（日记）

同日 “丏尊三时来馆，作书复圣陶，予附笔贺之。”（王伯祥日记）

5月25日 “马（一浮）先生送来贺礼，篆书‘善满居’三字，写于淡绿色之金笺。即付裱褙铺裱之，期于下月三日可以张挂。”（日记）

5月26日 作一联挽四川中学学生王光弟：“为别未经年，忍忆嘉陵共游钓；何方不可死，相从屈子太辛酸。”（日记）

同日 “午后，作书覆祖璋、云彬、愈之”。（日记）

5月27日 方欣安来谈武大风潮事。接刘仰之信，“言（重庆）商务被焚，损失达二十万”。“上午令癸组作文，题为《壁报》。”（日记）

5月30日 “从佛经流通处买得《六祖坛经》一册，归来阅之。此书余于廿余年前曾看过也。”（日记）

同日 朱自清“给圣陶写一长信”。（《朱自清全集》第十卷，江苏教育出版社1994年版）

5月31日 “接丏尊来信，致祝贺之意，并言四日将在上海宴两家亲友，大家皆甚高兴云。”（日记）

5月1日至16日、20日至31日的日记，收入《叶圣陶集》第十九卷。

6月1日 “接到我们请柬者多来送礼，孟实、儒勉、吴安贞、郑若川均自来。”次日日记：“午后仍有来送礼者，中文系二年级全体同学亦馈红木香烟具一副，线毯一条。人皆厚我，弥可感耳。”（日记）

6月2日 “丏尊来馆，作诗备手题《文心》之端，将于喜筵上分赠亲友：以《文心》为嫁娶之资，藉作佳话。”（王伯祥日记）

6月3日 叶至善和夏满子在红十字会礼堂举行婚礼。

6月4日 夏丏尊在沪设宴贺满子与至善在乐山成婚。

“（上午）十一时，乘车往广西路聚园，一时识者毕集，予与允言、硕民、世璟、道始、振铎、厚斋、良才、守宪、晴帆同坐，颇多饮，二时许始散。”（王伯祥日记）

6月6日 作书信《致诸翁》（刊《收获》1983年第一期；后收入《我与四川》，又收入《叶圣陶集》第二十四卷）。

同日 作书信《致丏翁》（刊《收获》1983年第一期；后收入《我与四川》，又收入《叶圣陶集》第二十四卷）。信中谈及至善、满子的婚事：“善、满婚期此间颇热闹。地点曰红十字会，会所筑于城上，凭阑则岷江浩浩，凌云、乌尤如列翠屏。客凡六席，弟之同事二席，学生一席，小墨之同学一席，二官之同学一席，此外一席，袁昌英、苏雪林几位女太太。刘南陔、朱孟实、方欣安、贺昌群、李儒勉、陈通伯几位先生皆闹酒，新郎、新娘向不吃酒，居然各吃五六杯。并且闹到我们老夫妇头上，墨林亦饮二三十杯，弟则四十杯以上，醺然矣。晚间，小墨之同学来闹新房，唱歌、说笑，直到十一时始散。大家颇疲倦矣。前请弘一法师书‘善满居’三字未带来，而马湛翁欲送礼，弟即请书此三字。湛翁以湖色蜡笺书之，作篆书，颇为难得。新房中又挂子恺之《春院小景》一轴，弘一之联一副，颇为雅致。”

6月7日 令癸组“试作五言诗，他们韵也不押，为之修改，乃殊非易”。（日记）

6月8日 写信“复勖成、伯才，并致一书于祥麟”。午后携墨林访昌群夫妇。“谈甚久，昌群言近与马先生谈书院方针，意见颇不一致。马主学生应无所为，不求出路；贺主应令学生博习各种学术，而不忘致用。马又延请熊十力先生，熊来信亦与昌群意同。大概马先生不谙世务，孤心冥往，遂成古调。以我们旁

人观之，自以贺熊之见为当也。”（日记）

6月9日　王伯祥“作沪蜀第十号信致圣陶，告四日喜筵情形，并附转硕民信”。（王伯祥日记）

6月10日　“晨令癸组作文，题为《随笔》。”（日记）

6月15日　作书信《致诸翁》（刊《收获》1983年第一期；后收入《我与四川》，又收入《叶圣陶集》第二十四卷）。信中论及马一浮的诗及马氏评叶圣陶的诗《今见》：“马先生近作一诗，很好，录与诸公一观，题为《旷怡亭口占》。旷怡亭者，乌尤寺尔雅台旁之亭也，书院以为讲习之所。诗曰：‘流转知何世，江山尚此亭。登临皆旷士，丧乱有遗经。已识乾坤大，犹怜草木青。长空送鸟印，留幻与人灵。’前六句于其胸襟、学养及最近之事业均关合而得其当，表现之佳，音节之响，无愧古人。昌群兄有一诗和马先生，其中‘娓娓清言承杖履，昏昏灯火话平生’二句，身分交情俱切，而余味不尽，亦佳。弟诗请马先生指教，彼最赞‘情超哀乐三杯足，心有阴晴万象殊’二句，谓是名句。”

同日　“今日为先父逝世三十周年忌辰，午刻设祭。”“应昌群之招宴。客皆复性书院同人，院外仅三人而已。”（日记）

6月18日　作诗《至善满子结婚于乐山得丏翁寄诗四绝依韵和之》（收入《箧存集》，又收入《叶圣陶集》第八卷）。

夏丏尊《二十八年六月四日，女儿满子与叶君小墨在四川乐山结婚，感赋四绝》：

夏叶从来文字侣，三年僦屋隔楼居。
两家儿女秾桃李，为系红丝顾与徐。

文心合写费研磋，敢以雕龙拟彦和？
属稿未成先戏许，移将墨渖溉丝萝。

添妆本乏珠千斛，贻子何须金满籝。
却借一编谋嫁娶，两翁毕竟是书生。

此是艰贞报国时，漫矜比翼与齐眉。
青庐窗外峨眉在，雄峻能湔儿女私。

叶圣陶《至善满子结婚于乐山得丏翁寄诗四绝依韵和之》：
艰屯翁叹淹孤岛，漂泊我怜尚蜀居。
善满姻缘殊一喜，遥酬杯杓肯徐徐。

合并何年重切磋，中原佳气见时和。
两翁窥镜朱颜在，未欲岩阿披薜萝。

儿贤女好家之富，不数豪华金满籝。
忠厚宅心翁与我，倘酬此愿慰平生。

为道今春四月时，未婚小耦上峨眉。
荡胸云气没腰雪，避地犹承造物私。
林宰平评："风格高迈。"

6月19日 作书信《致伯、村、调三翁》（刊《收获》1983年第一期；后收入《我与四川》，又收入《叶圣陶集》第二十四卷）。信中谈及当时乐山情形："江水大涨，下游来之轮船已可直泊城门口，来者遂涌至。本地人均往乡下疏散，外来人正补其缺，与各地情形一样。物产不够消费，物价遂飞涨。我们住过重庆，初到此间，觉色色便宜，今殊无此感矣。"

同日 作书信《致丏翁》（刊《收获》1983年第一期；后收入《我与四川》，又收入《叶圣陶集》第二十四卷）。信中谈及复性书院事："复性书院尚未筹备完毕，而贺昌群兄已有厌倦之意，原因是意识到底与马翁不一致。昌群兄赞同熊十力之意见，以为书院中不妨众说并陈，由学者择善而从，多方吸收，并谓宜为学者谋出路，令习用世之术。而马翁不以为然，谓书院所修习为本体之学，体深则用自至，外此以求，皆小道也。近来他们二位谈话已不如在泰和、宜山时之融洽。马翁似颇不喜熊十力来，而事实上又不得不延熊来，将来两贤相厄，亦未可知。弟固早言马先生于其他皆通达，唯于'此学'则拘执（理学家本质上是拘执的），今果然见于事实矣。"

6月20日 "午后四时，昌群来，与偕至文庙观图书馆。"（日记）

6月21日 作成《书巢记》（由王伯祥引入《我的自讼》，刊《开明消息》第二十期，1947 年 3 月 16 日；后收入《叶圣陶序跋集》，又收入《叶圣陶集》第八卷）。

6月22日 "晨令甲组作文，题为《读诗随笔》。"（日记）

6月24日 "接圣陶十五日发蜀沪第十二号航信，寄善满结婚照片多份，嘱分转。"（王伯祥日记）

6月26日 "冯沅君将以下月返昆明，视陆侃如之病，过重庆时拟借宿巴蜀，以防万一遭遇空袭，嘱余作介。遂致一书于勖成、伯才。……傍晚，昌群来，言马先生因与彼意旨不合，态度渐冷淡；彼念居书院终且不欢而散，不如早退。语次颇愤慨，余慰之。"（日记）

6月29日 王伯祥"复圣陶信，编沪蜀第十一号"。（王伯祥日记）

6月30日 "午刻，为冯沅君、方欣安二位作饯，客人除冯方外，为晋生、子馨、苏雪林、袁昌英、刘南陔夫人、贺昌群夫人。晋生一时有课，少坐即去。余皆欢饮，二时半而席散。忽传警报，诸客匆匆自去。至四时而解除。"（日记）

同月 作诗《游乌尤山》（收入《箧存集》，又收入《叶圣陶集》第八卷）。

6 月 1 日至 8 日、10 日、12 日、14 日至 22 日、24 日、

26日、29日、30日的日记，收入《叶圣陶集》第十九卷。

7月1日 “接云彬一书，论近时政情，颇多感慨。又接端木蕻良书，谓彼已移居北碚黄桷树矣。”（日记）

7月3日 “冯沅君来辞别。冯下学期将任教于中山大学，不复来此，此别不知何日重晤矣。”（日记）

7月6日 作书信《致诸翁》（刊《收获》1983年第一期；后收入《我与四川》，又收入《叶圣陶集》第二十四卷）。信中谈及贺昌群与马一浮分道扬镳，贺氏不再参与复性书院事；又谈及乐山流行霍乱。

7月7日 作诗《吴安贞毕业于武汉大学》（收入《箧存集》，又收入《叶圣陶集》第八卷）。

7月8日 “今晚宴常来聚谈之本届毕业同学，六时到齐，凡五人：傅剑秋、赵隆勷、俞铭传、吴安珍、王济诚，墨与三儿共饮。七时半饮罢，又闲谈一时许而散。”（日记）

7月9日 “曹葆华、葆杰昆仲来访。”（日记）

7月10日 作诗《寿王臻郊五十初度》（刊《文史杂志》第一卷第九期，1941年10月1日，署名圣陶；收入《箧存集》时题名为《伯祥五十初度》，又收入《叶圣陶集》第八卷）。

叶圣陶1939年4月10日致王伯祥信云：“兄今年五十矣，寿辰何日，忘之，乞告。回思卅年交情如兄弟，不可不作诗为寿，俟其成篇，即当飞寄。”又，7月15日致王伯祥信云：“寿兄诗已完篇，别纸录呈，毫无祝寿之意，唯叙兄与弟之交情而已。兄读之，回溯曩游，或饶兴味。诗实在作不好，其故在读书太少，诗才太薄，无可如何也。”

王了一评：“有清流，有急湍，有平江，有怒浪，如善绘水者，尺幅千里。”

俞平伯评：“至交无文，诗正以详实擅胜，于平铺直叙中，二君神情毕肖其生平，不徒见交谊之盛也。”

林宰平评："骨节坚，气味厚，可医纤巧之病。"又曰："'新交亲亦疏，故交独拳拳。'语似孟东野；'谁知一笑罢，芥蒂互无牵？'此则东野所不能道。"

7月12日 "见《中学生》第四期广告，卷头言中有《法币在外汇黑市中的跌价》一题。余觉此题甚不妥，有耸人听闻之嫌，或会受人指摘。因作书与祖璋、彬然，请他们以后注意。余虽不为实际上之编辑，然担社长之名，不能不负责任也。"（日记）

7月14日 "观昌群之《藏云杂著》，皆考据之作，博淹可喜。彼自往北平，得朋友图书之沾溉，又勤于工作，故进境甚多。若继续不懈，其成就未可限量也。友朋之中若昌群之劬学者，亦不可多得。"（日记）

7月15日 作诗《雪村题弘一法师人安里留影二绝依韵和之》（收入《叶圣陶集》第八卷）。

同日 作书信《致伯翁》（刊《收获》1983年第一期；后收入《我与四川》，又收入《叶圣陶集》第二十四卷）。

同日 作书信《致村公》（刊《收获》1983年第一期；后收入《我与四川》，又收入《叶圣陶集》第二十四卷）。信中论及周作人《五十诞辰自咏诗稿》及沈尹默和章雪村的和诗。信中说："手书并和知堂诗并诵悉。知堂原作，公与沈尹默之和作，皆在可解不可解之间，玩味数过，佳趣不尽。"

同日 作书信《致洗翁》（刊《收获》1983年第一期；后收入《我与四川》，又收入《叶圣陶集》第二十四卷）。

同日 作书信《致调孚兄》（刊《收获》1983年第一期；后收入《我与四川》，又收入《叶圣陶集》第二十四卷）。

同日 作书信《致丏翁》（刊《收获》1983年第一期；后收入《我与四川》，又收入《叶圣陶集》第二十四卷）。知夏丏尊已应上海南屏女中的邀请讲授国文课时说："南屏招邀，翁已允之，最是可慰。闲居易多愁思，有事牵萦，心有所注，销愁良术也。唯入校教课，必不可过存奢望，一学期计算成绩，每不如预期之佳。而无适当之文篇为教材，亦复颇易引起不快。我们固标榜国文教学注重在形式方面，但实际上形式与内容不可分离。历来文篇之内容，皆我们今日思想意念之来源，我们自问思想意念未必全然要得，总希望下一代人能超过我们几步，若悬此标准以求文篇，则殊难其选矣。弟已接了武大续聘二年的约书，本不敢觍颜为大学教师，今因缘凑合，看情势还将做下去，为骗局中之一员，奈何!”

同日　王伯祥“接圣陶六日所发蜀沪第十四号信，写寄书巢记，历叙予积书经过及中间得丧，不啻若自予口出，诚佳作也。谨什袭藏之，得以示后之人。午后作书复，详告近状并硕民回苏需款等情”。（王伯祥日记）

7月16日　“作书二通，答颉刚、佩弦。”（日记）

7月17日　“上午十时到校考试国文，十二时收卷而归。此次考试出三题，一以一诗演述之，一以古文一篇约缩一为短章，一以作语体文一篇。各同事分题评阅，余与苏雪林阅语体文。”（日记）

7月20日　“上午作书致教育厅长郭有守，辞其招邀。”时，郭有守聘叶圣陶为暑期中学各科教员讲习讨论会之讲师。（日记）

7月23日　发表《一点要求》，刊《嘉阳日报》创刊号。

同日　朱自清“接圣陶信”。（《朱自清全集》第十卷，江苏教育出版社1994年版）

7月24日　王伯祥“接圣陶十五日发蜀沪第十五号信，寄寿我五十诗四十韵，写两人交谊，语语征实，绝无颂祷之词，读罢令人感泣，非我二人交期之深，安得有此”。（王伯祥日记）

7月28日　王伯祥“复圣陶信，编沪蜀十三号，谢赐诗，并告汇款修墙（苏州青石弄——编者注）事”。（王伯祥日记）

7月1日至3日、6日至9日、11日至23日、26日至31

日的日记，收入《叶圣陶集》第十九卷。

同月 郑振铎拟创办《文学月报》，叶圣陶认为不如出不定期刊（详见8月6日致村公信——编者注），后即于11月在开明书店创刊《文学集林》。

8月2日 作诗《王献堂以所绘山水相赠题二绝依韵酬之》（收入《箧存集》，又收入《叶圣陶集》第八卷）。

叶圣陶1939年7月29日日记云："晋生来，携来为余丐王献唐君所作画，高岩红树，茅亭绿蕉，略写凌云之景也。笔墨甚工，得之喜极。王君并题二绝句于其上。"8月2日日记云："作成和王献唐赠余画幅题韵两绝，他日将书以素纸，托普生致之，借申谢意。"

林宰平评："收句矫健。"

8月4日 日寇机袭桂林，《中学生战时半月刊》印刷所被震毁。

8月6日 作书信《致伯翁》（刊《收获》1983年第一期；后收入《我与四川》，又收入《叶圣陶集》第二十四卷）。

同日 作书信《致村公》（刊《收获》1983年第一期；后收入《我与四川》，又收入《叶圣陶集》第二十四卷）。信中抨击周作人失节。引录如下："知堂失节，闻之叹惋。院长不比一个算学教师物理教师，平日集会，总得向学生说几句话，不知彼将何辞以语学生也。若亦如汪某之忽然反过来，站到那方面去，则其脸必红到颈根矣。弟言节操，亦只是茫然之直感，无深微之意思。尚不曾为《中学生》作文，拟即就此点作一篇，说得透不透，尚无把握。"

同日 作书信《致调孚兄》（刊《收获》1983年第一期；后收入《我与四川》，又收入《叶圣陶集》第二十四卷）。

同日 作书信《致洗翁兄》（刊《收获》1983年第一期；后收入《我与四川》，又收入《叶圣陶集》第二十四卷）。

同日 作书信《致丏翁兄》（刊《收获》1983年第一期；后收入

《我与四川》，又收入《叶圣陶集》第二十四卷）。信中谈及在乐山的居住情况："弟已与城外房东约定，房东已在着手修理。破屋三间，修理之后，或亦有白马湖尊居之风味。前临田野，可望对江（岷江）诸山。后窗面石壁，有'蛮洞'，藤蔓遍缀，尤有幽致。围以竹篱，自竹篱至屋基有七八尺宽，可种些芭蕉杨柳，到明春亦绿满庭前矣。至于购物到校之不便，亦只得忍受之。二官、三官若均考取城外之学校，则可以走读，颇为便利。"

8月7日 "七时到校。今日为国立各院校统一招生之期，乐山亦一考试区，余往为监考员也。在此报考者凡三百余人。今日第一场考国文。考题凡三：一、文言翻语体（《礼运》首节），二、语体翻文言（蒋委员长之演说辞），三、作文（《建国信仰与救国主义为精神总动员之基本条件》）。十时散场。"（日记）

8月11日 应四川省教育厅中学教师暑期讲习会的邀请，与武大马师亮、叶子真、吴子馨到成都给中学教师讲授国文，下榻于沙利文饭店，讲习所设在华西大学。是日赴四川大学访徐中舒，未遇。夜，刘子值、徐中舒来访。

8月12日 往灌县，观都江堰。

同日 作诗《自成都之灌县口占》（刊《文史杂志》第一卷第九期，1941年10月1日，署名圣陶；后收入《箧存集》，又收入《叶圣陶集》第八卷）。

叶圣陶1939年8月16日致沪上诸友信："上星期六往灌县。星期日访李冰庙（俗名二王庙），观都江堰。水利工程如此，且成于古代，大足矜夸。灌县农田丰美，似远胜江浙，今年又大熟，望之喜极欲涕。"

8月13日 访李冰庙，游青城山。

同日 作诗《八一三入青城山口占》（刊《文史杂志》第一卷第九期，1941年10月1日，署名圣陶；收入《箧存集》时题名为

《游青城山口占》，又收入《叶圣陶集》第八卷）。

叶圣陶 1939 年 8 月 16 日致沪上诸友信云："是日（8 月 13 日）入青城山，宿于常道观。此山有'天下幽'之称，确然幽极。得诗二首，录供诸翁一粲。第二首学黄山谷，多用拗句，或不免画虎不成之讥。"

王了一评："此古句入律，格调自高。"

俞平伯评："洒落有味，想见当时逸兴，结尾自然，故妙。"

8 月14 日 返回成都。夜与徐中舒、吴子馨、刘子植、叶之真共饮于金龙饭店。

8 月15 日 至祠堂街开明书店访冯月樵，会章雪舟，又见孙俍工。又访东方书社王畹香、商务印书馆张屏翰、世界书局俞守己。

8 月16 日 金陵大学陈斠玄、商承祚来访。午赴郭有守宴。下午访章雪舟，游少城公园，观博物馆。

同日 作书信《致诸翁》（刊《收获》1983 年第一期；后收入《我与四川》，又收入《叶圣陶集》第二十四卷）。

8 月17 日 访雪舟、程受百、冯月樵。

8 月18 日 为讲习会作题为《国文教学之目标及国文教材之编选》的演讲。演讲毕访陈斠玄，会徐中舒、姜亮夫等，又偕子馨至祠堂街买书。

8 月19 日 为讲习会作题为《阅读指导》的演讲。

同日 日寇飞机狂炸乐山，叶圣陶心忧如焚。"明日非回去不可。因思往要求郭子杰君，明日以汽车送归。回宿舍，与马（师亮）、叶（子真）、吴（子馨）三君同商，人同此意，遂访郭。而郭之汽车适以今日坏了，打了几处电话，尚无结果，谓只得明日再想办法。四人愁容相对，欷歔不绝，身在此间，不知家中人生死存亡如何也。观夜报，谓敌机径袭乐山，有三十六架。城内城外俱投燃烧弹爆炸弹，多处起火。呜呼，此可惊之

消息何堪入目乎！大家都睡不着，悄悄谈话，余乃记此日记，写毕已一时半矣。”（日记）

8月20日 作书信《致诸翁》（刊《收获》1983年第一期；后收入《我与四川》，又收入《叶圣陶集》第二十四卷）。信中报告日机狂炸乐山的情形：“今敢告慰，弟家老幼破后门逃出，火已及于前间，在机枪扫射下趋至江滨，雇舟至昌群兄家作难民。身体皆安好，精神亦不异常。所有衣物器用书籍悉付一炬。乐山城内已炸去三分之二，死伤甚众。武大尚无恙，死同学十余人。弟昨日下午四时在成都闻信，即大不安，念我家向持不逃主义，必然凶多吉少，若归去而成孑然一身，将何以为生。一夜无眠，如在迷梦中。今日请郭厅长送我们回家，以三百七十元雇一汽车，疾驰而归。知人身均安，感极而涕，天已太厚我矣。此后得另起炉灶，前次请汇一些钱来，务乞照办。红蕉处乞立刻将此信送去一看，心绪麻乱，不另作书矣。本欲打电报，而电报不通，只得寄信。较场坝逃出之人甚少，三四人相抱而烧死者比比皆是，我家真是万幸。”乐山遇炸后，租住在城外张公桥雪地头，生活极其艰难。

叶至善《化为劫灰的字画》谈及乐山被炸烧毁的字画时说：“那些字画中最可纪念的是一幅《天女散花图》，那是父亲母亲结婚时候一位朋友送来的礼物。图是绢本，阔约八寸，高不及阔的一倍。因为挂的日子久了，绢已经成了深茶色，而作画的墨色又很淡，所以远远地看去，只见右上角‘天女散花图’五个篆文，旁边还有一行题款，和下面盖着的一颗赭红色的印章。凑近细看，才看得清天女的位置在全幅的中下部。她的面貌与服装，和别的画上的美女相仿，身子稍向左偏，左手提着花篮，右手稍低，按住花篮的口；从花篮里飘出来十来朵纤小的花，和她的衣带一顺，飘向她的右前方；她的衣袖和裙幅，也都被风吹得向那方翩翩地飘动。想来她正在御风而行吧。她的脸侧向右方，目光稍稍下垂，漠不关心地望着那些飘散的花朵。一起一伏的云绕在她的脚下，像海里的浪，然而从疏淡的墨色和轻飘的笔意看来，那毕竟是云。全幅空白部分约占五分之四，可是经几笔云这么一渲染，就似乎满幅弥漫着云气，那天女是在无际的云海上。”“那幅画和一副小对联，一向是挂在父亲的书房里的。那对联是弘一法师的正书：‘寒岩枯木原无想，野馆梅花别有春。’上下款都是长行小字，约略记得是‘岁次大辰……结庐双髻山麓’‘……晚晴沙门月臂书’。上款上方有一颗长方印，刻着一个坐在莲花上的佛像，下款下方也有两颗小印。父亲常常赞叹那副对联，说不但每个字的一笔一画都写得非常舒适，便是字与字之间的距离也布置得非常匀称，通体看来，有一种端庄静穆之美。”（桂林《国文杂志》第一卷第四、五期合刊，1943年3月10日）

8月22日 王伯祥日记：“阅报知乐山遭劫殊烈，全城焚毁四分之三，至为圣陶担心，爰拍电武汉大学询问安否，盼电复。”

8月24日 致信上海诸亲友。（是日叶圣陶写给上海诸亲友的信已失存。信中述乐山被炸全家逃难的详情，内容与20日日记相近。——编者注）

同日 王伯祥“接圣陶成都信，正在演讲，未及与知乐山事，仍未能释此悬悬也”。（王伯祥日记）

8月26日 “晋生来访，言刘博平以国文系主任名义，将派定彼与朱东润、苏雪林及余专教基本国文；此似太教人劳苦，亦复看不起人，约明日往彼寓所共商应付之方。

“午后，蛰居无聊，四时出外散步，遇孟实、中舒。中舒固相约同乘木船来嘉者也，彼以廿三日自蓉下行，昨午到此，凡行两天半。三人偕访通伯，彼二人先走，余与通伯长谈。承告校中权力之转移，现院长一职同于虚设。刘君以新旧门户之见，颇欲排挤异己。相与叹惋。余本不欲为大学教师，去年贪于避难之得暂安，遂勉强来此。今乃为人所嫉视，意颇不快。

任余之性，当作一书正告校中，国文系持抱残守阙之见，决非武大之福，亦非学生之福。而刘之所为如此，尤羞与为伍，但事实上又不能遽尔他往，只得忍之。然此忍之也者，最难堪之事也。”（日记）

8月1日至4日、7日、9日至28日的日记，收入《叶圣陶集》第十九卷。

9月1日 王伯祥日记：“达先归来，携到圣陶乐山上月二十一日所发信，知全家避城外昌群家，突火而出，幸免于难，屋庐衣服书籍悉付一炬矣。为之慰愤交并。即送丏尊阅看。”

9月2日 王伯祥“复圣陶沪蜀第十四号信，慰问安好，并告此间萦念状”。（王伯祥日记）

9月16日 作书信《致伯翁》（刊《收获》1983年第一期；后收入《我与四川》，又收入《叶圣陶集》第二十四卷）。信中说：“炸后二十几天以来，我们忙的是买布，裁衣服，买家用东西。布已买了一百五十元以上，而计算下来，还是不够分配。大家做单的夹的长袍短袄裤子，就得二三十件。棉絮及被褥尚未买，而天气已转凉了。缝缀是自己动手，母亲，墨林，竟日纫缀不辍，弟亦‘客串’，间或缝几针。买东西有三四个同学帮忙。我家原来用的女工，因其人逃出时只顾自己，一点不帮忙，又不便让她多吃昌群家的饭，于二十日那一天叫她走了。于是扫地洗衣倒马桶都得自己来。前天昌群家搬到乌尤山去住了（为的是他有五个孩子，逃警报时他夫人一个人实在难以照顾，只得搬去同住），于是我们又得自己做饭。弟出去买过两回菜，夫妻两个，你提我负，虽然吃力，却又别是一趣。今天才用到一个十八岁的男孩子，可以帮一些劳役，然洗衣倒桶仍得由自己来。

“我们的新屋已在修理，即日可完工。共为三间，各分为两，得小卧室四间，客堂一间，书房一间。旧料为柱子、椽子及瓦，其代替砖头之篾片是新的，承尘和地板也是新的。待墙上及承尘涂上石灰（四川之石灰比下江者白而坚），与新修房子无二。另有厨房及用人住所合一大间，是全新的。房子朝东，前面有长约丈许之一块空地，四周以竹篱围之。篱外为菜圃，圃外一水，曰竹公溪。循溪左行一二十步，即闻流水声。屋后即小山，上有杂树，有藤蔓，自书房外窥，石壁上绿色浓淡相间，可称幽居。又有一蛮洞，若闻警报，犹不须躲避，俟闻飞机声，从容入洞，尚绰有余裕。弟善忘，过往之事不大去想它，对于未来往往作美好之憧憬。今见此屋，又觉其可爱，以为得以安居矣。今虽入秋，在此犹弥望皆绿，及于来春，庭前开些花朵，更足乐矣。”

同日 作书信《致洗翁、调孚兄》（刊《收获》1983 年第一期；后收入《我与四川》，又收入《叶圣陶集》第二十四卷）。

同日 作书信《致丏翁》（刊《收获》1983 年第一期；后收入《我与四川》，又收入《叶圣陶集》第二十四卷）。信中谈及满子病情。

9 月 23 日 “九时接通知，今日国文系开系务会议，遂乘车而往，会已将毕。所议为各人所担任之课程。余任一年级基本国文两班，及二年级各体文习作。并议定课文必须文言，作文亦必须作文言。在座诸君皆笃旧之辈，于教学无所见地，固应如此。余以一人不能违众意，亦即随和而已。

“会散，……至陕西街方（欣安）、高（晋生）、朱（东润）三君所，被留吃饭。饭后访雪林女士，谈校务，各抱消极观念。二时辞出，至通伯处小坐而后归。”（日记）

9 月 28 日 王伯祥“复圣陶（信），编沪蜀第十五号”。（王伯祥日记）

9 月 23 日至 9 月 30 日的日记，收入《我与四川》，又收入《叶圣陶集》第十九卷。

10 月 6 日 “至孟实处借火盆，以烘房屋。闻其言，知通伯已辞去

文学院院长，法学院院长周鲠生亦辞职。学校之局殊为可厌。诸人为避难计，聊在此作教，不求长居也。”（日记）

同日 王伯祥“复圣陶，编沪蜀第十六号”。（王伯祥日记）

10月8日 “马文珍来谈。马君逢星期日恒来访问，情殊可感，然彼亦借此以慰寂寞耳。”次日“接佩弦书，云已迁居昆明城外，步行到校须九十分钟”。（日记）

10月9日 王伯祥“接圣陶一日发蜀沪廿二号航信，附来日记一叠，详告满子病状，谓已动手术割治，系子宫及输卵管患瘤，经过尚良好，其全家当然不宁矣”。（王伯祥日记）

10月14日 作诗《乐山寓庐被炸移居城外野屋》四首（刊《文学集林》第二辑《望》，1939年11月，署名圣陶；后收入《箧存集》，又收入《叶圣陶集》第八卷）。

林宰平评：“此四首杜音、杜容、杜皮、杜骨，古人何遽不相及耶！”

俞平伯评：“躬历艰危，不减平素之雅怀，无颓唐音，无客气语，贞固夷粹，令人兴感。若风格出陶、杜间，如诵《羌村》、《彭衙》等篇，犹其余事耳。第三首写景，芳润可喜，而牵萝憔悴，得之言外，虚实互明，妙含文心矣。辛卯端阳偶评。”

10月15日 “昌群来，留之吃饭。彼又退出复性书院，举家迁入一尼庵中，阅写自遣。盖马先生于学问之道褊狭特甚，与熊十力意见不相能，使熊不安而去。昌群以书院事无可为，不如早自引退耳。”（日记）

10月17日 王伯祥“接圣陶八日发蜀沪廿四号航信，由红蕉转来，并附满子临诊日记，盖大痊矣。为之大慰。惟廿三号信复遭遗失，并前十九号，共缺两信，不无遗憾”。（王伯祥日记）

10月19日 王伯祥“复圣陶沪蜀第十八号信”。（王伯祥日记）

10月20日 王伯祥“接圣陶六日发蜀沪廿三号信，盖先发反后至

也”。(王伯祥日记)

10月21日　“作书复颉刚、晓先，并作蜀沪廿六号信，均以明日寄发。”(日记)

10月22日　“作一诗挽郭沫若的父亲。”(日记)

10月24日　王伯祥“接圣陶十五日发蜀沪廿五号航函，报平安并寄诗。予等发去之最近函则尚未到”。(王伯祥日记)

10月25日　“马文珍来，言不乐居此，已向学校辞职，将返清华大学，至迟于月底往昆明矣。其人丰于情，多所感，在不投机之诸人间宜其多郁郁也。约其明日来吃饺子，聊作祖饯。”(日记)

10月26日　“午刻马文珍来，即共食。菜中有一鱼，墨以杭州醋鱼法煮之，文珍食而甚喜。二时，文珍去，谓动身前尚须再来一次也。

“校中送来功课表，余本学期教基本国文两班，计六小时，二年级各体文习作一小时，比上学期少一小时；分排四日，星期一、五无课。”(日记)

同日　王伯祥“复圣陶沪蜀第十九号信，告来信廿三号已到，惟十九号则迄未递及也”。(王伯祥日记)

10月27日　“得绍虞书，慰问被炸之厄。久未与通信矣，立执笔作答，告以近况，并抄近诗四首寄去。”(日记)

10月29日　“午刻至通伯所。通伯为马文珍作饯，同座者尚有孟实、东润，皆至熟，饮啖笑谈甚欢。二时辞出，与文珍为别，彼以明后日登程赴昆明，此后不知何日何处再见矣。……

“我家以去年此日到乐山，今周年矣，其间两易其居，可喜可愁之事亦不少，不知明年又何如也。”(日记)

10月30日　入城买一部《事类统编》，价四元二角。(日记)

10月1日至15日、18日、19日、21日、22日、24日至31日的日记，收入《我与四川》，又收入《叶圣陶集》第十九卷。

同月 作诗《付武汉大学迎新壁报》（收入《叶圣陶集》第八卷）。诗云："此日尤宜志节先，辄持此语语青年。志惟专一节贞坚，以应万变始绰然。今与诸君初识面，仍赠此语罔所变。非曰能之诲时彦，乃愿交勖永无倦。"

11月2日 作《〈记物之文〉序》，付印后分发学生阅读。（日记）

同日 王伯祥"接圣陶上月廿二日发蜀沪第廿六号航信"。（王伯祥日记）

11月3日 "午后晋生来，共商量文字。偕往访东润，快谈久之。上楼访通伯，通伯自其夫人归北平后，独居二室，有廖廓之感。晋生将返大佛寺，通伯倡言陪之过江曝日，余亦愿往。秋阳浴身，竟体温暖。至半途与晋生别，遂往访小学主任梁先生之新居。……"（日记）

11月4日 作词《水龙吟》（刊《文史杂志》第一卷第九期，1941年10月1日，署名圣陶；后收入《箧存集》，又收入《叶圣陶集》第八卷）。

是日日记："下午，作成《水龙吟》一首，写近怀。首二句得之已多日，自以为切合当前情景。"

俞平伯评："此抗战词史也，上半尤佳。"

林宰平评："下半与张权夏寄袁竹初一阕相近。"

11月6日 王伯祥"复圣陶（信），编沪蜀第二十号。"（王伯祥日记）

11月9日 "作书二通，复潘兴周及仰之。"（日记）

11月10日 "今日为阴历九月晦，余四十六岁初度。令老陈打面，煮一八宝鸭，傍晚共食。伯麟、师尚亦来参与。"（日记）

11月18日 "昌群来，前日方自马边归。谓二十余年，家乡已非旧观，昔固甚殷富，今衰落矣。夷人种鸦片出售。散兵流氓以贩卖鸦片为生。贩卖之外，复持枪劫烟，遂成盗匪横行之世界。昌群之来回，由乡人三四十持枪护送，且通知在匪中可

以说话之人，乃得成行。途中亲见三尸倒卧于地，皆被枪杀者也。所见种种，非他处人所能预想。”（日记）

11月20日 《中学生战时半月刊》第十二期发表编者的《今后的〈中学生〉》，说：“我们觉得过去本志所载的长篇论文太多，而卷头的短评，又太缺乏联系性。所以从十三期起，多登篇幅较短的论文（自然也有例外，譬如有一个问题起来，需要有长篇大论来解答时，我们还是要登长篇论文的）；而且‘卷头言’则每期一篇，特约专家写作，并且专对中学生诸君说话，力避浮泛不切实际的定论……本刊是中学生诸君的定期读物，同时也是中学生诸君的练习写作、发表意见的园地。我们从十三期起，略增篇幅，把‘读者之页’、‘读者通讯’酌加扩充，更愿意在其他各栏中尽量容纳青年的投稿。举凡学习与工作的报告、青年团体活动和学校生活的特写，其他关于社会、文艺、科学方面的，关于青年的各种问题的讨论等等的稿件，我们都愿意尽量发表，只要篇幅能够容许。我们相信，只有中学生诸君给我们之热烈帮助，才能使本志进步、活泼，成为适合于中学生阅读的刊物。”

11月24日 “作一书复子恺”。（日记）

11月26日 偕胡墨林、叶至诚往访贺昌群之居白云庵。“庵在山半，群山围绕，石工凿石之声外，不闻他响，幽静极矣。其寓所在殿左，纸窗中唯见山翠，果能息心为学，诚是佳处。”（日记）

11月27日 王伯祥“接圣陶蜀沪第廿七号信”。（王伯祥日记）

11月30日 作《〈记地之文〉序》，付印后分发学生阅读。

11月1日至3日、8日至10日、13日、15日、16日、18日、20日、22日、24日、26日、28日、30日的日记，收入《叶圣陶集》第十九卷。

同月 作《乐山通讯（一）》（刊《文学集林》第一辑，题为《山程》，署名圣陶）。

叶圣陶1982年8月12日《〈嘉沪通信〉小记》：

“上海在孤岛时期出版过一种不定期刊物，叫《文学集林》，调孚兄是编辑人之一。他曾经从我在乐山写的信中摘录一部分，在《文学集林》的第一第二两集发表，当时颇受读者欢迎，受欢迎的原因我已经在《渝沪通信》的小序中说过，这儿不再重复。调孚兄摘录的只是小一半，主要为了《文学集林》的篇幅不多，容纳不下。他删去的部分大多是无关宏旨的家常生活，还有一些是在上海当时的情况下不便公开发表的话。另外还有一些，分明出于他对我的爱护。举例说吧，我在信中常常说到喝酒，他删去了不少，想来是只恐有人骂我颓唐；还有我对某几位先生的评论，他也删去了，想来是只恐惹起是非。看他用心这样深，工作这样细，我永远感激和怀念他——这一位可敬可爱的老朋友。现在已经隔了四十几年，我信中说的种种都成了历史陈迹，想来不至于引起什么麻烦了吧，所以我把调孚兄删去的绝大部分恢复了。恢复只是为了‘存真’，并不表明我那时的所思所感绝对正确；我自知是个偏激的人，话说过了头是常有的事，说些错话也在所难免。读者如果跟当年在《文学集林》上发表的相核对，就能体会到调孚兄那时的苦心孤诣了。”

12月3日 偕贺昌群访杨人楩。又访刘百闵，刘“欲与开明成立关系也。余允为之寄书与雪山祥麟云”。夜，陈通伯在寓所宴刘百闵，叶圣陶和贺昌群作陪。（日记）

12月4日 偕胡墨林往观李儒勉、钱歌川两家合筑之新屋。（日记）

12月9日 偕方欣安至朱光潜寓所探屋后蛮洞内之石棺。（日记）

同日 王伯祥“写沪蜀第廿一号信复圣陶”。（王伯祥日记）

12月10日 “作文题《青年日记》”，“凡六百字”。（日记）

12月17日 出席《海王旬刊》社抗战歌词评审会。（日记）

12月22日 接沈从文信。（日记）

12月26日 作词《浣溪沙》四首（刊《文史杂志》第一卷第九期，1941年10月1日，署名圣陶；后收入《箧存集》，又收入《叶圣陶集》第八卷）。

俞平伯评第一首云："四首以此章为稍泛，然确是第一首。"又曰："结句挽回，好。"

俞平伯评第二首云："用典入微，令人不觉。对句名理深微。"又云："'种花'翻成句'看竹何须问主人'，岂陶公所谓'遗迹寄邓林'乎？"

俞平伯评第三首云："静境。诗中画。昔读美成《阮郎归》词，翻老杜'秋蝇'句，以为言情之妙，此蝇韵写景亦佳。""对句深稳。"又云："忆兄前曾有一文曰《暮》，说太白《菩萨蛮》词'暝色入高楼，有人楼上愁'。兹篇末二句殆从此脱化耶？"

俞平伯评第四首云："本章颇疏快，对句真景，景中有情。"

林宰平评："此四首不厌百回读。"

俞平伯总评："此四章诣境夐绝，逼近前修。入蜀以来，不特俊得江山之助，亦忧患之微音也。昨承见告，昔在乐山成都居住情况，雒诵篇章，遂想象得之。摅遣感怀，出以恬静，亦略似杜陵蜀中之律绝矣。"

同日 接金仲华自香港来信，"言彼自去秋始，在香港任《星岛日报》总编辑，一切以尝试精神赴之，不惮麻烦，不嫌劳苦，已为该报树立基础矣。久未与仲华通音问，乍得其书，感慰逾常。君精进不已，前程颇广，自顾我章句年年，不胜惭愧矣"。

12月30日 "与母亲偕至浸礼会会所，观各公团新年献金公演。今晚为武大抗战问题研究会表演，剧名《自由魂》，依据《夜未央》而改编者也。"（日记）

12月3日、4日、7日、9日至11日、13日至15日、17日、18日、22日至26日、29日至31日的日记，收入《叶圣陶集》第十九卷。

同月 作《乐山通讯（二）》，刊《文学集林》第二辑，题为《望》，署名圣陶。

叶圣陶1976年3月31日《渝沪及嘉沪通信跋》：

“一九三七年秋，日寇大举来犯，余全家离苏而杭而汉而川，及寇败降，居川已八载，于一九四六年春东下，重晤留沪诸亲友。此期间作书叙客中所历种种，大多投致伯翁，或一书而请诸人传观，或分致诸人而汇于一函，其数殆将二百通。近者伯翁病逝，七十年之交，顿然永别，伤感莫名。越二月，湜华忽来告，因整理其尊翁遗物，发见余当年所寄书一叠，既排次而贴之于册，今交余览之。呜呼，此余彼时辛苦艰难忧伤愤慨之自叙状也！翻阅一过，重省所历，感慨无涯矣。此一叠书始于一九三七年十一月十一日致丏翁者，终于一九三九年九月十六日致伯、丏二翁者，初时不编号，到重庆后以渝沪编号，迁乐山后以嘉沪编号，按号核之，略有阙遗。致丏翁之明片发自汉口，时余家属暂居绍兴之直乐泗。第二明片致伯翁者发自南昌，则迎家属于南昌而不遇，故有愁苦语。末一书为嘉沪二十号，叙乐山被炸后余家重建生活之状，时满子方患病，亦复慰虑参半。不知此外之书，伯翁何以未之保存，恨无从叩询矣。自嘉沪编号始，迄于一九四三年六月一日自成都发书，其数满百号，因作一诗附去。诗曰：

岷畔邮书今满百，五年况味此泥鸿。

挑灯疾写残烧后，得句遥怀野望中。

直以诸君为骨肉，宁知来日几萍蓬。

一书便作一相见，再托双鱼致百通。

此诗自谓说真话，当日相思不相见，一书到手，何异久别重逢乎。湜华嘱为此册题记，琐琐言之，数千言亦不能尽，故简言之。他日于旧事有所稽考，还将借观此册也。”

王伯祥《〈翩若惊鸿〉序》：太平洋战争以后，“寇气渐深，风声盖紧，匪特渝申两地不敢通信，即沪上居寇亦凶焰日煽，几将逐户搜，酷施迫害，于是举凡各地亲友往还书札，悉索以付一炬。圣陶赐翰遂不免焉。及今思之，良深毁史之痛已。”

商金林《叶圣陶传论》：俞平伯称叶圣陶的书信是他最好的自叙传。他在给叶圣陶的信中说这些书信可称道的至少有三点：“（一）从多方面反映了抗战初期动乱时代的现实。以知识分子的角度看，虽有局限性，未得其全，却非常亲切，如一剪影，即可识庐山真面也。（二）交游踪迹备见于斯，虽其人其事，览者或未详知，而就作书人说，实为那时最佳之自叙传。如对人接物之恳切，律己之严谨，工作之认真，与人为善之乐，教诲青年之盛，非特他人万万写不到，即吾兄自己若着意为之，恐亦不能到也。（三）当然是思想。各信中虽非有意谈此，而偶于字里行间流露出来的，皆光明宝珠也。不偏重知解谈说而特重体验践履，如兄在蜀沪第十号信中所赞许者，亦即弟今日所向往者也。”（商金林著：《叶圣陶传论》，安徽教育出版社1995年版，第644页）

1940 年

（中华民国二十九年　庚辰）　四十六岁

3 月 5 日　中央研究院院长蔡元培在香港逝世，终年七十四岁。

3 月 30 日　在日本操纵下，汪精卫伪国民政府在南京成立，汪自任代理主席。

7 月 22 日　日本成立近卫文麿内阁，公然提出“大东亚共荣圈”口号。

10 月 19 日　延安文艺界集会纪念鲁迅逝世四周年，电请全国定 10 月 19 日为鲁迅节。

10 月　蒋介石掀起第二次反共高潮。

11 月　汪精卫在南京正式就任伪国民政府主席。

*　　*　　*

1 月 1 日　出席武大同事之茶话会。

1 月 2 日　与吴子馨、陈通伯、苏雪林、袁昌英访高晋生。与子馨、雪林、晋生至复性书院访马一浮。（日记）

1 月 3 日　写一联“观钓颇逾垂钓乐，种花何问看花谁”，由叶至善携往献金公演剧场拍卖，得卅一元。（日记）

1月4日 篆书清真句“新笋已成庭前竹，落花都上燕巢泥”，由夏满子携往献金公演剧场拍卖，得二百元。（日记）

1月7日 夜偕胡墨林应钱歌川夫妇宴。

1月8日 作《金缕曲　赠昌群》（刊《文史杂志》第一卷第九期，1941年10月1日，署名圣陶；后收入《箧存集》，又收入《叶圣陶集》第八卷）。

同　日 王伯祥“复圣陶（信），编沪蜀第廿二号”。（王伯祥日记）

1月10日 夜到蚕桑学校为文艺组同学作演讲。（日记）

1月15日 午应陈通伯、朱东润招饮。读东润《西征赋》。（日记）

1月17日 夜偕胡墨林往武大礼堂观青年剧团演老舍之剧《残雾》。（日记）

1月20日 发表《日记与写作能力》，刊《战时中学生》第二卷第一期，署名叶绍钧（收入《叶圣陶散文乙集》，又收入《叶圣陶集》第十五卷）。

1月22日 “夜，祭祖先。自被炸以来，此事不复举行，今日为先父冥诞，母亲主一祭，并祭祖先。买一鸭一鱼，祭毕全家宴饮。”（日记）

1月1日至4日、7日、8日、10日、15日至19日、22日至27日的日记，收入《叶圣陶集》第十九卷。

2月3日 阴历岁除日将近，“母亲谓前次被炸而平安，殆是神佑，宜如往年之例敬神。遂杀鸡割肉，敬奉诸神。红烛双明，颇有儿时情趣”。（日记）

2月6日 王伯祥“接圣陶廿四日发蜀沪第三十五号，复告近状”。（王伯祥日记）

2月7日 “今日为阴历除夕，伯麟、师尚、国安、龚之琪四人同来，各有馈赠，人情之厚可感。入夜，祭祖先。祭毕，全家共四人吃年夜饭。听四人谈老舍《残雾》一剧中之警句，皆绝妙。九时，四人始去。扫地而睡，已十时矣。”（日记）

2月18日 与陈通伯、贺昌群往访方欣安、杨人楩。后至昌群所共饮。

2月19日 为出大考试卷与苏雪林发生争执。

苏雪林《叶绍钧的作品及其为人》："有一次为了鲁迅，我同他竟闹了小小意见。本来新文坛之发狂捧鲁迅，并不为鲁迅有什么值得捧，不过是一种政治作用，以圣陶之明，岂有不知？但他一日拟国文常识考题竟有：鲁迅文坛地位如何？他的著作以何者为最有名等等？我忍不住发言了，我说鲁迅不过是左派有心塑造出来的偶像，国立大学提到他的名字似乎不宜。叶坚持不改，我不觉愤然情见乎辞，叶亦拂然情见乎色，从此我们二人竟多日不交一言。我从此才明白男人们的政治偏见之可怕。鲁迅一辈子恶骂'西滢教授'，西滢即陈通伯氏，圣陶受陈礼聘前来，宾主相得，可是他也知道鲁迅骂他的话太不公平。……圣陶是个很正派的文人，应该明于是非善恶之辨，为什么一提到鲁迅，他心里的天平便失去平衡呢？这当然是为了他思想左倾之故。"

2月20日 王伯祥"复圣陶（信），列沪蜀第廿三号"。（王伯祥日记）

2月23日 贺昌群来，谈其所撰《魏晋南北朝史稿》。（日记）

2月24日 作诗《题百虎图》（收入《箧存集》）。

2月28日 "午后再至校中结算分数。余所教第四组四人不及格，第十一组全班及格。下学期将依教部之令，与程度较差之学生特为开班，令多所练习。余将第四组中抽出八人，第十一组中抽出一人。议毕，本学期于是结束矣。"（日记）

2月2日至4日、6日至8日、14日至20日、22日至24日、26日至28日的日记，收入《叶圣陶集》第十九卷。

3月1日 作书致颉刚及仰之。（日记）

3月2日 加入"伤兵之友社"，"纳入社费五元。此社遍于各界，为广大组织，宗旨为抚慰伤兵，予以精神上物质上之援助。若办理者得法，确甚有意义之举也"。（日记）

3月5日 作毕小说《我们的骄傲》（刊《教育通讯》第三卷第十一期，1940年3月23日；后收入《西川集》，又收入《叶圣陶集》第三卷）。小说里的黄先生就是以章伯寅先生为原型的（详见叶圣陶3月5日日记——编者注）。苏州沦陷后，地方上要他出来参加维持会，他拒绝后到上海一个教会女学校教书。上海方面又要聘他当“教育方面的委员”。于是他辗转到了成都，成了无业难民。他说：“原来认定教育是一种神圣的事业。我怎么能借了教育的名义，去叫人家当顺民奴隶呢!”

3月7日 “报载蔡元培先生以前日逝世香港，年七十四岁。今之学术上人才，半皆其所提携者也。”（日记）

3月9日 作《乐山被炸》（刊《中学生战时半月刊》第二十期，1940年4月5日，署名圣陶；后收入《叶圣陶散文甲集》，又收入《叶圣陶集》第六卷）。文章说：“被炸以后的两个月中间，我家都忙着置备一切器物。新的寓所租定了，在城外一座小山下，就搬了进去。粗陶碗，毛竹筷子，一样可以吃饭，土布衣衫穿在身上，也没有什么不舒服，三间面对田野的矮屋，比以前多了好些阳光和清新空气。……和被炸的别处地方以及沦为战区的各地一样，还是没有一个人显得颓唐，怨恨到抗战的国策；这是说给日本军人听也不会相信的。”

同日 “得佩弦所寄之《中国现代语法》二册，系王力君所撰。王君现在西南联大为教授，佩弦称其研究语法文法颇有独到之处也。”（日记）

3月10日 “作书致佩弦，附复沈从文、马文珍二信，一同寄昆明。

“看《中国现代语法》，是书不依西洋文法，而注意中国语特点，自然近于真际，且亦有用得多。中国语文尚在草创之中，王君所走当是正路也。”（日记）

3月11日 王伯祥“致圣陶（信），告天然逝世，并及此间近状，编列沪蜀第廿四号”。（王伯祥日记）天然，即吴天然，胡墨林姑母胡铮子之养女。

3月12日　作《人生观》（刊1940年9月20日上海《正言报》第八版，后收入《叶圣陶集》第三卷）。文章认为“人生观”就是一致的、自觉的“抗战救国”，要战胜日本，“这关于人生观的一点是不该忽略的”。

3月13日　作《心》（刊1940年9月21日上海《正言报》第八版，后收入《叶圣陶集》第三卷）。文章痛斥汉奸王克敏、梁鸿志、汪兆铭一班人的“心”，“竟和一般中国人完全两样”。希望文艺工作者能“把王克敏他们的心惟妙惟肖地描写出来，让咱们开开眼界”。

同日　“作随笔《心》，言汉奸心理之不可解。”（日记）

3月14日　王伯祥“接圣陶三日发蜀沪第三十一号书，复告近状，并附来昌群写题予五十小影诗，故人远赐，弥足珍爱，大为欢喜”。（王伯祥日记）

3月16日　王伯祥“寄复圣陶（信），并及昌群”。（王伯祥日记）

3月19日　“圣陶自乐山来信，录去秋所作《浣溪沙》四首，写野居情况。”（宋云彬：《桂林日记（下）》，刊《新文学史料》2000年第3期）

3月20日　发表《〈中学生战时半月刊〉第十九期编辑后记》，刊《中学生战时半月刊》第十九期，未署名。《编辑后记》云：“蔡孑民先生在香港逝世，消息传来，国人同深哀悼，尤其是我们青年，失去了这样一位导师，可以说是鲁迅先生逝世以来的最大的损失。本期有张梓生先生的《悼蔡孑民先生》，对于蔡先生的一生有扼要的叙述，并且指出了我们青年应该怎样继续蔡先生的精神，而继续努力。”

同日　“午后二时，东润来，与偕出散步。归家知孟实已来过，言萧军来嘉，约余至其家便饭，一晤萧君。六时往，见萧，东北人，年三十左右，爽直健谈。此君多作小说，其长篇《八月的乡村》曾轰动一时也。遂小饮，饭后，萧先走。

“人楩方自成都归，来访孟实、儒勉。据言成都曾发生抢米风潮，抢米者似有组织，纪律颇好，专抢农民银行、农本局等机关储米之仓库。余思政府储米原有道理，而因储米而提高了米价，此殆是调度不周之咎，当有他法以济之。近政府已有令致储米机关放米平粜，不知实效如何。”（日记）

3月25日 王伯祥“接圣陶十七日发蜀沪卅二号函，询予近编何书。其实予在开明，早离编所，杂务丛脞，遑云撰述。闻此甚悬”。（王伯祥日记）

3月28日 作《谈宣传》（刊乐山《文艺周刊》创刊号，1940年5月）。

3月1日至10日、12日、13日、15日、18日、20日、21日、23日、26日、28日至31日的日记，收入《叶圣陶集》第十九卷。

4月1日 “今日所看机械班国文考卷，其题为《荀子谓事强暴之国难，事之弥顺，其侵入愈甚，试申论之》。应考者百卅六人中，有半数不明题旨，有以‘国难’作今日通行之‘国难’解者，有以‘事’字作臣事君之‘事’解者，有简直不知所云者。此似是学生程度之坏，实乃出题者之咎，此等题目即能作得很好，亦有何意义。且此等题目皆平时所不常遇，唯于考试时遇之，不能作得好亦其宜也。”（日记）

4月3日 王伯祥“接圣陶三月廿三日发蜀沪第卅三号航函，托代唁天然之姊，并属为至善购书”。（王伯祥日记）

4月6日 “晨作书复马文珍，又致书卢芷芬、潘介泉，三人皆在昆明，一同封寄。”（日记）

同日 王伯祥“复圣陶（信），列廿七号”。（王伯祥日记）

4月8日 “看莎士比亚之《麦克白斯》，梁实秋译文也。”（日记）

4月9日 “作书致元善，请其于开明增资登记事予以方便，盖伯祥

所嘱托也。元善现为经济部商业司长，当可帮忙。信由祥麟面致，故又作书与祥麟。”（日记）

4月12日 “傍晚，看《威克斐牧师传》伍译本数章。此书原文，余十八九岁时曾作课本读之，未尝其味，今观译本，觉其富于幽默，颇可玩味也。”（日记）

4月16日 “又得颉刚及郑心南信。颉刚受川省教厅长郭子杰之托，招余往教厅所办之教育科学馆任审查中小学国文教材之事；心南则招余往福建省立大学附设之师范专修科，任国文科主任之职。福建相去遥远，无法前往，成都之事则可考虑，容与墨商量后答之。”（日记）

4月17日 “傍晚，通伯来，言郭子杰昨曾来嘉，托其向余致意，劝余赴蓉应其招。此人为教育厅长，似有做出一点成绩来之想望，亦难得也。

“夜，将《威克斐牧师传》看完，此书作者宅心善正，于基督教国家宜其为教训之书也。”（日记）

同日 王伯祥“接圣陶五日发蜀沪第卅四号信，复予廿五号信，并附寄最近照片”。（王伯祥日记）

4月19日 “上午作书复颉刚，言教厅之事固所愿往，然一惧迁徙之劳费，二惧成都生活之昂贵，三惧居于成都，人事较烦，将不得宁定，故请婉谢郭君云云。”（日记）

4月21日 高晋生来访，告已应民族文化学院（在大理）之聘，暑中即离武大。（日记）

4月28日 王伯祥“复圣陶（信），列廿八号”。（王伯祥日记）

4月30日 王伯祥“复圣陶（信），告代购之药已寄出，并告此间近况，列廿九号”。（王伯祥日记）

4月1日、2日、4日、6日、8日至12日、14日、16日、17日、19日至22日、25日、27日至30日的日记，收入《叶圣陶集》第十九卷。

5月1日 “得颉刚书，谓郭君意殊诚，以允之为是。颉刚又言我们两人住在一起，可合力成一文学的通史，期以四年，当可有成，亦我们所以报社会之道也，其言殊恳切，余颇所动。余在武大，本不见有兴趣，每日改文，又嫌其苦，今得改途，为中学国文教学谋改进，又得从事著述，是不啻开一新大地也。余决去武大而就教育厅之事矣。至于移家暂且不提。”（日记）

5月5日 《中学生战时半月刊》复刊一周年。自第二十五期起增辟“读者通讯栏”，“青年诸君如有关于学习上、生活上、工作上较有意义的报告、问题或讨论，希望能用简短的通讯的形式，向我们提出来，我们当设法解答……此外，读者对于本志如有什么批评，有什么希望改进的意见或具体办法——无论是关于形式方面的，或内容方面的，都希望随时指示给我们，我们非常欢迎。”（《复刊一周年》，《中学生战时半月刊》第二十二期）

同日 访通伯、东润。又访晋生，不遇。（日记）

5月6日 “得佩弦信，言或将移家成都，则此后见面必易，为之心喜。”（日记）

5月7日 “昌群来，长谈三小时。彼下学期殆将任学校功课，不之昆明，即往遵义耳。”（日记）

5月10日 作诗《题苏稽喻仿陶新居》（收入《我与四川》）。

5月11日 为某球队书挽武大体育助教邓君联二：“杭地记从游，腾趠驱驰显身手；蜀中悲不禄，凄凉风雨啼杜鹃。”“承教经年，颇识健康关智德；伤心此日，愿持奋迅慰英灵。”

5月11日 王伯祥“复圣陶（信），列第三十号”。（王伯祥日记）

5月12日 “晨与墨至孟实所，孟实夫人将返南充母家。故往一别。”（日记）

5月16日 “傍晚得颉刚书，同时得四川省立教育科学馆聘书，余之名义为该馆专门委员。该馆性质如何，余所未详，以意度之，盖是研究机关，辅佐教育之推行者也。颉刚书中附郭君书，言专门委员之薪实得二百卅元，余由五月起薪，以资补剂（依规定须以到馆之日起薪也）。并言将由省府派余视察国文教学，最好于暑假前出发数回云。于是余今后之职务约略明晓，而余之生活决定改一方式矣。”（日记）

5月17日 “傍晚东润来，与偕出散步。”（日记）

5月19日 偕胡墨林赴贺昌群宅晚宴，同坐陈通伯、方欣安、杨人楩。

5月25日 “得予同、振铎覆信。振铎仍致力于编辑出版，最近有《中国版画史》之作，谓其书于国际有地位，可换得若干外汇也。”（日记）

5月26日 “欣安偕萧化之（赞育）来访。前尝闻人言，萧系蒋委员长所派，令长驻嘉定，监察专科与大学者也。是否每有大学之区均有监察，又何以必须监察，均不之知。谈少顷即去。”（日记）

5月28日 王伯祥“接圣陶十九日发蜀沪第卅七号信，收我廿八、廿九两号去信者，告改就成都教厅事，且云将与颉刚合作《中国通史》，予去卅号信则尚未到”。（王伯祥日记）

5月29日 朱东润来访，共商拒绝评阅国文竞赛试卷之事。时，武大举行学生国文竞赛，文题之一系刘博平所出，题目很特别：

试将下文改为恒言

纯柔纯弱兮必削必薄，纯刚纯强兮必丧必亡。韬义于中，服和于躬，和以义宣，刚以柔道。守而不迁兮变而无穷，交得其宜兮乃获其终，姑佩兹韦兮考古齐同。乱曰：韦之申申，佩于躬兮；正本生和，探厥中兮；哲人交修，乐有终兮；庶寡其过，追古风兮。（这是柳宗元《佩韦赋》的一部分——编者注）

叶圣陶、朱东润、高晋生联名致书竞试委员会，抨击这种莫名其妙的考题，并以“恒言”二字不知所云为理由，拒绝阅卷。一时被称为“恒言之役”。

朱光潜回忆说："那时，武汉大学的旧势力根深蒂固，中文系的旧势力尤其大。叶老和朱东润是唯一搞新文学的，深得学生的拥护与尊敬。他们传授新文艺新思潮，有很大的功劳，曾经受到旧势力的排挤。"（编者 1979 年 7 月 6 日访朱光潜。朱光潜继陈通伯之后任武大教务长。）

5 月 1 日、2 日、5 日至 8 日、12 日、15 日至 19 日、21 日、24 日至 26 日、29 日、31 日的日记，收入《叶圣陶集》第十九卷。

同月 作书信《致宋云彬》。信中说："诗词为形式所拘，的确不宜写新诗词、新意境。新体诗现在很少有好的，弟也怕看。但理想中的新体诗，是值得追求的。摄取语言中之美，用来写当前的事物，抒当前的情感，当可有成。现在新诗人似乎对语言就没有敏感，只能从外国诗、从文言文里去剽窃，并且画虎不成，自然很少有值得一看的了。"（《宋云彬杂文集》，北京三联书店 1985 年版，第 51～52 页）

6 月 1 日 宋云彬"写给圣陶信，长三千言"。（宋云彬：《桂林日记（下）》，刊《新文学史料》2000 年第 3 期）

6 月 2 日 "刘师尚来，言闻同学言，刘博平以我们指其疵谬，向校长辞职云。此人气度至狭，我们并非攻讦其人，不过不满彼之行事，而彼以为与之捣乱，实亦过矣。即访东润，告以所闻。东润言既已至此，自当与之周旋耳。谈良久，偕出散步而后归。"（日记）

6 月 3 日 "今日为阴历四月廿八日，为我父廿一周年忌辰，午设祭。……

"晋生、东润偕来，共商致一书与校长，言我们所以不看竞试文卷之故。并言刘反对于国文选读用标点，实属顽固。由东润起草，余缮写之，三人皆自署其名焉。

"六时半，与母亲及墨至浸礼会礼堂观峨眉剧团之《雷雨》。七时余开演，演毕第三幕已十一时，乃放弃末幕不观，燃火把徒步而归。该社演来殊不恶，余因得重以耳朵读万家宝之著作一遍。其剧富有诗趣，节节皆可诵也。”（日记）

6月4日 “访苏雪林，以昨日所拟致校长信示之，征其同意。苏谓取此手法近于进攻，攻必期其克，而今日学校情势，刘博平似未易打倒，徒然树敌，不如其已，劝我们再考虑。余因访东润。东润言敌已树矣，信不发亦未必减人之怨恨。察其语气，似以余再与商量为多事。又谓如倒刘成功，我三人须在此支撑下去。余言余之去此已决，晋生亦或将他就，即东润，早否有他处来聘尚未可知，然三人固将走散也。取一快意而走散，亦未始不可。东润乃谓且与晋生商量之再说。初不意为了不去阅卷一点小事，引出如许多纠缠也。

“接汤茂如一信，略告教育科学馆之情形。汤其副馆长也。附夹省政府训令一件，派余兼任国文科视导员。”（日记）

6月5日 “上午课毕，与东润、晋生共谈。东润仍劝余勿决然言去，余不肯应，遂言既将走散，则不必致书校长，向刘作积极之进攻，以后但取消极之一致耳。

“到家得郑心南复书，云东润能到闽，甚为欢迎。……饭后持心南书访东润，东润言容考虑些时再决定。”（日记）

6月7日 “午后，晋生来，言彼决意去滇，无心留武大正与余同。旋共访东润。东润闻人言，谓校中有人以为我们将掀起波澜，又谓刘博平既辞职，将由学校及教授会出面挽留之，而于我们三人，则采有效之处置云云。造言生事之环境中，自然有此现象，姑静观其发展可耳。”（日记）

6月10日 “作一书致郭子杰、汤茂如，告以学校课毕后当到蓉接洽。”“又作一书致卞之琳，谢其惠赠新诗集《慰劳信集》及记叙文《七七二团在太行山上》。其《慰劳信集》各篇之题皆作《给某某》，凡致力于抗战者，自委员长以至公路小工，无不赠以诗。颇有精思佳句，唯用字构语间有生涩处耳。此君前好为唯美派诗、哲理诗，抗战初起，曾往西北游行一年余，作风乃一变焉。”（日记）

6月12日 “刘博平已到校上课，既已坚决辞职，忽又腆然而来，闻前此亦有类似之事，固非第一次矣。”（日记）

6月16日 “东润来，谓间接听到刘博平系得王校长之劝留信而回来。王之信大意言‘恒言’之不错，以后如再有人指摘，学校必力为解决云云。”（日记）

同日 西南联大师范学院国文系主办的《国文月刊》创刊。朱自清和浦江清、罗庸、魏建功、余冠英、郑婴任编委，浦江清主编。《国文月刊》一开始就受到了欢迎，在国文教学方面起了积极的作用。《国文月刊》由开明书店发行，叶圣陶给予了许多支持和帮助。

6月17日 “作书致颉刚、雪舟，告以下月中旬到蓉。晋生来，以所撰《老子正诂》一稿交余，余为介绍于开明也。”“蓝君来言，人传昨日重庆之炸最为惨重，所扔皆重磅炸弹，以战斗机围绕上空，而以轰炸机肆虐。重庆殆完矣。又言传日军广播，此后将大炸成都云。大好锦城，不免为瓦砾之场，思之凄怆。”（日记）

6月18日 “得伯才信，言十六日巴蜀学校被炸，诱诲堂、厕所、浴室及附近之校产尽毁。防空洞口亦落弹，幸无人受伤。我与此校有半年之感情，闻之殊怅怅。”（日记）

6月19日 “得徐盈、子冈夫妇书，据言因欧局急转直下，我国真到了最后关头。他们在报馆服务，近水楼台，或有可靠之消息也”；“有孩子剧团之二女团员来访”；“作书复徐盈子冈”。（日记）

6月20日 “夜，与墨至儒勉家，应其招宴，同座者孟实、昌英女士，又有一周小姐。食后闲谈，孟实言川中中学教师及中学生无适当之刊物可看。于语文教学，尚须如十数年前一样，再来个启蒙运动。若能集合同志办一刊物，不无意义。余深以为然。”（日记）

6月22日 “（下午）四时后，孩子剧团九人来，彼辈皆习文艺，向余发问甚多。十余岁之儿童，多看流行之报纸杂志，所谓文艺批评之名词套语，皆能上口，然实无所通晓，徒以名词术语为戏耳。余劝其漫谈文艺，先谋普通文之通顺。一求逻辑之无误，二求文法之无误，然后更及其他。六时而去。”（日记）

6月23日 “上星期东润来时，尝写示其所作诗两首，风格颇劲……东润平日持论，以为诗词已为古人作尽，任尔呕尽心肝，辄为古人所已言，故作诗词之人实为大愚。然东润亦不免偶一为之。余以为以此自遣，自抒其情，要无不可。固不必与古人争短长也。”（日记）

6月25日 “傍晚，歌川夫妇邀余与墨至高北门果尔佳菜馆小叙，盖饯别之煮。更邀通伯同宴。天气热甚，汗出不至，犹饮大曲，闲谈甚适，八时半归。”（日记）

6月27日 “晨到校上一课。已与第十一组说明，星期六之课不复上，下星期即将考试。故余在武大上课，以今日此课为终结。两年之间，于同学自问无甚帮助，不免愧恧。”（日记）

6月28日 王伯祥“接圣陶十七日发蜀沪第卅八号书”。（王伯祥日记）

6月29日 将高晋生《老子正诂》书稿寄上海开明书店。“过东润所，入内小坐，承交余《中国文学批评论集》《史记考索》两稿，将付开明出版也。”（日记）

6月2日至5日、7日、10日至12日、16日至20日、22日至25日、27日、29日、30日的日记，收入《叶圣陶集》第十九卷。

同月 作诗《将去乐山之成都题赠钱歌川夫人》（收入《我与四川》）。

7月1日 抵夹县省立乐山中学视察，听初中国文课。

7月2日 听乡师科国文课，与国文教师座谈。

7月3日 向乐山中学高中学生作题为《国文与文学》的演讲。是日返回嘉定。

7月4日 晚偕胡墨林应方欣安之招宴，他客为李儒勉夫妇、钱歌川夫妇、朱孟实、杨人楩、阎幼甫。

7月7日 “‘七七’三周年矣，而余日记适易此新册。避寇以来已得日记五册，前三册毁于去年‘八一九’之轰炸。此后不知将更书若干册，始可不复题‘西行’二字也。观近来战局，与夫国际情势，似于我不利，抗战或不复延至四周年纪念日乎？颇有人盼能早日了结，以便归其家乡视其田舍者，余则殊不作此想。非真能取胜，宁愿其继续延长下去也。然客观条件是否能如余之愿，实不可知也。”（日记）

7月8日 朱东润来。“自言其为学博采而约取，夙不肯苟且，至可钦佩。又言研究魏晋六朝文学，必须通观佛书，然后真能明其渊源与影响。此言至当，而循此途者似无所闻也。”（日记）

7月12日 王伯祥“接圣陶六月廿八发蜀沪第卅九号信，寄高晋生《老子正诂》属出版，并告将赴成都”。（王伯祥日记）

7月16日 宋云彬“发一信，给叶圣陶”。（宋云彬：《桂林日记（下）》，刊《新文学史料》2000年第3期）

7月20日 贺昌群来访。“接云彬长信一通，谈大局以至朋友间私事。”（日记）

7月21日 赴成都接洽就教育科学馆职（国文视导员），家眷仍在乐山。夜宿开明书店驻蓉办事处，会章雪舟及开明同事张镜波等。

7月22日 至教育科学馆会郭有守，郭“言此次招余殊无特定工作，唯欲研究川省国文教学不良之症结，谋有以改善之耳。”夜应章雪舟、张镜波宴。（日记）

7月23日 致顾颉刚信。阅《中等教育季刊》稿。夜应郭有守之宴，副馆长汤茂如等作陪。“餐后共谈，诸人皆言四川教育问题纷繁，欲谋改进，如理乱丝。于余所任之工作，郭汤二君亦不能举出纲要，唯言且俟余草一计划再商。”（日记）

7月25日 赴冯月樵新南门外竟成园宴，“客为开明办事处章、张、林三君”。（日记）

同日 王伯祥“接圣陶乐山发（十八日）四十号信，知后寄奎宁粉已到”。（王伯祥日记）

7月26日 访顾颉刚（时任齐鲁大学国学研究所所长）。（日记）

7月27日 偕颉刚访一善堂。（日记）

7月28日 续作工作计划书毕，“全文千六七百字耳”。（日记）

7月29日 出席齐鲁大学国学研究所之欢迎茶会，致辞。（日记）

7月1日至9日、12日、13日、16日至31日的日记，收入《叶圣陶集》第十九卷。

8月1日 出席教育科学馆馆务会议。（日记）

8月2日 访夏承法。“得佩弦夫人复书，谓佩弦于明后日到蓉，为之心喜。”（日记）

8月3日 “晨起作一片致佩弦，请其到此时务必约期一晤。”（日记）

8月4日 访商务印书馆驻蓉办事处张屏翰。

8月5日 朱自清偕陈竹隐来开明书店成都办事处访叶圣陶，劫后相逢，倍感欢欣。朱邀叶圣陶和章雪舟到东城根街吃“吴抄手”。

8月6日 夜与章雪舟宴朱自清、夏承法、冯月樵、王畹香等。“七时起饮酒，不为劝迫，随意举杯，颇为舒适。余商请佩弦与余合作，随时为余指陈如何促进国文教学，承其允可，至为欢忭。十时始散，明日可动身回家矣。”（日记）

叶圣陶《〈读书指导〉后记》云：

“一九四零年夏天开始，我在四川教育科学馆担任专门委员。工作任务是推进中等学校的国文教学。实在没有多大把握，除了各县走走，参观国文教学的实际情况，跟国文教师随便谈谈，就只想到编辑一套《国文教育丛刊》。丛刊的目录拟了八九种。其中两种是《精读指导举隅》跟《略读指导举隅》，预先没有征求佩弦的同意，就定下主意我跟佩弦两个人合作。因为一九四零年夏天到一九四一年夏天佩弦轮着休假，在成都家里住，可以逼着他做。去信说明之后，他居然一口答应下来，在我真是没法描摩的高兴。于是商量体例，挑选文篇跟书籍，分别认定谁担任什么，接着是彼此动手，把稿子交换着看，提出修正的意见，修正过后再交换着看：乐山跟成都之间每隔三四天就通一回信。一九四一年春天，我搬到成都，可是他家在东门外，我家在西门外，相隔大概二十里地，会面不容易，还是靠通信的时候多。两本东西写完毕，现在记不起确切时日了，好像在那年暑假过后他回西南联大之后。写的分量几乎彼此各半，两篇"前言"都是我写的，两篇"例言"都是他写的。现在编他的全集，把两本东西里他写的几篇合在一块儿，改称《读书指导》。两篇"例言"是他的，当然也要收在内。"（《叶圣陶集》第十七卷，江苏教育出版社 1994 年版）

8 月7 日 乘木船顺岷江返乐山。次日抵家。

8 月11 日 "上午书信三通，致穆济波、佩弦、雪舟。"（日记）

8 月14 日 "午后，与东润过江访晋生。""接陈子展一信，约余为《新蜀报》附刊《蜀风》之发起人。"（日记）

8 月18 日 作论文《对于国文教学的两种基本观念》（刊《中等教育季刊》创刊号，1940 年 9 月 30 日，署名叶绍钧；后收入与朱自清合著之《国文教学》，开明书店 1945 年 4 月初版）。文章认为："其实国文所包的范围很宽广，文学只是其中一个较小的范围。文学之外，同样被包在国文的大范围里头的，还有非文学的文字，就是普通文字。这包括书信、宣言、报告书、说明书等等的应用文，以及平正地写状一件东西载录一件事情的记叙文，条畅地阐明一个原理发挥一个意见的论说文。中学生要应付生活，阅读与写作的训练，就不能不在文学之外同时以这种普通文为对象。”朱自清郑重指出“这是对于现阶段的国文教学的最切要的意见，值得大家详细讨论。”（朱自清：《论教本与写作》，载《国文月刊》第一卷第十期，1941年9月16日）

8月19日 始发疟疾，一周后退烧。

8月22日 “接王抚五校长复信，允余辞职。信是秘书所书，仅一张八行笺又两行，乃有两句甚不通之句。可见国文之不通者不仅学生也。”（日记）

8月31日 “接郭子杰书，商季刊征稿事，并言余所计划编辑之各种册子，最好托人分担，于本年内完成。其急功欲速，可谓已甚。又接佩弦一信，附来文稿一篇，特为季刊作者也。”（日记）

8月1日至14日、17日至22日、24日、27日至31日的日记，收入《叶圣陶集》第十九卷。

9月1日 身体不适，“口授语句令二官执笔，作书复子杰、佩弦，并将歌川所作一稿寄与彬然”。（日记）

9月6日 “为子杰改《中等教育季刊》发刊词，半日而毕。”（日记）

9月7日 “昌群来，谈良久。彼又将返马边，助县人创办县立初中。见余精神委顿，言拟代邀乐以嗣医生来为诊断。入夜，余气喘殊甚。”（日记）

9月8日 “午后，乐以嗣医生来，为余听肺脏心脏，云俱无病。按胃部，则知其中积水与气，断为疟疾之后，脾脏略肿，消化系统有阻碍，遂至于此，决非重病云。闻其言，皆欣慰。依乐医生言，须连服奎宁一星期，又炙米为炭，研末吞之，以吸胃中之水与气。”（日记）

9月9日 “得佩弦信，言本年虽休假，工作亦殊繁忙云。”（日记）

9月10日 “今日为武大发薪期，而余未接通知单，令三官往欣安所，托代为探问。十一时，欣安来，言庶务组接校长条，余八月份之薪水不复发给。此殊不合于理，学校聘书以九月始，则年度终了，自应迄于八月也。余拟作一书严词质问校长……且看下文如何。”（日记）

同日 王伯祥“接圣陶八月廿二日所发蜀沪第四十一号信，告近状，现方患疟已止。据告成都事，亦注重编撰工作，是与前所告者有殊矣”。（王伯祥日记）

9月11日 “上午作一书复子恺。午后作书复彬然、雪山。”（日记）

9月12日 “傍晚得丏翁信”，“又得佩弦一信，则商讨编书问题也”。（日记）

9月16日 王伯祥“复圣陶（信），详告近状，列卅四号”。（王伯祥日记）

9月17日 作《〈精读指导举隅〉前言》（刊入与朱自清合著之《精读指导举隅》，商务印书馆1942年3月初版；收入《叶圣陶集》第十四卷时题名为《精读的指导——〈精读指导举隅〉前言》）。“精读的指导”强调“指导以前”的“预习”，“指导”过程中的“讨论”，以及“课内指导”之后的“练习”。这种“练习”分为“吟诵”、“参读相关的文章”和“应对教师的考问”。

9月21日 “作书致佩弦，以墨所抄鲁迅之《药》附去，请其作精读指导。”“接王校长复书，以已请新教员，八月份薪归新教员，不能再致送于余为言。此强词夺理也。余心甚愤愤，即草一书严词质之。”（日记）

9月22日 “作书复郭子杰。”（日记）

9月24日 朱东润来访。朱孟实来访。

9月27日 “午后二时，访通伯，杂谈一切。……又谈及林语堂，于其专事英文著作，投合美国人之好尚，均致不满。君近读林所著英文小说《瞬息京华》，承以大概相告，则用笔如一般通俗小说，殊少艺术价值也。

“四时许，昌群来，言后日即携眷返马边。又承告近所闻之不好消息，余顿感甚深之怅惘。使其言而确，国事将不可为，我人非唯东归无日，且将不知死所矣。于昌群夫归，更感惜别，因约其明日来寓小饮。”(日记)

9月28日 将《欧阳修〈泷冈阡表〉》“寄佩弦，请其审阅”。吴子馨来访。“昌群来，以卧床、书桌、木凳等物寄存余处。名曰寄存，何日再来取用殊不可知，等于赠送耳。留之饮，以叙别意。君言他日或时局转坏，将迎我们至马边居住，又言马边有事可为，如小墨学农产制造，亦可到彼小试。余不愿其言之果践，然其情可感甚矣。君醉，小睡有顷，即往刘弘度家宿焉。”(日记)

9月29日 “晨，昌群从刘家下来，与余为别。此后是否得再见，殊不可料。彼以明日动身矣。”……作一书寄金仲华。“又作书致丏、伯、洗、村、调及红蕉，编蜀沪第四十二号，语多感慨。饭后，作书复祥麟，并附一信寄仰之。”(日记)

9月1日、3日至13日、15日至17日、21日至30日的日记，收入《叶圣陶集》第十九卷。

10月2日 “作书复佩弦。”“访苏雪林，向之借胡适《白话文学史》，以便将其中《南北朝民歌》抄寄佩弦，为《精读指导》之材料之一。

“夜，为二官抄《愚溪诗序》一篇。二官无国文课本，买既不易，且需三元以上，因与墨逐篇抄出寄与。”(日记)

10月11日 王伯祥“接圣陶九月三十发四十二号信，颇露凄苦之音，非复往日之豪概，想见蜀中空气转劣”。(王伯祥日记)

10月12日 作论文《关于大学一年级国文》(刊《教育通讯》第三卷第四十一期，1940年10月26日，第四十二期，1940年11月2日；后收入与朱自清合著之《国文教学》，收入《叶圣陶集》第十三卷时题名为《大学一年级国文》)。

10月13日 “晨起作书致伯、村、洗三翁，并前写致丏、调者同

封，编蜀沪第四十三号付邮。又寄致陈礼江信，复马文珍信。”（日记）

10月14日 “下午取《新理学》《新世训》二书观之，颇不错。有些意思余亦想过，不过说不出或说不透，冯君说得出且说得透耳。”（日记）

10月15日 “得佩弦信，专述看了我稿之意见，大体上均表满意，提出一二点商量处，皆无关重要。切磋之乐，余素鲜尝，今乃得之于佩弦，快甚。”（日记）

10月19日 应朱孟实邀到其寓同饮，“今日是孟实生日”，来祝寿的还有陈通伯、杨人楩。（日记）

同日 王伯祥“复圣陶，编卅五号，告宁奎粉、刀片、书籍等已分别办妥”。（王伯祥日记）

10月20日 “得佩弦信。”（日记）

10月25日 作成评论《蒋中正〈第二期抗战开端告全国国民书〉》（刊入与朱自清合著之《精读指导举隅》）。

10月29日 王伯祥“接圣陶十三日所发四十三号信”。（王伯祥日记）

10月30日 “得昌群信”，“昌群与余，情殊殷挚，可感也”。“得佩弦信，及其所作《药》之解说稿。读之一快。”“作书复佩弦。”（日记）

10月1日、2日、8日至10日、12日至17日、19日、20日、22日、24日至26日、28日至31日的日记，收入《叶圣陶集》第十九卷。

11月2日 “接子杰、茂如信。”“又接云彬信。”“作书复茂如、佩弦、昌群及彬然。”

11月3日 作评论《徐志摩〈我所知道的康桥〉》（刊入与朱自清合著之《精读指导举隅》，收入《叶圣陶集》第十四卷时题名为《徐志摩〈我所知道的康桥〉指导大概》）。

同日 “东润来邀作野行。……谈战局、人生、武大逸事，均有趣。”“得上海三十五号信”，“又得元善信。”（日记）

11月7日 “上午作书复伯祥、调孚，并致一书与红蕉。”（日记）

11月8日 作评论《欧阳修〈泷冈阡表〉》（刊入与朱自清合著之《精读指导举隅》，收入《叶圣陶集》第十四卷时题名为《欧阳修〈泷冈阡表〉指导大概》）。

同日 朱孟实来访。“孟实以所作《诗学通论》稿示余，当细读之。”（日记）

11月9日 “读孟实《诗学通论》，迄于傍晚。得佩弦信与明片凡四通，皆校改其稿者，可谓审慎之至。谓其夫人已生产，得女子，正如其夫人所望云。”（日记）

11月10日 “上年续看孟实《诗学通论》。”“午后得仲华及昌群信。”“昌群又想于明年往东北大学任教，又想即在马边住下去，意殊不定，甚感困惑也。”（日记）

11月11日 “看孟实稿毕，说理颇精，而嫌其简略。”（日记）

11月12日 “晨作书致丏尊，合前数日所作书一同封寄，编蜀沪四十四号。又作一书复仲华。”（日记）

11月15日 离乐山乘汽车于夜九时抵成都，宿开明驻蓉办事处。

11月16日 访朱自清于宋公桥报恩寺，偕访望江楼。

11月17日 至齐鲁大学国学研究所会钱宾四。“钱君学问深邃，读其书而未识其人，初见印象极佳，笃实君子也。君家苏州，谈苏州沦陷后情况。又谓抗战以来，旧秩序破坏，人心皆转变，而转变之倾向颇不妙，将来如何恢复，此大成问题也。又会小学老师章伯寅先生。会顾颉刚和郭子杰。夜宿于章伯寅先生室中。“伯寅先生详述其逃难经过，及前为督学时之经验，滔滔不休。及入梦，殆已十二时过矣。”（日记）

11月18日 赴崇义桥华美女中视察国文教学。夜应章雪舟、冯月樵之宴于不醉无归小酒家，同坐郭子杰、朱自清、程受百、夏承法等。

11月20日 “至佩弦所，观其所作《古典常谈》稿数篇。”

11月21日 为拟订“六年一贯中学之课程标准”，始赴成都近县中学视学。

叶圣陶《〈成都近县视学日记〉小记》云：

“那是一次很特别的旅行，我独自一个，花了半个多月（一九四零年十一月廿二日至十二月六日），到了成都西北方的四个县——崇宁、彭县、灌县、郫县。交通工具是人力车和鸡公车；宿所或者是小客店，或者是学校的宿舍；吃食很马虎，经常以面点充饥；而每天总要接触许多陌生的人。这样别致的旅行，我一生中就只有那一次，因此，重读这半个多月的日记，竟像听别人说古似的，觉得颇有兴趣。

“那次旅行为的是调查中学的语文（当时叫‘国文’）教学情况，当时我在四川省教育科学馆任事，想对语文教学提一些改进意见。每到一所中学，我总是听老师讲课，还向老师要一二十本学生的作文本来看。这种调查方法实在不高明，可见我那时候没有经验。真正有效的调查应该多花些时间，应该从接触学生入手，看他们是否真有所得，听课看作文本只能作为辅助手段。现在只能说说而已，我再没有精力亲自去调查了。

“那时候我家还在乐山，这一回到成都，寄居在祠堂街成都开明书店楼上。四川省教育科学馆在成都老西门外茶店子镇上。”（这篇《小记》写于1983年3月22日，收入《我与四川》，又收入《叶圣陶集》第十九卷）

同日 至崇宁华阳中学视察国文教学。夜，出席教师会，“讨论者为六年一贯制中学之各科时间支配问题”。（日记）

11月22日 至省立成都女子职业学校视察。

同日 王伯祥“接圣陶十二日发四十四号书，复卅五号去信”。（王

伯祥日记）

11 月23 日 至私立济川中学崇宁分校视察。次日，华阳中学开建校三十六周年纪念会，送一联："自强不息，其命唯新"。（日记）

11 月25 日 向华阳中学学生作题为《学习国文之方法》的演讲。（日记）

11 月26 日 与华阳中学及济川中学崇宁分校教师"讨论学校训导问题"，"余觉训导问题不宜过于琐碎求之。表格繁多，导师填表之不暇，欲求直接有益于学生未免时力不足。而尤为根本者，厥唯教师对教育有热诚，有认识。今之教师，类多不足以语此。此非今人特别不要好，盖亦时势与环境使然。"（日记）

11 月 27 日 抵彭县。

11 月28 日 至省立成都女学彭县分校视察。为全校学生作题为《学国文之目的》的演讲。（日记）

11 月29 日 至彭县中学男生部视察。为全校学生作"有关写作"的演讲。（日记）

11 月30 日 至私立福建旅彭女子中学视察。出席该校的"训导"会议。"晚饭后与汤、唐二君谈课程钟点支配，历二小时，居然告一段落。得此，即可以草拟六年一贯中学之课程标准矣。"（日记）

11 月 1 日至 3 日、6 日至 12 日、14 日至 30 日的日记，收入《叶圣陶集》第十九卷。

同月 《圣陶随笔》由上海三通书局出版，收入《没有秋虫的地方》、《藕与莼菜》、《看月》、《牵牛花》、《速写》、《"说书"》、《"昆曲"》、《薪工》、《"怎么能……"》、《"双双的脚印"》、《做了父亲》、《中年人》、《儿子的订婚》、《将离》、《客语》、《回过头来》、《随便谈谈我的写小说》、《没有日记》、《"心是分别不开的"》、《不甘寂寞》、《过节》、《诗人》等二十二篇。

12月1日 抵灌县，住凌云旅社。

12月2日 至荫唐中学视察。为全校学生作题为《学习国文之要》的演讲。

12月3日 至县立初中女生部视察。为全校学生作演讲。

12月4日 抵郫县，住义华旅馆。至郫县初中视察。

同日 王伯祥“复圣陶（信），编卅七号。”（王伯祥日记）

12月5日 至大成中学视察。为全校学生作演讲。夜返回成都。

同日 《中学生战时半月刊》第三十六期发表《今后的本志》，未署名。《今后的本志》中说：“回忆本志于去年五月复刊，四月初开始筹备，其时正当我军退守南昌未久，敌机到处肆虐，本社同人不能不顾虑到复刊以后，也许会遭到纸张、原料、印刷、发行以至稿件来源上的种种困难，恐怕不容易维持长久。然而为要回答暴敌摧残文化的恶毒手段，终于不顾一切，决定复刊。……从三十七期起，本志除照例更换封面图案之外，内容方面又有一些刷新：一、卷头言的篇幅，拟酌加扩充；二、增辟学习指导专栏，每期约请专家撰述论文，指示政治、经济、社会、文学、哲学、艺术等部门的学习方法；三、请朱自清、叶圣陶撰写关于讨论语文方面的文章；四、拟增辟讲坛栏，约请名家赐撰指示青年修养及为学的专论；五、有关青年生活的文字，当尽量多载，盼望诸君多多惠赐稿件。”

12月6日 “早餐后，乘车出东门至佩弦所。彼作稿方于昨日完毕。观其所作关于胡适《谈新诗》、柳宗元《封建论》两篇之讲解。略有商讨，切磋至快。全书《例言》亦由佩弦作成，《精读指导举隅》于是告成，后日可交与郭君矣。”“中午仍对饮……闲谈甚畅，不觉便至四时。偕步行入城，访春熙路各书局，代人买书。……六时，偕佩弦返雪舟所，与雪舟、月樵及张、林二君共饮，酣适殊甚。”（日记）

12月8日 将《精读指导举隅》交郭子杰。“将郭君嘱阅之《成人

班课本》审读一过，并附注改订意见。”“观电影，片名《大红袍》”。（日记）

12月9日 顾颉刚来访，共拟《文史教学月刊》大纲。

12月10日 回乐山。

12月11日 访朱孟实。“至通伯所，在其母灵前行礼”。会朱东润。

12月12日 访钱歌川。

12月14日 “得彬然、云彬信”，“即复之”。（日记）

12月15日 与武大文艺协会师生“作郊游之会”。（日记）

12月17日 “得佩弦信。”“入夜祀先，算是过冬至节。”（日记）

12月18日 将成都近县“《视察报告》寄郭子杰”。朱孟实、朱东润来访。（日记）

12月23日 作评论《论写作教学》（刊《国文月刊》第一卷第六期，1941年2月16日，署名叶绍钧；后收入与朱自清合著之《国文教学》，又收入《叶圣陶集》第十五卷）。

同日 “作毕《论写作教学》。”即作一信，将稿寄与佩弦，请其先行过目。（日记）

12月24日 “晨得佩弦书，抄示所作《普益图书馆记》及萧公权诗三首。萧原作为《四十三初度作》，诗颇不坏。……因作一书复之”，“作书致昌群，告余家将迁居。作书复丏、洗、村、伯、调孚、红蕉，编蜀沪第四十五号。”（日记）

12月25日 “录以前所作诗词寄与佩弦，请其商论，并报其录示新作之雅意。”东润偕程千帆君来访。夜，“作书致佩弦”。（日记）

12月26日 “得子恺信，言下学年将担任浙大‘现代文学’课程，提出其所拟纲要相商。”（日记）

12月28日 “作书复红蕉、子恺，又致伯祥，编蜀沪第四十六号。”（日记）

12月30日 发表论文《六年一贯制中学国文课程标准》，刊《中等教育季刊》第一卷第二期，署名叶绍钧（收入《叶圣陶集》第十六卷）。《标准》分为“目标”、“时间支配”、“教材大纲”、“实施方法概要”等四个部分。现将“目标”抄录如下：

一、使学生应用关于本国语言文字之训练，自外吸收其所需要，自内发表其所蕴蓄。

二、养成阅读书籍之习惯，培植欣赏文学之能力。

三、使学生从代表民族人物之传记及其作品中，了解固有文化，增强民族意识。

四、完成应用语体写作之训练，并应用普通文言（非古文）叙事说理表情达意之能力。

五、诱发文学上创作之能力。

注：以上五项，“一”为总纲，“二”、“三”属于阅读方面，“四”、“五”属于写作方面。

12 月31 日 “晨起，宰一公鸡，以为除夕之点缀。母亲因宰了鸡，想顺便祀神。祀神本当在阴历年终，且以夜间，今为凑便，改于阳历年终，虽以上午，亦有趣事也。”将《六年一贯制中学国文课程标准》分寄子杰、茂如。（日记）

《成都近县视学日记》（11 月 22 日至 12 月 6 日的日记），收入《我与四川》。

12 月 1 日至 6 日、8 日至 12 日、14 日、15 日、17 日至 19 日、23 日至 28 日、30 日、31 日的日记，收入《叶圣陶集》第十九卷。

1941 年

（中华民国三十年　辛巳）　四十七岁

1 月　“皖南事变”发生。

2 月 7 日　国民党成立中央文化运动委员会，张道藩任主任委员，潘公展任副主任委员。

5 月 16 日　中共中央机关报《解放日报》创刊，秦邦宪任社长。

5 月 30 日　屈原忌日。我国诗歌工作者定是日为“诗人节”。

9 月 16 日　《解放日报》副刊《文艺》创刊，丁玲主编。

12 月 7 日　日军偷袭珍珠港，太平洋战争爆发。

*　*　*

1 月 1 日　“作书致雪舟。”（日记）

1 月 2 日　吴学义来访，谈时局。（日记）

1 月 3 日　偕吴子馨访马一浮。“马翁书室中悬自书篆字联，集杜句曰‘侧身天地犹怀古，独立苍茫自咏诗’，甚佳。”（日记）

1 月 5 日　发表《国文随谈——一、从国文课程标准谈起》，刊《中学生战时半月刊》第三十七期（收入《叶圣陶集》第十三卷）。文章援引了当年的《初高级中学课程标准》中的“初高中国文课标准”，该“标准”在阅读“目标”项下有初中是“养成了解一般文言之能力”，高中是“培养学生读解古书，欣赏中国文学名著之能力”。进而对这两个阅读“目标”进行评析。

同日 “得佩弦来信”，“灯下作书复佩弦”。（日记）

1月6日 王伯祥“接圣陶十二月廿四发四十五号信。告近状，并言决将家移蓉”。（王伯祥日记）

1月7日 作评论《论国文精读指导不只是逐句讲解》（刊《文史教学》创刊号，1941年4月30日，署名叶绍钧；后收入《叶圣陶语文教育论集》，又收入《叶圣陶集》第十四卷）。文章指出：“国文教学悬着明晰的目标：养成阅读书籍的习惯，培植欣赏文学的能力，训练写作文章的技能。这些目标是非达到不可的，责任全在教师身上。而且所谓养成，培植，训练，不仅对一部分学生而言，必须个个学生都受到了养成，培植，训练，才算达到了目标。因此，教学方法须特别注重。如果沿袭从前书塾里的老法子，只逐句讲解，就很难达到目标。”强调教师要指导学生预习，主持课间讨论，尽到指导的责任。

1月8日 “作书覆昌群”，钱歌川来访。（日记）

同日 作词《金缕曲　赠昌群》（收入《箧存集》，又收入《叶圣陶集》第八卷）。

1月9日 “代子杰作《国文教学丛刊》序文”，完篇后“即自为复写，将分寄子杰与佩弦”。（日记）

1月11日 “今日为先父生忌，午刻设祭。先父生于清咸丰二十八年戊申，迄今九十三年矣。”（日记）

同日 王伯祥“接圣陶十二月廿八日发四十六号信……托清儿代录前此诸信中诗词底稿”。（王伯祥日记）

1月12日 “与墨及满子入城，至欣安家回访”，会通伯、东润。（日记）

1月13日 “东润来，以所作文《文章之标准》交余，系投《国文月刊》者。……谈次，余以君时称其师唐蔚芝（文治）先生读文之神妙，请摹读数篇，俾余得其仿佛。君遂为余诵欧阳修《五代史·伶官传序》及《秋声赋》两篇，字字咬清楚，为其长处，其抑扬顿挫，与苏人无大异。据谓唐之声调得自吴挚甫也。”（日记）

1月14日 王伯祥“复圣陶（信）……陈此间近状。编卅八号，复其四十五、四十六两号”。（王伯祥日记）

1月15日 作评论《变相的语文教学》（刊《读书通讯》第二十期，1941年2月26日；后收入《西川集》，又收入《叶圣陶集》第十一卷）。1月13日日记：“开始作一随笔，言中小学各科其实与国文无异，大学各科，除国文外，其实与英文无异。此意余蓄之久矣。”1月15日日记：续作文，完篇，“命题曰《变相的语文教学》，言今日各学校各科教学，无非变相的语文教学也”。

同日 “得子杰书”，“又作书致佩弦，将东润一文寄与”。（日记）

1月17日 决定举家迁蓉。“接昌群信，竭力招小墨往马边中学教书”。“得雪舟信，言房子已为看定，地点在新西门外罗家碾王家冈，正房五间，边屋三间，年租五百元，押租五百元。此时能租到如此之屋，实非易事，全仗守己之力。屋系新筑，大约两星期后可完工。二月一日起租，租金押金均已付出。其余屋可分与雪舟自己及开明办事处云云。于是余家迁蓉之计决矣。”“作一书复雪舟”。（日记）

1月18日 “作书复昌群，言小墨不能往马边。作书与上海诸友，告余家决迁成都。”（日记）

1月20日 “程乃颐夫妇来，叙别意。程于寒假后改就女子师范学院，亦将动身往江津矣。饭后，访吴学义，复访东润、孟实、通伯，告以将离此。袁昌英本约通伯来余家叙别，遇之于通伯所，谢其殷勤。”“到夜，送行者咸集。”（日记）

1月22日 “作书致云彬、彬然，告余家迁蓉。”偕胡墨林往陈通伯寓应通伯、东润、孟实、袁昌英、苏雪林之饯，方欣安夫妇和

杨人楩作陪。（日记）

1月23日 至钱歌川家辞别。定于次日赴蓉。

1月24日 钱歌川夫人来送别。因不见赴蓉之汽车，遂成虚愿。

1月25日 仍不见赴蓉之汽车。次日，为阴历年除夕，仍滞留在乐山。

1月26日 作诗《将去乐山之成都题赠钱歌川夫人》（收入《我与四川》）。

1月27日 阴历元旦，仍滞留在乐山。次日，购得二张车票，母亲与胡墨林登车赴蓉。（日记）

1月28日 “得佩弦一长信，谈《国文月刊》，并论余所寄示文字。”“通伯、东润来，共出散步”，小饮。（日记）

1月29日 仍滞留在乐山。访朱东润，“得郭子杰信”。（日记）

1月30日 仍滞留在乐山。陈其可来访。“得姚蓬子信，嘱为《抗战文艺》作稿。”（日记）

1月31日 登一卡车，于下午五时抵蓉。

1月1日至3日、5日、7日至9日、11日至13日、15日、17日至20日、22日至31日的日记，收入《叶圣陶集》第十九卷。

2月1日 顾颉刚来访。

2月2日 偕顾颉刚访郭子杰。访朱自清，不值。夜赴郭子杰寓应其招宴，同坐顾颉刚、朱自清、张云波，“谈《文史教学》撰稿，及推进中小学国文教学事”。（日记）

同日 朱自清日记：“访圣陶。圣陶代郭邀余共进晚餐。六时前往，应邀者除圣陶外，尚有颉刚、张云波等。张希望向《文史教学月刊》投稿，郭提出小学生诗歌选的计划，并且表示对中学生国文进度的关心。

“圣陶告我：我成为科学教育馆一员是颉刚的动议。”（《朱自清全集》第十卷，江苏教育出版社1998年版）

2月3日 省立乐中校长丁贤书来访。至光华大学附中，又至青羊宫南大同中学，索两校章程。光华大学“皆西式房屋，草地修治极整洁。此系抗战初起迁川以后所建，而犹奢华是尚，亦复不可解”。（日记）

2月4日 迁入新西门外罗家碾王家冈，与章雪舟为邻。“傍晚出门眺望。墙外竹篱内，有桃树四五株，不久当作花。又有柏树多株，殊不寂寥。竹篱之外，小沟环绕，可取汲，可洗濯。南望则田亩无际，竹树四起。此种境界，余向未临至，亦有新鲜之感。”是日，朱自清来访。（日记）

叶圣陶1983年9月24日致张秀熟的信中说：“承询严谷生先生，仅于友人招宴时见一面，知藏书颇富，刻书多种，而并不相熟。抗战期间，严先生在新西门外罗家碾其佃户张姓院内建较好之草屋五间，以备空袭时暂避。开明书店租之，以二间存书，三间则转让于我，全家老幼居之二年。前年作小词忆成都，所叙乡居情形，即居罗家碾时实况也。”（《龙门阵》1990年第6期）

叶圣陶《望江南　成都忆》：“成都忆，茅屋赁农家。门外溪流东注水，春来屋隐白梨花。入夏饱听蛙。　　成都忆，绿野际天宽。慈竹深丛随处是，桤荫活水自潺湲。佳趣颇多端。”（《叶圣陶集》第八卷）

叶绍钧《略叙》：“杜甫诗‘舍南舍北皆春水，惟见群鸥日日来’，就是指这一带地方。”

同日 王伯祥“接圣陶乐山一月十八日发四十七号书，告决迁蓉”。（王伯祥日记）

2月5日 发表《国文随谈——二、谈谈实施的情形》，刊《中学生战时半月刊》第三十九期（收入《叶圣陶集》第十三卷）。文章阐释“国文标准”的实施方法，即“教师教学生学习国文的方法”。

2月6日 “至佩弦家。欢然倾谈，殊快。君示余萧公权《辛巳元日七律十首》。复商定《略读指导举隅》选用书九种，今后将与君合作此册矣。饭时，佩弦夫人治馔，饮余以桂圆所泡之大曲。二时，与君渡江，入望江楼，游行一周，在竹林下品茗。三时半为别。”（日记）

同日 朱自清日记：“上午圣陶来，受郭子杰嘱带来二百元稿费。此举出乎意外，当即对郭及圣陶表示感谢。实际上这只是预支稿费罢了。赠圣陶酒与茶。彼亦以孩子入学事相托。我们并一起定了《略读指导举隅》一书的目录，即：《孟子》、《史记菁华录》、《唐诗三百首》V、《常识文范》V、《胡适文选》V、《水浒传》、《呐喊》、《爱的教育》及《中国的西北角》V，其中有V号者由余进行。”（《朱自清全集》第十卷，江苏教育出版社1998年版）

2月7日 “与母、墨及雪舟夫妇同至月樵家，应其春宴之招。”（日记）

2月8日 王伯祥“作卅九号书复圣陶，即寄蓉，鬯论近事”。（王伯祥日记）

2月9日 “作长书寄上海亲友，报告迁蓉情形，编蜀沪第四十八号。”应章雪舟之宴，同坐朱自清、顾颉刚等。偕叶至善“访孟实于横小南街傅宅”，孟实因寒假来蓉。（日记）

2月11日 接宋云彬、傅彬然、贾祖璋、钱畊莘、贺昌群信。（日记）

2月12日 “作书三通，寄汤茂如、沈雁冰及沈嘉平女士。雁冰已离新疆而至重庆，昨从云彬信中知其通信址，故与通问也。”（日记）

2月15日 “与雪舟闲谈。雪舟谓市上需要小学字典，可由墨或再邀一二人赶编一本应市。又谓国文教本亦缺，余拟以余暇编一部应之。我们目的固在获利，然亦不欲抛荒教育意义也。”（日记）

同日 王伯祥“寄圣陶四十号信，附蓉处转，告朱东润两稿均到，契约亦已寄蓉矣”。（王伯祥日记）

2月17日 “致书孟实、佩弦，皆为《文史教学》索稿。”（日记）

2月18日 偕胡墨林入城访沈嘉平女士。“途遇杨六瑞、陈通伯。两人昨自乐山来，将赴重庆出席参政会议。”接夏丏尊信。“雁冰覆函言数年间遨游西陲，眼界颇宽。”（日记）

2月19日 “出席馆务会议。”（日记）

同日 王伯祥“接圣陶成都发四十八号书，复我卅六号信，告已迁入新居，其老母虽经跋涉，弥见康健，甚慰”。（王伯祥日记）

2月20日 “竟日伏案作书。计作蜀沪第四十九号信，致丏、洗、村、伯、调、蕉六人，皆甚长。致云彬、彬然合一信。致雪山一信，彼在贵阳，顺便致一笺与晓先。致昌群一信，寄东北大学。……雪舟夫人自城中归，带来数信。计伯祥一通，附调孚笺。又徐雪洲、姚蓬子各一信，佩弦信二通。即于已封之上海信封面加数语复伯祥。前为东润寄稿往开明，历时半年，居然到达。即作书告东润，并以版权契约寄与之。”（日记）

2月22日 “墨将作小字典，余为起例，作两条。”是日，朱自清到教育科学馆访叶圣陶未遇，留论文《剪裁一例》一篇。（日记）

同日 朱自清“给圣陶信并附《剪裁一例》请他阅看”。（《朱自清全集》第十卷，江苏教育出版社1998年版）

同日 王伯祥“复圣陶（信），编四十一号……告信中诗词决令清华辑录”。（王伯祥日记）

2月23日 “灯下，校阅墨所作小字典数十条，至九时而毕。墨以今日开始工作也。此事虽止于辑集比较，然亦非易。一释欲求精当，往往须思考久之。今仅能‘但求无过’而已。”（日记）

2月24日 “九时到馆，读佩弦所为文（《剪裁一例》）。此文以欧阳永叔《吉州学记》之初稿与定本相比较，以见作者推敲之匠心。殊为切实有用也。”“代子杰修改《文史教学》发刊词一篇。……”（日记）

2月25日 “竟日写书目，为中等学校图书馆着想，有计划的采购

各科书籍。”（日记）

2月26日 出席教育科学馆图书委员会。叶圣陶为图书委员会委员。是日，将新出版之《精读指导举隅》寄赠朱东润、苏雪林。

2月1日至7日、9日至12日、15日至20日、22日至26日、28日的日记，收入《叶圣陶集》第十九卷。

同月 《精读指导举隅》由四川省教育厅出版，署叶绍钧、朱自清著（1942年3月重庆商务印书馆初版，1944年7月三版，1946年2月上海商务印书馆初版）。收有《例言》、《前言》、《欧阳修〈泷冈阡表〉》、《鲁迅〈药〉》、《徐志摩〈我所知道的康桥〉》、《胡适〈新诗〉（节录）》、《柳宗元〈封建论〉》、《蒋中正〈第二期抗战开端告全国国民书〉》。书前有郭有守作《国文教学丛刊序》。是专供各中学国文教员教学用的参考书。

朱自清在《中学生与文艺》一文中郑重推荐《精读指导举隅》，说：“这是详细的讲解，注重怎样分析语文的意义。恕我‘戏台里喝彩’，推荐了自己的书。”（《朱自清全集》第四卷，江苏教育出版社1990年版）

余冠英在《介绍〈精读指导举隅〉》一文中说：“各篇的《指导大概》皆注重说明例文的体制，主旨，作者意念发展的线索，取材的范围，手法，笔调，及构成特殊笔调的因素；说明各段大意，各段文字在全文中的作用；指出在文章理法上有关系的章节，句，说明其呼应、承转；指出须加注意体味的字句，玩索其言外之意；以及注释较难懂的字、词、句（文言文则特重虚字的解说）。间亦论及作者的思想，创作的背景，论辩的对象等等。”“此外对于例文所应发挥的意思及例证往往有补充”，“也有指摘及订正例文中错误的地方”。并称赞这本书写得特别“谨慎用心”。（《国文月刊》第一卷第十期，1941年9月16日）

3月1日 作《〈略读指导举隅〉前言》（刊入叶绍钧、朱自清合著之《略读指导举隅》，后收入《叶圣陶序跋集》，收入《叶圣陶集》第十四卷时题名为《略读的指导——〈略读指导举隅〉前言》）。叶圣陶在这篇《前言》里所阐述的“略读”是相对于“精读”而说的。“学生从精读方面得到种种经验，应用这些经验，自己去读长篇巨著以及其他的单篇短什，不再需要教师的详细指导，这就是‘略读’。就教学而言，精读是主体，略读只是补充；但是就效果而言，精读是准备，略读才是应用。学生在学校的时候，为了需要与兴趣，须在课本或选文以外阅读旁的书籍文章；他日出校之后，为了需要与兴趣，一辈子须阅读各种书籍文章；这种阅读都是所谓应用。使学生在这方面打定根基，养成习惯，全在国文课的略读。如果只注意于精读，而忽略了略读，功夫便只做得一半。其弊害是想象得到的，学生遇到需要阅读的书籍文章，也许会因没有教师在旁作精读那样的详细指导，而致无所措手。现在一般学校，忽略了略读的似乎不少，这是必须改正的。”认为“略读指导”有“版本指导”、“序目指导”、“参考书籍指导”、“阅读方法指导”和“问题指导”五个方面。

同日 朱自清“致圣陶信”。（《朱自清全集》第十卷，江苏教育出版社1998年版）

3月2日 朱自清来访。章嘉乐来访。

3月3日 接朱东润信。

3月4日 朱自清“致圣陶信”。（《朱自清全集》第十卷，江苏教育出版社1998年版）

3月5日 发表《国文随谈——三、“求甚解”》，刊《中学生战时半月刊》第四十一期（收入《叶圣陶集》第十三卷）。

3月6日 “得上海来信，丏、洗、村、伯、调皆执笔。”（日记）

同日 王伯祥“接圣陶二月廿一日所发四十九号书，收予卅九号

信”。（王伯祥日记）

3月8日 王伯祥“复圣陶（信）编四十二号”。（王伯祥日记）

3月9日 “上午看月樵借余之各种国文课本，殊无所得。语体文实鲜完美之作，文言则大都不切于现代人之生活与思想。以前余亦编过几部国文课本，今日视之，当时实极草率马虎也。”“得佩弦、东润各一书。”（日记）

3月10日 “得复旦吴校长电，招余为教师。此是硬要余出一笔复电之费，岂有应招之渝之理乎？”（日记）

3月14日 “得望道信，陈子展信，皆劝说之辞，招余往复旦。又得吴校长第二电，已由子杰代复，言余不能去此。忽然来此缠绕，使余多写些信件，亦无可奈何也。”（日记）

3月15日 王伯祥“致四十三号于圣陶，告托划朱东润君之一千元已于今日由其代表取去”。（王伯祥日记）

3月16日 “雪舟午后派人送来歌川、佩弦二信，并带来十二家书店经理公请王云五先生邀余作陪之请帖。王今为参政员，以赴重庆开会，会毕来此游观，且视察商务书馆业务。……六时，赴姑姑筵菜馆。不久，宾主咸集。……子杰、颉刚亦在座。……姑姑筵为此间最贵之菜馆，属于其系统者凡四五家。今夕之菜每席二百元，犹是起码者也。烹调确不坏，浓者清者皆有味，少用辣，与一般川菜馆异。”（日记）

3月19日 “又得子展两信，皆催余动身之言，其意甚殷，然未免一厢情愿。即作一书复之，告以事实上种种困难，不克去此而之渝。……得上海信，丏、村、伯、调皆有长书。”（日记）

3月20日 “上午作书致丏、村、伯、洗、调、蕉，共约四千言，合编为蜀沪第五十号信付邮。……四时，至督院街教育厅，出席检定考试委员会会议。所谓检定考试，系试验不具普通文官考试高等文官考试资格之人，而与以凭证，俾得应考。余所任者，为普通检定考试国文科之出题与阅卷事务。应试者以具有

高中毕业程度为限。考期在五月间。”(日记)

3月23日 “作四信，致东润、歌川、孟实、通伯。”朱自清来访。(日记)

同日 朱自清日记：“上午访圣陶，作长谈。”携“圣陶所写《略读指导·前言》《孟子指导举概》归”。(《朱自清全集》第十卷，江苏教育出版社1998年版)

3月24日 致吕叔湘信，“请其为馆中编《文法指导举隅》一书”。(日记)

3月25日 作评论《〈孟子〉指导大概》(刊入叶绍钧、朱自清合著之《略读指导举隅》，后收入《叶圣陶集》第十四卷)。

3月27日 得顾颉刚两信，吕叔湘、方欣安、马文珍、郑若川各一信。

3月28日 为郭子杰作演讲稿，“全篇约五千言，命题为《求学的目的和方法》”。(日记)

3月29日 至华西大学研究所访吕叔湘，为初识。

3月31日 王伯祥“接圣陶二十日发五十号书，告此间寄去四十一、二号书已到。托向红蕉说知，代买衣料送夏师母寿礼”。(王伯祥日记)

3月1日至3日、6日至11日、13日、14日、16日、19日、20日、22日、24日至29日、31日的日记，收入《叶圣陶集》第十九卷。

4月1日 作《中国前途与美国之利害关系》。该文是叶圣陶为美国大学生竞赛得奖论文写的跋。(日记)

4月2日 “出席馆务会议。出两题为统计人员考试之用。”“陈子展又来信，约下学期往复旦。再作书谢之，他们没有想到一家人迁徙何等麻烦。依余之意，苟非战事完毕，东归故乡，不愿离成都矣。又作一书复方欣安。”(日记)

4月4日 “得昌群书，颇念余近来生活状况，殊可感激。”(日记)

4月5日 “作书复昌群，附去一书致晋生。”（日记）

同日 王伯祥“复圣陶（信），告夏礼已办出，列第四十四号”。（王伯祥日记）

4月6日 “访月樵，未遇。访颉刚于青莲巷边疆学会，亦未遇。”访郭子杰。“每年暑假，例须举办中等学校教师暑期讲习会。此举劳费甚多，而成效罕见。子杰拟改为通信讲习。今日之会，盖筹议国文科之通信讲习办法。以陈斠玄、佩弦及余三人为主客，又有教厅秘书主任章君，科长宋君，及云波、陈廷瑄二人。……佩弦与余至斠玄金女大寓所，商定三人各拟切实一点之研究题目五个，并规定研究办法，指示参考书籍，请国文教师择一研究，以结果撰为论文。”（日记）

同日 朱自清日记：“赴郭子杰君午餐会，圣陶亦在席间，还其手稿，并交他十本《精读指导举隅》。今天的议题是中学教师暑期进修。郭君决定以函授制度代替暑期班，这将是行不通的。

“圣陶、斠玄、吕叔湘与我应邀组成委员会负责国文课。吕不在场，我们三人同意以圣陶为首，每人在十日之内就五个题目拟出计划交圣陶。……同圣陶散步，至一茶馆，将新成之诗示（《夜坐》——编者注）圣陶。他读余诗后深知余心，但以勿悲观相劝。”（《朱自清全集》第十卷，江苏教育出版社1998年版）

朱自清《夜坐》：

挂眼千家黑，娱魂一焰青。
群鼾成隔世，瘦影独横经。
日出还生事，天高有铩翎。
狺狺勿相警，微当付沉冥。

吾生为事畜，廿载骨皮存。
圭角磨看尽，襟怀惨不温。
追欢惭少壮，守道枉朝昏。

剩学痴聋老，随缘寐莫喧。

4 月7 日 朱自清作旧体诗《圣陶为言今年少城公园海棠甚盛，恨未及观。逭公权见和之作，有“各自看花一畅颜”语，再叠前韵奉答，并示圣陶》。(《朱自清全集》第五卷，江苏教育出版社 1990 年版)

同日 得“彬然一信。言作文之人离去桂林者多，《中学生》杂志得稿困难”。(日记)

4 月12 日 至青龙街考试委员会，为普通检定考试国文科合格者复试。

4 月13 日 始选编《国文精读文选》，“皆取文言名作，为之详注，略谈作法，供教学与自修之用”。(日记)

4 月14 日 朱自清作旧体诗《圣陶颇以近作多苦言为病，试为好语自娱，兼示圣陶、公权，三叠颜字韵》(《朱自清全集》第五卷，江苏教育出版社 1990 年版)。诗云：“此生未合恨缘悭，饱阅沧桑抵九还。天上重开新日月，人间无限好江山。惊心战士三年血，了事痴儿四体闲。竟说今春佳气盛，烟尘长望莫摧颜。”

4 月18 日 朱自清日记：寄圣陶“供中文教师们研读的”五个问题：

一、试就教材中选十课（其中应有语体文三课，诗歌一课），每课提出问题三则至五则，并说明提出每一问题之理及所希望之答案。(教材除不经见者外，概不必附)

二、试取学生作文十篇（应有语体三篇），加以改削，每篇后逐一说明改削之理由，并提出十篇中共同错误，加以说明。

三、试拟国文题十则，每题加说明，并拟答案。此项试题应以教材为根据。

四、试拟文言译为白话及诗歌译为散文题各五则，并拟译文。题中文言及诗歌均应加标点。

五、试译一适于学生略读之书籍，作指导大概一篇。（《朱自清全集》第十卷，江苏教育出版社1998年版）

4月19日 王伯祥致叶圣陶信，告清华、士敭婚事。（王伯祥日记）

4月20日 “二官等入城，带回佩弦一信，有所拟通信研究题目，比陈斠玄所拟切实多矣。又示余两诗，皆工稳，颇思和之。灯下作书复佩弦，约以星期四往看之。”（日记）

4月21日 “将陈斠玄交来问题，为之改易，拟成三题。加入佩弦五题，共八题，即交与云波，算为交卷。……作一书致颉刚。”（日记）

4月22日 朱自清作旧体诗《近怀示圣陶》。诗云：“少小婴忧患，老成到肝腑。欢娱非我分，顾影行踽踽。……累迁来锦城，萧然始环堵。索米米如珠，敝衣馀几缕。老父沦陷中，残烛风前舞。儿女七八辈，东西不相睹。众口争嗷嗷，娇婴犹在乳。百物价如狂，距躍孰能主？不忧食无肉，亦有菜园肚。不忧出无车，亦有健步武。只恐无米炊，万念日旁午。况复三间屋，蹙如口鼻聚。……况复地有毛，卑湿丛病蛊。终岁闻呻吟，心裂脑为盬！”诗中历数抗战以来个人和家庭所遭受的种种磨难，流露了一种沉郁愤闷的情绪。（《朱自清全集》第五卷，江苏教育出版社1990年版）

4月23日 “佩弦屡示与萧公权和韵诗，余不觉技痒，亦和其韵作一律，以《近况》为题。”（日记）

同日 作诗《和佩弦》（收入《箧存集》，又收入《叶圣陶集》第八卷）。诗云：“几经转徙兴非悭，休咏哀时且未还。杜老草堂欣涉想，青羊深树望如山。野居渐看群芳发，溪钓聊赊半日闲。敝褐犹完饭差饱，敢言艰厄损容颜？

朱自清原诗《再叠颜字韵答公权戏赠之作，兼谢观澄先生》：“梧鼠心细五技悭，抛砖好话掷珠还。天孙锦美针无迹，笔阵图成篑覆山。秩秩足音传谷响，瞅瞅蚓唱倚身闲。忽闻匠石求樗栎，只供狂酲一赧颜。”

4月25日 “得欣安、雪山、云彬、彬然、元善夫人、刘英士之信”，“陈礼江再来信索稿”。（日记）

4月26日 “（晨）乘车至佩弦所。其夫人为余在友人处买得白布一匹，价一百十六元，比诸市价，便宜近二十元矣。佩弦近耽诗，谈诗甚多，且作一五古赠余（《近怀示圣陶》——编者注）。二时，携酒至望江楼，登楼啜茗，继之小饮。此会殊难得，不欲遽去。五时，乃分手而归。”（日记）

同日 朱自清日记：“圣陶来访，示以我写诗的簿子。他似乎不大喜欢古体诗。圣陶确有勇气面对这伟大的时代。但他与我不同，他有钱可维持家用，而我除债务外一无所有。……我们去望江楼饮茶。”（《朱自清全集》第十卷，江苏教育出版社 1998 年版）

4月28日 “出普通检定考试国文题四则。”（日记）

4月29日 作《采桑子　偕佩弦登望江楼》（收入《箧存集》，又收入《叶圣陶集》第八卷）。诗记 4 月 26 日偕朱自清登望江楼之欣慨。

4月30日 “作书致陈礼江、刘英士，皆言不暇作文，请其原谅。”“得通伯、东润信，于米价之高涨，社会秩序之不易维持，皆深忧虑。”（日记）

同日 四川省教育厅主办的《文史教学》杂志创刊，社长郭有守，编辑委员顾颉刚、钱穆、叶绍钧、朱自清、章柳泉、郭秀敏、张云波。

4 月 1 日、2 日、4 日至 7 日、9 日、10 日、12 日至 17 日、20 日、21 日、23 日至 26 日、28 日至 30 日的日记，收入《叶圣陶集》第十九卷。

同月 作诗《近怀》（刊《青年之声》第三卷第二、三期合刊，1941 年 12 月，署名叶绍钧）。

5月1日 作诗《半碗饭》（刊《国讯》第二百二十七期，署名圣陶；收入《箧存集》时改题名为《仿古乐府书满子所闻车夫语》，又收入《叶圣陶集》第八卷）。

林宰平评："不可及处在遣词用字不落古乐府窠臼，深欲学作此体，迄未能也。"

俞平伯评："琐琐屑屑，入情餍理，是得古乐府之神，不徒袭其貌也，直谓之新乐府可耳。然此体良不易为，蹈实殆难于凭虚，而枯淡中饶腴润，又可觇作者之素养也。"

5月5日 "作书复云彬、彬然。写蜀沪第五十一号信，答开明诸翁。"（日记）

5月7日 "得杨人楩信，附来一稿，投《文史教学》者，即作一书复之。"（日记）

5月8日 四川省教育科学研究馆成立两周年纪念日，志感云："馆之成立已两周年，而成绩似无可指称者。以余观之，实徒多一衙门耳。以余所居之第二组言之，同事十余人，能力均弗甚强，于教育皆无甚兴趣，遑言造诣。而欲以之推进教育，岂能如愿。美其名曰'教育科学'，实则据'教育'之名而吃饭也。欲求奏效，宜确定计划，多聘真正之专家，群以全力赴之，而不视为衙门。然余何能为子杰言之乎，彼亦未必有此理解也。"（日记）

5月9日 "得刘英士一信，促作稿。得孟实寄稿两篇，与《中学生》者，即转寄与云彬与彬然。并复孟实，附两笺，致东润、通伯。……枕上成一诗，即以《偶成》为题（'天地不能以一瞬……'），抄示佩弦，并附以书。"（日记）

同日 作诗《偶成》（刊《青年之声》第三卷第二、三期合刊，1941年12月，署名叶绍钧；后收入《箧存集》，又收入《叶圣陶集》第八卷）。诗云："天地不能以一瞬，水月与我共久长。变不变观徒隽语，身非身想宁典常？教宗堪慕信难起，夷夏有防义未忘。山河满眼碧空合，遥知此中皆战场。”

林宰平评：“诗人学人之诗以外，此可谓思想家之诗，收句尤妙。”

5月10日 朱自清“晚上写一首诗给圣陶”。（朱自清日记）

同日 王伯祥“致圣陶（信）编四十五号，告觳、清结婚及代取版税存折上”。（王伯祥日记）

5月12日 始批阅普通检定考试委员会考试试卷，试题由叶圣陶所出，一为《文学史家言韩愈倡古文，盖以复古为革新，试言其所以》；一为《发言成辞，执笔为文，古今人无不主立诚者，其故何欤？》

同日 朱自清致叶圣陶信。（朱自清日记）

5月13日 至冯月樵寓，“观其藏书”，得红蕉、雪村、调孚各一笺，“得佩弦信，约余以本星期六入城在公园茶叙。有和余一诗，赠余一诗，又他诗数首”。（日记）

朱自清《圣陶示〈偶成〉一章，超世而不出世，所感甚深，即次原韵奉答，并效其体》：“驺衍谈天识世变，陶公饮菊期年长。达观无可与不可，日用知常守其常。破山雷霆响未彻，嚼肤蚊蚋痒难忘。米盐事殚酸生活，方寸心亦今战场。”（《朱自清全集》第五卷，江苏教育出版社1990年版）

朱自清《赠圣陶》：

平生游旧各短长，君谦而光狷者行。
我始识君歇浦旁，羡君卓尔盛文章。
讷讷向人锋敛铓，亲炙乃窥中所藏。
小无町畦大知方，不茹柔亦不吐刚。
西湖风冷庸何伤，水色山光足彷徉。
归来一室对短床，上下古今与翱翔。
曾无几何参与商，旧雨重来日月将。
君居停我情汪洋，更有贤妇罗酒浆。

嗟我驰驱如捕亡，倚装恨未罄衷肠。
世运剥复气初扬，咄尔倭奴何猖狂。
不得其死者强梁，三年血战胜算彰。
烽火纵横忽一乡，锦城东西遥相望。
悲欢廿载浩穰穰，章句时复同参详。
百变襟期自堂堂，谈言微中相扶匡。
通局从知否或臧，为君黾勉图自强。
浮云聚散理不常，珍重寸阴应料量。
寻山旧愿便须偿，峨眉绝顶倾壶觞。

（《朱自清全集》第五卷，江苏教育出版社 1990 年版）

5 月14 日 接夏丏尊信。为教育科学研究馆同人讲诗词。（日记）

5 月17 日 赴少城公园应朱自清之约，未遇。

同日 朱自清致叶圣陶信。（朱自清日记）

同日 王伯祥“致圣陶四十六号书，告国文讲义版税已代分别划出。并告清行后我家近况。旋即接五日来五十一号书，声明暂缓再复”。（王伯祥日记）

5 月18 日 得朱自清信，“言昨曾到公园，未遇，怅怅。彼殆到得太早矣”。接红蕉信，又接《国讯》社一信。（日记）

5 月21 日 出席馆务会议。接傅彬然信。（日记）

5 月22 日 接雪村、调孚、洗人信。“即作复书，并复丏翁、红蕉，编列第五十二号。”（日记）

同日 朱自清致叶圣陶信。（朱自清日记）

5 月23 日 作评论《〈爱的教育〉指导大概》（刊入叶绍钧、朱自清合著之《略读指导举隅》，后收入《叶圣陶集》第十四卷）。

同日 作诗《次韵答佩弦见赠之作》（收入《箧存集》，又收入《叶圣陶集》第八卷）。“见赠之作”即朱自清《赠圣陶》。

同日 “今日为阴历四月二十八，先父二十二周年忌辰，午刻设祭。……下午作诗，答佩弦见赠之作，步其原韵。步韵总不免

勉强，自视仅平平而已，不甚惬意也。”（日记）

林宰平评：“黄双井善学杜，此作乃近双井。”

王了一评：“柏梁必用古平仄，否则圆凿方枘，非今非古矣。此诗以‘平仄平’收者九句，以‘平平平’收者五句，其他亦多与律句相违而与古句相合，深得古体三昧。”又曰：“悲而能壮，有放翁气概。”

5月24日 “午后一时入城，至公园，茗坐待佩弦。三时，佩来。谈近来大局，种种方面，均有我人不知死所之感。继谈诗词，佩示我其同乡吴君入川词《卜算子》八首，境界别开，得未曾有，共赏叹不置。本相约于今夏为峨眉之游，今资斧弗充，心绪又不甚佳，即此作罢。今生未必得上峨眉矣。五时半始为别。同处一地而相距遥远，得此一面亦非易也。”（日记）

同日 朱自清日记：“在公园遇圣陶，但迟到半小时，他在公园门外的茶室等我，而我在门内。我们评论国内形势。他示我以答赠的诗，写得很好。我给他看吴征铸的诗，他感到颇有独到之处，非常喜欢。他说吴君之诗是创作，而我们仅仅是因袭。我同意他的看法。他借给我《蔡孑民先生言行录》与《山程》（两本），并给我看他为《爱的教育》所作的序言手稿。”

5月27日 “教厅送来黄任之一柬，约余后日入城会面；即作一书复之，告必当如期赴约。”（日记）

5月28日 看《公民》课本两册，“略为修改”。（日记）

5月29日 至商务印书馆驻蓉分店会黄炎培。“彼之约余，盖欲招余至重庆编《国讯》。此事前曾谈过一次，今为再提。余即以搬动为难之情形告之，并谢其盛情。”（日记）

5月31日 文协成都分会举行会员晚会，叶圣陶到会演讲，题为《写作漫谈》。

同日 演讲稿《写作漫谈》（刊《国文月刊》第二十六期，1944年3月，署叶绍钧先生讲，李军记；后收入《叶圣陶论创作》，收入《叶圣陶集》第九卷时题名为《文艺写作漫谈》)。

5月1日、3日、5日至18日、20日至25日、27日至29日、31日的日记，收入《叶圣陶集》第十九卷。

6月1日 “看完《公民》教本稿，略书所见，送还子杰。”(日记)

6月3日 作词《湘春夜月　忆家园榴花》(收入《箧存集》，又收入《叶圣陶集》第八卷)。词云：“短墙阴，一株还擢琼英。忍问旧日清嘉，犹未洗蛮腥！巷角后庭闲唱，又阛阓台畔，尺八箫声。料萼羞蕊赧，虚廊悄对，无限愁生。　　东流逝水，西斜夜月，应诉余情。忆汝频年，赢得是、带宽途远，行行复行行。中原引领，但莽然、云失遥青。有昔梦，尚开轩见汝，依前照眼，邀我壶倾。”

俞平伯评：“缠绵多致。”

同日　“作书致佩弦。”附寄《湘春夜月　忆家园榴花》。(日记)

同日　王伯祥“接圣陶五月廿二日蓉发五十二号书，复予四十五号者。语气伤感，大非昔比，甚奇”。(王伯祥日记)

6月4日 应冯月樵之托，为商务审黄任之《苞桑集》诗稿。“得上海信，伯、村、调三人执笔。”(日记)

6月5日 至协和高中作题为《国文之写作》的演讲。“得佩弦一信，约星期六在公园吃茶。”(日记)

6月7日 “写上海信，复伯、村、调、丏，编第五十三号付邮。”“至公园吃茶，候佩弦”，未至，“作一书复佩弦”。(日记)

同日　王伯祥“寄圣陶四十八号信，复五十二号来信，告所托事均已办”。(王伯祥日记)

6月8日 “得马文珍为书”，“即复之”。“致书郭子杰”。(日记)

6月9日 接吕叔湘信。接钱宾四投《文史教学》之文稿。“作书复宾四；同时附一笺致颉刚。”(日记)

6月11日 “作书复吕叔湘，约于下星期二在陕西街相会。”(日记)

6月12日 “代子杰作《科学教学季刊》之发刊辞。”(日记)

6月13日 “得佩弦信，言明日必出来吃茶。”得吕叔湘信。得周联信，“问读书之事”。（日记）

6月14日 作一诗贺元羲结婚。因“闻空袭警报”，与佩弦之会又成“黄落”，“即作一书与佩弦”，“作书复周联”。（日记）

6月15日 作《〈小学生诗选〉序》（刊入叶绍钧、田泽芝合编《小学生诗选》，上海三通书局1941年8月出版，署名叶绍钧；后收入《叶圣陶序跋集》）。

6月16日 王伯祥“得圣陶七日发五十三号书，复予去四十六号者，附寄词一首《忆家园榴花》，悱恻不堪卒读，可想近来心情之劣，甚念其身体健康也”。（王伯祥日记）

6月17日 在开明书店驻蓉办事处会吕叔湘，吕以所撰《文法指导》“稿交余。共八章，为上编，名《词句论》。尚有下编，名《表达论》。与谈文法，颇多沾溉。其论‘弗’‘不’之别，‘毋’‘勿’之别，皆绝精。三时半，与共至公园，候佩弦，而佩不至。五时，分别各归”。（日记）

6月18日 “看吕之文法稿，半日而毕。此稿文言白话并论，扼其要点，所见皆切实有用。但恐教师学生无此耐性细读，不能从此书得益耳。”（日记）

6月19日 接夏丏尊信，谓“与余将《国文百八课》编成”。（日记）

6月21日 得“佩弦一信，约余今日茶叙。……遂至公园吃茶”。“少顷，佩弦至，相左三次，今得会面，殊感欣慰。佩交余所为《〈唐诗三百首〉指导大概》一篇，长二万余言，详密之至。又示我萧公权、吴征铸、施蛰存三人诗词。闲谈至于五时半而别。……到家，得雪山一信，意欲邀余至桂林，主持开明编辑部事务。余何能再谋迁徙乎。”（日记）

6月21日 王伯祥“复圣陶（信），编四十九号，即画雨岩属转去”。（王伯祥日记）

6月24日 “作书致东润、通伯。”（日记）

6月25日 “得斠玄信，谓欲招余至金女大为教师”，“即作书复斠玄，告以不拟复为学校教师”。“得通伯信”，“复通伯”。“得颉刚信”。（日记）

6月26日 作《〈抗建国文教材〉序》（刊入叶圣陶选编之《抗建国文教材》，由桂林文化供应社出版）。

同日 得“上海信，伯祥、雪村、调孚执笔，前余去信有郁抑语，皆致慰”。（日记）

6月27日 得佩弦、昌群信。（日记）

6月28日 王伯祥“致雨岩，附转圣陶信与圣陶”。（王伯祥日记）

6月29日 作成广播讲稿《怎样学习国文?》（日记）

同月 作《〈小学生诗选〉序》（刊入叶绍钧、田泽芝合编《小学生诗选》，西南印书局1941年12月印行；后收入《叶圣陶集》第十七卷）。

6月1日至5日、7日至19日、21日至26日、28日、29日的日记，收入《叶圣陶集》第十九卷。

7月2日 “得孙伯才一信，言巴蜀学校仍勉强支持。”（日记）

7月4日 得“佩弦、东润、叔湘及上海信（伯祥、雪村、调孚所书）”。（日记）

7月5日 复朱自清信。

7月10日 作书复武大学生萧衍庆、周受明。“与余初无关系，萧托谋事，周托介绍译稿耳。”（日记）

7月11日 贺昌群来访。接范洗人信。

7月12日 “作书答洗翁、雪山。又作书致颉刚。”“访昌群于华大研究所，即吕叔湘所居。”“得佩弦书。”（日记）

7月15日 贺昌群、朱自清来访。“昨夜雨，今晨不止，约昌群、佩弦二兄以今日，恐未必能来。……十二时，二兄果来，大喜。即相与饮酒。饭罢闲谈，亦无甚重要话，唯觉旧雨相对，情弥亲耳。四时半，二兄去。昌群将于日内至乐山，再转键

为，候其夫人自马边迁出，寓居于此——其夫人不惯居马边老家也。佩弦拟以九月下旬返昆明，为别之期亦不远矣。”（日记）

7月23日 “得绍虞信”，“寄来近作数篇，皆言国文教学及语文研究者”。（日记）

7月24日 作评论《〈呐喊〉指导大概》（刊入叶绍钧、朱自清合著之《略读指导举隅》，后收入《叶圣陶集》第十四卷）。

7月25日 “作书复绍虞，凡二千余言，尚未尽所怀也。”“小墨归来，携归佩弦信，并所作《〈蔡孑民言行录〉指导大概》，即看之。佩弦看书极能得扼要概念，说来又畅达，余自愧不如也。”（日记）

7月26日 “得颉刚信……又得复旦吴校长及诸教师电，招余赴彼。发电辞之。作书复颉刚、佩弦。《教育通讯》社来信，嘱为其教师节特刊作文。”（日记）

7月27日 偕胡墨林及满子、至诚游武侯祠。是日，日寇机轰炸少城，“炸死人甚多”。（日记）

7月1日至7日、10日至12日、14日、15日、17日、18日、21日、23日至31日的日记，收入《叶圣陶集》第十九卷。

8月1日 “得伍蠡甫快信，仍欲拉余。此次复旦招余，可谓总动员矣，而余实不能去，彼等未免不替人设想。”（日记）

8月3日 作评论《如果我当教师》（刊《教育通讯》第三十二、三十三期合刊，1941年8月30日；后收入《西川集》，又收入《叶圣陶集》第十一卷）。7月31日日记：作《如果我当教师》，“分小学、中学、大学三部分言之，对今日教育界现状，略致针砭”。8月3日日记：“续作文千字，全篇完毕，共约八千字。自谓于为教师之态度，颇能说出一点道理。”

8月4日 “子杰嘱阅《四川文物小丛书》之农业方面稿两种，并修润其文字。”（日记）

8月5日 得“颉刚、佩弦书各一通”。（日记）

8月8日 得方欣安信。得陈友琴信，“附一稿，投《国文月刊》”。

（日记）

8月10日 “作书复佩弦、欣安、君斐。”（日记）

8月13日 代开明书店驻蓉办事处作一挽联，挽中华书局总经理陆费伯鸿，文曰：“识势是英雄，伟业创于开国岁；擘谋推祭酒，书林不尽忆公时”。

8月15日 “写信与伯祥，编蜀沪第五十六号。”（日记）

8月17日 接贺昌群信，“及上海丏、村、伯、调四人信”。复昌群信，“复上海四人信，编蜀沪第五十七号”。（日记）

8月20日 《中学生战时半月刊》第四十七、四十八期合刊发表《紧要启事》云：“本刊自第四十九期起，改为月刊，篇幅约增一倍，每月五日出版。”又发表《检讨过去计划将来》，决定：一、增加“文艺栏”的篇幅，设法提高质量；二、经常刊载“时事特写”，并另辟“资料室”栏，刊载有关时事问题的参考资料；三、“通讯问答”栏“篇幅拟倍增于前”；四、“卷头言”当多谈一些青年现实问题；五、增加“读者之页”的篇幅。最后说：“本志是在抗战中新生成长起来的；目前日寇未灭，国步愈艰，本志同人愈感所负荷责任的重大。在艰苦的战时，刊行这么一册小小的杂志，已经不能算是十分容易的事情了，我们总想尽可能把内容弄得充实一点，以期青年诸君于修养上、认识上、学习上能够获得一些实际的帮助；我们自知力量有限，深望全国贤达和青年朋友，多多赐予援助，这不仅是同人及青年读者之幸，也就是国家民族之幸啊！”

8月22日 得“佩弦、君斐、刘英士、唐锡光之信。佩弦言光华大学有邀余专任教授之意。余即复一信，言兼教四五小时则可，辞教育馆而为专任，殊觉未便”。（日记）

8月26日 接宋云彬信，“谓于余前所寄国文选本，拟酬五百元”。接“中国青年写作协会”理事龚弘信，“嘱作写作经验”。（日记）

8月28日 作评论《〈史记菁华录〉指导大概》（刊入叶绍钧、朱自清合著之《略读指导举隅》，后收入《叶圣陶集》第十四卷）。

同日 “小墨、三官自城中归，带回信件。佩弦以《〈胡适文选〉指导大概》稿交来，‘略读指导’全稿至此完成矣。信中言光华方面之意，余如不能为专任教师，兼任亦可。又约余于后日在少城公园茶叙。又一信系通伯所寄，言乐山此次被炸，受害颇轻，死二十余人，烧去县街一小段。武大师生无有受害者。读之心慰。”（日记）

同日 王伯祥“接圣陶十七日发五十七号书，复此去五十号者。然五十六号又未见，岂复遗落耶”。（王伯祥日记）

8月29日 “看佩弦《〈胡适文选〉指导大概》……精审无可评摘。”（日记）

8月30日 下午二时半，“余即入城，茗于公园中之绿阴阁……不久，佩弦至，交换看文稿诗稿，闲谈近况，颇快适。五时，偕至邱佛子吃小酒。佩弦于下月二十以后至重庆，在重庆候机赴昆明。再一二面，即为别矣”。（日记）

同日 王伯祥“接圣陶十六日发五十六号信……即作五十一号复之”。（王伯祥日记）

8月1日、3日至5日、7日至15日、17日至23日、26日、28日至31日的日记，收入《叶圣陶集》第十九卷。

同月 《叶绍钧代表作》由上海三通书局出版，为《现代作家选集》第十集。书前有《序》。第一辑收小说二十九篇：《义儿》、《饭》、《一课》、《绿衣》、《火灾》、《小蚬的回家》、《地动》、《乐园》、《丁祭》、《微波》、《夜》、《阿凤》、《隔膜》、《低能儿》、《母》、《一生》、《春游》、《两封回信》、《欢迎》、《不快之感》、《伊和他》、《一个朋友》、《萌芽》、《恐怖的夜》、《苦菜》、《小病》、《寒晓的琴歌》、《疑》、《潜隐的爱》；第二辑收散文五篇：《三种船》、《速写》、《牵牛花》、《两法师》、《“心是分别不开的”》；第三辑收童话八篇：《古代英雄的石像》、《稻草人》、

《花园之外》、《梧桐子》、《小白船》、《傻子》、《燕子》、《一粒种子》。

9月1日 接顾颉刚信。接红蕉信。

9月3日 作书复佩弦、颉刚。出席馆务会议。

9月4日 “今日为阴历七月十三，墨生日也，今年四十九，大家主张供寿星。……饮酒吃面，皆甚欢畅。明日是十四，余与墨结婚之日也。我两人结婚，至此满二十五年。此二十五年中，相伴相助，余以为甚愉悦可慰。愿彼此各保健康，仍相伴相助，以至于暮年，他无求矣。”(日记)

9月5日 “又接复旦寄来聘书。此校办事多不接头，殊可异！即挂号还。阅陈斠玄所编《司马相如》，馆中所约撰，将以入《四川文物小丛书》者也，殊平平，无胜处。……归时购月饼五枚，每枚八角，全家分食之，算是纪念余与墨之结婚二十五周年，取团圆之意。晚餐时，与墨共饮昨日所余之酒。小墨自城中归，购归晚香玉一束，亦祝贺之意，即供于案头。”(日记)

9月6日 王伯祥“寄圣陶五十二号书，告已晤允言，并代转其岳家杭州来信”。(王伯祥日记)

9月7日 作《杂谈我的写作》(刊入叶绍钧等著《文艺写作经验谈》，重庆天地出版社1943年出版；后收入《叶圣陶论创作》，又收入《叶圣陶集》第九卷。

同日 作《叙略》(刊入叶绍钧等著《文艺写作经验谈》，重庆天地出版社1943年出版)。

同日 “作书复通伯、东润，复施润青太太。”(日记)

9月10日 接郭绍虞信。

9月11日 “得上海五十一号信，伯祥、雪村二人执笔。”“写二信，与颉刚、佩弦。”(日记)

9月13日 王伯祥“接圣陶二日寄五十八号信，为红蕉住屋说项”。(王伯祥日记)

9月14日 “雪舟家以今日迁回陕西街居住”，“我家顿感寂寞”。（日记）

9月15日 王伯祥“复圣陶来五十八号书，编五十三号”。（王伯祥日记）

9月18日 作《国文随谈——“写作是极平常的事”》（刊《中学生战时月刊》第五十期，1941年11月5日；后收入《叶圣陶集》第十三卷）。

同日 “作书致云彬、彬然”；“又作书致丏翁，告满子病状”；“得上海五十二号信，伯祥、调孚执笔。并附来岳母复信”。“复伯祥、调孚……编列第五十九号。”“又得高晋生信，问余有否往东北大学任教之意。”（日记）

9月19日 “寄一信与彬然”，“复晋生一信，言不拟往东北大学”，“复君斐、叔湘及王功品信”。为教育厅教育行政人员国文考试出题四份。（日记）

9月20日 访朱自清。“久不得佩弦书，未知即动身否，因拟往看之。入门，佩弦方抄书，见余至，出乎意外。云动身当在月杪，又拟自水道至泸州，搭西南运输处车辆往昆明。并为言近独游新都桂湖，其地景不凡。旋即饮酒，与留居其家之客周君同饮。……三人尽酒一瓶，食牛肉面，殊为酣畅。下午三时为别，约下星期再见一面。”（日记）

9月21日 作诗《送佩弦之昆明》（刊《青年之声》第三卷第二、三期合刊，1941年12月，署名叶绍钧；后收入《箧存集》，又收入《叶圣陶集》第八卷）。诗云：

平生俦侣寡，感子性情真。
南北萍踪聚，东西锦水滨。
追寻逾密约，相对拟芳醇。
不谓秋风起，又来别恨新。

此日一为别，成都顿寂寥。

独寻洪度井，怅望宋公桥。

诗兴凭谁发？茗园复孰招？

共期抱贞粹，双鬓漫萧条。

是日日记："作二律送佩弦之行，即缮就寄与之。"

俞平伯评："措辞醇雅，情深于文。"

林宰平评："明人学唐，不能得此气韵。"

9月23日 得王鲁彦信。

9月26日 作诗《半醒闻水碾声以为火车旋悟其非》(刊《青年之声》第三卷第二、三期合刊，1941年12月，署名叶绍钧；后收入《箧存集》，又收入《叶圣陶集》第八卷)。

是日日记："不作文无聊，勉作一文，论大学太多，宜合并。作千余言而心烦，停笔，待明日续作，改换方向而作诗。昨半夜醒来，闻碾声，以为在家园闻火车声，旋知其非。因思此诗料也。……灯下将诗足成，即缮寄与佩弦看。"

林宰平评："鲍明远善制形状写物之词，然鲍偏重辞藻，不若此作之清新。"

9月27日 看陈斠玄作《扬雄》书稿，将以入《四川文物小丛书》。

9月28日 作论文《谈大学的合并》(刊《星期评论》，后收入《西川集》，又收入《叶圣陶集》第十一卷)。文章认为大学太多，宜合并。

同日 接红蕉信。接高晋生信，"促余应聘"东北大学。"作书致刘英士。"(日记)

9月29日 "作书复晋生，言不拟作教，请其原谅。又作书致颉刚，请其以所得文稿，择其相当者分与《文史教学》。"(日记)

9月1日、3日至5日、7日至23日、26日至30日的日记，收入《叶圣陶集》第十九卷。

10月1日 王伯祥"接圣陶九月十九日发五十九号书，托代汇五十

元至杭州下祖庙巷胡老太太其外姑，并属代送红蕉家礼物”。（王伯祥日记）

10月4日 作诗《二友》（收入《箧存集》，又收入《叶圣陶集》第八卷）。诗云：“郁伊莫与诉，积怀成重负。……于此孤岛中，差幸得二友。二友伊谁欤？手杖并烟斗。慰我无聊时，伴我郊野走；所思默语之，不违感意厚。点地声铿然，一缕烟蚴蟉。始信吾不孤，未落他人后。……”

林宰平评：“孤岛之感仆亦有，然而既不扶手杖，亦不衔烟斗，真成孤岛中之一孤人矣。此解放前情绪也。”

俞平伯评：“首句郁伊二字已总摄通篇之情，读后微觉其过于凄感。忆先君《梅花纪事》诗之一云：‘故交嵇阮感离群，孤往相扶尚有君；薄晚支颐成久立，乱山青处看归云。’（咏梅根作杖）虽为体不同而意固相近，附志备览。”

同日 下午，赴少城公园绿荫阁茶社与朱自清相会，又偕应章雪舟邀宴，为朱自清饯行，微醺乃别。是日日记：“少顷，佩弦至，共谈彼此性情学行，颇畅快。此后未易得此乐矣。”“五时，偕至陕西街，听雪舟谈商界金融界近况，颇惴惴于生活费之益将增高，无以抵付。六时半聚饮，办事处同人而外唯有一月樵而已。余殆饮至一斤，稍觉其多。饮毕，与佩弦珍重握手而别。君言重见时当在抗战胜利之后，愿此言非虚言。”（日记）

同日 王伯祥“复寄圣陶五十四号书，慰问兼告知所属各事当照办”。（王伯祥日记）

10月7日 “光华教务长薛观澄（迪靖）先生来，要余教基本国文一组，四小时。余怕改作文，本拟拒之，而其语颇殷切，遂允焉。相约以下星期开始。”（日记）

同日 王伯祥“接圣陶九月廿六日发六十号书，告满子病状，剖检结果，乃系胎儿。缝治后可望平顺安产云”。（王伯祥日记）

10月8日 “继改陈斠玄之《扬雄》稿。此稿由子杰交佩弦看，佩

以为其白话文实不像样，须改作。子杰遂托余为之。余因就原稿改看不清楚，索性重写一过”。（日记）

10月9日 “得佩弦一信，言于昨日始买舟而行。”“光华送来聘书，并时间表，每周二六各上两时，皆在上午八时至十时。兼任教员报酬以授课时间计，每时八元云。”（日记）

10月11日 王伯祥“寄圣陶五十五号书”。（王伯祥日记）

10月13日 得贺昌群、郭绍虞、刘英士信。

10月16日 “写上海信，致丏、村、伯、调、红蕉，编列第六十一号。”得“上海来五十四号信”。又得高晋生信，得刘若川信。（日记）

10月19日 “作书复丏、伯、村、调，皆如晤面对话，凡二千余言。列蜀沪第六十二号。”“午后看昨所借到之《王安石评传》，柯昌颐所撰。为安石张目，引征甚博，颇可诵。”（日记）

10月20日 至西北中学作题为《中学生之写作》的演讲。（日记）

10月21日 至树德中学视察。接范洗人信、唐锡光信。接朱自清自乐山寄来和叶圣陶《成都送佩兄之昆明》（诗二首），题为《别圣陶，次见赠韵》，诗云：

论交略形迹，语默见君真。
同作天涯客，长怀东海滨。
贪吟诗句拙，酣饮酒筒醇。
一载成都路，相偕意态新。

我是客中客，凭君慰泬寥。
情深河渎水，路隔短长桥。
小聚还轻别，清言难重招。
此心如老树，郁郁结枝条。

10月22日 至华西坝济川中学视察。集会时“余提出‘须令学生切实预习’、‘语体文尤不应逐句讲解’两点”。（日记）

10月23日 “写信致佩弦，附一信与文珍。又作书复晋生、诗灵。”（日记）

10月24日 至民新中学视察。“集议时，余发表意见与前日相同。”（日记）

10月25日 至高琦初中视察。“集议时，余于高琦之国文教学颇有褒词。”（日记）

10月27日 王伯祥“接圣陶十六日蓉发六十一号书，知予与五十三、四号俱达”。（王伯祥日记）

10月28日 “得云彬、彬然来信。他们欲办中学生适用之国文杂志，招余合作。”（日记）

10月29日 “作书复云彬、彬然，言为中学生办国文杂志，余甚赞同，愿为之相助。”（日记）

10月30日 “与月樵谈印刷出版界情形。”（日记）

10月31日 王伯祥“接圣陶十九日蓉发六十二号书，告近状，并言消瘦殊甚，形貌殆如东华矣”。（王伯祥日记）

10月1日至4日、7日至14日、16日、18日至31日的日记，收入《叶圣陶集》第十九卷。

11月1日 冯月樵来访，谈办《国文杂志》事。

11月2日 作《爱好和修养》（刊《战时文艺》创刊号，1941年11月20日；后收入《叶圣陶集》第九卷）。是日日记：“上午续作昨文，凡三千言，题曰《爱好和修养》，言爱好文艺之青年须有相当之修养也。”

11月3日 得“佩弦一信，发自叙永，述水行所历”。得“东润一信，昌群一信。又伯祥第五十六号信”。（日记）

11月4日 至光华大学附中视察。

11月6日 至敬业中学视察。“得晋生、通伯、叔华、欣安、张梓生、龚之琪数人之信。叔华要编儿童文艺丛书，嘱余作童话，且须长篇。”（日记）

同日 王伯祥“寄圣陶五十七号书，复来信六十一、二号”。(王伯祥日记)

11月7日 至清华中学视察。

11月8日 “访朱君允女士。女士为熊佛西之夫人，前托茂如转言，欲与余会晤也。其实并无甚事，唯不满意此间中学，尤其是国文教学，询余能否以教厅之力促其改进耳。余为言教厅虽有此心，而实效难期，吾人子弟欲获进境，只能以自力为之，不必属望于学校。”“谈一时许，辞出，重至开明。程受百、戴仲甫、王梦瑶、王沙萍、李海初诸君咸集。月樵盖欲以时请诸人集合，助其出版事业也。五时半饮酒，至七时方毕。”(日记)

同日 王伯祥“寄圣陶五十八号书，告红蕉住房将有解决”。(王伯祥日记)

11月9日 开始筹划出版《国文杂志》。“饭后，始作一文白对译之例。月樵拟出《国文杂志》，将以为该志之材料。余近有一想，欲以个人之力撰此杂志，每期二万字，似亦不难。试出半年六期，且看成绩如何。若于学生有所补益，亦一乐也。”(日记)

11月15日 朱自清致叶圣陶信。(朱自清日记)

同日 王伯祥“寄圣陶五十九号书”。(王伯祥日记)

11月17日 “得东润信……得佩弦信，告已抵昆明，并示新诗。即作一短简复东润。”(日记)

11月19日 “得顾诗灵、李儒勉、马文珍，及上海丏、伯、村、调诸公信。”(日记)

11月20日 “作一稿，论‘非不知而问之询问句’，至下午四时完篇，成二千余言，将以实《国文杂志》。”(日记)

11月22日 “至陕西街，向雪舟买夹江仿宣纸十张。子恺将开画展于此，余拟写些篆字，附入展览。如能卖出，亦可少资补贴。

设想至此，亦复有些无聊矣。”(日记)

11月23日 “余今日整日写篆字，共写对联六副，横条二幅。自视尚可，皆工稳。

“午刻月樵来，将《国文杂志》首期稿之半数交与。此志每期需二万言，独力为之或尚可应付。”(日记)

11月27日 “至陕西街，以所书篆字交雪舟，取其一半付裱。裱对一副需二十元，余裱八件，共百余元。若卖不出去，则‘偷鸡不着蚀把糈’矣。

“得东润书……又得伯祥、丏翁书及叔湘书。即作复致东润、叔湘。”(日记)

11月30日 “上午写篆字，计作两联两单幅。饭后写复信。复颉刚一信，言由彼代编《文史教学》事。复张梓生一信，高晋生一信。又复丏、伯、村、调，编列第六十三号。”(日记)

11月1日至20日、22日、23日、26日至28日、30日的日记，收入《叶圣陶集》第十九卷。

12月1日 “十时许，有教厅职员冉君来访。冉曾作一《征妇词》，刊成小册，欲以教厅名义介绍于各中学为补充教材。子杰嘱余审阅，余评云，其辞未臻纯美，不适为教材。冉以是愤愤，来访余有问罪之意。初尚客气，后竟作流氓口吻，谓‘人对我不客气，我也会对人不客气’。同室诸人闻之均不平，群起而斥之，有呼‘滚’者。后薛远举君来，拉之出，余亦陪出，婉言告以余盖就文论文，别无他意。彼始转颜为歉容而去。

“余受此不相干之气，虽不致动怒，而心不免怏怏。朱启贤君意欲相慰，拉出共就点心店小饮。继而子杰、云波偕来，向余致慰，并云必立即处理此事。饮毕返馆，不久，子杰导冉君来，令向余道歉。余笑答之。闻冉为哥老会中人，有小小势力，足以暗中给人吃亏。今如此，或不致结成怨仇。苟其人果要施用流氓手段，余亦无可如何，防亦无可防也。

“午后，寄蜀沪六十四号信与开明诸友，为馆中之《四川文物小丛书》欲委托开明出版事。”（日记）

12月2日 “王云五来此，子杰于今晚宴之，招余作陪也。……六时，至东鲁饭庄。少顷，主客成集，皆教厅与教育馆中人，外客仅王云五、张屏翰、蒙文通、钱宾四而已。王精神极佳，谈笑风生，饮量亦豪。自言以六年之力，搜集各体古文字，创一七角号码检查法编排之，使读者一检即得。其释文释义，则悉用各家之说，‘述而不作’。今其书即将出版矣。谓此为‘不识古文之人教人识古文之一个钥匙’。余觉其书于人殊有用处。”席散已九时。（日记）

12月3日 “看《中等教育季刊》之来稿，为之修改。”（日记）

同日 王伯祥“寄圣陶六十号书，告江礼已代送，金腿两脚，九十元。寿糕一蒸，十元。适为百元，佳谶也”。（王伯祥日记）

12月4日 作《略谈学习国文》，“入《国文杂志》。第一期稿至此齐全”。（日记）

12月5日 “与朱启贤商订《中小学教师进修丛书拟目》。”接彬然、云彬来信，“他们也决定办《国文杂志》，嘱余作文颇多”。（日记）

12月7日 “作书复云彬、彬然，允作文字寄往。”“得东润信。”（日记）

12月8日 到馆“作书寄钱宾四，催作稿，入《中教季刊》”。“忽通伯推门而入，欣然握手。谓适至我家，不遇，又转来茶店子，盛意可感。遂共入小食店小酌，谈生活琐事，谈国事，谈世界局势，久未得此乐矣。君劝余多为文艺，奈余近来思路已不复趋于此方面何！食毕，复往吃茶，盘桓共两小时，珍重握手而别。君明日返乐山矣。”（日记）

12月9日 为冯月樵看黄任之《苞桑集》之校样。“作书致东润，谢其惠赠《读诗四说》。”（日记）

12 月 10 日 作评论《高等教育所要养成的好习惯》（刊《青年之声》第三卷第二、三期合刊，1941 年 12 月；后收入《叶圣陶集》第十一卷）。

12 月 11 日 “出国文试题，系全省中学毕业会考所用。”（日记）

12 月 18 日 作评论《论中学国文课程的改订》（刊《中等教育季刊》第二卷第一期，1942 年 1 月 25 日；又刊《国文月刊》第一卷第十五期，1942 年 9 月 16 日；后收入《叶圣陶语文教育论集》，又收入《叶圣陶集》第十六卷）。文章指出：“我国有课程标准，从民国十一年颁布《新学制课程标准》开始。以后历次修订，内容和间架都和第一次颁布的相差不远，没有全新的改造。”进而对 1940 年教育部公布的《修正初级中学国文课程标准》和《修正高级中学国文课程标准》作了深入的评论。

12 月 19 日 “重行校阅《中教季刊》所收文稿，一一批明排装款式。”（日记）

12 月 20 日 “小墨归来，言今日子恺画展之第一日，曾往一观，余所附入之篆字若干件，已售去一部分，且有预定者。此项生意似还做得；余字实不佳，亦为稻粱谋耳。”（日记）

12 月 21 日 “三官自城中归，带回东润、昌群之信。昌群言刘百闵君欲邀余往重庆，佐办其中国文化服务社之编辑出版事务，薪给从丰。昌群极盼余能应之。然余一动不如一静，居此尚可，亦复怠于他往矣。”（日记）

12 月 23 日 朱自清致叶圣陶信。（朱自清日记）

12 月 24 日 “看《中教季刊》来稿，凡五六篇，皆为修润。”（日记）

12 月 27 日 新都为纪念抗日烈士王铭章创建铭章中学，赠诗一幅。诗云：“百战英名为国光，梓乡建校示无忘。诸生好自承遗泽，各为邦家作栋梁。”（日记）

12 月 28 日 至智育影戏院，看由果戈理小说改编的苏联电影《夏

夜》。(日记)

12月30日 写《国文杂志》第二期“社谈”，题为《读些什么书》。(日记)

12月31日 接丁晓先信，“并得其来稿”。接郭绍虞信。(日记)

12月1日至13日、15日至21日、23日、24日、27日、28日、30日、31日的日记，收入《叶圣陶集》第十九卷。

同月 《小学生诗选》由西南印书局印行，中华书局出版经售，署叶绍钧、田泽芝编，为《中心学校、国民学校补充读本》第一种（河南教育出版社1984年2月出第一版）。这是为小学教师编写的辅导读物，收古诗五十首，每首诗后均有《解说》，有的是叶圣陶写的，田泽芝写的也都经过叶圣陶修润。书前有叶绍钧作的《序》。古诗五十首：《越谣歌》、《渡易水歌》（荆轲）、《牟子引古谚》、《大风歌》（汉高祖）、《古怨歌》（窦玄妻）、《江南》、《陌上桑》、《古歌》、《淮南民谣》、《城中谣》、《七步诗》（曹植）、《三峡谣》、《作蚕丝》、《安东平》、《木兰诗》、《敕勒歌》（以上选自《古诗源》）、《月下独酌》（李白）、《渭川田家》（王维）、《游子吟》（孟郊）、《送友人》（李白）、《春望》（杜甫）、《客至》（杜甫）、《闻官军收河南河北》（杜甫）、《竹里馆》（王维）、《春晓》（孟浩然）、《夜思》（李白）、《登鹳雀楼》（王之涣）、《新嫁娘》（王建）、《江雪》（柳宗元）、《问刘十九》（白居易）、《寻隐者不遇》（贾岛）、《渡汉江》（李频）、《长街行》（崔颢）、《回乡偶书》（贺知章）、《桃花溪》（张旭）、《九月九日忆山东兄弟》（王维）、《芙蓉楼送辛渐》（王昌龄）、《送孟浩然之广陵》（李白）、《下江陵》（李白）、《逢入京使》（岑参）、《泊秦淮》（杜枚）、《秋夕》（杜牧）、《夜雨寄北》（李商隐）、《渭城曲》（王维）（以上选自《唐诗三百首》）。

1942 年

（中华民国三十一年　壬午）　四十八岁

4月2日　《解放日报》报道：毛泽东在《解放日报》举行的改版座谈会上发表讲话，号召整顿三风。整风运动由此在延安开始。

5月2日　毛泽东出席延安文艺座谈会并讲话（即《在延安文艺座谈会上的讲话》的“引言”部分）。

5月23日　毛泽东出席延安文艺座谈会并讲话（即《在延安文艺座谈会上的讲话》的“结论”部分）。

10月1日　国民党文化运动委员会主办的《文艺先锋》在重庆创刊。创刊号上发表了张道藩的《我们所需要的文艺政策》，鼓吹文艺要表现“八德”，即“忠孝仁爱，信义和平”。

*　*　*

1月1日　成都《国文杂志》创刊，由普益图书公司出版，署编辑者胡墨林（实际上由叶圣陶主编）。出至第六期停刊。

《文化消息》：“普益图书馆发行国语杂志一种，由叶圣陶主编，为高初中学生良好读物，将于三十一年一月出版。”（《战时文艺》第一卷第二期）

同日　发表评论《这个杂志》，刊成都《国文杂志》第一期，未署名（收入《叶圣陶集》第十八卷时题名为《〈国文杂志〉（成都版）发刊词》）。发刊词中说："这个杂志没有什么奢望，只想在中学同学学习国文方面，稍稍有一点帮助罢了。看了这个杂志，未必就能学好国文。因为这里所说的，无非怎样阅读，怎样写作等等关于方法的话，而能不能实践，实践是不是到家，还在读者自己。如果不能实践，或是实践没有到家，当然，国文还是学不好的。可是看了这个杂志，可以得到一些启示。平时自己有没注意到的，教师没有提示过的，在这里看到了，若能不让滑过，务必使它化为'我的经验'才歇；那么，一点一滴的累积，正是学好国文的切实基础。这个杂志所能帮助读者的，就在这一点。"

同日　发表《略谈学习国文》，刊成都《国文杂志》第一期（收入《叶圣陶语文教育论集》，又收入《叶圣陶集》第十三卷）。文章说："学习国文就是学习本国的语言文字。语言人人能说，文字在小学阶段已经学习了好几年，为什么到了中学阶段还要学习？这是因为平常说的语言往往是任意的，不免有粗疏的弊病；有这弊病，便算不得能够尽量运用语言；必须去掉粗疏的弊病，进到精粹的境界，才算能够尽量运用语言。文字和语言一样，内容有深浅的不同，形式有精粗的差别。小学阶段学习的只是些浅的和粗的罢了，如果即此为止，还算不得能够尽量运用文字，必须对于深的和精的也能对付，能驾御，才算能够尽量运用文字。尽量运用语言文字并不是生活上一种奢侈的要求，实在是现代公民所必须具有的一种生活的能力。如果没有这种能力，就是现代公民生活上的缺陷；吃亏的不只是个人，同时也影响到社会。因此，中学阶段必须继续着小学阶段，学习本国的语言文字——学习国文。"

同日　发表评论《国歌语释》，刊成都《国文杂志》第一期，署名翰先。

同日 发表《非不知而问的询问句》，刊成都《国文杂志》第一期，署名秉丞。

同日 发表《“莫得”和“没有”》，刊成都《国文杂志》第一期，署名朱逊。

同日 发表《中学生这么说》，刊成都《国文杂志》第一期，未署名。

同日 发表《投稿诸君注意》，刊成都《国文杂志》第一期，未署名。

同日 发表《西南出版界中独树一帜》，刊成都《国文杂志》第一期，未署名。

同日 发表评论《文句检缪》，刊成都《国文杂志》第一期，未署名。

1月4日 “至月樵所，以第二期《国志》稿交与，请其送审。”至陕西街，晤雨岩。赴徐恒之宴，主客为易君左。（日记）

1月5日 “到馆，仍为《中教季刊》之编校事务。”（日记）

1月8日 “得佩弦、昌群各一信。”（日记）

1月10日 致朱自清信。致马文珍信。（日记）

1月11日 “代人作贺新屋落成及祝寿之颂语。”得程仰之信。得司马文森信，“为其刊物索稿子”。（日记）

1月14日 “作一信寄洗翁，询以开明今后之方针。”致宋云彬、傅彬然、唐锡光信。（日记）

1月15日 发表《当前教育必须改革》，刊《文化杂志》第一卷第六期“对当前文化界风气的感想”专栏。

1月16日 “作书复李儒勉。”修润教育厅“在中教会议上之提案”，编入《中等教育季刊》。（日记）

1月18日 接朱东润信。接刘延陵信，“谓在马来亚吉隆坡”。（日记）

1月20日 偕胡墨林往访顾颉刚夫人。

1月21日 到西南印书局校对《中教季刊》。次日，仍校对《中教季刊》。

1月27日 至青莲巷访顾颉刚。

1月29日 “晨入城，至颉刚处，坐谈一时许。略闻政界学界情况，皆可慨叹。今者‘抗建’二字并举，以实况观之，‘抗’或者因盟国之力而终胜，‘建’则实无‘必成’之征兆。吾人已皆半百之人，殆无获见承平之望矣。”“鸡公车夫老俞托作新春门联，为撰两语，自谓颇不恶。‘有子荷戈庶无愧，为人推毂亦复佳’。盖老俞有一子在前线当下级军官也。”（日记）

1月30日 “为先父冥诞设祭。我父生于戊申，今为九十四周岁矣。”（日记）

1月1日、4日至18日、20日、21日、23日至27日、29日至31日的日记，收入《叶圣陶集》第十九卷。

同月 《中学精读文选》第一辑由桂林文化供应社出版，署叶圣陶、胡翰先合编。这套文选共出四辑，书前有叶圣陶写的《序》。

同月 作《〈中学精读文选〉序》（刊《中学精读文选》第一辑，收入《叶圣陶集》第十六卷时题名为《教材与教法——〈中学精读文选〉序》）。序文谈到这套文选的“内容”和“技法”都“相当优良”。最后说：“就内容方面说，我们注重心理的建设。抗建是中华民族空前的大业，工作千头万绪，而总枢纽在乎每个公民具有健全的振奋的心理：这意见很浅显，无须多说。有一点倒是该说的，有人以为现在的时代非南宋明末可比，关于宋明忠臣义士的文字，断不宜选作教材，使青年们丧气。这自是有心人的意见，但我们觉得太着于迹象而忽于精神了。就迹象说，诚然，那些忠臣义士扮演的是亡国惨剧，和现在情形渺不相涉；可是，就精神说，他们坚持的是‘夷夏之辨’，正是我们心理建设上绝对需要的东西。因此，我们没有避免，仍然选了那几篇关于宋明忠臣义士的文字。不过教学必须得宜，迹象和精神要双方兼顾；如果偏重迹象，忽其精神，那有心人的意见就不是过虑了。”

2月1日 发表《学生应该练习写什么文章?》，刊《学生之友》第四卷第二期，署叶绍钧演讲、陈延祚记。

同日 发表《心》，刊《战时文艺》第一卷第三期，署名圣陶。作者在《〈心〉后记》中说：“前年应上海某杂志的嘱托，作了这篇。寄去之后，某杂志以‘环境关系’未能刊载。今承《战时文艺》编辑先生索稿，便把这篇奉呈。”

同日 发表评论《读些什么书?》，刊成都《国文杂志》第二期，未署名（收入《叶圣陶散文乙集》，又收入《叶圣陶集》第十四卷）。文章认为“专为要人家长进国文程度而写的书是没有的”，要使国文程度长进，就要认真阅读“关于各科的参考书”、“关于当前种种问题的书”、“关于修养的书”和“关于文学的书”。

同日 发表《正确使用句读符号》，刊成都《国文杂志》第二期，署名圣陶（收入《叶圣陶集》第十五卷）。

同日 发表《作用和“着”字相同的“到”字》，刊成都《国文杂志》第二期，署名朱逊。

同日 发表评论《文句检缪》，刊成都《国文杂志》第二期，署名翰先（收入《叶圣陶集》第十五卷时题名为《〈文句检缪〉前言(一)》）。

同日 发表《投稿诸君注意》，刊成都《国文杂志》第二期，未署名。

同日 “《国志》三期之稿已齐，午后墨与二官入城，即带交月樵，嘱其送审。……得洗翁自桂林来信，言尚未得上海村、伯诸人手书，但从他方得知开明确被敌人封闭。翁希望能有二三中坚人物来内地，为开明谋复兴，与余所思正同。然事实上恐非易也。”（日记）

2月2日 “到馆，竟日辑集《中教季刊》第二卷第二期，居然完毕。

“颉刚来，言彼与钱宾四两人之意，邀余往齐鲁大学教国文。余言非不领情，事实上实办不到。彼言明日齐大校长招宴，且于晤面时再说。”（日记）

2月3日 “十二时，偕（颉刚）往明湖春菜馆，齐鲁刘校长及宾四已先在。他客皆大学教师，曾识面而并不熟悉者。席散，客皆去，刘与宾四、颉刚与余谈担任功课事。余再三却，而三君皆不肯已。最后约定先物色他人，万一找不到，余勉补其缺。宾四允之，唯言无论如何必往齐鲁教一个课程两小时。”（日记）

2月4日 “作一书寄伯祥，问上海亲友情况。自太平洋战事发生以来，尚未得上海信，已两月矣，怀念不已，因寄此书，编蜀沪第六十五号。”（日记）

2月5日 “作一信，复昌群。”（日记）

2月11日 “校《文史教学》第四期排样。”（日记）

2月13日 “朱启贤君以所作讨论中国文化承先启后问题之文字交余阅看，即仔细看之。午刻与细谈，即同出食面食。君言彼于对人，非常简单，只持一个原则，曰‘对得起人’。余深然之。此即所谓‘尽其在我’，存此一念，其他不必枝枝节节考量矣。”（日记）

2月14日 “今为阴历除夕，我家略添食物，烹煮竟日。……傍晚，祀祖先，然后吃年夜饭。”（日记）

2月15日 “月樵欲另出小学国语教本，托余编撰。余于八九年前为此，颇劳神思。今令小墨起初稿，再为改定，期节省心力。小墨已着手作第一册，今日与之商讨。此事限于内容，限于形式，殊不能信手挥洒，运思半日，所获无多也。”（日记）

2月16日 “馆中送来聘书，任余为第二组主任。又附来苏诚鉴君一书。即作一书致子杰，辞主任。余不能分配工作令人为之，

观馆中同人似亦无甚可为。余之不愿任主任，以此也。”（日记）

2月17日 “至江家拐李渔初家，应其春宴之招。晤月樵及程受百……月樵言拟以半年出小学国语四册，用木板刊刻，图画仍拟烦子恺，托余征其同意。”（日记）

2月18日 “同人闻余辞主任，皆来相劝，谓馆中精神涣散，余若不就主任，势将瓦解。其情可感，而其言实过分。”子杰“亦以勉维现局，勿为谦辞为言。余不欲遽允也。”“作书致子恺，请其为小学教本画图。又作书致彬然、云彬，久不得二君书矣，故问之。”（日记）

2月19日 “预备《国文杂志》第四期稿。”（日记）

2月25日 应郭子杰相劝，“暂代”教育科学研究馆第二组主任。接朱东润信。（日记）

2月26日 “写信复东润。”（日记）

2月27日 “得上海信，为第六十一号，知未达之书有三四通，而余所寄信，亦有两通遗失。或者迟些日子均可送达也。开明诸友均安，丏尊仍教书，红蕉家已与伯祥同居，我妹于下月间又将做产。开明将收去门市，专营批发。店被封几个月，今已开业，有些书禁售，余之《倪焕之》与《文章例话》亦在其列。店中尚有二十余人，无他事可为，丏翁谓拟合做字典。此事若能完成，亦有意思也。”（日记）

2月28日 “访月樵谈小学教本付刻事”。“又至颉刚所，闲谈。于青年之不好奋发共致叹惋。”（日记）

2月1日至5日、7日、10日至28日的日记，收入《叶圣陶集》第十九卷。

3月1日 发表评论《一个新的学期开始了》，刊成都《国文杂志》第三期，未署名。

同日 发表《致文艺青年》，刊成都《国文杂志》第三期，署名圣陶。

同日 发表评论《文句检缪》，刊成都《国文杂志》第三期，署名翰先。

同日 发表评论《“殊”字的误用》，刊成都《国文杂志》第三期，署名朱逊。

同日 文协成都分会在青年会举行会员大会，选举叶圣陶、李劼人、陶雄、牧野、陈翔鹤、王余杞、王冰洋为第四届理事。叶圣陶任会刊《笔阵》主编。

3月3日 王伯祥“寄圣陶六十二号书，复告近状”。（王伯祥日记）

3月4日 “得子恺复信，允为小学国语课本作画，殊为可慰。华西大学教育学院傅葆琛君来信，邀于本月十九日下午往彼讲演。王冰洋君来信，言成都‘文协’分会新近改选，余被选为理事，本月七日午刻，新理事在四五六餐馆集会。……作书复子恺，并将第一册国语稿寄与，请其作画。”（日记）

3月5日 “得钱宾四信，仍嘱到齐鲁任课。”（日记）

3月6日 接宋云彬、傅彬然信。接齐鲁大学刘校长信。“余尝为颉刚言，拟试开《中学国文教学》一课程于大学，为欲为国文教师者贡献些意见。颉刚向刘校长言之，遂邀余在齐鲁开设。再不应允，便若拒人于千里之外，只得勉允之。每星期六两小时，尚可应付也。”接吕叔湘信，问近况。“灯下作书致丏、伯、村、调、及红蕉，编列蜀沪第六十六号。”（日记）

3月7日 “作书复刘校长及叔湘。……至四五六餐馆，赴成都‘文协’之会，到新选理事凡十人，李劼人、陈翔鹤与焉。共谓《笔阵》虽已出版，唯内容不充实，脱期亦利害，今后拟整顿之。谈笑甚欢。”（日记）

3月8日 “竟日商讨国语教本，订正小墨所作稿十一课，三官所作稿三课。第二册居然成其半数矣。此次编撰，练习课有专供阅读之课文，又有关于语法之训练，此点较前一次为胜也。”（日记）

3月9日 “作书复云彬，并附书致洗翁、仲华。”（日记）

3月10日 王伯祥"接洗人二月二十日发洗桂廿七号信，告内地人事调动，仍劝内徙，知圣陶近为冯月樵编《国文杂志》，由墨林出面"。（王伯祥日记）

3月13日 接"东润一信，洗翁两信"。（日记）

3月14日 至齐鲁大学上课。"注册选习者十人，九女一男，其中不尽是齐鲁学生，亦有华西的学生；旁听者约二十人。观学生面部表情，似尚不感觉此课程之枯燥。""宾四方从崇义桥来，邀共吃饭，饭后吃茶，谈甚畅。宾四颇忧我国文化之绝灭，近常作文论之，今日所谈亦多此类。"（日记）

3月19日 到华西大学教育学院演讲，题为《文艺作家之教育力量》。（日记）

3月21日 至齐鲁大学上课，"言教国文应偏重方法"。"作书复子恺。又作书与彬然、雪舟。"（日记）

3月23日 致丁晓先信。接金仲华信。

3月25日 作《改善生活方式》（刊《中学生战时月刊》第五十五期，1942年5月5日，署名圣陶；后收入《叶圣陶集》第十二卷）。文章说："我是中年人了，自问还不是废料，我与多数正当的人一样怀着那共同的基本的理想（抗战必胜，建国必成），我热忱的要迎取光明。"是日日记：此文"意在对青年下针砭"。

3月27日 与朱启贤谈屈原。"朱启贤示以郭沫若近作《屈原思想》一篇。略谓屈原多受儒家思想，欲见德政行于中国，而当时楚国现实状况距此甚远，使彼苦闷，此为其自沉之因。"（日记）

3月28日 "叔湘来相访，偕进面于小食肆，又共入城，茗于少城公园。谈语文方面意见，颇有乐趣，未易得也。叔湘续作文法书，名《表达论》，已成四章，交余先读，携之以归。"（日记）

3月31日 编定成都《国文杂志》第五期。

3月2日、5日至10日、13日至16日、19日、21日至28日、30日、31日的日记，收入《叶圣陶集》第十九卷。

4月1日 发表评论《就来稿谈谈》，刊成都《国文杂志》第四期，未署名（收入《叶圣陶散文乙集》）。

同日 发表《思想——语言——文学》，刊成都《国文杂志》第四期，署名翰先（收入《叶圣陶集》第十五卷）。文章说："思想是不出声的语言"。"文字的依据既是语言，语言和思想又是二而一的东西，所以文字该和语言思想一贯训练：怎样想，怎样说，怎样写，分不开来。"

同日 发表评论《改文一篇》，刊成都《国文杂志》第四期，署名圣陶。

同日 发表《"是"字的用法》，刊成都《国文杂志》第四期，署名醒澄。

同日 发表《中学生这么说》，刊成都《国文杂志》第四期，未署名。

4月4日 得红蕉、范洗人、贺昌群信。

4月5日 编定《小学国语课本》第三册。"今日清明，午刻祀先。"（日记）

4月6日 "开始作中学国文教学进度表。此系教厅所需，将以分发与各中学，中学未必能照办，而教厅不可不有此一举。余为此更有他用，排比妥善，即可据以编适合课程标准之教本也。大约花一个月工夫，可将此表拟妥。"（日记）

4月7日 "写信致丏翁、伯祥、雪村、调孚，编列第六十七号。又致书子恺，将第三册须画之各课附去。又致书叔湘，约以本星期六往访。"又寄红蕉信。"午后三时，雪舟、雨岩来。雪舟以四日回来，谈各处情形，皆困于生活不易。复谈开明情形。""灯下看文协会杂志《笔阵》之来稿。"（日记）

4月8日 续看《笔阵》稿。致信范洗人、宋云彬。（日记）

4月11日 访吕叔湘。又访冯月樵。"得上海信，伯祥、雪村、调孚三人执笔。"（日记）

4月13日 “写信致王云五，询叔湘所为《词句论》曾否在香港遗失。又作书复子恺及东润。”（日记）

4月15日 “校《文史教学》第四期毕，写目录封面样等件。此类事亦无人能助理，亦觉无聊。作一书致苏诚鉴，附一笺与颉刚。看启贤《教育哲学》稿及吕朝相《论少年维特》稿。他们皆以余为有评骘之能力，实亦无能为力。他们之文字实亦太随便，看看殊觉无味而费时间。”（日记）

4月16日 “九时半，忽雪舟夫妇偕彬然来，欢然执手。五年为别，话头大多，杂乱谈说，屡易其向。二君怂恿余往桂林一行，商量开明编辑组织。”晤程受百，“即将应刻应写之《小学国语》稿交与之”。至高琦中学，“参加其校教师之团契会”，作题为《教育所以养成好习惯》的演讲。夜与彬然小饮，“剪烛杂谈，君所言政界、学界、文艺界情形，皆余所未知。余处成都郊外，一切不知，真如在世外矣。所闻多可慨叹。”（日记）

4月16日至7月13日的日记，以《蓉桂之旅》为题，刊《新文学史料》1982年第四期，收入《我与四川》时题名为《蓉桂往返日记》。

4月17日 偕彬然游青羊宫、武侯祠。

4月18日 至金陵大学为文学系、史学系作演讲，题为《乐在其中矣》，“大意谓人生须有理想”。（日记）

4月19日 彬然、雪舟来访。

4月20日 致信丰子恺。观马长寿长文《四川古代民族历史考证》。

4月21日 偕彬然访望江楼。“登楼茗坐，续谈一切。彬然邀余往桂林一行，谓可商谈二事。一为开明之编辑方针，商定后由余主持，又一为另出一较大规模之《国文杂志》，商定后由余主编。并为文供社撰一《国文手册》。于是余可家居执笔，不必复跑茶店子。此亦余所愿，然改变生活方式，一时亦未敢径即决定。”“今日得子恺、红蕉、东润之信。”

同日 长孙三午生于保婴院。

4月22日 “得王云五复信，言叔湘之书近已印出，余与佩弦之《略读指导举隅》下月可出，为之欣慰。”（日记）

同日 作诗《彬然来成都见访同登望江楼》（收入《箧存集》，又收入《叶圣陶集》第八卷）。

4月23日 偕傅彬然赴章雪舟小酒家之约。“今日得三信。马文珍寄其全部诗稿来……上海伯、村、调三位来信，皆言上海生活窘状，读之扼腕。云彬来信言《国文杂志》必须创办，主编必须由余任之。”（日记）

4月24日 “为高琦中学写‘一粥一饭当思来处不易’十字，杨校长所托，将制匾悬于新建之食堂。”“作书复文珍，并附一书致佩弦。理文珍诗稿，其诗胜于一般之新体诗，拟为设法出版。”（日记）

4月25日 “五时至嘉利西餐馆应月樵之招。月樵所宴为二三远来旧友，兼请彬然，余与雪舟、雨岩则陪客也。”（日记）

4月27日 王伯祥“接圣陶四月七日发蜀沪六十七号书，附信属转丏尊、红蕉，知颇眷怀故乡居宅也，承指《〈左传读本〉序》文有欠妥处。”（王伯祥日记）

4月28日 长孙三午自保婴院归来，“从同居农民张家之意，悬红布一方于门，且放爆竹”。（日记）

4月30日 丰子恺寄来《小学国语》第三册的画稿。（日记）

4月2日至7日、9日至13日、15日至30日的日记，收入《叶圣陶集》第十九卷。

5月1日 发表《希望于读者诸君的》，刊成都《国文杂志》第五期，未署名。

同日 发表《“名篇”选读——叔孙通定朝仪》，刊成都《国文杂志》第五期，署名圣陶。

5月2日 为重振开明书店在大后方的出版印刷机构，叶圣陶与傅彬然赴桂林，与在桂林的同人共商。晨自成都乘卡车出发，经简阳、资阳，于下午六时抵内江。

叶圣陶《〈蓉桂往返日记〉小记》：

这段日记一共八十九天，记的四十年前——一九四二年我从成都去桂林的一次旅行。

抗日战争期间，桂林因为政治情况特殊，成为“文化人”集中的地方，过去在上海差不多朝夕相见的许多老朋友都在那儿。他们到桂林大致分两个时期，走两条不同的路线：有的在“八一三”之后不久就离开上海，先到汉口，后来溯湘江而南，进入广西，少数人或绕道贵州；有的先到香港，后来太平洋战争爆发，就渡海西行，溯西江进入广西。不论走哪条路线，都是受了日本车队“进入”的驱使。我当初也到了汉口，一九三八年年初带了一家老小入川，在重庆安顿了十个月，后来接受武汉大学的聘请，又把家搬到了乐山。从此我落了单，跟老朋友们疏远了。一九四零年夏，我脱离武大，进四川省教育厅的教育科学馆做研究工作，一九四一年年初就把家搬到了成都，离群索居的情况仍然没有改变。所以这一次到桂林，是经过好几年的颠沛流离，尝够了“人生不相见”的况味之后跟许多老朋友的重逢，心情之畅快真是难以言说。现在事隔四十年，老朋友大多成了古人，而当时“惊呼热中肠”的情景宛然在眼前，更使我怀念他们不已。

另一方面，这次旅行的艰辛也难以言说。现在从成都到桂林，乘火车要不了两天，我那一次竟走了一个月又三天，沿路阻难重重，如今想起来还心有余悸。搭上公路汽车先得作种种奋斗，搭上了还是前途茫然，像坐了舢板飘洋过海似的，连能不能到达彼岸都难断定。一路上我情绪坏得无以复加，居然能坚持到目的地真不容易。

……从成都动身的日子是五月二日，为了把旅行的缘故交

代明白，所以从四月十六日抄起，直抄到七月十三日回成都为止。(《叶圣陶集》第二十卷)

5月2日 王伯祥“寄圣陶沪蜀六十五号，复来书六十七号，告代送苏州朱笏君吊礼十六元，并论《〈左传读本〉序》语句省略自亦有根”。(王伯祥日记)

5月3日 下午五时抵重庆，晤祥麟、张梓生、范寿康。夜，祥麟招饭于稻香村。(日记)

5月4日 访李伯宁、宋蕴庄夫妇。访徐盈、子冈夫妇。至巴蜀学校访勖成、伯才。观中苏文化协会“送苏木刻作品预展”。“寄信家中及雪舟。”(日记)

5月5日 “晨起茗于广东酒家，进点。刘百闵、孔锡庸亦来，闲谈。刘亦将往桂林，其任务为迎‘文化人’来渝。别时，刘言将寄口信与昌群，约昌群自沙坪坝来会余。”“遂复步行至观音岩访黄任老，聆其识论，甚快。其言谓为一作家必上承文化传统而及于今日此时之观点，又必大概审知世界情况而及于我国我人之观点。若纵不承往古，横不如世界，或纵与横俱备而不立自己之观点，皆难有成就。此言颇有理。陈纪喆自离教育科学馆，旋入职业教育社，任老知为余同事，邀来一晤”。“至徐盈、子冈家，访其同居之沈衡山老先生。”“访王云五先生于白象街。商务白象街经轰炸，先生居一小屋中治事，眠食会客亦在此，而勤奋益甚，大可感佩。坐半小时而出。途中遇姚蓬子，询知老舍刻离城居乡，不获会面为怅。”“作一书致冼翁、雪山。”(日记)

5月6日 姚蓬子来访。贺昌群来访，偕出听大鼓书，又看电影《断肠花》。

同日 王伯祥“接士敭四月廿二日桂沪四十一号书……劝内徙，并告圣陶将到桂重振编译事”。(王伯祥日记)

5月7日 吴朗西来访。“访颉刚于组织部”。马宗融来访，谈复旦情形，谈望道、子展近况。君为回教徒，近颇努力于宣传回教教义，俾人共晓。老舍所为剧本《国家至上》即君所嘱托，特以回教精神为内容者也。君风度依然，语有妙趣，五十一岁，犹有童心。”“今日发一航空信与洗翁、山公”，“又作一书寄家中”。（日记）

5月8日 赴化龙桥金城银行总管理处演说，“其主持人嘱作修养方面之语，遂申敬业之义”。遇孙伏园。夜应郑明德、梁闺放夫妇宴，“郑、梁二人昔在上海相识，余曾据其所历为据作小说《夜》者也”。（日记）

5月9日 “得二官一信，言我母发热两日，似是疟疾，已服金鸡纳粉。他人皆平安。余颇心念，即作一书复之，令即寄一书至贵阳，俾得早读。”观电影《尘世浮云》。（日记）

5月10日 “作一书致元善，请以其住址见告。”“作书，一寄家中，一致昌群，一致勖成、伯才。”（日记）

5月11日 “至卫戍司令部所设机关领出境证”，证明“因事赴桂”。（日记）

5月12日 作诗《重庆雨夜闻杜鹃》（刊《旅行杂志》第十六卷第十期；收入《箧存集》时题名为《重庆不眠听雨声杜鹃声》，又收入《叶圣陶集》第八卷）。

5月13日 与傅彬然至烟雨堡待赴桂之汽车，不遇。

5月14日 晨“七时开车……饭于綦江，宿于松坎，入贵州境矣”。（日记）

5月15日 作诗《经遵义未及访子恺兄寄之以诗》（刊《旅行杂志》第十六卷第十期；收入《箧存集》时题名为《自重庆之贵阳寄子恺遵义》，又收入《叶圣陶集》第八卷）。

同日 “下午一时许过遵义，车少停，入站登记即复开。不及往访子恺，颇感怅惘。……车中得一律，拟寄子恺。……在贵阳城外五公里运输统制局登记，候半时许然后至城门口。乘人力车至独狮子开明办事处（其屋为刘薰宇之老家），镜波及丁君皆欣然握手。一路奔驰，尘埃满面，洗涤一过，少觉舒适，而头脑昏昏如乘海船方登岸时情况。”（日记）

5月16日 “作书寄家中”，“又作一书寄洗翁”。访宋玉书、丁晓先、章元善。“何日再行尚无定期”。（日记）

5月17日 访章元善，偕往银行公会听票友唱曲。与丁晓先讨论《小学国语教授法》编撰方法。（日记）

5月18日 晤谢六逸。夜应沈迪康招宴。

5月19日 与丁晓先、傅彬然同往大夏大学访谢六逸，与大夏大学学生座谈，观大夏大学文学院社会研究部。又晤李青崖。“接二官一信，知母亲已愈，为之心慰。”（日记）

5月20日 无汽车入桂，仍留滞贵阳。

5月21日 与丁晓先、傅彬然出街游览。

5月22日 李青崖来谈大夏大学情形及决议设贵州大学事。“登程尚无期，闻近以滇边告警，车辆益难得，又颇萌即此返川之想。”（日记）

5月23日 与丁晓先、傅彬然、金韵锵、吴朗西同游花溪。夜宿清华中学，为清华中学作演讲，题为《国文之学习》。（日记）

5月24日 重游花溪。

同日 作诗《木兰花 游贵阳花溪听雨竟夕赠同游彬然晓先二兄》（刊《旅行杂志》第十六卷第十期；收入《箧存集》时题名为《木兰花 偕彬然晓先宿贵阳花溪》，又收入《叶圣陶集》第八卷）。

5月25日 与丁晓先“共谈国文教学”，“究宜如何教学国文，方可使习科学者乐用国文”。（日记）

5月26日 “瞿君来，言开车当在明日午后。……大是可慰。作书寄家中，告行程。又致书子杰、云波及齐鲁教务处，继续请假。又作书与佩弦，今与彼相距甚近，不足五百公里矣。”夜

应“正风书店之主人王君宴”。（日记）

5月27日 “晨起整装待发。初言午后开车，而迄于午后，瞿君来言汽油尚有问题，正在交涉，未能即开。其问题为何，殆颇有曲折，不便问也。无聊之极。”（日记）

同日 作诗《行旅》（刊《旅行杂志》第十六卷第十期；收入《箧存集》时题名为《公路行旅》，又收入《叶圣陶集》第八卷）。

5月28日 与丁晓先、傅彬然等打骨牌消遣。夜，瞿君来告“明晨五时出发”。（日记）

5月29日 “未明即起，候至六时半而不见瞿君来招。彬然往探问，知所缺汽油尚未买到。阻障重重，行路之难如是，余真悔此行矣。”夜，“汽车消息又来，谓明早准可开行”。（日记）

5月30日 “晨六时起，以为即可登车，而仍不见来招。往探问，谓仍是汽油之问题。余闷甚，复思不再前行。彬然劝之，余语颇愤。唯思得一汽车，与韵锵同载返渝。”与彬然偕往晓先家“谈开明今后编辑方面之事”。（日记）

5月31日 “七时后得信，谓车即可开行，遂整装出威西门至汽车停歇处。余本想不去，念既有此行，不到桂林似说不过去，乃勉强就道。……五时歇于马场坪，此是平越县境。自贵阳至马场坪凡一百十三公里，约为全程（贵阳至金城江）四分之一。”（日记）

5月1日至31日的日记收入《叶圣陶集》第二十卷。

6月1日 车经都匀、独山、六寨，夜歇广西南丹县。

6月2日 车经河池抵金城江，游市街。

6月3日 抵柳州。

6月4日 抵桂林。“晤洗翁、锡光、士敭及开明其他同人”，收到“墨与诸儿共有五六封（信）”，“又有朋友之信五六通”。“云彬来。云彬风度依然，不减当年。吴朗西、韩祖琪来……四时随云彬至其寓。寓中熟人聚居，有雁冰、仲华、联棠诸家，共占两楼两底，颇为热闹。雁冰夫妇亦仍如前，他们五年来行路最多，见闻自广。雁冰方作一长篇小说，俟其出世当为佳作。傍晚在云彬处小饮。其夫人特为余煮面，颇可感，酒罢与诸友在楼席乘凉闲谈。”（日记）

6月5日 “作一书寄家中。”“访胡仲持于青年会。”“五时云彬、彬然来，偕洗翁与余往建设研究会，应李任仁（重义）、陈劭先二先生之招宴。李为省参议会议长，陈为文化供应社社长。建设研究会系一赞助行政之机关，聘研究员若干人，集会时就省政作究讨。……同座客有雁冰、仲华及文供社同人数人。……听同座诸君谈战局，皆言敌人于攻占缅甸之后不向印度而加力攻我，其意盖欲得一解决。今浙、滇之形势我均挫失，此后演变将更使我感觉困难。余闻斯言，心忧不已。”（日记）

同日 《中学生战时月刊》自第五十六期（总第一百三十二期）始署社长叶圣陶，出版者中学生杂志社，发行人陆联棠。

6月6日 “入商务印书馆，请其经理徐丽川君为余担保乘坐飞机不得有不法情事。徐君允之，签名盖章于保单之上。保单之后为申请书，申请于航空检查所。得其批准，发给购票许可证，方可向航空公司接洽购票。洗翁亦填一份，同往检查所交涉。答称三四日后可来打听。此举原系所谓‘撞木钟’，万一有望，则与洗翁同航重庆，既不孤单，复免长途之辛劳，太舒服矣。”（日记）

6月7日 与仲华、联棠谈《中学生》编辑事。“与彬然谈编辑何种书籍为有裨于读者。”“作三信：一致夏传谟，一致邹君斐，皆托设法车票，一寄家中，杂告来桂后见闻。”“六时至天然餐馆。今日为诸友聚餐会会期，夫人小儿咸集，凡两席。……席间雁冰谈在西北时骑马，射猎，饮马酪，吃烤羊之情景，颇动听。”（日记）

6月8日 “与洗翁同至文供社，晤彬然，参观其社之各室。”夜与范洗人“往听鼓书”。（日记）

6月9日 “晨起看西南联大寄来付排之《国文月刊》稿凡三期，颇有佳作，殊觉惬心。作一书复沈从文，为其小说集交开明出版事。”“十一时至雁冰所，应其招饭。雁冰夫人治馔甚丰，有鸡与鱼虾。云来桂后从未请客，此为第一次也。午后一时许传警报，未久而传紧急。雁冰夫妇不逃，余亦留。雁冰为余谈在新疆一年间之所历，颇长异闻。旋飞机声起，隐隐闻投弹声，继见高射炮之烟两朵，复次见敌机四架，飞行甚高。约历一刻钟而寂然。雁冰继续谈说，中气甚足，直至四时半而终止。雁冰夫人复谈香港脱险经历，南北往来行程经历皆可听。”夜，与“彬然及三四友人”谈编辑《国文杂志》事。（日记）

6月10日 访陆联棠。张明养来访。吴全衡来访。与胡仲持“谈编选英文名著之计划”，与范洗人、傅彬然、唐锡光议“开明拟设编辑委员会”事。应邀到文化供应社文学组作演讲。（日记）

6月11日 晤欧阳予倩，“向予倩请教桂剧大概”。夜应金仲华之宴。（日记）

6月12日 晤柳亚子及其女无垢。（日记）

6月13日 访龙隐寺，游七星岩。夜，洗人邀仲华、彬然、云彬、锡光、联棠“谈设立编译机构事。议定设于成都，由余主之，定名目‘开明编译所成都办事处’。仲华、彬然、云彬皆为编译委员，相助编稿约稿。每月以印书三十万字，出版两册或三册为定则。收稿费用年以十万元为度。其他事务费用亦有规定”。（日记）

6月14日 “傍晚至联棠家为聚餐会，此次由雁冰夫人主办。”（日记）

6月15日 作《作一个文艺作者》（刊《中学生》第五十七期，总第一百三十三期，1942年8月5日，署名圣陶；后收入《叶圣陶集》第九卷）。文章回答《中学生》杂志读者提的两个问题：作一个文艺作者该怎样着手？读些什么书？

同日 “周伯棣来访，谈一时许。周于廿八年过乐山，曾见访。今在广西大学任教，邀我们往游。”（日记）

6月16日 “与彬然、云彬谈《国文杂志》编务。”艾芜来访。夏传谟来访，“谓已为余登记（机票）”。（日记）

6月17日 倪文铨来访。张明养来访。

6月18日 “作书寄家中，告决候机回川。”游城郊桂馨园。（日记）

6月19日 “作书致佩弦，并附一信致王了一，皆请为《国志》作文，并以书稿交开明出版。”至桂林中学演讲，题为《作一个文艺作者》。（日记）

6月20日 “拟编译所办事处办事规程。”与开明同人宴夏传谟。

6月21日 作《五足年了》（刊《中学生》第五十七期，署名秉丞；后收入《叶圣陶集》第十二卷）。文章强调“在我国抗战建国的今日”，更其重要的“首要一项是充实个己。认识不明，操行不谨，技术不精，工作不勤，都属于不充实的一方面；……力求个己的充实。在认识上，在操行上，在技术上，在工作上，都注重于基本训练，务期足以肆应一切；这是到达充实的路。”

同日 广西教育研究所资料室主任唐现之来访。午刻赴夏传谟天然酒家之约。“傍晚至联棠家，为聚餐会，今夕系锡光夫人主办，雁冰夫人佐之。”（日记）

6月22日 与范洗人邀金仲华小酌。

6月23日 至商务、中华、世界三家书店购书十数部。（日记）

6月24日 与洗翁、云彬、彬然、仲华续谈开明事，先谈分担《中学生》各门类作稿约稿事，次谈编译所事，委员除云彬、彬然、仲华外，加请子恺、祖璋二人。以墨为办事处职员。关于各人之薪水与费用亦有商定。（日记）

6月25日 “上午为店中略作改编旧版书之工作。其所以须改编，因现在各地设有书审处，凡书店初版再版书均须送审，审后如有所指摘，须改编方可印行。写二信，一寄家中，告日内或可离桂，一寄子恺，申述请为编译委员之事。”至教育研究所为桂师毕业生演讲，题为《训练教学之要及文艺写作之要》。演讲后，唐现之、傅彬然导往访梁漱溟。“坐少顷，现之邀往吃月牙山豆腐。……谈次知梁先生持素已三十年，其动机为不嗜杀生。问其近著何书，谓方拟作《中国文化概义》，因言全书之组织并及其书之结论，结论可以一语表之，曰‘中国文化之特质为理性发展得早’。理性别于理智而言，超出事物而为客观观察，是为理智，处身事物之间而求主观体验，是为理性。儒家即纯从理性上做工夫者。儒家之影响最大，以故中国社会史之种种问题皆当从此一结论出发而探求之。梁之言大略如是。余以为有所见到，而谓遽可以解决文化方面之诸问题，恐未必也。”（日记）

6月26日 胡绳、吴全衡夫妇来访。夜往广西剧场看桂剧三出：《黄鹤饮宴》、《打雁回窑》和《荷珠进府》。（日记）

6月27日 熊佛西来访。“飞机杳无消息，思归之心甚切。”（日记）

6月28日 傍晚至联棠家，为聚餐会。（日记）

6月29日 梁漱溟来访，孙春台来访，胡绳来访，林憾庐来访。至社会服务处观叶浅予漫画展览。“看雁冰在香港所撰杂记《如是我见我闻》小册，皆记在各地旅行之琐屑事，寓讥评于反语之中。余以为如此作法似欠缺诚挚态度。”（日记）

6月30日 “桂中教师叶苍岑、周之风来访……傍晚与洗翁及雁冰夫妇至乐群社，应春台之招宴。实系中国旅行社请客，为《旅行杂志》宴请作者与画家。客凡两席，菜甚精。”（日记）

6月1日至30日的日记，收入《叶圣陶集》第二十卷。

7月1日 午刻，参加纪念开明书店桂林总办事处成立一周年之聚餐会。

7月2日 “至雁冰之室中少坐。”夜听大鼓书。董莲枝唱《哭祖

庙》，花佩秋唱《武松杀嫂》。（日记）

7月3日 傍晚应熊佛西、蒋本菁、萧铁之招，至功德林。“同座有柳亚子父女、雁冰、洪深、春台、胡风及安娥女士。洪深多年不见，彼此共言消瘦矣，然其谈风之健仍如曩日。素菜甚佳，共饮颇畅。”（日记）

7月4日 访金仲华。赴桂东路昌生园韩祖琦、吴朗西之招宴。至文化生活社，遇林憾庐，又见巴金之恋人陈女士。（日记）

7月5日 上午将郭沫若所译屠格涅夫《新时代》看完。“此书前曾读过，今日重读仍极有味。写人物，写动作，写风景，处处有佳趣，殊不可及。”（日记）

7月6日 看柳无垢女士一翻译小说《低声歌唱的人》，略为润色。又看张铁生《哲学讲话》一篇，亦《中学生》所用。又作新书提要三则，预备登广告于报纸。“心绪恶劣，念何日可以登程，思之殊不能释。”（日记）

7月7日 作诗《桂林赠冼翁》（收入《箧存集》，又收入《叶圣陶集》第八卷）。诗云：“相见都教躁妄捐，飘飘杖履望如仙，开荒跃马豪犹在，闻警拈髯神故全。对饮榕湖欣匝月，同寻淞浦怅何年。存心一语应垂许，且尽人谋莫问天。”

7月8日 “今日写聘请编译委员书五件，分致仲华、云彬、彬然、子恺、祖璋。”（日记）

7月9日 高士其来访。“刘百闵自乐群社打电话来邀往午餐。至则共餐于食堂，吃素西菜。刘此次来桂系代表中央邀自港来桂之‘文化人’赴渝，但来已两月，殊无成果。其意似欲余向雁冰、仲华劝说。其语亦有感情，有理由，而谓某某人必须住某处而不宜住某处，则没甚道理。刘言甚多，余听之亦广见闻。直谈至三时而别。”夜偕彬然访高士其。（日记）

7月10日 “至文供社，与彬然、云彬为别。余言来桂月余，今又分别，不知何日再见，不免有怅然之感。关于《国志》，彬然言彼愿任约稿并设计，嘱余勉力为之，每期连《习作展览》供给两万言。至雁冰所，以昨与刘君会晤事告之，于仲华亦然。二人均无应招径往重庆之意。”同日，购得次日回渝机票。（日记）

7月11日 飞抵重庆，且购得次日回蓉之卡车票。至中华书局访金子敦。夜，祥麟以开明书店之名义在冠生园宴金子敦、范寿康、李季谷等，作陪。

7月12日 夜抵内江。

7月13日 夜抵成都。

7月14日 “臀部痛甚，不便坐，卧养竟日。在卡车上用手紧握铁条，两掌肿痛，亦难受。连日欠睡债，今日乃时时入睡，一日间约睡六七小时。”（日记）

7月15日 “上午作书致洗翁，告归程略况。附一笺致士敭、清华。”（日记）

7月16日 致君斐书，“谢其关切”。致吕叔湘书，“约其定期会晤”。致郭子杰书，“请辞去馆中职务，容其留职停薪”。（日记）

7月18日 访沈嘉平女士。访巴金，“多年不相见矣，握手道契阔”。（日记）

7月19日 访吕叔湘，“请其作‘文法’稿件，供《中学生》及《国志》刊载。叔湘允之”。访郭子杰未遇，“作辞职函邮寄子杰家”。（日记）

7月20日 “作书复高晋生，言其书出版之事，复东润、通伯……复王了一、佩弦、晓先（附一笺致镜波），皆催作稿。”与章雪舟以开明书店的名义宴客，“客为受百、承法、巴法、剑波、谦弟、协合高中吴校长及巴金之弟两人”。（日记）

7月22日 “作书复苏诚鉴，告以《文史教学》编排情形。并附一书托转致颉刚。”（日记）

7月23日 “午刻祀先。宰一鸡，令三午略尝鸡心，取其与‘记性’

谐音，苏俗也。”（日记）

7月24日 “读王了一为《国志》所作一稿”，“复撰《编辑后记》，封寄彬然，为第二期稿，并作一书致彬然、云彬。又作书谢王了一。复子恺信，请其不必推辞开明编译委员之任（其来信系前数日所收到）”。（日记）

7月26日 朱孟实、程会昌来访，“二君皆来办武大招考事”。夜，为长孙三午设汤饼宴，“凡四席”。（日记）

7月27日 得郭子杰信，“已允余辞去”。（日记）

7月29日 得丰子恺信，“允姑任开明编译委员”。（日记）

7月30日 作《偶感》（刊《中学生》第五十八期，总第一百三十四期，1942年9月5日，署名编者）。文章谈成都会考泄漏题目事。

同日 “致书洗翁、仲华、锡光，并作编译所办事处通讯第一号。”（日记）

7月1日至31日的日记，收入《叶圣陶集》第二十卷。

8月1日 叶圣陶主编的桂林《国文杂志》在桂林创刊，由桂林文光书局出版，署编辑人叶圣陶，发行人杜铎。自第一卷第二期起，署编辑者国文杂志社（实际的主编工作仍由叶圣陶兼任，详见本年9月5日的记述）。自第三卷第三期（1945年7月10日）起，署编辑者叶圣陶、宋云彬。

同日 发表《〈国文杂志〉发刊词》，刊桂林《国文杂志》创刊号，署名编者（收入《叶圣陶语文教育论集》时题名为《认识国文教学——〈国文杂志〉发刊辞》，又收入《叶圣陶集》第十三卷）。《发刊词》中说：“国文教学”用的还是“旧式教育”的方法。“旧式教育可以养成记诵很广博的‘活书橱’，可以养成学舌很巧妙的‘人形鹦鹉’，可以养成或大或小的官吏以及靠教读为生的‘儒学生员’；可是不能养成善于运用国文这一种工具来应付生活的普通公民。”在谈及该志的宗旨时说：“我们这个杂志没有什么伟大的愿望，只想在国文学习方面，对青年们（在校的和校外的）贡献一些助力。我们不是感叹家，不相信国文程度低落的说法；可是，我们站定语文学和文学的立场，相信现在的国文教学决不是个办法，从现在的国文教学训练出来的学生，国文程度实在不足以应付生活，更不用说改进生活。我们愿意竭尽我们的知能，提倡国文教学的改革，同时给青年们一些学习方法的实例。所谓学习方法，无非是参考，分析，比较，演绎，归纳，涵泳、体味、整饬思想语言，获得表达技能这些事项。这个杂志就依照这些事项来分门分栏。我们的知能有限，未必就能实现我们的愿望；希望有心于教育和国文教学的同志给我们指导，并且参加我们的工作，使我们的愿望不至于落空。如果这样，不仅是我们的荣幸，实在是青年们的幸福。”

同日 发表评论《〈孔乙己〉中的一句话》，刊桂林《国文杂志》创刊号，署名圣陶（收入《叶圣陶散文甲集》，又收入《叶圣陶集》第十卷）。论文评述的这“一句话”是：“孔乙己是这样的使人快活，可是没有他，别人也便这么过。”

同日 发表评论《略谈韩愈〈答李翊书〉》，刊桂林《国文杂志》创刊号，署名圣陶（收入《叶圣陶集》第十四卷）。文章认为韩愈的《答李翊书》这类“论文的文章”，中学生也未尝不可读。“只要能活读而不死读。所谓活读，就是辨明古人持论的范围，酌取其大意，而不拘泥于一言一句的迹象。辨明了范围，就知道古人持论的所以然：这是知识方面的事。酌取其大意，化为自己的习惯，就增长自己的写作能力；这是行为方面的事。如果在讲解和记诵以外不再作什么研讨，那就是死读。”

同日 发表评论《改文一篇——〈斥“消极”〉》，刊桂林《国文杂志》创刊号，署名翰先。

同日　发表评论《读元稹〈遣悲怀〉一首》，刊桂林《国文杂志》创刊号，署名申乃绪（收入《叶圣陶集》第十卷）。本文评述唐朝元稹追悼他的夫人谢氏作的七律三首中的一首，诗云：“昔日戏言身后事，今朝都到眼前来。衣裳已施行看尽，针线犹存未忍开。尚想旧情怜婢仆，也曾因梦送钱财。诚知此恨人人有，贫贱夫妻百事哀。”认为这首诗的好处，“在乎境界真切”。

同日　发表《编者的话》，刊桂林《国文杂志》创刊号，未署名。

同日　作一绝句赠与文化生活社成都办事处：“艺林声誉良非虚，英华谁不识璠玙。共指文化生活社，巴金著作曹禺书。”

8月2日　出席普益图书公司董监联席会（叶圣陶为普益图书公司董事会董事）。

8月3日　“晨起写信。一复王非之，为问剑三消息。剑三近在上海，与开明诸友共编辞典。一复东润……一寄孟实，希望以其近作文稿编成一集，交开明出版。一复洗翁，为教部嘱将教本重行送审事。”（日记）

8月5日　得夏丏尊信。得顾颉刚信。得苏诚鉴信。得钱歌川信。“吕叔湘复信，与余商置为《中学生》及‘国志’撰稿之体例。此君发凡起例均有法度，即作一书答之，表示无不赞同。”（日记）

同日　《中学生战时月刊》自第五十七期（总第一百三十三期）起改名为《中学生》，封面署“编辑者叶圣陶·发行人陆联棠”。

同日　发表《德目与实践》，刊《中学生》第五十七期，署名圣陶（收入《叶圣陶集》第十二卷）。文章认为：“德目都是基本的‘为人之道’，因为是‘基本的’，所以不受时间的淘汰……德目不该是挂在口头的语言，写在纸面的文字，而该是贯彻一切行为的态度和精神。……实践就只在平时的一举一动一言一笑之间，并非说在平时的一举一动一言一笑之外，还有一种实践德目的行为在。”

同日 发表通信《叫我怎样逃出这痛苦的境地》，刊《中学生》第五十七期，署名邬淑媛、编者。

同日 发表通信《对于自己的生活要把握得住》，刊《中学生》第五十七期，署名赵力之、编者。

同日 发表通信《关于读古书》，刊《中学生》第五十七期，署名严方、编者。

8月9日 “写信复红蕉，丏翁，又致书伯祥、雪村、调孚三人，编列蜀沪第六十八号。因浙省战事阻梗，不寄上海信者将四月矣。今邮路渐通，或可于一个月内寄达上海。”（日记）

8月10日 “孙元琏君以《中等教育》校样嘱校对。他已校过一遍，而由余看后，满纸错误。馆中连杂志也无法出一本，真是可叹。作一书，复苏诚鉴。……云波邀小酌。谈馆之前途，云殊无振起精神之途径。云波不久即将离馆，仍往西北师范学院任教。”（日记）

8月12日 接范洗人信。

8月19日 作书贺高晋生结婚。

8月21日 范洗人来蓉，夜与章雪舟等为范接风。（日记）

8月22日 与范洗人、章雪舟访同行普益图书公司、东方书社、商务、世界、中华五家。“佩弦书来，告以大一国文选目，甚欣慰。叔湘寄来稿两篇（《文言虚助词浅说》和《笔记文选读》——编者注），甚精，亦可喜。《国志》首期已到，尚不恶。”（日记）

8月23日 为胡墨林祝五十寿，范洗人、章雪舟来吃面。

8月24日 “细读叔湘之稿两种，各作介绍文字一则，入《编辑后记》。其《文言虚助词浅说》付《中学生》，《笔记文选读》付《国志》。于是写信，致锡光、雪山各一通。致云彬一通。又答晓先一信。并致书潘介泉，介泉家居贵阳，晓先曾代余拉稿，承渠应允，故作书促之。又致书田世英，亦为催稿

也。”（日记）

8月25日 “与洗翁谈编辑出版方面之事。”“夏承法来谈，与之约，为开明编高中三角及物理。仅谈原则，细目尚待再商。”“六时，至明湖春饭庄，商务张屏翰、中华陈经理、世界俞守己三人宴请洗翁，余与雪舟为陪也。”（日记）

同日 王伯祥“写信与圣陶。昨日其夫人五十生日，江家代为送面，始忆起祝双寿并申文孙汤饼之敬，与雪村合送百元，属雪舟划付，此间交款只各出储币廿五元”。（王伯祥日记）

8月27日 “发上海第六十九号信，谈及上海存稿寄来内地事。”（日记）

8月28日 “晚开明请客。客为程受百、夏承法、戴运轨、张仕章、章嘉禾、周文卿六人。与承法约定编辑高中三角及高中物理两种教本。”（日记）

8月30日 “与洗翁、雪舟偕至明湖春，应王畹香、严志豪、周文卿之招宴。因洗翁来蓉，而宴饮多次，无清谈之乐，唯以酒食为事，殊感无聊。”（日记）

8月1日至5日、8日至16日、19日至25日、27日至31日的日记，收入《叶圣陶集》第二十卷。

同月 开明书店在成都设立编译所办事处，叶圣陶辞教育科学馆之职，回开明办事处主持编辑事务。当时，编译所办事处就设在叶圣陶家里，人员只有叶圣陶和胡墨林两人。

9月2日 “作二书，一复高晋生，一复奚君，系探听刘延陵下落者。延陵前在马来亚，其地为日军攻占后，不知流浪何所矣。”（日记）

同日 王伯祥“接圣陶八月九日写十日寄蜀沪六十八号书，告桂行经过，已在蓉开设开明编译所办事处，墨林亦重入处从事矣。……附来道中所为诗词稿两纸”。（王伯祥日记）

9月4日 “就洗翁所作致著作人通函（为版税问题）加以润色，居

然花了半日工夫。”（日记）

9月5日 致信宋云彬、傅彬然，辞去桂林《国文杂志》主编之职，但仍为该志组稿编稿。“（洗翁）示余雪山来信，于余兼任《国志》编辑人，意有不满。余因言此志之发起在余回归开明以前，其事于余为兴趣，于读者界为有益之举。唯兼任名义，观瞻上确不好，表示即去书辞去，而实际事务仍须担任。洗翁亦并无异辞。”“又作书复佩弦，谢其撰文之惠。”（日记）

9月6日 作《国庆日贡言》（刊《中学生》第五十九期，总第一百三十五期，1942年10月5日，署名秉丞；后收入《叶圣陶集》第十二卷）。《贡言》曰：“自豪可以提高兴会，警惕可以进于沉着。在兴会淋漓，沉着有余之中，把美好的境界创造起来吧！‘不全则无’，请坚持着非创造成功不可的信念吧！在纪念国庆日的名义之下，愿与读者诸君共勉。”

同日 作书致章雪山，告以关于桂林《国文杂志》“编辑人一事之处置”，“又作书复仲华、锡光，皆言编辑方面事为多”。（日记）

9月7日 接钱歌川信。

9月9日 为教育科学研究馆看《中等教育季刊》和《文史教学》杂志稿。

9月10日 访老舍。吕叔湘来访。朱启贤来访。看卡通片《小人国游记》。

9月12日 范洗人回重庆，到车站送别。老舍来访。“九时半，老舍偕吕朝相来，即与偕往湖广馆街一家苏州馆，雪舟、三官偕。菜颇不恶，饮酒凡五斤，殊畅适。老舍出语无不妙，人人笑乐。二时散。”“老舍谈川剧之音乐与唱调异常复杂，但与其他地方剧相同，近渐渐平剧化，旧时典型不久将尽，若不保存之，将来即归泯灭矣。其识甚当。”（日记）

9月13日 张云波来，“谈教育馆事。言离去者多，势将无法支持。子杰心有余而力不足，人虽欲助之，亦无能为力。”“继之，伯琴、世英、元瑸、启贤、泽芝俱来，杂谈琐事。元瑸、泽芝嘱以友谊代为阅杂志稿件，世英言将以所作地图上之说明文字交余审阅。”“叔湘偕胡赞平君来，胡系此间实验小学之教师，言有某家欲延余为其两儿补习国文，余谢之。”（日记）

9月14日 “晨起作书，致通伯、孟实、人楩……于致人楩书中，并与商编高中外国史之事。前承叔湘告知，言人楩有此意也。”又写信“复东润、歌川、碧野、梦三，并以二官一稿寄与锡光”。（日记）

9月15日 发表评论《“责己重而责人轻”》，刊桂林《国文杂志》第一卷第二期，署名圣陶（收入《叶圣陶集》第十四卷）。文章极细致地评析蔡元培的德育论文《责己重而责人轻》，最后说：“对于‘责己’‘责人’可有三种态度：一种是责人而不责己；一种是责己责人同其重轻；又一种是责己重而责人轻。作者主张取第三种，非把前两种提到不可。责人而不责己是不对的，这容易明白，所以在引用成语故事之后，只说‘皆言责人而不责己之非也’，一笔带过。由此反证，可知责人者须能责己。人己并责，很可能采取同其轻重的态度，因为有个‘平等之义’在那里。作者要主张责己重而责人轻，必须把不该同其重轻详细说明才行，就有第三段的一大段文字。不该同其重轻的所以然说明白了，对于责己重责人轻，也就无可怀疑了。——这篇思路发展的线索是这样的，全篇的布置就从这样的线索而来。”

同日 发表《编者的话》，刊桂林《国文杂志》第一卷第二期，未署名。

同日 《国文月刊》第十五期转载叶圣陶的《论中学国文课程的改订》。《国文月刊》的《编辑后记》中说：“叶绍钧先生《论中学国文课程的改订》曾在《中等教育季刊》发表，承作者寄与本刊重载。此文讨论的问题非常重要，作者的意见很切实，望读者不要忽略过去。”

9月17日 作评论《男士〈我的同班〉》（刊桂林《国文杂志》第一卷第四、五期合刊，1943年3月10日，署名翰先；后收入《叶圣陶集》第十四卷）。文章说，从《我的同班》可以看出，“冰心女士的作风改变了，她已经舍弃她的柔细清丽，转向着苍劲朴茂”。

9月19日 作评论《读卞之琳诗一首——〈给修筑飞机场的工人〉》（刊《国文月刊》第一卷第四、五期合刊，署名申乃绪；后收入《文章例话》，开明书店1949年3月第十一版；收入《叶圣陶集》第十卷时题名为《读卞之琳〈给建筑飞机场的工人〉》）。收入《叶圣陶集》第十卷时删去了文章开头的一段文字，现补抄于下：“这首诗的作者卞之琳先生，对于新诗用功很深；他的作品受着很多人的赞赏，虽然有些人嫌他艰深些。二十九年，他出了一部《慰劳信集》，共收新诗二十首，都是赠给参与抗战的人物的，从蒋委员长起，直到煤窑里的工人。那决不能再说他艰深，可绝不是浅薄庸俗；每一首都劲健有力，富于情思，传出时代的精神。如果要吟诵抗战以来的好诗，这个集子是不该遗漏的。现在从其中选出一首（《给修筑飞机场的工人》），与读者诸君共赏。”叶圣陶在评介时称赞这首诗“语言精粹”，“用韵很好”，“字音挺拔有力，又传达出飞机起飞的那种气势”。

9月23日 作评论《语言与文字》（刊《国文杂志》第一卷第四、五期合刊，署名圣陶；后收入《叶圣陶语文教育论集》，又收入《叶圣陶集》第十五卷）。文章说：“文字根据语言，并不是直录语言。语言或不免拖沓，脱节，似是而非，这些毛病在文字中必须除掉。只有写对话，为了妙肖其人的口吻，才是例外。我们说某人善于说话，并不是说他能够花言巧语，只是说他能把一些意思说出来，通体完美，没有拖沓、脱节、似是而非等毛病。假如是这样一个善于说话的人，他写文字尽可以直录语言，怎么说就怎么写。可惜这样的人不多。”接着论及“求语言的完美”的几种办法。

9月25日 王伯祥“寄圣陶沪蜀六十八号，复来信六十九号，详告青石弄房子处置问题，附去丏、调信及村致洗、《圣信》”。（王伯祥日记）

9月27日 致章雪山信，“与辩论兼任他处编辑之事”。致唐锡光信。致范洗人信。致宋云彬信，“慰其牢骚，并谈《国志》之事”。“又作书答谢冰莹，她在西安编《黄河》杂志，来拉稿件。又作书致歌川、晓先……又致书子杰，约以后日清晨往访。子杰屡往陕西街访余，不宜不一往访之。写此多件，颇疲劳矣。”“得上海信，由伯祥执笔。”（日记）

9月28日 “下作一书寄佩弦，请其为《国志》作稿，并代拉稿。”（日记）

9月29日 “往访子杰。……渠言仍须留余在馆支撑门面。其情殷切，而馆事实无可为，且余亦无此暇刻，只得不作决定，含糊了事。坐一时许而出。”“作书复洗翁”，“写编所办事处通讯第三号”。（日记）

9月30日 作《〈小学国语〉编辑要旨》（刊入叶圣陶编纂的《小学初级学生用〈普益国语课本〉》）。

9月2日、4日至7日、9日至19日、22日至24日、26至30日的日记，收入《叶圣陶集》第二十卷。

10月3日 接“上海第六十七号信，丏、伯、村、调皆执笔，剑三有诗稿，丏与村谈所编字典辞典之体例，读之甚慰。因作复书致五君，并附一笺致红蕉，合封，编列蜀沪第七十二号”。（日记）

10月4日 出席普益图书公司第三届董监联席会。

10月7日 “灯下写信。一复老舍，言其与友人合编之剧本《王老虎》，开明愿为出单行本。一复杨人楩，言开明愿以版税办法，托其编高中外史。一复通伯，无甚要事，闲谈而已。”（日记）

10月9日 老舍来电稿，“询剧本要否，拟一电复之”。（日记）

10月11日 “写一信与佩弦。屡寄数信，未得其复，故促之。”（日记）

10月14日 “访程受百，谈教本印刷事。”访吕叔湘，“谈《国志》编辑方法。叔湘示以所译小说三篇。”“校孟实之《十二封信》二十页，此书在此间重排也。”（日记）

10月15日 发表评论《济南的冬天》，刊桂林《国文杂志》第一卷第三期，署老舍作、翰先讲解（收入《叶圣陶集》第十四卷）。文章说：“这篇文字纯粹是口语，但不是信口说出来的，却是经过了一番锤炼说出来的，词儿的选择，句式的运用，毫不马虎随便。读者可以按照说话的自然语调把它通读。读到纯熟的时候，不但可以多体会文字的好处，对于自己的写作练习，也会得到不少帮助。”

同日 发表评论《文句检缪》，刊桂林《国文杂志》第一卷第三期，未署名（收入《叶圣陶集》第十五卷时题名为《〈文句检缪〉前言（二）》）。文中说：“平时看杂志，遇见些写得不甚妥适的文句就抄下来；并不是有意挑人家的眼，是想借此研究，不甚妥适的文句大概有多少类，其所以弄成不妥适的原因又在哪里。现在从中摘出一些，刊登在这里。请君看了研求两点：一、这些文句为什么不甚妥适？二、该怎样改才算妥适？如果研求出来了，或多或少总有几句话可以说，就请把话写下来，寄给我们——只说其中的一句两句也可以。我们就可以选择那说得最有道理的发表出来，供大家观看。”

同日 发表评论《读周邦彦词一首〈关河令〉》，刊桂林《国文杂志》第一卷第三期，署名申乃绪（收入《叶圣陶集》第十卷时题名为《读周邦彦〈关河令〉》）。文章说："悬空的'美'不成意境，只是抽象的概念。试就人体美来说吧，必须感到眉目的如何如何是美，身材的如何如何是美，动定的如何如何是美，等等，才算有了人体美的意境。然后着手制作，制作的成绩又正表现出眉目的美，身体的美，动定的美，等等，那才是有意境的制作。依此类推，可知悬空的'喜欢''哀伤''壮伟''勇敢'等等都不成意境，必须从现象中见出'喜欢''哀伤''壮伟''勇敢'等等才行。"称赞《关河令》是"有意境的制作"。

同日 发表《编者的话》，刊桂林《国文杂志》第一卷第三期，未署名。

10月16日 "作书复洗翁、雪山，并附一信复锡光。看李健吾之剧本《草莽》，系刊于《文艺杂志》者。对话甚佳，舞台技巧精绝，甚可玩味。此君与曹禺当有无限发展。""看《笔阵》投稿"，"校《十二封信》二十余面"。（日记）

10月20日 "往省府印刷所，询《十二封信》排植情形，与工人约，余以后日到印刷所校对，以期便捷。""写信复人梗，复老舍，并以老舍为《国志》所作文寄与云彬。"（日记）

10月21日 "作信寄叔湘，约以明日午后在少城公园吃茶。"（日记）

10月22日 至省府印刷所校对朱光潜的《给青年的十二封信》。与吕叔湘、吴赞平至公园吃茶。作一书致朱东润。（日记）

10月23日 "前日老舍来书中附赠余所写字一幅，朴茂有致。系书其村居诗，有闲适之趣，录之：'茅屋风来夏似秋，日长竹影引清幽。山前林木层层隐，雨后溪沟处处流。偶得新诗书细字，每赊村酒润闲愁。中年喜静非全懒，坐待鹃声午夜收。''半老无官诚快事，文章为命酒为魂。深情每祝花常好，浅醉唯知诗至尊。送雨风来吟柳岸，借书人去掩柴门。庄生蝴蝶原游戏，茅屋孤灯照梦痕。’‘历世于今五九年，愿尝死味懒修仙。一张苦脸唾犹笑，半老白痴醉且眠。每到艰危诗入蜀，略知离乱命由天。若应啼泪须加罪，敢望来生化杜鹃。’”（日记）

10月28日 接“云彬信及上海六十八号信。因作书复云彬，附去叔湘《笔记文选读》稿并小墨三官文各一篇。又附去致彬然信，请为开明重编高小初中地理。”“作第九号信致洗翁，言店事。附去复锡光书及致士敭、清华书。”（日记）

10月30日 “作书致锡光，详述排植上应注意之点。又写编译所办事处讯第四号一通。”（日记）

10月1日至4日、6日至9日、11日、12日、14日至17日、20日至24日、26日至28日、30日、31日的日记，收入《叶圣陶集》第二十卷。

同月 《小学初级学生用〈普益国语课本〉》第二册由成都普益图书公司出版，署编纂者叶绍钧，绘图者丰子恺。内收《母鸡不见了》、《真有一个蛋》、《母鸡孵着蛋》、《小鸡真希奇》、《练习一》、《草地平平靠小河》、《花儿开》、《来采果》、《味道好极了》、《练习二》、《张大华请假》、《开门开门》、《种牛痘》、《练习三》、《三只风筝》、《下雨了》、《放风筝》、《妹妹你错了》、《练习四》、《讲故事》、《进去玩一会儿吧》、《就住在这里吧》、《这里是我的家》、《我是这里的主人》、《我们去把他赶走》、《老黄狗立刻逃走了》、《练习五》、《发警报了》、《王国华》、《警报解除了》、《练习六》、《赛跑》、《滚铁环》、《抽陀螺》、《荡秋千》、《练习七》、《农人和工人》、《一身汗》、《那是工人》、《小农人》、《练习八》、《词汇》，书前有《本书编辑要旨》。

《小学初级学生用〈普益国语课本〉》第三册1943年2月由成都普益图书公司出版，署编纂者叶绍钧、绘图者丰子恺。

内收《开学了》、《“我们又要天天在一起了”》、《大家轮流讲话》、《上山去玩》、《上山歌》、《江边》、《划船歌和拉船歌》、《练习一》、《“好运气”》、《坐在大树下等着》、《“我的运气太坏了”》、《农具》、《水牛》、《练习二》、《上古的人》、《火》、《“为什么要吃生的东西呢?”》、《养火》、《救火》、《消防队员》、《避灾练习》、《练习三》、《蚂蚁运食粮》、《不是一件容易的事情》、《蜜蜂》、《问答歌》、《上古的牛马猪》、《不要杀他们了》、《仍旧吃他的肉》、《练习四》、《家家都成了裁缝铺了》、《妈妈的问答》、《缝军装》、《一张布告》、《怎样列队》、《怎样表演》、《欢迎歌》、《练习五》、《词汇》，书前有《本书编辑要旨》。

《小学初级学生用〈普益国语课本〉》第五册 1943 年 3 月由成都普益图书公司初版，署编纂者叶绍钧，绘图者丰子恺。内收《读书作工的好地方》、《小图书馆》、《挤牛奶的女孩子》、《公园〈日记〉》、《小运动会〈日记〉》、《轮流赛跑》、《练习》、《办报纸〈通告〉》、《学校新闻》、《黄老师的病况（钱雪报告）》、《怎样保护胃肠（方医师讲柳星如记）》、《寄生虫和细菌》、《练习》、《远足歌》、《万竹山》、《手工纸厂》、《纸和书》、《海边的渔人》、《灯塔（一）》、《灯塔（二）》、《练习》、《各样生活》、《打猎》、《游牧生活》、《沙漠中的景象》、《骆驼》、《宝石和水》、《练习》、《铁匠铺木匠作和竹器店》、《赶场》、《卖买》、《钱币》、《现在通用的币》、《练习》、《指南针》、《“地一定是个球”》、《在地面绕一个圈》、《“要是咱们能象鸟儿一样”》、《飞机和飞艇》、《练习》、《词汇》，书前有《本书编辑要旨》。

《小学初级学生用〈普益国语课本〉》第一册和第四册待查；第六、七、八三册因普益图书公司于 1943 年 4 月决定解散，而未能出版。

《小学初级学生用〈普益国语课本〉编辑要旨》：

一、本书依据卅年教育部颁布的小学国语科课程标准编辑，全部八册，供小学初级国语科教学之用。

二、本书每数课成一个单元，在后的单元又与接近的或较前的单元互相照应，适合儿童学习心理。

三、本书尽量容纳儿童文学及日常生活中需用的各种文体，文字力求正确、明晰、洁净、畅达；词、句、语调力求与儿童切近，同时与标准语密合：以养成儿童运用语言文字的优良习惯。

四、本书每数课之后列有练习课，分为两部分：一部分是“自读材料”，采取已经讨究过的生活经验，运用已经出现过的词儿与句式，编成课文；供儿童自读，训练他们的阅读能力；一部分是“语法学习材料”，从课文中摘去例子，排比在一起，使儿童或为归纳或相比较，这样由简及繁，由浅及深，训练他们的语言习惯。

五、本书每册后附“词汇”，列载各课新出现的词儿，其新词中的熟字，概用括号标明，以便检查。

六、本书图画与文字有机的配合；图画不仅把文字化为形象，且可拓展儿童的想象，涵养儿童的美感。

11月1日 作评论《介绍〈学文示例（上册）〉》（刊桂林《国文杂志》第一卷第四、五期合期，1943年3月10日，署名朱逊；后收入《叶圣陶集》第十五卷）。《学文示例（上册）》是郭绍虞先生自编的“大学国文教本”，开明书店1942年8月出版。叶圣陶认为这本不仅是一部“大学国文教本”，高中同学以及自修国文的人都可以看，从中可以“得到些启示，学到些方法”，随时随地拿来活用，那才真正受益。

11月6日 “竟日作小学国语之诗歌（《小学初级学生用〈普益国语课本〉》第四册用——编者注），居然得六首。”（日记）

11月7日 刘百川、陈伯琴、朱朝珍来访，约每周到教育科学研究

馆聚一次，“商谈馆事”。“作复书三通，致云彬、彬然、郑婴。”（日记）

11月8日 “作书复佩弦。又致书王了一，请其继续为《国志》作稿。”（日记）

11月9日 “作书复佩弦，渠之《伦敦杂记》一稿欲售与开明，允之。又作书复孟实，渠拟编大学英文教本，余亦表示欢迎。（日记）

11月10日 “复人梗一书，谈高中外史之编辑。致田世英一书，谢其以《四川教育文化地图》相赠。复叔湘一书，谢其代查《元曲选》之讹文。致佩弦夫人一书，请其入城取版税款。复伯翁、调孚一书，又附书致丏翁、红蕉，编列蜀沪第七十四号。……看《笔阵》投稿。又致书王云五，询《略读指导举隅》何以尚未出版。”（日记）

11月11日 “写信复彬然。代彬然致书颉刚与世英，为《文化杂志》拉稿。作书复叔湘。作长书致洗翁，列钧字第十号。”（日记）

11月15日 发表《文艺杂谈》（谈话记录稿），刊《青年文艺》第一卷第二期，晓晴记（收入《叶圣陶集》第九卷）。

同日 “取得上海七十一号信，及洗翁、佩弦、东润之信。远道书来，读之意颇快慰。”（日记）

同日 王伯祥日记：“绍铭持圣陶夫妇近影示余，甫由蓉寄到，消瘦苍老，几不相识，想见频年风尘之况，可念也。”

11月17日 “作书致人梗，以他家高中外史寄与之。复洗翁一书，列钧字第十一号。致云彬、彬然信”。（日记）

11月19日 “作书复朱启贤”，“作书致吕朝相，亦请其设法借旧杂志，补辑佩弦《伦敦杂记》之缺稿。”（日记）

11月20日 “作书致昌群及宋玉书，二君皆于五月间晤面，别后未通音信，故问之。”“日来此心寂然，全无思致，意兴又不好，

不思作事。闲坐起立，俱觉无聊。傍晚早饮酒，七时半即就寝。”（日记）

11 月 23 日 “佩弦《伦敦杂记》所缺稿，已由吕朝相君代假旧杂志一册，余为之补抄。于是全稿无缺，即可付排矣。余自己之稿亦编定，取名《国文教学》，计八篇，又附录杂论三篇，亦可付排矣。作一书致叔湘，告所需旧杂志已借到。”（日记）

11 月 24 日 “作书复佩弦，告以《伦敦杂记》已编就”，“又作致洗翁第十二号信，与致锡光、士敭书同封。又作书寄云彬、东润，复朝相及一不相识之中学生杨波震。”（日记）

11 月 25 日 金世泽到成都任开明成都办事处副经理（章雪舟为经理，叶圣陶为编译主任）。

11 月 26 日 “作第十三号信致洗翁”，寄宋云彬稿。（日记）

11 月 28 日 接“上海第七十二号信、伯、丏、村、调及剑三皆执笔。丏翁信中相告，弘一法师于阴历九月初四日圆寂于泉州”，并附预写致丏翁之遗书：

丏尊居士大席　朽人已于　月　日迁化
君子之交　其淡如水　执象而求　咫尺千里
问余何适　廓尔亡言　华枝春满　天心月圆
谨达不宣　音启

“余极赏其末二语，描写死之境界，殆可前无古人。然亦唯艺术家而宗教家之弘一法师，始能作是想有是言也。”（日记）

11 月 29 日 作书复宋云彬。“雪舟派人来，托写送人字轴及开明招牌。遂写之，计联一，单条二，招牌三。”“往化成桥看草台戏。”（日记）

11 月 30 日 作书“复伯、村、丏、调，并附一纸致红蕉，列蜀沪第七十六号。书编所办事处通讯第五号，亦附寄上海一份”。（日记）

11 月 2 日至 4 日、6 日至 11 日、13 日、15 日、17 日至

30日的日记，收入《叶圣陶集》第二十卷。

12月3日 “作书致受百，言小学教本排版事。作书致子恺，请为国语第四册画图。”（日记）

12月4日 “草拟开明版税契约及购稿契约。”“作第十四号书致洗翁，并致书锡光，附寄叔湘之稿一篇。”（日记）

12月5日 “竟日作彭士望《九牛坝观角抵戏记》之注。此篇入《精读文选》，普益印行。此选已出一辑，第二辑已排成，尚须出第三、第四辑也。”（日记）

12月6日 “看《文化杂志》所载胡绳君评冯友兰《新世训》文，谓冯合道家主张与理学家主张成此书，所用方法为形式逻辑，未足以指导现代人之生活方法，颇能言之成理。”（日记）

12月7日 “以《精读文选》交普益。”“得洗翁信三通及彬然信。”（日记）

12月8日 “作书复教部中学及国民教育司，填送开明编辑教本人员表。又作书致祥麟与晓先，皆为教本之事。”（日记）

12月9日 “看吕朝相所作小说两篇，作一书复之。”（日记）

12月11日 “作书复了一，与商谈其所著《中国现代语法》事。”看完田女士“书籍提要”稿六篇。“看《笔阵》之投稿。”（日记）

12月12日 接贺昌群信，“拟以其《汉唐文化研究论丛》交我店出版，即作一复书与之磋商”。接朱东润书，“附来一文曰《怎样读〈诗经〉》，系特为《国志》撰作者”。接“上海第七十三号信，伯、丏、村、调四人执笔”。（日记）

12月13日 “致彬然一信，逐条答复其来信。作致洗翁第十六号信，亦系答来问，并附书致锡光。致书佩弦，请其与《国文月刊》社诸君磋商，勿将月刊由开明取出，另交他家。盖他们以出版延期，意有不满，有此议也。作书与东润，谢其为我作稿，并言其将来拟作之《张居正传》完稿后可交开明出版。”“又作寄

上海第七十七号信，复伯、村、丏、调。”（日记）

同日 作诗《悼弘一法师》（刊《弘一大师生西纪念刊》，收入《叶圣陶诗词选注》时改题名为《弘一法师涅槃颂》，又收入《叶圣陶集》第八卷）。诗云：“‘华枝春满，天心月圆’，其谢其缺，罔非自然。至人参化，以入涅槃。此境胜矣，亦质亦玄。‘悲欣交集’，遂与世绝。悲见有情，欣见惮悦。一贯真俗，体无差别。嗟哉法师，不可言说。”

12月14日 至东方书社，晤王畹香，谈《笔阵》出版事。“访叔湘，谈各种稿件之撰作与出版之事。同至少城公园茗坐，闲谈为畅。”（日记）

同日 王伯祥“接十一月十六日圣陶蜀沪七十五号（信），七十四号未到，故语多差池”。（王伯祥日记）

12月15日 为宋云彬书一联：“岂能尽如人意，但求无愧我心。”并为跋之云：“此碰壁者之言也，既唯尽心，壁于我何有焉。”（日记）

12月16日 “作致洗翁第十七号信，商量排印新书事。有稿可收，而排植无法，殊难办也。”（日记）

12月19日 王伯祥“寄圣陶沪蜀七十五号，复来信七十五号，告七十四号未到”。（王伯祥日记）

12月20日 “观叔湘所译美国索洛延短篇集。此集名《石榴树》，凡十四篇，将由开明出版。”“傍晚祀先，缘后日为冬至，明晚为冬至前夜，凑小墨在家，故以今晚祀先。”（日记）

12月21日 “作第十八号信致洗翁。复东润信，谓开明愿收印其《中国文学批评史》。复叔湘书。复王了一书，王来信欲别编《中国语法纲要》见惠，谢之。作一信致芷芬，托芷芬访王面致之。复卢剑波，卢编《因明易解》，拟出版。复张梓生，亦为探询出版事。致书田世英及戴仲甫，皆为中学教本事，请约期会面。复祥麟，答以所寄书物俱收到。”（日记）

12 月22 日 作致张镜波信。“刻印人张一盦（华阳人）以其父蘅芝先生家传相示，嘱为题词，因作一绝寄与之。‘事母无违数十春，与人为善性情真。诚中形外艺斯至，留得丹青世共珍。’应酬之作，殊无意味。”（日记）

12 月24 日 “田世英来，与谈编辑初中本国地理教本，应教部之征约渠甚兴奋，愿辞去华西大学一部分课而为之。此事甚匆促，明年三月底即须完稿，渠亦允从。余大慰，即作第十九号信致洗翁，告以此事。”（日记）

12 月26 日 接“上海来七十四号信，伯、村、调三人执笔，附振铎一笺。伯祥见余近影瘦削苍老，不欢者半日，进夜餐，吐而出之，一夜不得好睡。具见关念之深，可感甚”。（日记）

同日 王伯祥“寄圣陶沪蜀七十六号（信），复来书七十六号，告七十四号仍未到，附去村、丏、调信各一”。（王伯祥日记）

12 月28 日 “作一书致彬然。”（日记）

12 月29 日 写信批评在大学读书的女儿叶至美。“二官来信，言向基督教会请得补助金二百元，自益一百二十元，买皮鞋一双。此事殊不合，灯下作书诫之。今日学生请贷金、领补助，而消费于无谓之途者，颇不乏人，我不愿二官亦如是也。”（日记）

12 月30 日 “作书复子恺。”“参加教育馆同人之年终聚餐会。”（日记）

12 月 1 日至 18 日、20 日至 24 日、26 日、28 日至 30 日的日记，收入《叶圣陶集》第二十卷。

1943 年

（中华民国三十二年　癸未）　四十九岁

2 月 2 日　历时五个多月的斯大林格勒保卫战以德军的惨败而结束。

3 月 10 日　中共中央文委与中央组织部召集延安从事文艺工作的党员五十多人开会。凯丰、陈云、刘少奇、博古、李卓然在会上讲话，表示坚决贯彻毛泽东《在延安文艺座谈会上的讲话》的精神，号召文艺工作者到群众中去。

3 月 24 日　《新华日报》以《中共中央召开文艺工作者会议》为题，首次在国统区报道了毛泽东《在延安文艺座谈会上的讲话》的消息。

同月　蒋介石出版《中国之命运》，为第三次反共高潮作思想和舆论准备。

4 月 1 日　国民党政府公布《非常时期报道通讯杂志社登记管制暂行办法》。

5 月 1 日　共产国际主席团为适应新的斗争形势的需要，提议解散共产国际。中共中央表示"完全同意"这项决议。

6 月　国民党利用共产国际解散的时机，提出"解散共产党"、"取消陕北特区"，掀起了第三次反共高潮。

7月 陈铨主编的《民族文学》在重庆创刊。

9月 意大利墨索里尼法西斯政府宣布投降。

10月19日 《解放日报》全文发表毛泽东《在延安文艺座谈会上的讲话》。

11月22日 中、美、英三国首脑在开罗举行会议，并发表《开罗宣言》，宣称：三国必战到日本无条件投降为止。

* * *

1月1日 出席吕朝相的婚礼，为证婚人。

1月2日 “写编所办事处通讯第六号。致第二十一号信与洗翁。复芷芬书，言王了一撰语法纲要事。致书叔湘，本年聘叔湘为编译委员。”与田世英谈初中本国地理编撰体例。(日记)

1月3日 接“丏翁寄赠弘一纪念印品十份，印生时像、涅槃像、致丏辞别书、‘悲欣交集’四字之绝笔书等，印刷甚精，颇名贵。又有昌群、洗翁、叔湘、云彬、佩弦诸人之书。”“作长信复洗翁，列第二十二号。附一书复锡光。”(日记)

1月4日 作《“为己”——给青年同学》(刊《四川学生》月刊第一卷第二期，1943年2月；又刊《上海文化》第七期，1946年8月1日；后收入《叶圣陶散文甲集》，收入《叶圣陶集》第十二卷时题名为《“为己”》)。文章强调“学必须‘为己’”，就是说所学都归自己受用，生活从而丰富美满。

同日 “作书致伯琴。”“作书致夏承法，探询渠编撰高中物理学事。作书复昌群，渠恐学术未纯，论文出版徒滋悔愧，余为之解释，请其勿过矜持。又作书致文珍，其诗集洗翁主由开明出版，因请其重定书名(原名《君玠的诗》，似未足引人注意)，并与商版税率。”(日记)

1月5日 “黄如文君来晤。黄为燕大国文教师，与绍虞共事，去年离北平，最近到蓉……据谈绍虞在北平颇苦，欲去不能，留则精神物质多困也。”访燕大教务长孙玉如（元琮）。访吕叔湘。访金大教师徐益棠。徐主编民族学会之《民族学报》，“与我店接洽出版事，余答以他日商定后答复”。（日记）

1月6日 “作书复佩弦。”“作书复洗翁，编列第二十三号”，“又作书复丏翁，并致书伯、村、调诸公，编列蜀沪第七十九号”。“复云彬、彬然。近来文供社有变动，二兄俱将退出，其因为何，未明也。”

1月7日 “复郑婴一信……并附叔湘之《笔记文选读》稿。复孙起孟一书。孙现在昆明，任教厅主任督学，编有《进修丛书》。”“看《笔阵》稿，为潘孑农写篆字。”（日记）

1月8日 “观卓别麟《大独裁者》于中央电影院。”往全家福出席文协聚餐会。与潘孑农商定《笔阵》八期之稿子。（日记）

1月9日 “看一高中生杨君之长篇小说《鱼》。……即作一信复之。又看完钟博约之小说。”（日记）

1月10日 “作第二十四号信致洗翁。子恺来信，于开明出书延缓，影响著作人之利益，颇有微辞，故作书与洗翁，商量加紧排书印书之工作。复东润信，谈其著作之版税率。复调孚信。调孚以上海诸君所撰《辞综》样稿见示，其体例极新，贯穿疏通之功甚勤。去书赞之。列蜀沪第八十号。又作书复朱启贤。”（日记）

1月13日 “今日开始编《百八课》。此书前与丏翁合编，六册成其四，今拟补成之。其‘文话’目录，丏翁已规定，即据以选范文。”（日记）

1月14日 “访戴伸甫于金陵大学，与谈其所编初中物理之修改事。”

1月16日 “作书复人梗，仍为高中外国史事”，“作第二十五号信寄洗翁，谈书稿事，甚长。附一笺复云彬……作书寄叔湘、朝相，皆托代觅冰心文字之刊于杂志者。我店与冰心订约，出其

全集也。”接“上海七十六号信”。（日记）

1月18日 “傍晚，杀鸡敬神，盖时近阴历岁暮，循往年旧例也。”（日记）

1月21日 “致一书与受百”，“作书复张世禄”，“作书复云彬，谈杂志事。”“又作致洗翁第二十六号信”。

1月22日 “写一信复孟实”。“访夏承法，重谈编撰高中物理事。”（日记）

1月23日 “作一书致雪舟。”“作第二十七号信复洗翁（附与孟实来信）。并致一笺与清华，告以校对应注意之事。作书复东润、昌群，皆告以版税之率，并预支版税之数，算是接洽成议。”（日记）

1月24日 接范寿康、丰子恺信。校朱自清《伦敦杂记》。

1月25日 “复寿康信。致书世英，希望其地理一书，能于三月底如期完成。作书复子恺。又致书雁冰，雁冰已离桂到渝。”（日记）

1月26日 “致书马文珍，告以其诗集可由开明出版，集名《北望》，余所题也。又致书佩弦，催作《伦敦杂记》序文。致书芷芬，与谈接洽稿件事。”（日记）

1月27日 作《译〈世说新语〉八则》（文白对照，刊《国文杂志》第一卷第六期，1943年5月20日，署名徐文廖）。所译八则为《管宁割席》、《阮裕焚车》、《家无长物》、《新亭对泣》、《佳物俱在》、《祖财阮屐》、《床头捉刀人》和《雪夜访戴》。叶圣陶当时提倡国文教师要做“文白翻译”，对学生进行指导与启发。又说这翻译要做到“铢两悉称”的地步，并“不揣谫陋”，译《世说新语》八则，藉此“抛砖引玉”。

1月28日 “观张大千画展于美术馆。张之山水颇苍凉，临摹敦煌壁画造象，工致绝伦。”（日记）

1月30日 “为邻人张青云写春联及祖先神位。”（日记）

1月31日 “改昆明杨明君寄来投《国志》稿一篇。”作书致宋云

彬。“复杨君书。”(日记)

1月1日至10日、13日、16日、18日、20日至31日的日记，收入《叶圣陶集》第二十卷。

同月 《略读指导举隅》由重庆商务印书馆出版，署叶绍钧、朱自清著，为四川省立教育科学馆《国文教学丛刊》之一（1945年10月重庆商务印书馆三版，1946年12月上海商务印书馆初版）。收有《例言》、《前言》、《〈孟子〉指导大概》、《〈史记菁华录〉指导大概》、《〈唐诗三百首〉指导大概》、《〈蔡孑民先生言行录〉指导大概》、《〈胡适文选〉指导大概》、《〈呐喊〉指导大概》及《〈爱的教育〉指导大概》。书前有郭有守作《〈国文教学丛刊〉序》。书中的《前言》、《〈孟子〉指导大概》、《〈史记菁华录〉指导大概》、《〈呐喊〉指导大概》、《〈爱的教育〉指导大概》为叶圣陶所作。

2月1日 发表《关于〈战时青年生活〉的几句话》，刊《中学生》第六十一期，署名编者（收入《叶圣陶集》第十二卷）。文章说：“我们编这个《战时青年生活》特辑，希望大家能从青年们本身的经历和感受，引起对于当前青年问题的注意。”

2月3日 “作第二十八号书致洗翁。”“作书复人梗，仍言其稿之报酬事。”(日记)

2月4日 “傍晚祀先。”(日记)

2月5日 “作书复彬然及黄学尧。”(日记)

同日 发表诗《题〈张蘅兰先生父子遗作展览特刊〉》，刊成都《新中国日报》的《张蘅兰先生父子遗作展览特刊》，署名叶绍钧。次日，续刊。

2月8日 访章雪舟、冯月樵。

2月12日 访田世英，谈《初中本国地理》稿第一册修改事。“作书复伯、村、调、均、丐五人，列八十三号。”(日记)

2月14日 东北大学校长臧启芳、国文系主任陆侃如联名来信邀请叶圣陶到东北大学任教，谢绝。

2月15日 致范寿康信。致田世英信，“告以地理须于三月底赶完”。（日记）

2月16日 “作书复龙志霍，与接洽其所作英文文法稿《渡船》出版事。”观话剧《正气歌》。“作书致云彬。”（日记）

2月17日 “作书复人楩，其高中外史决称‘教程’……又收受其《论德国民族性》一稿。乃兄东莼愿为我店作高中本国史，作书允之。”致书王云五询《略读指导举隅》出版事。丰子恺寄来《漫画的描法》一稿，由开明书店出版。（日记）

2月18日 访龙志霍，谈英文书稿《渡船》修改事。“写信复歌川、东润、陆侃如、叔湘……皆寄与版税契约。”接上海“第七十八号信”。（日记）

2月21日 偕胡墨林至国民戏院观话剧《正气歌》。

2月22日 至普益图书公司送《小学初级学生用〈普益国语课本〉》第五册书稿。出席文协成都分会理事会。

2月23日 “作书致子杰并唐仲芳（近任教厅主任秘书），皆为文协向教厅请求津贴事。”（日记）

2月24日 “作书复伯、丏、村、予、调五人，列蜀沪第八十四号。”“作一书寄佩弦，请签《伦敦杂记》契约，并请和丏翁诗。”（日记）

同日 作《丏翁亲家结缡四十载纪念村公首倡赠诗翁欣然和作情辞切至因步原韵遥寄一首求吟政》（刊《万象》第三年第三期，1943年9月1日；收入《叶圣陶集》第十卷时题名为《丏翁寄示结婚四十年七律一首依韵和之》）。该诗与章雪村、王伯祥、顾均正、周振甫、夏丏尊、王剑三、贺昌群、朱佩弦、朱孟实、卢冀野、马夷初等人的诗一同刊出，总题为《夏丏翁羊毛婚倡和诗》。

2月25日 “作一书复雁冰。”时沈雁冰已迁居重庆。田世英来访，

送《初中本国地理》第二册书稿。（日记）

2月27日 “以文协请求增加津贴之呈文寄子杰，陶雄所托也。作书复陶雄、钱歌川、龙志霍。又作书复洗翁，列三十一号。附书致锡光。”（日记）

2月28日 致信田世英。“作书复伯、村、调三人，列蜀沪第八十五号。复高晋生，又言其稿《周易古经今注》之出版。”致书东北大学副教授傅庚生，商其《中国文学欣赏举隅》一稿接受条件。复毛仁学书。（日记）

2月1日、3日至6日、8日、9日、12日至19日、21日至25日、27日、28日的日记，收入《叶圣陶集》第二十卷。

3月2日 “作书复洗翁，列第三十二号；附入复彬然信，及编所通讯第八号。复赵清阁，渠以外国小说改编剧本，答以不拟出版。又复马季明，中美文化协会欲翻译我国新文艺作品，嘱为选择……举曹禺《蜕变》、李健吾《草莽》、郭沫若《虎符》三种应之。”（日记）

3月4日 “写信复昌群，以《汉唐文化研究》之契约寄与。”致书祥麟、孟实。“又致书调孚，列八十六号，以近出《中学生》中之文数篇寄之。上海自被敌人占领后，《中学生》即不复寄去，聊与看几篇，亦慰相思也。”（日记）

3月5日 致傅彬然信。“发第三十三号书于洗翁。”（日记）

3月6日 致郭子杰信，托其介绍田世英于四川大学。致陶雄信，告教育厅允文协津贴可酌加。接莫志恒信，信中抄寄沈雁冰《秋夜偶感》诗。诗云：“炎夏忽已尽，金风煽萧瑟。渐觉心情移，坐立常咄咄。凝望剑铓山，愁肠不可割。煎迫讵足论，但惜智能竭。桓桓彼多士，引领向北国。双双小儿女，驰书诉契阔。梦晤如生平，欢笑复呜咽。感此倍怆神，但祝长健硕。中夜起徘徊，寒蛩何凄切。男儿志四方，未敢耽安逸。振衣上征途，慷慨投虎窟。”（日记）

3月8日　致书杨东莼，“约编高中本国史”。“致书东润，寄与《读诗四论》之契约。”致书唐锡光，附寄文稿。（日记）

3月9日　作《鹧鸪天　贺洗翁六十》（收入《叶圣陶集》第十卷）。

同日　“灯下抄昌群之《烽燧考》千余言。此篇非重抄一过，不便付排，当排日徐徐抄之。（日记）

3月10日　发表《编者的话》，刊《国文杂志》第一卷第四、五期合期，未署名。

同日　致傅庚生信，并寄《中国文学欣赏举隅》一书出版契约。“续抄《烽燧考》三千字。”（日记）

3月11日　致马文珍信，并寄《北望集》出版契约。致朱自清信。“续抄《烽燧考》二千字。”（日记）

3月12日　致钱歌川信。“续抄《烽燧考》二千字。”（日记）

3月16日　访徐师度，听其谈国内形势。

同日　王伯祥“接圣陶二月十二日蜀沪八十三号信，附来国立编译馆拟印行《十三经新疏缘起》，询意见”。（王伯祥日记）

3月18日　接贺昌群信，寄来《渝州山居除夕书怀》和《和丐翁韵》。《渝州山居除夕书怀》云：“未必中兴愿已迟，百世世事起深悲。九州丧乱风兼雨，一卷穷愁泪是诗。沧海有声沉战骨，监门无笔写流离。寒灯岁暮催残夜，泠泠西窗晴雨吹。’‘不堪多病艰难日，又是残年风雪天。人事寂寥中岁后，深宵儿女一灯前。江成古木寒云满，野店山桥小径偏。忽忆杜陵悱愤句，万家哀乐到心田。”（日记）

3月19日　“以昌群和丐翁诗寄上海，列八十七号。”“复云彬书。”游青羊宫。（日记）

3月20日　“作书致锡光、彬然、清华，并致洗翁第三十四号信。”接朱自清信及《伦敦杂记》自序稿和《和丐翁诗》。（日记）

3月21日　“以佩弦和丐翁诗寄上海，列八十八号。写公函两通，致教部国民、中等教育两司，呈送地理稿本。”“作书复雁冰。”

“复佩弦书，又致为芷芬。”(日记)

3月22日 “午刻祀先，算是过清明节。”(日记)

3月23日 王伯祥“寄圣陶沪蜀八十一号书，复来书七十九号及八十三号……畅论国立编译馆即印行《十三经新疏》之无聊及其逢时助恶之可耻。原目浅薄无家法，竟大吹大擂，张目努唇，以谓民族精神之所托，其为迎合时尚，锐意美新，无疑辞而辟之，实不为过，因略抒其绪，属内地好事者为文揭之”。(王伯祥日记)

“续抄《烽燧考》四千言。”(日记)

3月24日 “抄毕《烽燧考》。”(日记)

3月25日 将贺昌群《汉唐文化研究》和杨人楩《德国民族之侵略性》两稿寄与唐锡光，“请其发排”。“又作书复昌群”，“作书复人楩”。“作书致子恺，子恺于上月游乐山，云将由乐山来蓉，而至今未到……故以书问之。”(日记)

3月27日 至“小酒家”，出席北大孑民学会成立会。

3月28日 “复孟实一信，收受其《我与文学及其他》一稿。”“得洗翁来信，言《中志》为政府所忌，讽示须移川出版，翁意欲交余编辑。余言在此文稿无来源，若诸友肯负责相助，当勉为其难。书颇长，编列第三十五号，并附一信复锡光。”国民党政府为了控制舆论，要求《中学生》杂志从桂林移迁成都出版。(日记)

3月29日 “写一信寄上海诸友，希望为《中学生》作文字，为我后援。列沪蜀第九十号。”(日记)

3月1日至6日、8日至13日、15日至21日、23日至29日、31日的日记，收入《叶圣陶集》第二十卷。

4月1日 作诗歌二首，编入《小学初级学生用〈普益国语课本〉》第六册。(日记)

4月2日 至青羊宫观花会。

4月4日 作毕小说《皮包》（刊《新中华》复刊第一卷第五期，署名叶圣陶；后收入叶圣陶等著文艺汇刊《皮包》，中华书局1948年10月印行，为《新中华丛书》；又收入《叶圣陶集》第三卷）。是日日记云："作毕小说，题曰《皮包》，略表讽刺公务员之意，自视不甚满意。"

4月5日 "作书复雁冰"，"又复红蕉"，"复寿康"，又作"致上海诸友（蜀沪九十一号）"。（日记）

4月6日 "作书致洗翁，列三十六号，附致锡光信。""复叔湘、孟实各一信。"是日狂风大雨，彻夜不息。夜里遭窃，窃贼偷走茶壶、茶杯、书包、铜佛、笔筒、热水瓶、时钟等，价在千元以上。（日记）

4月7日 "作书复子恺。"寄宋云彬文稿。"又作第三十七号书寄洗翁，请其考虑以（开明书店）总办事处移川。"（日记）

4月9日 作《介绍闻一多先生的〈楚辞校补〉》（刊《国文杂志》第二卷第一期，1943年7月15日，署名朱逊；后收入《叶圣陶集》第十四卷）。《楚辞校补》，国民图书出版社1942年3月印行。叶圣陶说："这本书的好处在所据的材料丰富，所用的方法精善，推阐的思致又极周密。"

4月13日 作《石榴树》广告辞。短篇小说集《石榴树》，美国萨洛延著，吕叔湘译，开明书店出版。（日记）

同日 作短篇小说集《情诗》广告辞："这个集子收集各国短篇小说计十二篇。不同的风格，不同的趣味，可同样是精粹的作品。短篇小说发展到现在，已经成了专门的艺术，涉及的方面之广，产生的佳作之多，使读者难以博览遍观，看了这个集子，也就'尝鼎一脔'了。所收小说，每篇若有两个或两个以上的译本，由编者加以比勘，选录那较好的一个本子。编者又在每篇之后写上按语，阐发作旨，评论技法，凡读者应加注意之点，无不逐一指出。这对于研究短篇小说的读者，尤有助益。”《情诗》由叶至善、叶至诚选编，开明书店1943年9月出版。

4月14日 朱自清的《伦敦杂记》由文原印刷所印出，“模糊殊甚，为开明第一本坏书。其故在打纸型技术不高，铅字行间用木条。辛苦校对，成绩如此，殊为不快”。接朱孟实信，信中抄示和夏丏尊诗。（日记）

4月15日 “晨起即写信。致文原印刷所安君，与谈排书不清楚之原因，及改善之方法。”致贺昌群、朱东润、罗雨亭、顾颉刚、龙志霍、杨东莼信。“寄书致上海诸友，列蜀沪第九十二号。”（日记）

4月17日 接范洗人信。《中学生》杂志决定在蓉编辑送审，桂林诸友担任文稿三分之二。叶圣陶集稿三分之一，并由叶圣陶统编。

4月18日 “作长信复洗翁，谈《中志》移川事，列第三十九号。复村、调、丏三人书，列第九十三号。并致书子恺、叔湘、朱采芷（佩弦之女，以佩弦版税款交与之）。”（日记）

4月19日 致范洗人信，商谈“拟自建草屋”，作开明栈房厂房编译所，“信列第四十号”。至美术馆观青年画家杨乡生边疆画展，为画展题“边情在目”四字。访冯月樵，“知普益图书公司已决定解散，其原因为现款周转不灵”。（日记）

4月21日 范洗人来信，谈开明书店大后方总办事处拟迁重庆事。（日记）

同日 王伯祥“接圣陶二月廿八蜀沪八十五号书，复去信七十九号，又三月廿四日蜀沪八十九号，复去信八十号，附佩弦和诗并怂恿努力作史”。（王伯祥日记）

4月22日 “作书复洗翁，列第四十一号。附书复彬然、锡光、士敭、清华。又致书二官。”（日记）

4月23日 “作书复孟实，答复渠介绍友人叶石甫书稿事。”

4月24日 “作书复伯祥、调孚，列蜀沪第九十四号；又作一书复叔湘。”（日记）

4月25日 “写信复孙锡洪、马文珍、朱佩弦、金仲华、杨人楩、顾颉刚。”“颉刚书中言渠与余之别，彼狂而余狷，彼近伊尹，余近伯夷，彼什么事都肯为，余什么事都不肯做。虽未免言之过甚，亦有味也。”（日记）

4月26日 王伯祥“寄圣陶沪蜀八十四号书复告近状，并谢致励述作，附村、丏、调信”。（王伯祥日记）

4月29日 “作书寄上海，列第九十五号，附一信致红蕉。作书复佩弦，以其《欧游杂记》寄与之，渠拟修改一过，再行排植。复子恺信，请其作文，为青年言艺术学习之重要。复云彬信，列第九号。”“作书复洗翁，列第四十二号。附去复锡光书，及办事处通讯第十号。”（日记）

4月1日、2日、4日至9日、12日至27日、29日、30日的日记，收入《叶圣陶集》第二十卷。

5月1日 “作书寄上海，依雪舟之意，请他们考虑招股增资，以利展布，列蜀沪第九十六号。”《中学生》杂志编辑部由桂林迁到成都，“余编辑《中学生》以今日为开始也”。（日记）

5月3日 王伯祥“接圣陶四月六日蜀沪九十一号书，告《中志》必移川，顺告渝同行情状，劝村入内”。（王伯祥日记）

5月4日 致潘介泉信，请为《中学生》杂志作文。（日记）

5月5日 往访吕叔湘，请为《中学生》杂志作稿，并拉稿作。（日记）

同日 发表广告《沈从文著〈春灯集〉》，刊《中学生》第六十三期，未署名。

同日 发表《成都文艺界为张天翼氏万迪鹤氏遗属募集医药费赡养费启事》，刊《华西晚报·文艺》第一五一期，署王冰洋、王余杞、叶圣陶、李劼人、牧野、陈翔鹤、碧野、谢文炳、罗念生、苏子涵同启。

5月6日 “复凌叔华女士，她欲以其短篇集交我印行。复陈斠玄，言已读其评论大一国文选目之文字。复孙锡洪，言其书再版之事。致书洗翁，列四十三号，附二信，致锡光、士敭。致书佩弦，以陈斠玄文寄与，请投入《国文月刊》。致书世英，询地理稿进行何如。致书吕朝相，请代觅凌叔华之《小哥儿俩》一集。”（日记）

5月8日 写信“复歌川、叔湘、李士英、朝相”，“致书晓先、伯琴、凌叔华”。李士英“以徐玉诺之消息见告”，“朝相代买到叔华之《小哥儿俩》一集，故谢之，并告叔华”。（日记）

5月9日 “作书致文珍，将跋文寄与，附一书致佩弦。又作书致锡光，亦以跋文寄与，请付排，并寄与《北望集》之广告辞。”（日记）

同日 作成《〈北望集〉跋》（刊入马君玠诗集《北望集》，开明书店1943年8月出版，叶圣陶题签，署名叶绍钧；后收入《叶圣陶序跋集》，又收入《叶圣陶集》第十七卷）。

5月10日 作《〈我与文学及其他〉序》（刊入朱光潜著《我与文学及其他》，开明书店1943年10月出版，署名叶绍钧；后收入《叶圣陶序跋集》，又收入《叶圣陶集》第十七卷）。序文赞扬朱光潜先生有开廓的学术襟怀，态度谦蔼，语言亲切有味。“我们读《文艺心理学》，宛如听孟实先生讲学，可决不是学校里常遇的让学生们倒头欲睡的那种讲学。我们读这个集子，宛如跟孟实先生促膝而坐，听他娓娓清谈，他说他怎样跟文学打过交道，一些甘苦，一些心得，一些愉悦，都无拘无束的倾吐出来。他并不教训我们，我们也没有义务必须受他的教训。可是，不知不觉之间，我们让他熏染了，至少对文学见得深广了。我自己有这么个直觉，写在这里，愿与这个集子的读者相互印证。”

同日 作《我与文学及其他》广告辞。（日记）

5月11日 “作书复孟实。致书叶石甫，收购其《经子选注》六种。”（日记）

同日 作诗《题沈君匋风雨一庐图》（收入《箧存集》，收入《叶圣陶集》第八卷时题名为《题沈君匋〈风雨一庐图〉》）。

5月13日 “作长信复洗翁，列四十四号，附去致锡光及清华信。复伯祥、调孚信，列九十七号。复黄念田信，黄系季刚先生之子，来询其父之遗稿出版事也。作一书复叶石甫，言其校正之稿已到。”（日记）

5月14日 “作书致陈伯琴。”

同日 王伯祥“接圣陶四月十五日蜀沪九十二号书，告川地风灾，影响物价，民生偷风日甚，其寓亦遭窃云”。（王伯祥日记）

5月15日 王伯祥“寄圣陶沪蜀八十六号，复慰被偷，顺告近状”。（王伯祥日记）

5月16日 校叶石甫之《经子选注》稿。5月20日校毕。（日记）

5月17日 “访冯芝生。冯自昆明来蓉讲学……未值。”至图书杂志审查处，访冷风若，“探询杂志转移出版地点手续”。访李儒勉，“同饭于邱佛子，同茗于少城公园”。“作一书覆孟实，孟实为我特作一文入《中学生》，殊可感。又致一书于洗翁，告以书审处所告情形，列第四十五号。”（日记）

5月18日 “墨将孟实寄来一篇文字重抄，为其字体太草，恐排字人不识。抄毕，余为校读一过。”“作书复张梓生。作书致雨岩。”

5月20日 “作书复锡光，皆谈《中志》事。”作书复老舍，请为《中学生》杂志撰文。“致书陶雄，请其为应云卫来蓉演剧吹嘘，盖老舍之嘱托也。”（日记）

同日 发表《编者的话》，刊桂林《国文杂志》第一卷第六期，未署名。

5月23日 “写信致寿康。”编定田世英之《初中本国地理》。（日记）

5月25日 冯芝生夫妇来访，冯“满腮黑胡，有朴厚之象。”（日记）

5月27日 接“上海八十二号信，丏、伯、村、调、予五人执笔”。（日记）

5月28日 接“洗翁信”，接“上海八十四号信”，“作书致高晋生，告以其《周易古经今注》决在上海排印。致书孙锡洪，告以其未收到之退回原稿，已函邮局查问。复书龙志霍”。“作书致吕叔湘。复东莼。”（日记）

同日 作评论《读〈石榴树〉》（刊《中学生》第六十五期，1943年7月5日，署名圣陶；又刊《开明》新二号，也署名圣陶；后收入《西川集》，重庆文光书店1945年1月初版；又收入《叶圣陶集》第十卷）。短篇小说集《石榴树》，美国萨洛延著，吕叔湘译。文章开头说：“这本短篇集原名《我的名字叫阿刺木》，《石榴树》是十四篇中的一篇。叔湘先生起初译了三篇，让我看见了，仿佛尝了一种新鲜的异味，爱不忍释，就怂恿他全译，由开明书店出版。”随后对《石榴树》进行深入的评析。

5月29日 写信“复伯、村、调、予、丏五人，又附书致红蕉，列蜀沪第九十九号。又作第七号信致寿康，询以与中央书审会接洽之结果”。“作第四十六号书复洗翁。又复锡光、士敭、清华。又致书东润，向之索稿。统计今日所书，殆将七千言矣。”为谢瑞阶文献册子题《弘一涅槃颂》。（日记）

5月30日 “作办事处通讯第十一号，凡千余言。”“接丰子恺、吕叔湘、范寿康信。访龙志霍，与其订《渡船》版税契约。”（日记）

5月31日 “作书致锡光……附一书致洗翁，列第四十七号。作书复叔湘、子恺。”又以《渡船》之练习答案版税契约寄龙志霍。（日记）

同日 “午刻，以今日为先父逝世纪念日（阴历四月二十八），设祭。”（日记）

同日 作诗《自居乐山与上海诸友通信重行编号今满百通矣》（收

入《箧存集》，又收入《叶圣陶集》第八卷)。诗云:“岷畔邮书今满百，五年况味此泥鸿。挑灯疾写残烧夜，得句遥怀野望中。直以诸君为骨肉，宁知来日几萍蓬！一书便作一相见，再托双鱼致百通。”

5月1日、4日至20日、22日、23日、25日至31日的日记，收入《叶圣陶集》第二十卷。

6月1日 吕朝相、王冰洋来访。

6月2日 作评论《读〈经典常谈〉》(刊《中学生》第六十六期，1943年8月5日，署名圣陶；后收入《西川集》，又收入《叶圣陶集》第十四卷)。“晨起动手作一文，介绍佩弦新出版之《经典常谈》，将刊入《中志》。此书为古籍之导言，浅明精要，宜于中学生阅读也。”(日记)

6月3日 至蓉光电影院观艺术片《幻想曲》。

6月4日 “写信复孟实、叶石甫，又致书佩弦之女采芝，嘱其来取《略读》之赠书。”(日记)

6月5日 作评论《以画为喻》(刊入《遣愁集》，成都创作文艺社1943年12月出版，为苏汶主编的《创作文库》之一，署名叶圣陶；后收入《西川集》，又收入《叶圣陶集》第九卷)。文章借画画谈作文。

同日 作评论《说话听话的态度》(刊1943年6月9日成都《新民报》，收入《叶圣陶集》第六卷时题名为《说话与听话》)。文章认为“说话的人的态度该是‘有诸己而后求诸人’”，“听话的人的态度该是‘不以人废言’”。

同日 发表《本志复刊四周年》，刊《中学生》第六十四期，署名编者。文章说:“我们始终认为抗建大业是长期而艰巨的工作，这种艰巨的工作，必有待我们无数的优秀青年来担当。而优秀青年的培养非现时所流行短期训练之类的办法所能济事，也必须经过一个较为长期的锻炼才能够成功。怎样使青年身体、品性知能各方面的基础坚实起来，这是一个很迫切而实际的问题，这问题，最近一年来，本志同人常常在注意着，今后的本志，还是想从这方面来多用一点力量。”

6月6日 “作书复佩弦及吕叔湘。”（日记）

6月7日 至图书审查处，送审《中学生》杂志原稿，允三日后可以发还。“作书致允藏，告杂志已送审。又致祥麟，托其代领商务之版税。”“今日端午，祀先。”（日记）

6月9日 作毕评论《介绍〈经典常谈〉》（刊《国文杂志》第二卷第二期，1943年8月15日，署名朱逊；后收入《叶圣陶集》第十四卷）。文章把朱自清《经典常谈》中的“经典”界定为“是历来受教育的人常读的书”，说朱自清在“序文里说，‘经典训练的价值不在实用，而在文化。’这个话很通达。我们生在这么一个文化环境之中，如果不知道一些记录文化的书，就像无根之草无源之水似的，难望发荣滋长，流长波阔。从这个观点，无论学理科工科的人都该受经典训练；而普通教育中高中的阶段必须接触经典，也有了充分的理由”。

同日 写信复唐锡光。“又作第四十八号书致洗翁。”“作一书致云彬。”（日记）

6月10日 王伯祥“接圣陶蜀沪九十四号（四月廿四日）九十五号（四月廿九日），催《中志》稿，顺谈近事”。（王伯祥日记）

6月12日 与雨岩、世泽等在少城公园内静宁饭店宴冯芝生，钱宾四、吕叔湘、田世英等作陪。国民党中央图书杂志审查委员会示意《中学生》杂志在重庆出版。“至陕西街……询知《中志》文稿，审查处尚未送还。而洗翁来信云‘中央审查会’之意，欲令《中志》在渝发行，已在渝办转移登记手续。党政方面注意此一种并无政治意味之杂志至此，殊不可解，而其事不免令人气愤。”（日记）

6月13日 “代陆梦生撰文光书店新书广告词四则。”“作一书致冯

芝生，以三官所记冯之演讲辞请其审订。”（日记）

6月14日 “作书致世英，与结算其所编初中地理之稿酬。”作书复钱歌川。接允臧信，“言中央书审会允《中志》暂仍在桂审桂印。作第十号信复之”。“又致书洗翁（四十九号）、锡光、及士敭、清华。”（日记）

6月16日 作《中国文学批评史大纲》（朱东润著）广告（刊《中学生》复刊后第六十九期，1943年11月5日，未署名）。广告云：“朱东润教授在国立中央大学、国立武汉大学主讲《中国文学批评史》多年，他把历年的讲稿辑成这部书，共七十六篇，从上古到清末，对于我国的文学理论作着系统的叙述。全书编制，着重各时代的批评潮流，列举各个主要批评家的渊源，以及他们的批评所发生的影响。读者读了，不但对于我国文学理论可以得其大要，就是我国文学转变的趋势，也可以知其梗概。至于本着‘远略近详’的宗旨，叙述明清以来的文学批评特别详尽，尤其是这部书的特色。”这则广告与编在《叶圣陶集》第十八卷中的广告不尽相同。

同日 作《渡船》（龙志霍著）广告。

6月17日 作《中国文学欣赏举隅》（傅庚生著）广告（刊《中学生》复刊后第六十七期，1943年9月5日，未署名；后收入《叶圣陶集》第十八卷）。

同日 作《文言虚字》（吕叔湘著）广告（刊《中学生》复刊后第六十九期，未署名）。这则广告与编在《叶圣陶集》第十八卷中的广告文字上有出入。

6月18日 “作书致方欣安……余拟收印其《史学史》。作书致孙玉如，询燕大转学手续，二官往乐山不便，拟令转学燕大。”“允臧交来中审会批，许《中志》仍在桂排印。因作第五十号书致洗翁，将批附去。又复书锡光及士敭。并将此批抄一份寄与冷风君，请其致川审会之陈处长。”（日记）

6月19日 “作第十一号书复允臧。作第百一号书寄上海，复伯、村、调三兄。作书复罗膺中（庸），渠以其稿《鸭池十讲》交印，佩弦所介绍也。寄与芷芬，请其转致。于致芷芬书中，附一笺致佩弦。致书佩弦夫人，请其来取佩弦之版税款。致书叔湘，告以其‘笔记选’之稿已收到。又致书夏承法，托其为武大毕业生韩君谋理化教师位置。”（日记）

同日 “作诗歌两首”，编入《小学初级学生用〈普益国语课本〉》第七册。（日记）

同日 王伯祥“寄洗人癸沪十二号（信）……顺告圣陶五十生辰此间醵金祝贺状。寄圣陶沪蜀九十号，专祝其五十大庆。丏尊送二百元，余与雪村、予同、西谛、均正、调孚、恂如各送百元，俱老币合成九如之数，适藉九十号之信，以遥申九老之会，亦甚巧合也”。（王伯祥日记）

6月20日 作《实践》（刊《中学生》第六十六期，1943年8月5日，署名圣陶；后收入《叶圣陶集》第十二卷）。这篇文章是针对左治平的《我们需要领导》而说的，认为有人指导，自然最好，得不到谁的领导，也并不妨事。“求学与做人是切己份内的事，其方法从实践中都可求得，不一定要等人指导，而且唯有从实践中得来的方法最为切实可靠。”

同日 “作国语教本中之诗歌一首。”《小学初级学生用〈普益国语课本〉》“第七册课文至此齐全”。（日记）

6月21日 作《白翻文：〈经验之谈〉》（刊《国文杂志》第二卷第二期，1943年8月15日，署名田觉民）。《经验之谈》是美国索洛延著，吕叔湘译《石榴树》中的一篇。

6月23日 “作书复歌川，谢其续寄稿来。作书致云彬……作百二号书寄上海，复丏、伯、调三人。”（日记）

6月25日 为赵晓思、孙明心写篆字联两副。致田世英信。“作书答芷芬，皆关于接洽稿件之事。”“作第十二号书致允臧，以关

于出版冰心著作集之启事寄与之。”“作书复锡光，又作书复洗翁，未竟。”（日记）

6月26日 “写完致洗翁第五十一号书。又作百三号书致伯祥”，“又作书复吴大琨。此君……欲以其所作《战时经济学讲话》谋出版。答以看了再说。”（日记）

6月28日 接“佩弦书两封，言胃病渐愈，腿肿不复发，又谈介绍稿件之事。因作一书复之”。（日记）

6月30日 “看钱宾四《国史大纲》宋至明一段，此非著作而为札记。摘举大要，论断颇精。”（日记）

6月1日至9日、12日至28日、30日的日记，收入《叶圣陶集》第二十卷。

7月1日 接朱东润信，知颉刚夫人已去世。“写信致孙玉如”，“作书复文珍及东莼”。致应云卫、陈白尘信。（日记）

7月2日 “作书慰问颉刚。作复书致东润及世英。”“作第百四号书寄伯祥。”“得颉刚、子恺、小墨之信。”（日记）

7月3日 “再作一信慰问颉刚。作书复子恺。”（日记）

7月4日 接潘介泉信，“即作一信复之”。“写编所办事处通讯第十二号。办事处之设立，至此一周年矣。”（日记）

7月5日 发表《抗战第七年》，刊《中学生》复刊后（自这一期始，该志封面及目录页均加注“复刊后”字样——编者注）第六十五期，署名圣陶。该文正面评述蒋介石《中国之命运》，强调要树立“抗战”和“建国”的信念，强调“奋斗和牺牲”。

同日 发表《寄小读者》（冰心著）广告，刊《中学生》复刊后第六十五期，未署名（收入《叶圣陶集》第十八卷）。

同日 发表《伦敦杂记》（朱自清著）广告，刊《中学生》复刊后第六十五期，未署名。广告云：“作者前此刊他的《欧游杂记》，运用精粹的语言，记叙游观的见闻，读者界认为游记的典范，文艺的上品。现在这本《伦敦杂记》是《欧游杂记》的续篇，专记伦敦一地，风格与前一贯，但绚烂归于平淡，趣味更见隽永，我国现代文艺散文的部门中，记叙之作，比较寥落，读作者的杂记，倾倒于他的造诣，可以慰藉寥落之感。”

同日 发表《冰心散文集》广告，刊《中学生》复刊后第六十五期，未署名。广告云：“冰心女士以诗人的眼光观看一切，又用诗的技巧驱遣语言文字。她的作品，无论是诗，是小说，是散文，广义的说，都是诗。二十多年以来，她一直拥有众多的读者。文评家论述我国现代文学，谁也得对她加以注意，作着详尽的叙说。这原是她应享的荣誉。现在她把历年的作品整理一过，定个总名叫做《冰心著作集》，交由本店分册印行。这一本《散文集》计包含散文一十六篇。”

同日 发表《黑凤集》（沈从文著）广告，刊《中学生》复刊后第六十五期，未署名。

同日 “作一书致彬然，与谈陈竺同之《中国上古文化史》。作第百五号书寄伯祥，告以颉刚丧偶事。”（日记）

7月8日 “作书致昌群，叔湘言金陵欲邀昌群任教，托余探之。又作书复叔湘。又作书复钟博约。”“又作书致锡光，告以杂事。”（日记）

7月9日 将《中学生》杂志第六十六期编齐。次日，将《中学生》原稿送审。《中学生》杂志自第六十六期起又改在成都送审。

7月10日 “作书复陆侃如，答其所问鲁迅印书事。作第十四号书答云彬，附一信复汪允安。作第百六号书寄上海，答伯、村、调、丐。……作书致晓先。作第五十二号书致洗翁，附书致雪山、锡光、士敭。”（日记）

7月11日 致锡光、祥麟、孟韬信。“复胡和龙君书，允为学术资料供应社之发起人。”（日记）

7月12日 “作书致吕叔湘催稿。复赵廷为书。”（日记）

同日 作诗《中华剧艺社将演夏衍所撰〈第七号风球〉》（刊中华剧艺社出版的演出特刊；后收入《箧存集》，又收入《叶圣陶集》第八卷）。

7月14日 作书复钱歌川，作书致朱东润。（日记）

7月16日 王伯祥日记："第九届第一次董监事联席会议，推定达君为董事长，选任雪村为总经理并聘定洗人为经理，雪山、丏尊、圣陶为协理，允臧、索非、予同及余为襄理，议定董监及同人认股办法。"

7月18日 作书复傅庚生。"作十五号书致云彬。""老舍来信，欲以新作剧本交蓉文协出版"，"作一书答老舍"。接贺昌群信，录示《癸未四十书怀》一律云："万千哀乐上心头，襞绩残丛廿二秩。岂爱周情怜孔思，难平汉恨起唐愁。苍凉我自拼憔悴，意度平生总谬悠。两字功名频看镜，书灯冷月照沉幽。"（日记）

7月20日 作书复丁晓先、赵善诒。"又致书受百。"（日记）

7月23日 作诗《昌群四十书怀即和其韵》（收入《箧存集》，又收入《叶圣陶集》第八卷）。诗云："四十银丝未上头，感怀诗语挟霜秋。夺朱乱雅嗟时尚，酌汉斟唐发古愁。欲骋靡方殊蹩躠，问天曷极只悠悠。熟知善养浩然气，才不动心境自幽。"

同日 接"上海诸君信，为余今年五十岁，汇款为寿，殊为感愧"。（日记）

7月24日 "复信寄陶雄"，复田世英信。"作第百七书复上海诸公，并谢馈余之寿礼。""作第五十四号书复洗公，并复一书与士敭。"（日记）

7月25日 "作书寄与云彬"，"又复一书与士敭"，"又寄百八号书与调孚"。（日记）

7月29日 作《"学习"不只是"记诵"》（刊《中学生》第六十七期，署名圣陶；后收入《叶圣陶集》第十二卷）。文章说："我国真正的学者都看不起记诵之学，因为学问是个人分内的事，为己的事，记诵之学却移到外面去了。这并不是说不要多所记诵，乃是说记诵不过是个开端，跟着就得把记诵的这些东西融化在生活里，成为精神上的血肉，唯其如此，记诵一分就得一分益处；若认记诵为终极的目的，不使他跟生活发生关系，那就记诵虽多，无多益处。……记诵之学，好一些可以造就门门都是甲等的'优等生'，坏一些就造就品德有亏的'作弊专家'，可是决不能造就生活充实的国民。"

7月31日 章嘉禾来访，谈参加"鄂西之战"的经过。夜在章雪舟家宴朱光潜、方欣安，徐中舒作陪。

7月1日至15日、17日至20日、22日至24日、26日、28日、29日、31日的日记，收入《叶圣陶集》第二十卷。

8月5日 发表《北望集》（马君玠著）广告，刊《中学生》复刊后第六十六期，未署名（收入《叶圣陶集》第十八卷）。

同日 发表《石榴树》（W. Saroyan著，吕叔湘译）广告，刊《中学生》复刊后第六十六期，未署名（收入《叶圣陶集》第十八卷）。

同日 发表《沈从文著作两种〈春灯集〉〈黑凤集〉》广告，刊《中学生》复刊后第六十六期，未署名（收入《叶圣陶集》第十八卷）。

同日 发表《冰心小说集》广告，刊《中学生》复刊后第六十六期，未署名。广告云："冰心女士的小说，在平淡的故事中见出深致，教你每读一篇，阖上书本，悠然默想。大凡小说以能够表现出一种境界为上，她所表现的境界是微妙的心灵的激动，由于质与形的一致，所以真个表现得出，使读者宛然身临那境界。这本小说集是《冰心著作集》中的一种，包含小说三十篇。"

8月7日 寄宋云彬信。

同日 王伯祥“接圣陶七月二日蜀沪百四号（信）。……寄圣陶沪蜀九十二号，复告近状，附绍虞诗及调孚信”。（王伯祥日记）

8月8日 “复钟宪民一信”，“致祥麟书”，“致洗公第五十五号书”，“作书谢李（晓舫）君”。“又作书答叔湘。”（日记）

8月9日 “作书复昌群、东润。又作书复雪山，并复锡光，详答所问各事，且作《鸭池十讲》之广告寄与之。”（日记）

同日 作《鸭池十讲》广告（刊《国文月刊》第二十四期，1943年10月出版），未署名。广告云：“这本书收集罗庸教授的讲稿十篇，谈到为学，为人，以及诗的创作与鉴赏。这几个项目原是有关联的。为学并不在装饰自已，而在充实自已。自已愈充实，就愈合乎所以为人之道。到那时候，整个生命就是诗，即使不写诗篇也还是个诗人。诗决不是在文字声韵之间可以寻求的。这么一串意思，对于讲求生活的人，对于攻究文学的人，都是极可贵的启发。文笔亲切而朴茂，展读一过，宛如亲身坐在会堂里，听罗庸教授的讲论。”

8月10日 作书复宋云彬。

8月12日 “复叔湘一信。复晓先一信。”“复佩弦一信。”

8月13日 “作书复颉刚”，“复田泽芝”，“复彬然、锡光、清华”。“修草屋之匠人来，买麦草三百斤，仅修补治事室之一角，裨书架不致淋雨。若五间全修，需草数千斤，工力十余工矣。”（日记）

8月14日 “罗孟韦（倬汉）君来访……欲以其所作《诗乐论》交我店出版。此稿经本年学术评议会当选给奖，孟实言很佳，余允出版。”“作一书复世英。”（日记）

8月15日 发表《编辑者的话》，刊《国文杂志》第二卷第二期，未署名。

同日 发表《白翻文：〈经验之谈〉》，刊《国文杂志》第二卷第二期，署名田觉民。《经验之谈》是吕叔湘用口语翻译的美国威廉·索浩延短篇集《石榴树》里的一个短篇，叶圣陶将这篇译文改为文言。

同日 发表《中国文学欣赏举隅》（傅庚生著）广告，刊《国文杂志》第二卷第二期，未署名。

同日 至梓橦桥长美轩，出席文联理事会。“访应云卫、陈白尘二君。复晤赵慧深女士。又有张逸生、金淑之夫妇，二人皆前在剧校之学生，今在团（中艺剧团）中为演员。”（日记）

8月16日 “作书复孙明心，渠现任《国文杂志》社社务。并附一书致汪允安。”（日记）

8月22日 作毕评论《读〈蔡孑民先生传略〉》（刊《中学生》复刊后第六十八期，1943年10月5日），署名圣陶（收入《叶圣陶集》第六卷）。文章引用冯友兰的话说：“我们可以说：蔡先生是近代确合乎君子的标准的一个人。一个人成为名士英雄，大概由于‘才’的成分多。一个人成为君子，大概由于‘学’的成分多。君子是儒家教育理想所要养成的理想人格，由此方面，我们可以说，蔡先生的人格，是儒家教育理想最高的表现。”《蔡孑民先生传略》，高乃同编，商务印书馆印行。

8月23日 “作书复雪山，兼致书锡光，皆谈店事。作第五十六号书寄洗翁，洗翁已抵渝矣。作书复马文珍。”（日记）

8月24日 接上海九十一号信。接范洗人信。（日记）

8月25日 “洗翁来信中言，世英所编地理稿送编译馆审查，其第二册为鼠所啮，馆中嘱抄一份送去。今日即动手，余与墨及三儿皆执笔，竟日共抄二万多字。此是出乎意料之工作，大约明日再抄一天可以毕事。”（日记）

8月23日 王伯祥“接清儿八月一日桂沪九十七号（信），告圣陶书往，言余每寄信去辄不能餍其所望，盖相念切，则所欲知者深，而余以诸公附书已多道琐闻，复述似嫌赘旒，竟省之。不图老友仍以责诸余，此情良可感念也”。（王伯祥日记）

8月27日 致陆殿扬信。“作第五十七号书致洗翁，与地理稿同寄重庆。作书致黄念田，告以上海所答关于季刚先生著作之出版事。又作蜀沪第百九号书，答伯、村、调、丏、绍虞，并致红蕉。”时，郭绍虞已自北平移家返苏，任职于开明书店，主编《辞综》。（日记）

8月28日 得徐调孚信，即复。“雪村以公司增资提案见示，余有所疑，因作书询之，编列蜀沪第百十号。又作书致洗翁，亦论增资事，列五十八号。作书复芷芬、马文珍……又复彬然，与致锡光书同寄。”（日记）

8月29日 作书复朱东润，商《张居正传》出版之事。（日记）

8月30日 “作书复云彬、雪山、士敭。”（日记）

同日 王伯祥“接圣陶七月五日蜀沪百五号书，告颉刚丧偶，极凄清之致，深念之”。（王伯祥日记）

8月31日 吕朝相、王冰洋来访，请为《笔阵》作稿。

8月1日、3日、4日、6日至10日、12日至17日、19日、20日、22日至25日、27日至31日的日记，收入《叶圣陶集》第二十卷。

9月2日 致范洗人信和电报，请再慎重考虑开明书店增资事。（日记）

9月3日 “又作一书致洗翁，列第五十九号。又以我内地诸人之见解告上海诸公，列第百十一号。复李广田一书，李君以其散文选集交我出版也。又复陈伯琴一书。”（日记）

9月5日 “作书复陈仲子”，“复张世禄”。（日记）

同日 发表《冰心著作集》（《冰心散文集》《冰心小说集》《冰心诗集》）广告，刊《中学生》复刊后第六十七期，未署名（收入《叶圣陶集》第十八卷）。

同日 发表《我与文学及其他》（朱光潜著）广告，刊《中学生》复刊后第六十七期，未署名（收入《叶圣陶集》第十八卷）。

9月7日 作诗《彬然治圃桂林百岩山》（收入《箧存集》和《叶圣陶集》第八卷）。

同日 王伯祥“接圣陶六月廿四日百二号书，此书滞途七十余日，后信多不接头，今始到乃知历次所寄《经典常谈》为佩弦之作也”。（王伯祥日记）

9月9日 “复苏子涵一信。”“复云彬一信，东润一信。”接高晋生信。（日记）

9月12日 接范洗人信。至祠堂街观庞薰琴画展。（日记）

9月14日 开明编译所成都办事处为叶圣陶祝五十寿。“晨，全家入城，至陕西街。点红烛一对，供面与馒头，算是作生日。……午刻聚餐，凡余一家、雪舟一家、孟姓一家、文铨一家及开明全体同人，共三席。菜皆墨与雪舟夫人及文铨所为，而文铨为总提调。”（日记）

9月15日 发表《给李平先生的信》，刊《国文杂志》第二卷第三期，署名编者。（原文无题目，题目是编者拟的）

9月16日 编定《中学生》杂志第六十八期。

9月17日 范洗人来蓉晤聚，共谈开明书店事。

9月18日 开明编译所成都办事处聚餐，为范洗人洗尘。

9月20日 “偕范洗人及章雪舟夫妇游望江楼。”（日记）

9月20日 王伯祥“接圣陶七月廿四日蜀沪百七号书，复此去八十九、九十两号，谢贺寿并托届时办寿面饷诸亲友”。（王伯祥日记）

9月21日 “作书复夏承法。”致书贺昌群。“作第百十二号书致上海诸君。又致书与云彬。”（日记）

9月24日 “复徐西亚一书。”徐西亚即诗人徐玉诺之子，“来信言玉诺自河南至重庆，将经成都”。（日记）

9月25日 与范洗人同往祠堂街看徐悲鸿画展。

同日 王伯祥“寄圣陶沪蜀九十四号复百七号（信），谢代办面并告代送西谛磁婚公份”。（王伯祥日记）

9月26日 “作书复东润、颉刚”，致书唐锡光，寄书叶至善。（日记）

9月27日 访吕叔湘。“致一书与东润。”“桂林友九人汇款九百元来，为余寿，受之有愧。九人者，云彬、彬然、仲华、锡光、联棠、瑞卿、允安、志恒、甫琴也。”（日记）

9月28日 午，商务、中华、正中、世界、正声五家宴范洗人于静宁饭店，叶圣陶作陪。（日记）

9月29日 “作书复祖璋，谈其所编生物教本事。又作书复锡光、彬然、云彬，并作谢信，致汇款来之九人。”（日记）

9月1日至3日、5日至7日、9日、12日至18日、20日、21日、24日至30日的日记，收入《叶圣陶集》第二十卷。

同月 发表《杂谈我的写作》，刊入叶绍钧等著《文艺写作经验谈》，重庆天地出版社出版（收入《叶圣陶论创作》，又收入《叶圣陶集》第九卷）。文章回答中国青年写作协会的提问：甲项是“对于文艺的兴趣如何发生”；乙项是“写作始何开始”（包括“开始写作的年龄”、“开始写作的倾向”）；丙项是“写作生活的叙述”（包括“写作时间的选择”、“写作场合的选择”、“写作二三小事”）；丁项是“写作上的困难”；戊项是“写作的完成”（包括“作品完成后的感觉”、“评论对作品的影响”）等。

同月 发表《略叙》，刊入叶绍钧等著《文艺写作经验谈》，重庆天地出版社出版。

同月 发表《著作一览》，刊入叶绍钧等著《文艺写作经验谈》，重庆天地出版社出版。

10月5日 发表《充实的健全的人》，刊《中学生》复刊后第六十八期，署名圣陶（收入《叶圣陶集》第十二卷）。文章说：“我们对学生诸君进言，一向劝诸君自学，做‘为己之学’。

教师或旁人无论如何胜任，无论如何热心，总之不过在先作个引导，从旁作个帮助；脚踏实地一步一步学习上去，全靠诸君自己。”

同日 发表《文艺心理学》（朱光潜著）广告，刊《中学生》复刊后第六十八期，未署名。广告云：“这是一部专门研究文艺理论的书籍。作者丢开一切哲学的成见，把文艺的创作和欣赏当作心理的事实去研究，从事实中归纳得许多可以适用于文艺批评的原理。它的对象是文艺的创造和欣赏，它的观点大致是心理学的，所以把它叫做《文艺心理学》，实为大学文科适用的教本，亦为文艺研究的要籍。”这则广告与编在《叶圣陶集》第十八卷中的广告文字有出入。

同日 发表《冰心诗集》广告，刊《中学生》第六十八期，未署名。

10月8日 作评论《读罗陈两位先生的文章》（刊《国文杂志》第二卷第五期，1943年11月15日；后收入《叶圣陶语文教育论集》）。“罗陈两先生的文章”，是罗根泽的《抢救国文》、陈卓如的《从〈抢救国文〉说到国文教学》。叶圣陶的文章说：“八股的传统却保留在国文教室与试场里直到如今，这是可怪而不足怪的事。我国人以前不学数学、生物、物理、化学等类的科目，这些科目自然不致也不会承受八股的传统。我国人以前要学的科目惟有读书，读书读到了家的，成为博学通儒，那只是最少数，而作八股，应考试，却几乎是读书人普遍的目的。现在的读国文不就是以前的读书吗？一般人有意识地或无意识地这么想。于是国文一科把八股的传统承受下来了。”该文强调阅读文言要求理解，“在写作教学上，必须绝对摆脱八股的传统”。

同日 编齐《中学生》杂志第六十九期。次日送审。

10月9日 访高晋生未遇。访吕叔湘。高晋生来访。（日记）

10月10日 “作书复云彬、允安、士敭、清华”，“又复东润、谢冰

莹、吴大琨及不相识之投稿者章宗舜”。（日记）

10月13日 “作第百十三号书寄上海诸友，并附书致红蕉。不得上海信已一个半月，颇深念矣。又寄书洗翁，投重庆，列第六十号。”（日记）

10月14日 至图书杂志审查处，取回《中学生》送审稿件。

10月15日 “作书答洗公，列第六十一号。又答锡光，并致一书与雪山。答杨人楩。答投稿者左治平。”“午后作一短文，应陈白尘之嘱，付《成都晚报》副刊。”（日记）

同日 发表《编者的话》，刊《国文杂志》第二卷第四期，未署名。

10月16日 作沈从文《边城》广告辞一则。（日记）

10月20日 至蜀一影院观电影《一代乐圣》。“作书与小墨，与谈作小说。”（日记）

10月21日 “作第六十二号书致洗公……附一书致祥麟……复子恺一书。又复钱宾四一书，渠将以罗孟韦君之《诗乐论》稿本交余也。”（日记）

10月23日 作《受指导与实践》（刊《中学生》复刊后第七十期，1943年12月5日，署名圣陶；后收入《叶圣陶集》第十二卷）。文章答复左治平对《实践》一文的批评，指出“受指导决不限于教师一方面”，“真有向学的心，可从受指导的方面随时随地都是”。

同日 “复凌叔华信，允收其小说集重印。”“作书复宾四。”（日记）

10月24日 “作书复东润。又复芷芬，附一笺寄佩弦，久不得佩弦信矣。致书锡光，附两书，一致雪山，一复云彬。”（日记）

10月25日 王伯祥“接圣陶九月三日百十一号（信），力陈沪地发动增资之不妥。两地隔膜难畅乎言之也”。（王伯祥日记）

10月27日 上海来信，“犹是八月初所发，仅伯祥、予同、调孚三人执笔，皆简短”。（日记）

10月28日 “作书复锡光、雪山。又复程千帆（会昌）……复陈白尘……又复王槐荫。”“作百十四号信寄上海，复伯、予、调，并致书绍虞，红蕉。”“今日为余生日（五十岁），二官、三官俱请假在家。午刻，小饮吃面”。（日记）

同日 王伯祥日记：“西谛来，雪村告以今日为圣陶五十生辰，乃共谋聚饮，遥祝日疆，参加者两人外有予同、绍虞、丏尊、调孚、乃乾、济之、仲盐并十人，叫一家春菜五百元（一家春新修重张昨甫开幕，满拟尚堪一啖，孰知质薄品寡味劣，竟一无所取，徒叹昂贵而已，至为失望）及同宝泰酒五斤、四时春锅面二器，又弄口摊上馒头廿枚，凡费七百七十一元四角。圣陶来书本托治面饷，乃公议各出五十元，余数二百七十一元四角由余代圣陶支付。”“接八月廿四日洗渝一号及八月廿九日圣陶蜀沪百十号，俱于沪上增资有所疑诘。”

10月29日 高晋生来访，“言近作老庄哲学及《墨经》释，询余可否出版，皆允之”。（日记）

同日 作毕评论《读〈天下一家〉》（刊《中学生》复刊后第七十期，署名李庸）。《天下一家》，美国威尔基氏著，刘尊棋译。

10月30日 接上海诸友来信。

10月31日 至国民戏院观曹禺据巴金小说《家》改编的话剧《家》。“殊散乱，就文艺而论，应为曹禺失败之作，然颇能号召观众，生意眼中，自是佳剧。剧中有独白数段，用韵，如新体诗，此是曹禺之尝试，听来殊不自然，似不足为训。”（日记）

10月1日、4日至6日、8日至10日、13日至16日、19日至21日、23日至25日、27日至31日的日记，收入《叶圣陶集》第二十卷。

11月1日 “作书复伯、村、丏、调四人，列第百十五号。复马文珍……致书子恺。”（日记）

同日 作一短文，寄与陈白尘，入《成都晚报》之副刊。（日记）

11月2日 “作书复洗翁，列第六十三号。……致书祖璋。”（日记）

11月4日 “观菊花、绘画、手杖展览于美术协会。手杖最可观，可百枝，皆藤本，各有殊致。”田世英来访。“作书复孟实、志霍、祥麟，并致书孙锡洪及小墨。”（日记）

11月5日 “作书复李广田，谢其寄稿。又作书致佩弦，道相念。……又复书龙志霍、张孝威。”将《中学生》杂志第七十期编齐。次日送审。10日发还。（日记）

同日 发表《中国通史》（吕思勉著）广告，刊《中学生》复刊后第六十九期，未署名。广告云：“此书系光华大学教授吕诚之先生编，共分两册。上册业已出版，凡十八章。以重要文化现象为题目，说明其缘起及变迁之由，用以解释现状，推测未来，无一章不有石破天惊之议论，诚为史学界名著，兼供本国通史及文化史教材之用，并为一般治社会科学者之良好读物。”这则广告与编在《叶圣陶集》第十八卷中的广告文字上有出入。

同日 发表《中国通史》（周谷城著）广告，刊《中学生》复刊后第六十九期，未署名（收入《叶圣陶集》第十八卷）。

同日 发表《文言虚字》（吕叔湘著）广告，刊《中学生》复刊后第六十九期，未署名。这则广告与编在《叶圣陶集》第十八卷中的广告文字有出入。

11月6日 “清晨入城，将《中志》稿托雨岩送审。”“于《新民报》见（俞）平伯《偶成》一诗，颇见怀抱，录之：‘泽中鸿雁几辛酸，久寄长安菽水难。少日谁知堪北虏，屏居差喜尚南冠。原来绯绿逢场戏，只在青黄反手间。岂必虫沙酬故劫，清霜不媚谢庭兰。’”（日记）

11月7日 “致调孚书，列第百十六号。复锡光、仲华书，谈明年《中志》集稿事。又复洗翁，列第六十四号。又复清华。复云彬，以叔湘、小墨之稿寄与之。并复孙明心。复叔湘，谢惠

稿。函佩弦，催作文。致书祥麟，请付子恺稿费。又复一张姓投稿者之问。”（日记）

11月10日 谢冰莹来访。吕朝相来，“云友人约于十五日聚餐，为余作寿，于报纸作纪念文字。此殊无聊，然无法却之也”。（日记）

11月13日 “作书复彬然，锡光。”“伯琴、世英、朝珍三位送信来，约于明日会于公园，似有为余祝寿之意。情意綦厚，殊为可感，余作书辞之。”（日记）

11月14日 应吕叔湘、胡赞平等之招宴。“叔湘、赞平见报载明日有人为余作寿消息，坚欲觞余，五人遂偕进食于聚丰园，饮绍酒，吃面，闲谈甚欢。”（日记）

11月15日 中华全国文艺界抗敌协会暨成都文艺界陈白尘、陈翔鹤、叶丁易、刘海粟、应云卫、李劼人、瞿白音、陶雄、刘开渠等，在南门外竟成园礼堂为叶圣陶补贺五十大寿（乃五十初度，实足年龄为四十九岁）。中华全国文艺界抗敌协会暨重庆文艺界发来贺电，文协成都分会敬送锦缎、纪念册，上题各家之祝词。祝寿会上，车瘦舟、陈氿、白堤、跃冬、陈白尘组成小队致贺词，陶雄、洪钟朗诵祝寿词；王冰洋报告叶圣陶致力于文艺活动数十年的历史；叶圣陶致答词后，奏乐、入席、吃寿面。宴后，程丽娜女士唱京戏致贺，又摄影纪念。《新华日报》、《华西晚报》、《华西日报》等报刊均发表了祝贺文章。

同日 “十一时许，客到齐，约七十人，余所不识者约半数，王畹芗、雪舟、谢冰莹、陈翔鹤、应云卫夫妇、卢剑波、张逸生夫妇等均在其中。开会，五六人作颂语，语多夸饰，实与余不相当。张逸生读余《倪焕之》中一节文字，张为演员，读文颇能中肯。末后余致简短谢词。于是奏乐（细乐），放鞭炮。此宛如一幕戏剧也。

“会毕聚餐，共五席，每席皆劝余夫妇饮酒，所饮白酒较多。食后，刘开渠夫人及李旭生唱京戏助兴。全体拍照，始散。”（日记）

茅盾《祝圣陶五十》（节录）：

“五四时期，圣陶是最早发表小说的一人。小说集《隔膜》等数种，实为中国新小说坚固的基石。他的深入的观察，谨严的剪裁，曾经而且继续在教育着年青的一代。近年来，圣陶很少写小说了，然而他并没搁下笔，作为《中学生》杂志的主干，他在指导青年写作这一方面所倾注的心血，是朋友们都知道的。而且我又想，正像他在写《倪焕之》以前一样，他此时的少写，也许正在准备给我们一次大的惊喜。我相信我这猜度不会远于事实。

“圣陶对于中国新文学的光辉的贡献，海内早有公论，决不因我的赞美而加重。我们二十多年的交谊，使我从圣陶的‘为人’与其作品看到了最重要的一点，即两者的统一与调和。作品乃人格之表现：这句话于圣陶而益信。凡是认识他的朋友们都不能不感到，和圣陶相对，虽然他无一语，可是令人消释鄙俗之心，读他的作品亦然。你要从他作品之中找寻惊人之事，那不一定有，然而即在初无惊人处有他那种净化异化人的品性的力量。才华焕发，规模阔大，有胜于圣陶的，但圣陶的朴素谨严的作风，及其敦厚诚挚的情感，自有不可及处。我们所以由衷地爱慕圣陶，而圣陶的作品对于青年的教育意义之重大，唯有从这一点才得到了最真切的说明。

“人生五十，也还是壮年；文学界二十多年的老战士，在这民族解放战争的大时代，动心忍性，其积蓄之丰之厚，将必回荡而凝结，放射异彩，我们今天为圣陶五十岁的纪念而庆祝，我更预祝不久的将来，再为圣陶的光辉的新作而共尽一杯！

“中华民族的独立解放万岁！中国新文学万岁！叶圣陶万

岁！”（原刊1943年12月5日《华西晚报·爱国文艺》第一号）

李束丝《祝叶圣陶先生五秩大庆》：

“叶圣陶先生是一直在无形中作着我的导师；自然，许许多多青年，都同我一样，是在直接间接有形无形地受叶先生的教导，尤其是爱好文艺的青年。……上个月，叶先生的五十大庆，这位种桃不吃桃的老人，却避寿于西乡；但多少热诚的心是避不开的；今天，成都文艺界的朋友们为先生补行庆寿，我谨在此敬祝叶先生永远愉快，永远健康，永远跟青年在一起。”（《华西晚报·叶圣陶五秩特刊》）

11月15日 发表广告《金端岑绘〈第二次世界大战参考地图〉》，刊《国文杂志》第二卷第五期，未署名（收入《叶圣陶集》第十八卷）。

同日 发表《致读者项旭的信》，刊《国文杂志》第二卷第五期，署名编者。

同日 发表《致钟颇光的信》，刊《国文杂志》第二卷第五期，署名编者。

同日 发表《致赵世禄的信》，刊《国文杂志》第二卷第五期，署名编者。（以上三封信发表时均无题目，题目是编者拟的。）

11月17日 赴伯琴、世英、朝珍全家福（餐馆名——编者注）之约。三人为叶圣陶祝寿。

11月18日 “作信寄云彬，附去东润文稿。致陶雄信……复东润、傅肖岩、孙锡洪。作第六十五号书致洗公……复潘孑农，潘来信贺寿。”“作书复杨东莼、李晓舫。”（日记）

11月19日 作书谢钟博约馈生日礼物。“卢剑波来信，约于下星期一往其校（协合高中）演讲，答书请其改期，以便构思。”

11月22日 “复子恺一书。又复叔湘及陈思苓（《新闻周报》编辑）。并作书寄小墨，与谈文事。”（日记）

11月23日 作书致宋云彬。作书致薛贻源。

同日 王伯祥日记："出席第七次董事会，于内地又欲增资事及所登掩护广告有所讨论，佥主听其发展，俟后再图补救。"

11月24日 高晋生送来书甲骨文联一副，为叶圣陶祝贺。联云："伯玉知非，仲尼知命；嘉州倾盖，锦水班荆。"（日记）

11月25日 作书复高晋生。作书复丰子恺，"致书二官，令其往见卢剑波，约定下月一日下午往协合高中演讲"。（日记）

11月26日 作成《谈语文教本——〈笔记文选读〉序》（刊《国文杂志》第二卷第六期，1943年12月15日；后收入吕叔湘编著《笔记文选读》，重庆文光书局1945年初版；又收入《国文教学》和《叶圣陶集》第十六卷）。文章列举语文改革的种种主张，如"把现代白话跟文言分开来教"、语文教本的内容跟形式应"着眼在背景、头绪、需要、结构、规律等等方面"，认为"吕叔湘先生的这部《笔记文选读》就是按照以上主张试办的语文教本"。

同日 "作书复洗公，列六十五号。"（日记）

同日 王伯祥"接圣陶九月廿一蜀沪百十二号书，附来广告底稿就审，洗人等大有隔膜，内外之间其将起障翳乎，殊可虑也。夜归小饮，为此闷闷，不识雪村对此仍持无可无不可之态度乎"。（王伯祥日记）

11月27日 "作书复伯祥、调孚、雪村三人，凡三千言，列第百十七号。""复佩弦、文珍"，"又作书复锡光"，"又作书致郇侣梅"。（日记）

同日 王伯祥"寄圣陶沪蜀九十六号（信），复告此间增资经过情形"。（王伯祥日记）

11月28日 作书复贾祖璋。致书姚蓬子。（日记）

同日 作诗《题詹幼馨所编〈中学国文教学浅论〉》（收入《叶圣陶诗词稿》）。

11月30日 作《关于今后的本志及第七十一期特大号》（刊《中学

生》复刊后第七十期，未署名；后收入《叶圣陶集》第十八卷）。文章说："在本志六月号的《卷头言》里，我们曾经说：'怎样使青年身体、品性和智能各方面的基础坚实起来，这是一个很迫切而实际的问题。最近一年来，本志的同人常常在注意着这个问题。今后的本志，还是想从这方面来多用一点力量。'现在本志出到十二月号了，往后的宗旨仍从旧贯，这儿不必多说。""从明年一月号起，我们增加孟如先生的《青年问题漫谈》、徐盈先生的《抗战中的中国》、李晓舫先生的《数学讲话》、贾祖璋先生的《生物学名著介绍》和邬侣梅先生翻译的《我参加了巴丹战役》。"

同日 致唐锡光信。"复答田世英、禹海涵各一书。"（日记）

11月1日、2日、4日至8日、10日、13日至30日的日记，收入《叶圣陶集》第二十卷。

12月1日 偕章雪舟至励志社访林语堂，未遇。（日记）

12月3日 复龙志霍信。

同日 发表《电话代公文》，刊《华西晚报》第二版"艺坛"（收入《叶圣陶散文乙集》，又收入《叶圣陶集》第六卷）。

12月4日 "作新书广告辞四种。"（日记）

12月5日 作致吕叔湘书。"又复子恺书，复薛贻源书。致书锡光。"（日记）

12月6日 "作长信复云彬，复昌群。"到协合高中演讲，"谈文艺"。（日记）

12月7日 "致子恺一书。"（日记）

12月9日 "作书答刘百闵。刘为《读书通讯》征稿，悬两题，一为《我最爱的书》，一为《我的学习生活》，二题皆不能作，辞焉。"（日记）

12月10日 "为余五十岁，友人作文者有六七篇，余所未见者当更有数篇，语皆溢美，而其情可感。因作一短文答之，亦以应

白尘之索稿。文仅千言，题曰《答复朋友们》，即寄与白尘。又作一书致李晓舫。”（日记）

同日 作《答复朋友们》（刊1943年12月19日成都《华西日报·每周文艺》第三期，后收入《西川集》，又收入《叶圣陶集》第六卷）。

《答复朋友们》（节录）：

“承蒙朋友们的好意，把我作为题目，写了些文字，我倒清楚的意识起五十岁来了。大概不会活一百年吧，如今五十岁，道路已经走了大半截。走过的是走过了，‘已然’的没法叫它‘不然’；倒是余下的小半截路，得打算好好的走。

“朋友们的文字里，都说起我的文字跟为人；这两点，我自己知道得清楚，都平庸。为人是根基，平庸的人当然写不出不平庸的文字。我说我为人平庸，并不是指我缺少种种常识，不能成为专家；也不是指我没有干什么事业，不当教员就当编辑；却是指我在我所遭遇的生活之内，没有深入它的底里，只在浮面的部分立脚。这样的平庸，好比指一个皮球泄了气，瘪瘪的；假如人生该像个滚圆的皮球的话，这平庸自然要不得。

“像个滚圆的皮球的人生，其人必然是诗人，广义的诗人。……

“为要写些什么，故意往生活里钻，这是本末倒置的办法，我知道没有道理。可是，一个人本当深入生活的底里，懂得好恶，辨得是非，坚持有所为有所不为，实践如何尽职如何尽伦，不然就是白活一场：对于这一层，我现在似乎认识得更明白，愿意在往后的小半截路上加紧补习，补习有没有成效，看我的努力如何。如有成效，该可以再写些，或者说，该可以开头写。不过写不写没有大关系，重要的是加紧补习。

“朋友厚爱我，宽容我，使我感激；又夸张的奖许我，使我羞愧，虽然羞愧，想到这无非要我好，还是感激。最近在报上看见沈尹默先生的诗，有一句道，‘久客人情真足惜’，吟诵了好几遍。沈先生说的‘久客’是久客川中，我把他解作人生在世，像我这么一个平庸的人，居然也能得到朋友们的厚爱、宽容跟奖许，‘人情真足惜’啊！在这样温暖的人情中，我更没有理由不打算加紧补习。

“这不是寻常致谢的话，想朋友们一定能够鉴谅。”

同日 王伯祥“接圣陶十月十三日蜀沪百十三号书，附致红蕉、丏尊，亦谈及洗人返桂发动增资云”。（王伯祥日记）

12月12日 “致雁冰一信，以唐弢嘱转信寄与。复谢冰莹一信。”至少城公园内绿阴阁，“晤叔湘、赞平及许君”。又晤范勤贤。茶散，五人同观沈福文君漆器展览会，题“如入宝山”四字。晤郭子杰。夜应陈叔明之招宴。（日记）

12月13日 编齐《中学生》杂志第七十一期。

12月15日 “再致书锡光，以叔湘之《英译唐人绝句百首》稿寄与。致书子恺、祥麟、胡绳、傅肖岩、东润、薛贻源。”“写上海信，复伯、村、丏、调、绍虞、唐弢，并附一信致红蕉，列第百十八号。”“灯下复写信，致叔湘、祖璋、志霍、海涵。”（日记）

同日 发表《编辑者的话》，刊《国文杂志》第二卷第六期，未署名。

12月17日 “作书致调孚，列第百十九号。”“又作书复钟宪民、熊佛西。”

12月18日 “陶雄交来上月十五日在竟成园所拍照片，及当日集会诸君题赠与余之册子。照片尚好，余苍老而有挺拔之概。题字皆平平。”（日记）

12月19日 “傍晚祀先，算是过冬至节。”（日记）

12月20日 陈思苓来访，邀为《新闻周刊》作文。

12月21日 “作一书复调孚，附去赠唐弢篆字一小幅。四川大学学生之文艺团体来邀演讲，复书言暂缓。又作书致胡赞平。”

（日记）

同日 王伯祥“接圣陶十一月一日蜀沪百十五号书，告内地增资本意”。（王伯祥日记）

12月22日 作评论《能读的作品》（刊1944年1月5日《华西晚报》第二版《艺坛》；后收入《西川集》，又收入《叶圣陶集》第九卷）。文章认为好的文艺作品是“看得又读得的”，“就我所知，如老舍、曹禺、朱自清、吕叔湘、姚雪垠、沙汀诸位先生的著作，袁俊、吕叔湘、潘家洵诸位先生的译品，都是看得又读得的”。

12月23日 作评论《知人》（刊《国闻周刊》1944年第一期）。

12月24日 复唐锡光、罗孟韦及川大学生罗鸿儒信。（日记）

12月25日 复傅肖岩、吕朝相信。“复允臧一信”，“复洗公一信，皆为店务，列第六十八号”。（日记）

12月26日 出席《新闻周刊》社座谈会，与大中学生谈文艺。入美术协会看邮票展览会。（日记）

12月29日 “写信复文珍、薛贻源、詹幼馨、林仲达。致书锡光及洗翁（第六十九）。”“复陶载良一书，陶在隆昌主持立达学园中学部，有事向教厅说话，嘱余代达。致宋大鲁一书，即代达陶君之意。复孙锡洪一书。”“复小墨一书。”（日记）

12月30日 写信复杨东莼。“写信与上海诸友（第百二十二号）”，写信致红蕉。（日记）

12月31日 作《关于谈文学修养》（刊《文学修养》第二卷第四期，1944年6月20日；后收入《西川集》，又收入《叶圣陶集》第九卷）。

12月1日至13日、15日、17日至27日、29至31日的日记，收入《叶圣陶集》第二十卷。

本年 文协成都分会主编《文艺创作丛书》、《文艺翻译丛书》及其他书籍，由中西书店出版，叶圣陶、李劼人、陈翔鹤、陶雄、碧野、谢文炳、罗念生任编辑委员。出版的《文艺创作丛书》有《桃李春风》(老舍、赵清阁著)、《国旗飘在雅雀尖上》(臧克家著);出版的《文艺翻译丛书》有《单身姑娘》(李劼人译)、《敌后插曲》(陶雄译);出版的其他书籍有《中国革命与抗战》(钟作猷著)、《从华盛顿到重庆》(李慕白著)、《四声雷杂剧》(顾佛影著)等。

本年 《倪焕之》由日本竹内好译为日文,改名为《小学教师倪焕之》,原作三十章,译前十九章,由大阪书号出版。

1944 年

（中华民国三十三年　甲申）　五十岁

1 月9 日　毛泽东看平剧《逼上梁山》以后，给杨绍萱、齐燕铭写信，祝贺将“老爷太太少爷小姐们统治着的舞台”、“人民却成了渣滓”的“这种历史的颠倒”“再颠倒过来”。

11 月　中共中央派周恩来赴重庆，与国民党商讨建立民主联合政府的具体步骤，被蒋介石无理拒绝。

同月　汪精卫死于日本名古屋，由陈公博代理伪国民政府主席。

*　*　*

1 月1 日　致彭子冈信。写信复胡赞平、胡绳、赵廷为、陶雄。（日记）

1 月3 日　与至美至诚到新明电影院观美国片《忠勇之家》。“至美术协会观多人联合之书画展览会，以沈尹默氏之书法为可观。”（日记）

1 月4 日　“写信复伯、村、调三人（百二十三号）。伯、村皆以为洗公与彼等有误会，嘱为解释。余言一店而分立，全缘彼此处境不同之故，实亦无所谓误会。书在二千字以上，犹觉言之未

畅。作书致洗公（七十号），即告以此意。亦写千余言。”致书陶载良。（日记）

同日 王伯祥“接圣陶十一月廿七蜀沪百十七号书，复此去九十四号，告当地知友为祝寿称觞状，并附致雪村、调孚”。（王伯祥日记）

1月5日 发表《新年致辞》，刊《中学生》复刊后第七十一期（1944年1月号），署名圣陶（收入《叶圣陶集》第十二卷）。文章就“抗日”、“建国”两个议题进行阐释。

同日 发表《〈怀念振黄〉后记》，刊《中学生》第七十一期。（原文无题目，题目是编者拟的）

1月6日 作书复钱歌川。

1月9日 午至福兴街全家福，应郭子杰招宴。“客有沈尹默、陈寅恪、钱宾四、陈觉玄、闻在宥、李小缘、蒙文通、徐中舒、张大千、马季明、冯汉骥，皆所谓学人也。沈、陈、李、张，皆余初面。肴馔甚美，且设酒，盛以茶壶，饮以茶杯。子杰为行政官而躬犯禁令，亦见禁令徒为掩饰耳。”午宴后至张大千家，观其临摹敦煌壁画。作书复范洗人（七十一号），致唐锡光信。（日记）

同日 为避盗劫，决定迁入城内陕西街百零六号。（夜）“久而不成睡。念乡居三年，又须迁移。入城固有方便，而乡间亦可恋。余恒有此种心思，住定一地即安之，不喜移动。离苏以来每次移徙，俱感怅惘。不知来日复将移徙几回，始可东归故乡也。”（日记）

同日 范洗人在桂林召开开明书店大后方股东会议，选出董事、监事，决定增资至六百万元。选叶圣陶为董事（叶圣陶1月17日日记）。在随后召开的董监联席会议上，范洗人当选为经理，叶圣陶和章雪山当选为协理（叶圣陶2月7日日记）。至此，开明书店实际上分成了两家，一在上海，一在桂林。

1月12日　迁入城内陕西街。“余家占住下首朝东四间之靠外两间，其一居母亲，其一居余夫妇及二官三官，半间为办事室。小墨夫妇则居上首靠里之一间，无地板。此间有电灯，殊为方便。自廿七年离重庆，我家不用电灯至今矣。”（日记）

1月14日　胡赞平偕广汉县立中学校长戴小江来访。

1月15日　写信复胡绳、薛贻源、刘百闵、江红蕉。（日记）

1月16日　吕叔湘、胡赞平、戴小江来访，谈叶至善到广汉中学任教事。（日记）

1月17日　“晨往访龙志霍君，以《渡船》之校样交与之。”“作书致洗公（七十三号），谈编译馆拟以英译我国名著交我店出版事，附书致锡光。又作书复佩弦，佩弦胃病大作，身体委顿，余劝其归蓉休养。”往美术协会观卢锡麟摄影展览。与叶至善至蓉光大戏院，听中华交响乐团之演奏。（日记）

1月18日　复莫志恒一信。复贺昌群一信。

1月19日　华阳中学教员庄维石来访，请观其书稿《唐昌讲授谈》。接范洗人来信，告“开明决增资至六百万元”，叶圣陶被选为理事。

1月20日　“下午，循旧例敬神，在阴历，今日为腊月二十五。”作书致徐调孚，询夏丏尊、章雪村在沪被捕事。作书致唐锡光。（日记）

1月21日　“午后祀先，算是大年除夕之祭。”

同日　作诗《题张大千临摹敦煌壁画展览》（刊《张大千临摹敦煌壁画展览特刊》，又刊1944年1月28日成都《新民报晚刊·出师表》，署名叶绍钧；收入《叶圣陶集》第八卷时题名为《张大千临摹敦煌壁画展览》）。

1月22日　吕叔湘来访。范寿康来电，询夏丏尊、章雪村被捕事。与至美至诚“至国民戏院观《柔蜜欧与朱丽叶》”，“此剧系曹禺所译，大部用韵，语言殊不自然”。（日记）

1月25日 作书复宋云彬。

1月28日 应傅彬然邀请，写联寄往桂林参展，以资助梁漱溟先生办学院。

同日 王伯祥“接圣陶十二月十六日蜀沪百十八号书，复此去九十五号，附致丏、村、虞、蕉、调”。（王伯祥日记）

1月30日 作书复唐锡光、傅彬然。

1月31日 偕章雪舟、金世泽访冯月樵。

1月1日至7日、9日、10日、12日至22日、24日至31日的日记，收入《叶圣陶集》第二十卷。

2月1日 作书复陆侃如、杨刚、孙明心。“作书致洗公（第七十五号），并附一书与彬然。”（日记）

2月2日 作书复程铮。取回《中学生》杂志第七十二期送审稿，寄往桂林。

2月3日 作书复薛贻源，谈其译稿《中国地理之基础》（美克来塞著）。

同日 王伯祥“接圣陶一月五日蜀沪百廿三号，复此去九十六号，申论内外隔膜必彼此谅解始可”。（王伯祥日记）

2月4日 谢冰莹来访，请为《文境》杂志撰稿。与至诚入书场听书，题为《送姬》。

2月5日 发表《“一二·三〇事件”》，刊《中学生》复刊后第七十二期（1944年2月号），署名圣陶（收入《叶圣陶集》第六卷）。所谓“一二·三〇事件”就是1941年12月30日，敌伪在东北各大城市逮捕了一千多名用“读书会”名义结合起来的青年。1943年8月，敌伪释放了一部分青年，对另一部分青年进行宣判，“最重的是无期徒刑，轻的也在八年以上”。

同日 发表评论《读〈虹〉》，刊《中学生》复刊后第七十二期，署名圣陶（收入《西川集》，重庆文光书店1945年1月初版；又收入《叶圣陶集》第十卷）。长篇小说集《虹》，波兰瓦希列夫斯卡女士著，曹靖华译。

同日 发表《灌木集》（李广田著）广告，刊《中学生》复刊后第七十二期，未署名（收入《叶圣陶集》第十八卷）。

同日 发表《欧游杂记》（朱自清著）广告，刊《中学生》复刊后第七十二期，未署名。这两则广告与编在《叶圣陶集》第十八卷中的广告内容不尽相同。

同日 作书复贺昌群、钱歌川，致书祥麟。（日记）

2月7日 吕朝相、王冰洋来访。

2月8日 复唐锡光书，复傅彬然书，复范洗人书（第七十六号），复章雪山书，复士敭、清华书。编成《中学生》杂志第七十三期，次日送审。12日取回，寄桂林付排。

2月9日 吕叔湘来访。复朱东润书。致丰子恺书。“连饮已多日，今日酒断，未饮。酒价益贵，恐亦只得偶一举杯矣。”（日记）

2月10日 致朱自清信，请其为《国文杂志》考虑改进办法，并拉浦江清作文。“作书致洗公（第七十七号）及锡光。”（日记）

2月11日 至图书杂志审查处参加作者、编辑人座谈会。

2月12日 戴榴铃来访。致朱光潜信，促其从早完成《大学英文》书稿。“作书复洗公（第七十八号）。”（日记）

2月13日 往少城公园晤陈其可。午赴陈述民宅宴，吕叔湘同坐。宴后游文殊院，访藏金楼。夜至龙志霍寓，应其招宴，同坐皆大学教授，“而精神皆荒唐”。（日记）

2月16日 作《多刺目的两个字啊——致教师书之一》（刊1944年2月21日《华西日报·华西晚报》新六十三号；后收入《西川集》，收入《叶圣陶集》第十一卷时题名为《多刺目的两个字呀》）。是日日记：“作一文，论学校训育，用书信体，总名拟为《致教师书》。在此总名之下每信论一事，针对教育现状说话，如不间断，可得数十篇。下午文成，得千八百言。即往访朝相于省训团，交其《华西副刊》刊出。”

同日　程千帆来访。

2月17日　作《略谈音乐与生活》（刊《中学生》第七十四期，1944年4月号，署名圣陶；后收入《叶圣陶散文甲集》，又收入《叶圣陶集》第十二卷）。

2月18日　黄炎培夫妇来访，谈夏丏尊、章雪村“在沪被累消息，并略谈我国经济战事”。（日记）

2月19日　参加斐阁新春年会。

2月20日　谢冰莹来访，请问教授中学国文的经验。

2月21日　至美术协会，观宋美龄访美影片展览。自本日起，每天晚上都给办事处五位练习生上夜课，教国文。

2月22日　复金韵锵信，复傅彬然信。致书唐锡光，又致书范洗人（第八十号），致书朱自清及陈觉玄。又致书宋云彬、胡赞平。夜，与陶雄夫妇、陈翔鹤、王冰洋、吕朝相、车瘦舟等文协成都分会成员在四五六菜馆宴渝地会员李葳。

2月24日　作《几派的训育办法——致教师书之二》（刊1944年3月1日《华西晚报·艺坛》；后收入《西川集》，收入《叶圣陶集》第十一卷时题名为《训育的几派办法》）。

同日　李葳来访。夜赴菜馆应车瘦舟之约，与陶雄、吕朝相、王冰洋共尝茅台。

2月25日　黄炎培来访，谈《苞桑集》由开明书店重排出版。高晋生来访。作书复金韵锵、叶至善、钟博约。

同日　王伯祥“接圣陶上年十二月卅日蜀沪百廿二号（昨日到），附致红蕉、绍铭”。（王伯祥日记）

2月26日　叶至美开始给办事处五位练习生教英文。“夜间，二官为学徒们教英文，余与三官助之。一夕之经验，觉教四川学生学英文实在困难，最难在读音。”（日记）

2月27日　吕叔湘、胡赞平来访。作书复傅彬然、唐锡光。致书朱孟实，请为《中学生》杂志作文。

2月28日 作书复徐盈。作书致傅彬然、金韵锵。

2月29日 为四川大学文艺研究会作演讲，题为《怎样读小说》。

2月1日至5日、7日至14日、16日至29日的日记，收入《叶圣陶集》第二十卷。

3月1日 复胡绳信。复吕叔湘信。龙志霍来访。

3月2日 《田家画报》主编黄开万来访，请为该志作文。

3月3日 作书复金韵锵、傅肖岩。致书陈竹隐。复范洗人（八十一号），复唐锡光。

3月4日 作《青年的去路》（刊《田家画报》创刊号）。

同日 致书范洗人、章雪山（第八十二号），详述夏丏尊和章雪村在沪被拘事。

3月5日 发表《先知》（叙利亚凯罗·纪伯伦著，冰心译）广告，刊《中学生》复刊后第七十三期，未署名（收入《叶圣陶集》第十八卷）。

同日 与至美、至诚至美术协会观秦威画展。作书复宋云彬、薛贻源。致书沈雁冰。

3月6日 作《编辑后记》（刊《中学生》第七十四期，1944年4月号），未署名。

同日 作书复朱自清、田泽芝。

3月7日 作《新的傻子——致教师书之三》（刊1944年3月11日《华西日报·华西晚报》新七十九号；后收入《西川集》，收入《叶圣陶集》第十一卷时题名为《新的傻子》）。

3月8日 “得上海信，有伯、调、丏、绍虞四人执笔，调孚信述丏、村二公被捕事甚详。”（日记）

3月9日 作书复傅彬然。复范洗人（第八十三号）。致书章士敫。复书王知伊。

同日 作完《关于禁止看小说——致教师书之四》（刊1944年3月20日《华西晚报·艺坛》；后收入《西川集》，收入《叶圣陶集》第十一卷时题名为《关于禁止看小说》)。3 月 8 日日记:“作《致教师书》第四通,谈学校禁止看小说之不当,川中确有如此学校。”3 月 9 日日记:续作昨文,完篇。“即作一书,以稿寄陶雄。”

同日 作《鹧鸪天 寿洗翁六十》(收入《叶圣陶集》第八卷)。

3 月 11 日 复金韵锵信。朱达君由西安来蓉。夜与胡墨林等在全家福为朱达君洗尘。

同日 王伯祥“寄圣陶沪蜀九十八号(信),详陈此间近况,对内地增资无间言,并告仲弟之丧,附雪村、调孚信”。(王伯祥日记)

3 月 12 日 偕至美、至诚往蜀一观电影《逃生》。午应林雅巢之招宴,主客为国民党中宣部指导科科长魏绍征,“余皆图书审查处及为书业中人”。散席后至吕朝相寓应其招宴,王冰洋、陶雄等同座。

3 月 13 日 吴世昌来访。偕朱达君登望江楼茗坐,“闲谈上海内地情形”。(日记)

3 月 14 日 午宴吴世昌,邀龙志霍、吕叔湘、胡赞平作陪。

3 月 16 日 偕朱达君游少城公园,又往美术协会观张大千藏书画展览。编齐《中学生》杂志第七十四期,明日送审。将薛贻源译稿《中国地理基础》整理完毕,作广告辞。

3 月 17 日 作书致傅彬然、唐锡光、龙志霍、李晓舫。吴祖光来访,将新作《少年游》交开明出版。夜章雪舟宴朱达君,叶圣陶偕胡墨林作陪。(日记)

3 月 19 日 偕至美、至诚往蓉光观电影《拂晓攻击》。夜到朱达君寓所叙别,朱明日附车赴渝。(日记)

3 月 20 日 作书致宋云彬。作书复余冠英、朱孟实。

3 月 22 日 作书致唐锡光、罗孟伟、陶雄、夏承法。作书复范洗人(第八十五号)。至美术协会观许士骥画展。

3 月 24 日 作《改文——致教师书之五》(刊 1944 年 4 月 5 日、4

月6日《成都晚报·文林》；后收入《西川集》，收入《叶圣陶集》第十五卷时题名为《改文》）。

3月25日 作书复傅彬然、章士敭、朱达君。吕叔湘来访。

3月27日 “得沈雁冰复信，言迩来失眠病大作，复常伤风，致无意趣。”作书复傅彬然、吴祖光。（日记）

3月28日 科学馆馆长段天育来访，“谈欲以科学书稿交我店出版事”。（日记）

3月29日 复薛贻源、沈雁冰、傅肖岩三人信。

3月30日 田世英来访，拉叶圣陶回教育科学馆任职，被叶婉辞。吕朝相、王冰洋来访。复徐盈信。（日记）

3月1日至9日、11日至14日、16日、17日、19日、20日、22日至25日、27日至31日的日记，收入《叶圣陶集》第二十卷。

4月1日 作书复朱东润、孙东生。接范洗人信。

同日 作评论《〈戏剧春秋〉后记》（刊《国文杂志》第三卷第三期，署名朱逊；后收入《叶圣陶集》第十四卷）。五幕剧《戏剧春秋》，夏衍、宋之的、于伶合著。《〈戏剧春秋〉后记》，夏衍作。

同日 发表评论《〈上海——冒险家的乐园〉序》，刊《国文杂志》第三卷第一期，署名朱逊（收入《叶圣陶集》第十四卷）。《上海——冒险家的乐园》，爱狄密勒作，阿雪译。爱狄密勒是个假名，实为墨西哥驻沪领事弗莱斯科所著。属于报告文学，暴露一班白种人中的无赖在上海的种种胡为。叶圣陶说：“好好的读过一遍之后，该会觉得这篇文字气势很旺盛，力量很充沛，跟平平静静的说理文字不同。又会觉得这篇文字透露出作者的一腔情感，也可以说他愤愤不平，也可以说他悲天悯人。”

同日 发表《编辑者的话》，刊《国文杂志》第三卷第一期，未署名。

同日 作书信《致朱东润》（收入《叶圣陶集》第二十四卷）。

4月2日 吕叔湘来访。

4月3日 作书复陈觉玄。“中午祀先，算是过清明节”。（日记）

同日 “三时至陶雄家，出席文协理事会。商量召集年会，准备改选等事。理事到八人，李劼人、王余杞、王冰洋、陈翔鹤、罗念生、苏子涵、陶雄及余，唯谢文炳因病未到。五时散。”（日记）

4月5日 发表《略谈音乐与生活》，刊《中学生》复刊后第七十四期，署名圣陶（收入《叶圣陶集》第十二卷）。文章阐述“乐”，认为：“音乐也是一个重要的文化部门，跟它疏远了，在个人就缺少了一条进入更高更充实的生活的途径，在大群就缺少了一种感觉、激动、团结、组织的力量，关系实在不小。”

同日 发表《“读者笔谈会”》，刊《中学生》复刊后第七十四期，未署名（收入《叶圣陶集》第十八卷）。文章说：“人与人之间，以种种因缘发生联系……本志的读者散居在各处地方，彼此不相认识，莫说声音笑貌茫无所知，就是姓甚名谁也全不清楚；可是，彼此同读本志，精神上的联系实在不下于兄弟姊妹和同学。现在我们想使读者间的联系更见密切些、强固些，决定添辟一栏，叫做‘读者笔谈会’：就某一问题，请读者作文发表意见，汇刊在一起，作用就与大家聚在一块儿，开个‘座谈会’相仿。‘笔谈会’每隔两个月举行一次，一年举行六次。希望读者踊跃参加。”第一次“笔谈会”的题目是《青年与宪政》。

同日 发表《关于本志的各栏》，刊《中学生》复刊后第七十四期，未署名（收入《叶圣陶集》第十八卷）。

同日 发表《渡船——英语动词研究》（龙志霍著）广告，刊《中学生》复刊后第七十四期，未署名。

同日 作书复胡绳、吴潜英夫妇。陈竹隐来访。

4月6日 “重行整理黄任老之《苞桑集》，预备付排。写定目录，撰成广告词。然后致一书与任老，寄与授与版权契约。”

4月7日 作《本志复刊五周年》（刊《中学生》第七十五期，1944年5月号），署名圣陶。

同日 接黄炎培信，即复。夜，出席燕大同学文艺座谈会，谈短篇小说。

4月8日 为母亲作八十大寿。

4月9日 与胡墨林和至美往观关山月画展。编定《中学生》杂志第七十五期，明日送审。

4月10日 “作长信复彬然，附一书致锡光。……桂林信又至，再复彬然、锡光。”作书寄朱东润、朱孟实。

4月11日 到四川大学演讲，题为《文艺写作》。

4月12日 吕叔湘、胡赞平来祝叶母之寿。“今日为阴历三月二十，正是我母生也。”（日记）

4月13日 作书致唐锡光。作书复黄炎培。傍晚赴明湖春王畹芗之宴，客中有徐霞村。

4月15日 “饭后往青年会，出席文协成都分会之年会。到者三十余人，余为主席，各部报告而后，改选理事。余与陶雄、翔鹤、谢文炳、罗念生、李劼人、刘开渠、杨云慧、陈白尘九人当选。又决定明日下午在南门外竟成园开茶会，作文协总会六周年纪念，又庆祝老舍创作二十年纪念。”（日记）

4月16日 作书复宋云彬、孙明心、汪允安。午偕胡墨林往奎星楼街，应陈思苓之招宴。同座有李晓舫、罗玉君夫妇、谢冰莹等。出席文协理事会，被推举为出版部主任。夜与文协诸友为陶雄饯行，陶将离蓉赴渝，任职于交通部。

4月17日 至光华附中演讲，题为《学科、课本、教师》。

4月18日 作书答薛贻源。

4月19日 作评论《读〈第二次世界大战参考地图〉》（刊《中学

生》第七十六期，1944年6月5日，署名李庸）。《第二次世界大战参考地图》，金端苓绘，开明书店1943年11月出版，桂林文光书店发行。

4月20日 作信复梁漱溟。空军军官章嘉禾来访。

4月21日 作书致傅彬然。作书致章嘉禾之弟嘉泰，告以嘉禾往印度接受训练。

4月22日 作书信《致朱东润》（收入《叶圣陶集》第二十四卷）。

4月23日 作评论《读〈文言虚字〉》（刊《中学生》第七十六期，署名圣陶；后收入《西川集》，又收入《叶圣陶集》第十四卷）。《文言虚字》，吕叔湘著，开明书店1944年3月出版。

4月24日 作书信致范洗人（第八十七号）。致书唐锡光。复士敫、清华。吕叔湘来访。李小峰夫人蔡漱六女士来访。为文光书局校《缪钺文论甲集》。

4月25日 作书复卢剑波。作书复徐盈。

4月26日 作书复柳亚子。柳介绍林庚白之《丽白楼自选诗》交开明书店出版。

4月27日 作书答朱孟实，“渠欲以近作谈文学之文成集”交开明出版。

同日 作《关于夏章两先生被捕》（刊《中学生》第七十六期，署名编者；后收入《叶圣陶集》第六卷）。夏章两先生，即夏丏尊、章雪村。

4月28日 王伯祥“接圣陶三月十五日晚发蜀沪百廿五号（信），知达君已到，晤悉种切矣。并告开明同人特于四月中在桂林公祝洗人周甲大庆云”。（王伯祥日记）

4月29日 作书致范洗人（第八十八号），“谈店事数项”。孙玉如、吕朝相相继来访。（日记）

4月30日 致书陈翔鹤、吕叔湘，谈郭子杰拟与文协会商办文艺杂志事。

4月1日至3日、5日至13日、15日至21日、23日至30日的日记，收入《叶圣陶集》第二十卷。

5月1日 作书复宋云彬、章士敭。

5月2日 代叶至美作“送别毕业同学会”之歌。歌云：“不说惜别，不说临别依依；心心相印，交情岂在形迹？古有赠处，唯愿共取其义，今日之会，将为欢无极。”

5月3日 作书复朱自清。至少城公园观秦良玉遗物展览。

同日 作书信《致朱东润》（收入《叶圣陶集》第二十四卷）。

5月4日 观电影《春江花月》。“（郭）子杰来，渠欲办一文艺杂志，强余为编者。此事前曾谈起，余辞焉，而彼意非余帮忙不可，七日约文协诸友集于其家，即谈此事。文艺杂志最难编，余所不敢为，若不得脱身，真是无聊之事。”编定《中学生》杂志第七十六期。（日记）

5月5日 作小说《邻舍吴老先生》（刊1944年5月15日昆明《中央日报·星期增刊》革新号；后收入《西川集》，又收入《叶圣陶集》第三卷）。主人公吴老先生的外甥从沦陷区来，说家乡的秩序还不错，日本人称赞那儿的人是最出色的中国人。吴老先生听了立刻打消了早日回乡的愿望，他说听到了家乡的名字都感到羞愧，决意做迁川的第一代世祖。

同日 发表《本志复刊五周年》，刊《中学生》复刊后第七十五期，署名圣陶。文章重申了一年前《本志复刊四周年》中阐释的办刊宗旨后说：“现在要说的是我们都是中年人，可自信还有青年的气概；我们虽不敢自以为优秀，可是自信还有可以培养的资质；因此之故，我们说‘有待我们无数的优秀青年来担当’，决不是只教人家去努力，自己却躲在一旁冷眼观看；我们愿意把自己融合在青年的队伍里，共同作‘长期的锻炼’，共同‘担当’那艰巨的工作。”

同日 发表《关于“通讯·问答”栏》，刊《中学生》复刊后第七十五期，未署名（收入《叶圣陶集》第十八卷）。

5月6日 作书复范洗人（第八十九号），又复宋云彬、傅彬然、胡绳。（日记）

同日 王伯祥"寄圣陶沪蜀九十九号（信），附调孚信，复来书百廿五号，并附村致舟书，属治筵代祝叶母八十寿"。（王伯祥日记）

5月7日 应郭子杰宴，除文协理事外，有吴作人、饶孟侃、周太玄等，商定出版《文与艺》杂志，由叶圣陶主编。出席草桥同学会。复贾祖璋信。

5月8日 作《文与艺》征稿启。致书胡绳，复徐盈信。

5月9日 致书沈雁冰，请为《文与艺》作文。致书吴祖光、施蛰存。郭子杰来访，取《文与艺》征稿启。

5月10日 往五世同堂街访陈白尘，"与谈《文与艺》之编辑。共谓既办此志，总宜弄得好些，有精神，活泼。复商定杂志形式，招稿方针等项"。复薛贻源信。

5月11日 写信致唐锡光。

5月12日 致书沈雁冰、朱自清、宋云彬、丰子恺，均为《文与艺》拉稿。又致书黄开万。复唐锡光、傅彬然。（日记）

5月13日 作小说《辞职》（刊《文境》杂志，又刊昆明《中央日报·星期增刊》；后收入《西川集》，又收入《叶圣陶集》第三卷）。主人公刘博士不愿意与当官的同流合污，不得不辞职。可是改行之后，就不会遇到那种不三不四的事儿了么？

同日 秦佩行来访，谈时局。程受百来访，亦谈战局。夜偕胡墨林应冯月樵宴。写信致傅彬然。

5月14日 入少城公园观木刻展。入美术协会，观韩乐然画展。

5月15日 发表评论《朱自清先生的〈论诚意〉》，刊《国文杂志》第三卷第二期，署名朱逊（收入《叶圣陶集》第十四卷时题名为《论诚意》）。文章赞赏朱先生语言品质精粹，看他的文字宜"用口来念"，"合着它那声调跟节奏，不但在意义上可得更多的了解，并且在心情上竟是很高的享受”。

同日 “雁冰书来，转老舍书，意欲重印其《蛤藻集》。因作书复老舍，并拉稿。又复雁冰。”作致范洗人书（第九十号），“与谈近时局势，询以为店事宜作若何准备。作《诗乐论》广告辞一则”。（日记）

5月16日 访朱孟实夫人奚今吾。作书复朱孟实、宋云彬、金韵锵、孙明心、王了一。

5月18日 接王了一信。

5月19日 致书陈白尘、金韵锵。复书陆侃如。往美术协会观苏联国情照片展览。

5月20日 作书复沈雁冰。作书致范洗人（第九十一号），作书致郭子杰。（日记）

5月21日 李吟园来访，“代余向武大旧同事募捐得吴子馨遗孤教育基金万元，余亦捐五百元。即托吟园汇往乐山。作书致韦润珊，韦盖主其事者也”。（日记）

同日 郭子杰来商《文与艺》杂志事。拟《〈文与艺〉创刊举要》。

5月22日 作小说《春联儿》（刊1944年7月9日昆明《中央日报·星期增刊》第二十三期；后收入《西川集》，又收入《叶圣陶集》第三卷）。主人公“我”为靠推车度日的老汉拟一副春联儿，“有子荷戈庶无愧，为人推毂亦复佳”。

同日 往美术协会观英国十九、二十世纪之绘画展览。

5月23日 复薛贻源、赵隆勷信。吕叔湘来访。陈白尘来访。

同日 得袁水拍信。“其信中言曾于苏州玄妙观书摊上见余藏书，多有作者签名题赠，卖一二元不等。余存家中之书殆散失已尽矣，一叹。”（日记）

5月24日 作书致郭沫若，请其为《文与艺》作文。作书复金韵锵、陆步青。（日记）

5月25日 作书复老舍。“渠来信言方作百万言之长篇小说，期以

二年，不能间断而作他种文字。其精力亦可佩。”观电影《天方夜谈》。（日记）

5月26日 作书复臧克家、李晓舫、汪允安、吴祖光、丰子恺。（日记）

5月27日 作书复傅彬然、唐锡光、范洗人（第九十二号）、孙锡洪、胡赞平。吕朝相来访，谈时局。（日记）

5月28日 至中央影院看电影《沙场喋血》。章雪舟、冯月樵来访。（日记）

5月29日 作书复李广田，“与商其《诗的艺术》一书之出版条件”。致书郭子杰，请其另推他人为《文与艺》杂志主编。（日记）

5月30日 作《丽白楼自选诗》和《英译唐人绝句百首》广告辞。

5月31日 作《少年游》广告辞。致书王清华、唐锡光。复范洗人（第九十三号）、柳亚子、丰子恺。

5月1日至16日、18日至31日的日记，收入《叶圣陶集》第二十卷。

6月1日 作书复胡绳。作书致郭子杰，坚辞《文与艺》杂志主编之职。钟博约来访。吕叔湘来访，谈时局。（日记）

6月2日 致信宋云彬。

6月3日 编齐《中学生》杂志第七十七期。

6月4日 至望江楼参加苏州中学同学会之茶会。参观省立实验小学。夜观教育部川康沿线社会教育工作队之演剧。（日记）

6月5日 发表评论《〈月亮下去了〉读后》（刊《中学生》第七十六期，署名洗涛）。

同日 发表《编辑室——第二次“笔谈会”讨论题》，刊《中学生》第七十六期，未署名（收入《叶圣陶集》第十八卷）。这次“笔谈会”的题目是《当前的局势与我们》。

同日 复薛贻源、顾石帆、贺昌群、陆步青、韦润珊、章雪山信。

致书金韵锵。

6月6日 作书致范洗人（第九十四号）。作书致唐锡光。（日记）

6月7日 作《地理与战争》广告辞。郭子杰来访，因叶圣陶坚辞《文与艺》杂志主编之职，因决定缓办，来稿皆退回。致书贾祖璋。（日记）

6月8日 作书致范洗人、章雪山（第九十五号）。致书吕叔湘。复陆侃如。（日记）

6月9日 作书复唐锡光、傅彬然、范洗人（第九十六号）。致书臧克家、陈觉玄、陈国桦。接上海诸友信，“已数月不得信矣”，“雪村谈店事”，“调孚则言上海文艺界近况”。（日记）

6月10日 致书沈雁冰、陈白尘、朱孟实。复李广田、杨人楩、金韵锵。胡赞平、陈述明、许可经来访。（日记）

6月12日 陈白尘来访。作书复宋云彬。致书朱东润、金韵锵。（日记）

6月13日 作书致荒芜、曹靖华。复朱孟实、金韵锵。

6月14日 作书致袁水拍、朱自清、朱东润、芷芬。复孙锡洪。

6月15日 作书致上海“伯、村、调、丏、红蕉，一同封寄（第百二十六号）”。致施蛰存信。复章嘉禾、朱自清。郭子杰来访，“仍言另出文艺杂志”。（日记）

6月16日 “抄昨日佩弦寄来之一文，渠欲保留原稿，故抄之。”朱自清的这篇文章题为《论青年》。（日记）

6月17日 接金韵锵信，“言总店（开明书店在桂林的总店）决迁重庆”。（日记）

6月20日 作书致沈雁冰。复徐盈。

6月21日 作书复马文珍、丰子恺。致书汪允安。

6月22日 复蒋牧良、孙锡洪、朱孟实。致丰子恺。

同日 “醴陵已陷，敌又攻湘乡。……桂林信来，稿子来。彬然言桂林人心惶恐，群谋疏散。我店总机构决迁重庆。锡光言已排将成之书，设法赶印，已排而距完成尚远之书，则收回原稿。清华拟即赴渝，加强渝地排印工作。初不料我店渐入轨道，而又须逃难，一切又得从头做起。叔湘来谈，据谓衡阳如不守，敌必趋桂林。闻之怅甚。”（日记）

6月23日 “写信复彬然、锡光，他们正忙于预备疏散，余亦心绪不佳，写来甚草草。又致书雪山，亦无好语，想渠必镇守桂林调度一切。洗公或已离桂，不复寄书与之。”“看报，湘乡已失，敌已抵衡山。如此前进无阻，则到衡阳、桂林，亦复无多时日，怅恨何已。”作一书复杨人楩。（日记）

6月24日 “桂林有两电来，嘱汇款贵阳，备疏散之用；又言洗公已离桂，总机构决迁渝，可见桂林之惶急。”作一书复薛贻源。（日记）

6月25日 “复邹君斐一信。致韵锵一信，请渠在渝接洽排字厂家，以便排杂志，并排少量之书稿。”与章雪舟共往春熙路商务印书馆访王云五。（日记）

6月26日 张静庐来访。作书复荒芜。

6月27日 复王了一。至玉沙街姑姑筵，参加书业界同人招待王云五之宴。席间，王云五谈访英琐闻。散席后到燕京大学听王云五演讲，讲战时英国之出版界与教育。（日记）

6月28日 复陆步青、朱东润信。致宋云彬书，与谈《国文杂志》是否要移重庆出版。观电影于中央影院，片名《翠堤春晓》。（日记）

同日 “柳亚子书来，附一诗，录之于后：《辑庚白丽白楼自选诗一卷成，媵附录十种，寄叶圣陶成都，以梓行之事相嘱。九叠九字韵》：‘九章九歌九辩九，葩经而后推祭酒，继以汉魏六朝唐宋元明清，代有风骚毓灵秀。中华民国诗圣林庚白，谁欤匹者亚子柳。林诗深刻柳诗大，诗才无独偏有偶。逐鹿中原沛季骄，屠龙沧海扶馀又。不相菲薄却相师，我与林生称畏友。林生论齿少十龄，忘年犄角堪左右。香江一弹殒人豪，归来我已俨然叟。丽白楼殒丽隐兴，君家哲妇才华茂。杜陵兄妹亦因缘，美人虹气贯牛斗。由来枚叔避相如，休夸七步陈王豆。春草池塘梦惠连，敢以兄肥轻弟瘦。一卷遗诗比托孤，丹铅日夕摩挲久。江东叶弟旧知音，说部当年落我手，地老天荒《倪焕之》，墨椎影事怜君厚。褚渊袁粲死生殊，一钱不值吾终负。桂岭相逢未论心，举觞空拟为君寿。绝业名山幸托君，禹穴龙威堪纳牖。林生林生倘有知，风云横海蒲牢吼。'亚子颇不忘余之小说《倪焕之》，书中又抄录其旧作一绝见示云：'光轮未转肉先糜，一语深悲《倪焕之》。风雨鬼雄多入梦，楚骚哀怨泣江篱。'"（日记）

6月29日 接范洗人、章雪山、宋云彬、傅彬然信。"桂林排印工作已全停顿，《中志》殆须在重庆出版。"程受百来访，谈时事。"瞻念前途，殊可忧虑。敌人广播，言将于中秋在四川吃月饼。政府改善，渺无踪影，大家喊要求民主，而政府若未闻。或者穷则变之时期不远乎。怅然无极。"（日记）

6月1日至10日、12日至18日、20日至30日的日记，收入《叶圣陶集》第二十卷。

7月2日 《新民报》编辑王楷元来访。

7月3日 致陆侃如信。致陈翔鹤信。

7月4日 作《"七七"七周年随笔》（刊成都《新民报晚刊·"七七"七周年纪念特刊》；后收入《西川集》，又收入《叶圣陶集》第六卷）。

7月6日 作诗《张静庐从事出版事业二十五周年》（收入《叶圣陶集》第八卷）。

7月8日 作书复朱达君。蔡漱六女士来，谈曲艺。（日记）

7月9日 作书致王冰洋、陈白尘、陈竹隐。

7月10日 作书致沈雁冰，"代唐弢索其写字"。作书复丰子恺、李庆华、范洗人（第九十七号）。

7月11日 作长信复章雪山。又复傅彬然、宋云彬。接朱自清信。接范洗人、傅彬然、唐锡光、王清华信，知开明书店桂林总店在湘桂大撤退中损失惨重。（日记）

7月14日 作《革自己的命》（刊《中学生》第七十八期，1944年9月5日，署名圣陶；后收入《叶圣陶散文甲集》，又收入《叶圣陶集》第六卷）。本文是由秉仁的《一个紧急的呼吁》（刊同期《中学生》杂志）引发出来的，强调“革命”在乎“实践”，在乎“从公”。“为私的人必被打倒，必被扑灭”。

同日 作《编辑室——关于本志第七十六七两期》，刊《中学生》第七十八期，未署名（收入《叶圣陶集》第十八卷时题名为《编辑室——关于本志第六月号七月号》）。

同日 编齐《中学生》杂志第七十八期，在重庆付排。

7月15日 写信复傅彬然、范洗人（第九十八号），复士敭、清华、韵锵。朱自清偕陈竹隐来访，“三年为别，握手甚欢。”夜接重庆来信，知范洗人、傅彬然一行已抵渝。（日记）

7月16日 作书复范洗人（九十九号）、傅彬然、章士敭、金韵锵。

7月18日 接傅彬然自重庆来信，即复。

7月19日 武汉大学训导员刘师尚来访。夜观夏声学校演剧，剧名《擂鼓战金山》。

7月20日 作书复陆侃如、钱歌川。致书傅彬然。接傅彬然信。

7月21日 作书复朱孟实。朱自清来访。

7月23日 复范洗人信（第一百号）。复傅彬然信。谢冰莹来访。陈翔鹤来访，“谈文协分会响应文协总会募集救济贫病作家基金事。将在此间募捐，并请会友作文，以其稿费捐助。”（日记）

7月24日 得傅彬然信，谈店事。

7月25日 作书复傅彬然。又复金韵锵、王清华。

7月27日 成都市图书杂志审查处要叶圣陶对《中学生》杂志第七

十八期卷头言作删改。“有两篇卷头言因指责现状太刻露，谓须修改。审查制度即在使大家不说老实话，务为掩饰，以相欺蒙，于此可见。余勉改数处，再送往审阅，遂通过。”（日记）

7月29日 夜宴陈述民、胡赞平、吕叔湘、朱自清、李晓舫、章雪舟、杨人楩等。

7月30日 与陈翔鹤、冯月樵、王楷元等共商援助贫病作家基金事。

7月1日至4日、6日至31日的日记，收入《叶圣陶集》第二十卷。

8月1日 作《据理论而言》（收入《西川集》，又收入《叶圣陶集》第六卷）。

同日 作书复范洗人（第百一号）、傅彬然、金韵锵。又致书钱歌川。与王楷元、朱自清、萧公权、程会昌夫妇等在少城公园绿荫阁吃茶谈诗。（日记）

8月2日 作评论《读〈人和书〉》（刊1944年8月6日成都《新民报晚刊·出师表》，后收入《叶圣陶集》第十八卷）。《人和书》是成都《新民报》记者王楷元的第一本书，内容多为谈人物和书籍。叶圣陶说看完这本书，“宛如读了一种上品的笔记小说”。

同日 与陈翔鹤、刘开渠、罗念生、杨云慧等集会，讨论响应募集援助贫病作家基金事。为朱自清写一赠医生联：“生死人而肉白骨，保赤子如拯斯民。”

8月3日 发表《慰念贫病作家》，刊成都《新民报晚刊·出师表》，署名读者（收入《叶圣陶集》第六卷）。

同日 作《援助贫病作家》（刊1944年8月6日成都《新民报晚刊·出师表》；后收入《叶圣陶散文乙集》，又收入《叶圣陶集》第六卷）。

8月4日 作《暴露》（刊1944年8月9日成都《新民报晚刊·出师表》；后收入《西川集》，又收入《叶圣陶集》第六卷）。

同日 访王楷元，为《新民报晚刊》作文润笔共二千元，悉入捐款。访陈翔鹤，谈募款事。

8月5日 作《“八一三”随笔》（刊1944年8月13日成都《新民报晚刊·出师表》，又刊1944年9月3日《中央日报·星期增刊》第三十一期；后收入《西川集》，又收入《叶圣陶集》第六卷）。

同日 文协成都分会在教育厅举行记者招待会，叶圣陶报告募捐经过。

8月6日 至枕江楼赴苏州中学同学会月会，公宴杨人楩夫妇。宴后，与杨人楩、吕叔湘、胡赞平等吃茶。

8月7日 作书复龙志霍。吴祖光来访。“范敬贤来，代余捐款得六千余元。”次日，将捐款交与陈翔鹤。（日记）

8月8日 往访陈翔鹤途中遇朱自清，“与共入甜食店小坐，约星期六来余家”。（日记）

8月9日 作书致孙锡洪、唐锡光。作书复范洗人（第百二号）、傅彬然、陆步青、邬侣梅、金仲华。杨人楩夫妇来访。（日记）

8月10日 作《动动天君》（刊《中学生》复刊后第七十九期，1944年10月5日，署名圣陶；后收入《叶圣陶集》第十二卷）。文章希望同学们在新的一学期“多思”：“如今是个什么时代？我国处于什么样的局势？”“在此时此地要具有怎样的品德才能才成为个人？自己在学校里要怎样锻炼才会具有这种品德才能？”

同日 王楷元来访。吕叔湘来访。作书复贺昌群。

8月11日 编齐《中学生》杂志第七十九期，至图书杂志审查处送审。作书复徐盈、李广田、杨东莼、卢芷芬。

同日 作《编辑室》（刊《中学生》复刊后第七十九期，未署名；后收入《叶圣陶集》第十八卷）。

8月12日 陈翔鹤、朱自清来访，留用午餐。下午与胡墨林一起陪朱自清到书场听书。

8月13日 “作书复伯祥、调孚，列第百二十七号。邮程迟缓，所谈多不接头，一书之达须历三月，亦无兴多寄上海信矣。复锡光书。”（日记）

8月15日 离蓉赴渝，到开明书店重庆办事处，与同人共商店务。是日抵内江。

8月16日 晨在车站见到邵力子夫妇，“在车旁谈数语即别”。下午六时抵重庆。见范洗人、傅彬然、章士敭、王清华、俞颂华、章雪山等。与章雪山分别计已七年。

8月17日 作《青年丛书》和《英语丛书》广告。（日记）

8月18日 徐盈来访。文协梅林、以群来访。

8月19日 陶载良、姚蓬子来访。胡墨林寄来《中学生》第七十九期全稿。

8月20日 与傅彬然、章士敭等往游海棠溪。寄顾颉刚信。

8月21日 参加开明书店业务会议。徐盈来访。巴金来访。沈雁冰、沈端先、叶以群、黄洛峰联名送来请柬，邀明晚聚餐。作书致徐盈、张静庐。夜往国泰影院观苏联童话片《大萝卜》。

同日 作《近代英美散文选》广告一则。（日记）

8月22日 往看为开明承印书籍的自强印刷所。访巴蜀学校。访黄炎培。沈雁冰来访。陈达夫来访。“五时半，偕雁冰、彬然至读书出版社应招宴。主人以群、洛峰、夏衍而外，尚有张静庐、何其芳诸君。肴馔丰而精，饮啖甚适。七时半，共步行往文协会所，诸友已集，一一握手相见，都三十余人。熟友有伏园、沈启予、陶雄、冯雪峰诸君。伏园主席，言此会系欢迎余与崔万秋。余因言成都募捐情形。万秋谈河南战时情形，渠方自战区来也。今日报载王鲁彦病死桂林，因商及致赙办法。十时散，与彬然乘人力车归。”接胡墨林及至美信。

8月23日 “作书寄家中。复孙锡洪书，复云彬书。”“雁冰来，昕渠谈各方面事。”张承修来访。“下午三时许，歌川来，不见三年有半矣。既而子敦与朱复初来，酒人相遇，便入酒肆。子敦、复初、歌川、洗、山二公与余凡六人，且谈且饮，共饮大曲一斤又七两。”“七时与彬然至天官府郭寓。少数友人已先到，请《大公报》记者孔君谈此次参加记者团，参观延安种种情形之感想。孔君谈延安似颇公正，彼处政治设施多能就事求得解决。来听者中有张骏祥、白杨女士夫妇，余以前所未识也。又有王亚平君，亦新相识。归店已十时半。”（日记）

8月24日 “作广告词一则，看文稿二篇。”胡绳、刘白羽、何其芳来访，“因与彬然邀他们饮于酒店，畅谈”。（日记）

8月25日 吴朗西夫妇偕巴金来访。胡风来访。徐盈来访。傍晚，偕范洗人、傅彬然至巴蜀学校，应勖成、伯才之招宴。

8月26日 至中国国际救济会访章元善，未遇。作书致章元善。作书复丁晓先、袁光楣。傅剑秋来访。参加开明书店业务会议。

同日 作《扩大白话文字的境域》（刊1944年9月1日重庆《大公晚报·小公园》；收入《西川集》时题名为《扩大白话文字的地盘》，又收入《叶圣陶集》第六卷）。

8月27日 李儒勉来访。“偕彬然至作家书屋访姚蓬子，晤侯外庐。”至郑明德家，参加杭州一师校友会之集会。今日为教师节，“席间各期同学分别为老师寿”。（日记）

8月28日 与范洗人、章雪山、傅彬然往唐高沱访沈雁冰夫妇。

8月29日 访章元善于马蹄街。赴李儒勉宅应其招宴。柳无垢来访。赴留俄同学会晤张志让、沈衡山。“参加编校、出版二部之工作会议。校《张居正大传》。”（日记）

8月30日 “起草致著作人公函两通，一为版税事，一为书稿付排延迟事。”“作书复老舍，老舍招往游北碚，余惮其跋涉，辞焉。”“徐蔚南来访，十余年不见，亦苍老矣。渠为图书审查会秘书，参政会邵力子先生之秘书。”丁晓先夫人来访。“晚八时偕彬然至

作家书屋，商王鲁彦身后事。到者蓬子、雪峰、巴金、以群、梅林。商定约集友人致赙，并于十六日开追悼会。”（日记）

8月31日 作书复胡墨林。力扬君来访。下午至交通银行，参加《宪政》月刊社邀集之宪政座谈会。散会后至沈衡山先生之事务所，应其招宴。同坐为沙千里、张恨水、周鲸文等。（日记）

8月1日至31日的日记，收入《叶圣陶集》第二十卷。

9月1日 卢冀野来访。周谷城来访。

同日 作书信《致朱东润》（收入《叶圣陶集》第二十四卷）。

9月2日 作书致贺昌群、杨人楩。丁晓先来访。偕范洗人往访王云五。

9月3日 宋易来访。吴星恒来访。

9月4日 写信致吴朗西，托为设法买返蓉车票。夏衍、巴金、卢冀野、陈望道、张西曼、陈达夫来访。

同日 作《纪念辛亥革命》（刊《中学生》第八十期，1944年10月5日，署名圣陶；后收入《叶圣陶集》第六卷）。文后注：“这篇文字的稿费捐入援助贫病作家基金。”

9月5日 陈望道、杨卫玉、陶雄、贺昌群、吴朗西、丰子恺来访。子恺“白发已多，须髯亦苍，而精神甚好。回想以前会晤，尚是二十六年在沪共编小学教本时事。五时偕洗公、彬然、子恺、璋圭（子恺之亲戚）至大梁子一小酒肆共饮黄酒。谈彼此近况，谈艺术界情形，甚欢，各饮酒三碗有余。食素面于紫竹林”。（日记）

9月6日 朱东润来访。

9月7日 夜至曹家庵应文化运动委员会之邀在文化会堂讲演，晤李辰冬、赵友培、徐文珊。贺昌群来信约十二日往沙坪坝小叙，“作书应之”。（日记）

9月8日 出席开明书店董事会，报告最近编辑出版情况。范洗人报告本年度增资、营业及撤离桂林之经过。到会董事还有邵力子、卢冀野、章雪山、丰子恺、傅彬然、范寿康、章士敭。

9月9日 偕范洗人、丰子恺访章元善。作书覆傅庚生。夜，出席开明书店明社大会，并发表演讲。

9月10日 胡绳来长谈。沈雁冰来长谈，“叙新疆往事，颇动听”，夜宿开明办事处。陶雄来访。（日记）

9月11日 李葳来访。章元善来访。吴朗西、巴金来访。作书致朱孟实、李庆华、罗莘田。出席开明书店业务会议。

9月12日 冒雨往访贺昌群。贺昌群导访章元善，未遇。访丰子恺。夜宿贺昌群宅。次日返开明办事处。后贺昌群作诗记这次的晤叙。诗云：“幽居且喜故人回，误尽儒冠百事哀。不觉流年添白发，最难肝胆映深怀。江天小舍风灯乱，雨夜丛林篝火催。此别醉谈愁论后，何时襟抱得重开？”

9月13日 午赴紫竹林素菜馆应黄炎培、杨卫玉之招宴。傍晚应李葳招饮。作书致胡墨林。作书致钱歌川、李儒勉。覆邬侣梅。夜出席明社之座谈会，作“国文学习”之讲演。

9月14日 至上清寺聚兴村访罗莘田，晤伍叔傥、陈万里。下午出席开明书店业务会议。夜观汉剧《收黄忠》。

9月15日 偕范洗人、傅彬然往访柳亚子。“晚饭后，雪峰、蓬子来谈。雪峰于文艺所见颇深，自言为文不能阔大，同辈为文，鲜能自成风格，其说皆精。又谈及周知堂，言此人终毁于时世，实可深哀。周明知其非，而最近为文则表甘自为之，非由被迫之意，此益可哀矣。谈一点半钟而二君去。”作书致胡墨林。（日记）

9月16日 作书复陆步青，作书致冰心。丁晓先夫妇来访。“七时偕洗公、彬然、晓先参加王鲁彦追悼会，地点在观音岩中国文艺社。到者四十余人，蓬子主席。余被邀说话。外有雁冰、彬然、王平陵、张道藩诸人。”“九时散，入小茶馆喝茶。王平陵、张西曼后至，同桌。谈时局，张左而王右，各是其是，各

说其说，张抵桌而谈，表现其湖南人本色。”（日记）

9月17日 作书致胡墨林。观话剧《山城故事》（袁俊作）。

9月19日 出席开明书店编审、出版、推广三部联席会议。下午至新运会观都冰如石刻展览。谢冰心来访，未遇。叶圣陶得知后即往访。“余即至其所书地点中一路嘉庐，晤谢及其夫吴文藻君。冰心连日出席参政会，疲甚，小睡方起。观其姿态，已是中年妇人模样，余尚是初次见面也。谈其著作之版权应如何保持，并告余其《关于女人》一书在他家出版，颇多不满意处，拟交我店重出。坐四十分钟辞出。”（日记）

9月20日 李儒勉来访。夜至国泰影院观歌舞片《歌场魅影》。

9月21日 傍晚至李儒家小饮。仍买不到回蓉汽车票。“韵锵持王亚南小姐所得介绍笺，代余奔走数个机关，结果得重庆（公路）局副局长之亲笔批注，言有班车时即售与余（回蓉）车票一张。日来已数日无班车，明日亦无之。”（日记）

9月22日 “韵锵为余往车站探问，知明日无车，大约尚须待三四日”。（日记）

9月23日 作书致胡墨林。钱歌川来访。

9月24日 访范寿康。

9月25日 由渝返蓉，抵永川。26日，抵内江。27日，抵球溪河。28日，抵蓉。

8月15日至9月28日的日记，以《蓉渝往返日记》为题刊《红岩》1983年第三、四期，又收入《我与四川》。

叶圣陶《〈蓉渝往返日记〉小记》（1983年3月22日）：

“那一次我从成都去重庆，完全为开明书店的店务。那时候的情形与两年前有所不同，由于政治情况的转变和桂林的疏散，许多出版机构和‘文化人’又集中到重庆。我在重庆的那一个多月里，正碰上日本侵略者大举进犯湘桂，于是又有一批‘文化人’撤退到重庆来。所以那次在重庆，我与朋友的交往甚至比战前在上海的时候还频繁，彼此的心情也复杂得多。现在大多数朋友已经成了古人。可惜我的日记记得太简略，自己看了还能回想起当时的情景，别人看了恐怕很难揣摩我的那些朋友的声音笑貌了。”

9月29日 编定《中学生》杂志第八十期。作书致范洗人、傅彬然、章士敭、王清华、金韵锵、王亚南。冯月樵、蔡漱六来访。

9月30日 “晨至赞平所，探听佩弦行止。”“楷元来，以《新民报》馆代收之援助贫病作家捐款四万数千元交余。余即走访翔鹤，以此款交与之。据云已收到之款为十七万余，估计他项收入，五十万之总数殆可达到。”（日记）

9月1日至30日的日记，收入《叶圣陶集》第二十卷。

10月1日 作书致吕叔湘、洪承法。

10月2日 作书致傅彬然，并发蓉编译所第一号信，“皆言关于编校方面之事”。作书覆叶石甫、贺昌群、卢芷芬。朱达君来访。吕叔湘来访。夜与蓉办事处同人宴章雪山和朱达君。

10月4日 作《怎样铲除贪污》（刊《国讯》第三百七十八期；后收入《叶圣陶散文乙集》，收入《叶圣陶集》第六卷时题名为《论“长官认错”》）。

同日 与王楷元、陈翔鹤至美术协会观女作家书画展览会，所得款援助贫病作家。

10月5日 作书复齐鲁大学学生，“略评其所作文”。作书致范洗人（百零三号）。

10月6日 作《双十节随笔》（刊1944年10月10日成都《新民报·国庆特刊》；后收入《西川集》，又收入《叶圣陶集》第六卷）。

10月7日 作书致朱自清。

10月9日 作书致范洗人（百零四号）。陈白尘偕叶鼎彝来访。“入夜，与小墨二官三官至暑袜街礼拜堂听费曼尔女士小提琴独奏。票资悉数捐入文协之援助贫病作家基金。此会由子杰夫妇张罗，售票甚多，可得二十万元。”（日记）

10月11日 接范洗人、傅彬然信。

10月12日 作书复陈万里。作书复范洗人（第百零五号）。

10月13日 冰心来蓉，“晤冰心，与谈其著作之版权问题，并约定其《关于女人》一书，决校正后交我店重出”。“乘车至刘开渠所，出席文协理事会，到者白尘、翔鹤、朝相、云慧、开渠与余。议定参加韬奋追悼会，开晚会答谢赞助募款诸人，并开歌唱会继续募款等项。”至青年会观剧《棠棣之花》。“此剧剧本早已看过，为郭沫若所作，今观其演出，实非佳作。大缺点在全体系叙述而非表现，小疵病则语多文言，不为口语，听之殊不顺耳。”（日记）

10月14日 为陕西街房屋加租事，代雪舟致一书与房东王学姜。作书致叶鼎彝。复孙明心书。又致书范洗人（第百零六号），“言《无望村馆主》《旅行随笔》两书为中审会禁止事”。吕朝相来访。（日记）

10月15日 作书复陆步青。陈斠玄来访，谈其子在国民党军队“无事可做，无饷可领（为主者扣住），饥饿疲乏，甚至求死于前线而不得”。（日记）

10月16日 孙次舟来访。见王楷元、徐中舒。偕胡墨林至宴宾楼，与章雪山、章雪舟一起宴巴金夫人陈女士。

10月17日 作书致范洗人（第百零七号）。

10月18日 作书致朱自清。作书复卢芷芬。

同日 “五时后，狄君武（狄为国民党中央委员兼立法委员）偕俞守己、陈仲英二君来访。狄并欲访马超群老先生，因往请马老先生来我家。五人共游少城公园一周。狄论颉刚一生忙劳，不得安定，病在社会推崇之过甚，致令多参外务，未得专力于学术。狄与颉刚盖同时考入北京大学者也。余询以迩来大局如何，狄言‘不要紧，军事吃得住。你放心，我们国民党不拆烂污的。’余意其言苟非不诚，即属糊涂，‘不拆烂污’四字岂轻易可以保证者乎。此一点无可与谈，则与谈他语。”(日记)

10月19日 “下午五时半晚饭后，二官拉余至华西坝某一教室，参加各大学同学之集会，纪念鲁迅翁逝世八周年，兼悼韬奋。到者二十余人，皆自好之青年，怀一腔热诚者。被邀者除余而外，有陈斠玄、马哲民二君。此会略带秘密性，缘纪念鲁翁、韬奋，皆为侦伺者之好题目，设或被觉察，参加者多少有被损害之可能。主席言今夕到会者彼此皆可信赖。余觉诸人表情，似有参加秘会之快感。余略谈鲁翁在沪时情形，并言韬奋系被群众所推，不欲辜负群众，乃努力学习，努力实践，以至于死者。九时半散。”“与二官冒风雨步行而归。燕大同学三人相伴，情意可感。”(日记)

10月21日 沈志远来访，谈邀集渝、蓉、滇三地友朋组织学术团体事，邀叶圣陶为发起人，并定于二十五日聚会。吕叔湘来访。偕胡墨林往省参议会，布置立达学园考试试场。立达学园负责人陶载良委托叶圣陶在蓉招收高级农产制造科学员。至成都大楼观张大千画展。夜出席燕大同学座谈会，谈小说。(日记)

10月22日 到省参议会监考。考后将试卷封寄给陶载良。

10月23日 叶鼎彝来访。吕朝相、王冰洋来访。

10月25日 “应约往红照壁街，参加集会。到者沈志远、马哲民、黄宪章、陈白尘、叶鼎彝、黎澍、杨伯恺君、田一平君，与余凡九人。共商组一学会，名未定。宗旨以民主与科学为标榜，其性质凡三点：为一民众之组织，为一同业公会之组织，为一建立实际事业之组织。分头邀集各地同气为发起人。推筹备人五人，余居其一。余怕多作事，又不能作事，却之而

又不可。”（日记）

10月26日 《冲破那寂静》（刊《中学生》复刊后第八十一、八十二期合刊，1944年12月5日，署名朱逊；后收入《叶圣陶散文甲集》，又收入《叶圣陶集》第六卷）。文章呼吁“真正的年轻人”、“精神上的年轻人”飞翔、奔驰、跳跃，“冲破寂寞”。

10月27日 编定《中学生》杂志第八十一期，送审。作书复范洗人（第百零八号）、傅彬然、金韵锵、章士敭、金仲华、贺昌群、丰子恺、陆梦生、陆步青。吕朝相来访，谈开会追悼邹韬奋事。

10月28日 作书致胡绳，促其作稿，并托请其友人林曦作语文方面之文稿。

10月30日 作书复李儒勉。作蓉编译所第三号通讯。吕叔湘偕汤定宇来访。

10月31日 “至双栅子沈志远寓，出席学会之筹备人会。到志远、哲民、伯恺、黎澍与余，凡五人。议定会名‘新世纪’，志远所起之缘起及章程由余润色，并分头约他地朋友作发起人。”夜与胡墨林至美术协会，参加文协与《华西晚报》主办之晚会，意在答谢各界相助募款之人。到会多达百人以上。叶圣陶代表文协致词申谢。“随之有唱歌、唱戏、话剧、谐剧等节目，皆可发噱。”“此次成都募款，约计可得百万。合重庆、昆明两地计之，将近四百万元矣。”（日记）

10月1日、3日至7日、9日至31日的日记，收入《叶圣陶集》第二十卷。

同月 发表《国文月刊》（国立西南联合大学师范学院国文月刊社编）广告，刊《中学生》复刊后第八十期，未署名（收入《叶圣陶集》第十八卷）。

11月1日 作书致沈志远。作书复聂绀弩。李华飞来访。

11月2日 作蓉编译所第四号通讯。吕叔湘来访。

11月3日 "作文与《星期快报》，谈对该报之期望。""应燕大同学会之约，往谈'读小说'一小时。"（日记）

同日 作讲演，谈"读小说"（讲演稿以《怎样读小说》为题，刊1944年11月11日成都《中央日报·中央副刊》第一三四五号，署叶绍钧讲，徐一尘记）。

11月5日 "晨至店中。雪舟谈昨日书审处召集书业界谈话，于检查出售书本及未印原稿，定有种种繁复之办法，而表面上皆不落痕迹，以示并无妨害人家自由之意。处长陈君竟公然向众曰，'放宽尺度实即收紧尺度。'其言甚老实，而行政当局之可鄙殊甚矣。"写信复范洗人（第百零九号）。又复高晋生、冯雪峰。（日记）

同日 "作短文《文艺团体》，系二官受人之托请余写作者。"（日记）

11月6日 作成《知识分子》（刊《抗战文艺》第九卷第五、六合期；后收入《叶圣陶散文甲集》，又收入《叶圣陶集》第六卷）。

同日 作书致顾石帆、傅肖岩。

11月7日 作《集成图书馆记》（刊1944年11月11日成都《中央日报》，署名叶绍钧）。

同日 往美术协会观苏联乌拉尔军事工业图片展览。晤朱孟实。

11月8日 作《〈孙次舟文集〉序》（刊入《孙次舟文集》，署名叶绍钧）。

11月9日 作《〈西川集〉自序》（刊入《西川集》，重庆文光书局1945年1月出版；后收入《叶圣陶序跋集》，又收入《叶圣陶集》第六卷）。

同日 朱孟实、罗念生来访。接傅彬然信，接范洗人信，接胡绳信。

11月10日 作书复范洗人（第百十号）。复章士敭、王清华、覃必

陶。致书余冠英。接朱孟实信。夜应中华剧艺社之邀，观周彦所编《桃花扇》，“语皆平浅，未足感人”。（日记）

11月11日 谢冰莹来访，“谈贫病交迫，至典质衣物。其貌殊憔悴，犹须勉力教课，并操家事”。胡赞平来谈所闻政局方面事。作书复吴祖光。作书致范洗人（第百十一号）。（日记）

11月12日 沈志远来访，谈新世纪学会事。吕叔湘来访。夜与开明同人在宴宾楼款罗念生、马季明、程受百、胡赞平等。

11月13日 致丰子恺书，与章雪山同署名寄出。之前，丰子恺致书范洗人要求收回在开明的书籍版权。叶圣陶作书劝慰。作书致范洗人（第百十二号）。夜观电影《小鹿斑比》。

11月14日 作评论《读剧偶写》（刊1944年11月17日《成都晚报·文林》，后收入《叶圣陶集》第九卷）。

同日 作书复徐盈、孙起孟。

11月15日 作书复朱自清。

11月16日 作书致陆梦生。作书复朱东润、顾寿白。陈思岑、吕叔湘来访，“皆谈近事，相对叹息”。（日记）

11月18日 作书复陆步青。致书胡绳、范洗人（第百十三号）、章士敭。又作书致沈雁冰。又致书吴祖光。在给胡绳和沈雁冰的信中，郑重拜托他们设法联系，安排叶至诚去延安。时，国民党政府以“将来有便宜可占为饵”，号召青年学生“从军远征”。青年学生出自爱国激情，踊跃参军。叶至诚亦萌投军之念，叶圣陶说要参军去延安。

11月19日 中学教员礼君来访，述所见远征军营中情形。“雪舟偕一中学教员礼君来，礼与小墨三官俱相识，留之午饭。据述所见远征军营中情形，家属涕泣留其子弟，子弟匿不出见，坚欲成行，颇可感动，礼自己亦系来送学生者，渠辽宁人，独身在此，视学生如子弟，故谓其送行也，实兼家属与师长之两种心情。自家属之观点言，不免惜别。自师长之观点言，尤感学生一腔血气，奋起从军，诚属可嘉，而意志未坚，认识未清，将来趋入之途可正可斜，实不胜其顾虑。此是良师也，在中学中不可多见。”（日记）

同日 作书复范洗人（第百十四号）。

11月20日 至《新民报》馆，晤王楷元、张慧剑，谈时局。傍晚，朱孟实来访。

11月21日 夜在“小酒家”宴朱孟实及顾颉刚夫妇。

11月22日 接章嘉禾自印度来信，即复。

11月23日 作书致郭子杰，为开明书店运书往兰州事请教育厅出证明。“又作书致梅林、叶以群，请在文协总会提出，予谢冰莹以经济上之援助。”访顾颉刚于齐鲁大学。（日记）

11月24日 作书致范洗人（第百十五号）及章士敭，“并附去子恺之复书。子恺复书殊简单，唯谓‘要版税’而已”。作书致宋云彬、金仲华。（日记）

11月25日 作书复范洗人（第百十六号）、王清华、覃必陶。

11月27日 至《新民报》馆访王楷元。

11月28日 接沈雁冰来信，谈及叶至诚去延安事。“雁冰回信来，论我辈对于子女之用心与态度，其言甚有深味，兹摘录之：‘小伙子有这样志气和胆识，我们做长辈者当然很高兴，可是又总觉得他们的美丽的青春时代就被这样严酷的现实活生生催老了，实在不忍。我们这一代的生活是沉重的，而他们的更沉重；我想我在至诚的年纪时，实在还浑噩得可爱而又可笑。做父母的人，看到儿辈有此决心，衷心是快乐的，却又有点不忍。这种心理，我近来常有。不过理知还是使我们挺直起来。我想兄及嫂夫人也有此同样心情吧。从大处远处看，我们也只有这样鼓励他们。”（日记）

11月29日 作书复沈雁冰。复范洗人（第百十七号）、章士敭。

11月1日至25日、27日至30日的日记，收入《叶圣陶集》第二十卷。

12月1日 访胡赞平，“托介绍其友能为影印书籍工作者”，开明“拟以影印方法”出书。访顾颉刚。出席华西大学学生座谈会。（日记）

12月2日 中国新闻专修班教导主任王浩来访，邀往其处讲“文学讲座”。看电影《北极星》。吕朝相来访，“谓国共谈判，已可接近”。（日记）

12月3日 吴志谦、王楷元来访，杂谈文学、剧本及“目前情势”。

12月5日 得傅彬然信三通。至中国新闻专修班演讲，“讲两小时，略言文艺之为何物”。（日记）

同日 发表《诗的艺术》（李广田著）广告，刊《中学生》复刊后第八十一、二期合刊，未署名（收入《叶圣陶集》第十八卷）。

12月6日 至协和高中演讲，题为《青年当今之自处》。（日记）

12月7日 “颉刚来，留之午饭。渠言我家八年来，到处安居，老幼无恙，可谓最幸福者，不若渠之连遭丧病，痛苦万端。余念其言诚是，然此后我家将如何，亦殊难料矣。

“三时，访楷元于报馆，亦无可慰之消息。楷元言若至情势紧急，成都殆不宜留，须择僻静处所避居……冰莹女士来，同谈。渠窘甚，既以其夫之皮大衣易万元，又以其平日写稿之自来水笔求售。文人至于售去其笔，诚可慨已。……程受百来，谈甚多。渠言我人奔波远来，兄非求精神上之安适，而七年既过，今将仍不免于受辱，此乃最不甘心，搔首扼腕者也。此言实道出余之所感，余之闷闷即此意耳。又谈就大局而言，大家多吃一些痛苦，将一切腐败因素淘汰净尽，反为前途之福。今若幸胜，则改革不彻底，殊无可慰。”（日记）

12月8日 得傅彬然信。吕朝相来访，谈时局。

12月10日 观电影《人约黄昏》。

12月11日 作书复朱东润、徐盈、章士敭。出席文协成都分会理

事会，讨论如何接待湘桂黔流亡来蓉之文化界人士。夜偕胡墨林应东方书社王畹芗之宴，主客为顾颉刚夫妇。（日记）

12月12日 出席文协成都分会理事会，与陈白尘、陈翔鹤、李劼人、刘开渠讨论如何接待湘桂黔流亡来蓉之文化界人士。“接信甚多。洗公有长信，谈店事。附告雁兄转语，谓三官（叶至诚——编者注）远游可成事实，其期速则一月，迟则两月，嘱我家准备行李，以俟通知。此事墨甚欣慰，以为令三官远游，亦如平常之出外求学数年。余亦毫无不赞同处，唯觉别离难受。三官有些见解颇与余谈得来，若彼离开，余少一可谈之人，未免寂寥。”“彬然信中告在渝与诸友商定革新《中志》之具体办法。”（日记）

12月15日 吕朝相来访。至沈志远寓所，与沈志远，杨伯恺、黎澍开新世纪学会筹备会，推定沈志远草拟学会工作计划。

12月16日 许洁夫来访，谈拟出幼稚园课本事。至济川中学演讲。

12月17日 作书复傅彬然。致书范洗人（第百十九号）。

12月18日 “午后至嘉乐纸厂，出席座谈会，讨论援助湘桂文友流亡来蓉者之办法。到会者近二十人，即以此二十人为发起人，组一‘文化人协济委员会’，属于文协，以免别立名目，有登记之烦。推出委员十三人，分为总务、财务、协济三组。余被推为协济组之召集人。其实各方接头，设法募款募实物，以李劼人、杨云慧所负责任为多，如余者，固无能为力也。又，文友苟能到渝，必略有办法，已可在渝歇脚。欲自渝来蓉花费至多，行旅不易，恐未必有多人来此也。然有此一举，亦见文人互助之情，自是佳事。”作书复贺昌群、陆梦生、汪允安。（日记）

12月20日 写信复王清华、金韵锵、胡绳。王楷元来访。

12月22日 章雪山来谈开明困境。“书业营业范围益小，而制造工本益高，从今以后殆将真入于困难之极境。我店一方与商务、中华为伍，一方又为新出版业之一员，徘徊于两个阵营之间，其势更难自如。如何勉力支持，立于不败，非易论也。”“洗公信来，皆商店事，此老不忧不惧，随机应付，殊可深佩。”（日记）

12月23日 “昨洗公信中附来所拟《为播迁损失，敬告有关各方》之启事，略为增损，交由山公寄还。”（日记）

12月24日 午至全家福餐馆应冯列山之邀，同坐有顾颉刚夫妇、蒋荫恩夫妇及张君石。用餐后观歌舞片于蜀一影院。

同日 作《谈“求饶”的效果》（刊1945年1月1日成都《新民报晚刊·元旦特刊》；后收入《叶圣陶散文乙集》，又收入《叶圣陶集》第六卷）。

12月25日 沙汀来访。“其人甚诚笃，方自重庆来，为余谈重庆友人近况，并及政局战局。”沈志远来，谈新世纪学会及文化人协济会事。（日记）

12月26日 青年画家杨乡生君来访。

12月27日 作评论《〈前线〉书后》（刊《流星月刊》第一卷第一期；后收入《叶圣陶散文乙集》，又收入《叶圣陶集》第六卷）。剧本《前线》，考纳邱克著，聊伊译，戈宝权校。

同日 发表《塞源节流》，刊成都《新民报晚刊》（收入《叶圣陶集》第六卷）。

12月28日 作《我们的话》（刊1945年1月1日《华西晚报》第二版，又刊《抗战文艺》第十卷一期；又刊《抗战文艺选刊》第一辑，1946年4月；后收入《叶圣陶散文甲集》，又收入《叶圣陶集》第六卷）。

同日 至中国新闻专修班作第二次演讲。接范洗人、傅彬然信。

12月29日 作书复傅彬然、金仲华、宋云彬、徐盈、詹幼馨。至美术协会观青年画家杨乡生画展。

同日 王伯祥日记：“馆中接圣陶六月十五日蜀沪百廿六号书，复三月十一日此去沪蜀九十八号，相距半载，事过境迁矣。音问难通如此，谓之何哉。”

12月30日 作书复范洗人（第百二十号）。作书致朱达君、唐锡光、章士敭、王清华。吕叔湘来访。

12月31日 邀顾颉刚夫妇、孟韶夫妇等前来小聚，“幼年同学，客地相逢，共为辞岁之宴”。（日记）

12月1日至8日、10日至13日、15日至20日、22日至31日的日记，收入《叶圣陶集》第二十卷。

本年 短篇小说集《微波》由上海艺光出版社出版，为《现代名作家创作集丛》之八，署名叶绍钧。内收短篇小说五篇：《秋》、《病夫》、《小妹妹》、《遗腹子》、《微波》，书前有《叶绍钧略传》。

1945年

（中华民国三十四年　乙酉）　五十一岁

1月1日　蒋介石发表广播讲话，主张召开“国民大会”，反对建立联合政府，坚持一党专政。

4月12日　美国总统罗斯福逝世，杜鲁门继任总统。

4月23日　中国共产党第七次全国代表大会在延安举行。毛泽东作《论联合政府》的报告。

4月25日　联合国成立大会在美国的旧金山举行。

5月8日　德国签署无条件投降书。

8月14日　日本宣布无条件投降。

同月　中共中央发表《对于目前时局的宣言》，提出和平、民主、团结三大口号。

9月9日　日本侵华军队向我国投降，仪式在南京举行，由何应钦受降。

9月12日　国民党政府宣布自10月1日起废止新闻、杂志的审查制度。

11月14日　重庆《新民报》晚刊发表毛泽东的词《沁园春　雪》，引起强烈社会反响，许多报刊予以转载，并纷纷发表唱和之作。

*　*　*

1月1日　沙汀来访，谈叶至诚去延安事。“傍晚沙汀来访，与共茗于少城公园。余就问三官远行是否适宜，渠极表赞同。并表示两点：一、不宜为找作文资料而去；二、去时不宜取作客之态度，必须参加实际工作。此两点甚重要，余谢之。渠不日将归家乡，此来仅两面，觉其人深可爱。”（日记）

1月2日　作书致汪允安。得刘仰之信，即复。应《新民报》经理邓季惺宴。至中国新闻专修班作第二次演讲。

1月3日　吕朝相、王冰洋来访，“谈拟发起一文艺联谊会事，极表赞同”。孟韶偕黄浦中学国文教师来访，谈教学方法。胡赞平偕汪刃锋来访，“听汪君谈木刻，颇有意味”。（日记）

1月5日　发表《革除传统的教育精神》，刊《中学生》复刊后第八十三期（1945年1月号），署名圣陶（收入《叶圣陶集》第十二卷）。文章认为“传统教育的精神”说穿了是做“官”，“帮助皇帝统治老百姓”，革除传统的教育精神，就得认定“以老百姓为本位”。

同日　发表《编辑室》，刊《中学生》复刊后第八十三期，未署名（收入《叶圣陶集》第十八卷）。

同日　发表通信《写文章的基本原则是什么》，刊《中学生》复刊后第八十三期，署名秉。

1月6日　“上午至杨云慧家，协济委员会集会，到劼人、翔鹤、白尘、开渠、季惺诸位。会中募款已得市长陈离允许，于电影戏剧之入场券加收十元，以二百万为度。房屋亦经市长答应，在东门城边拨屋若干间。此后若有湘桂撤退之文友来蓉，即可暂时安顿矣。”下午至川大出席文艺茶会。（日记）

1月7日　校《西川集》校样毕。汪刃锋来访，“以所作本刻五幅国画三幅见示”；并为叶圣陶画像，作素描，半小时而成，“虽不

甚肖似，而笔致甚好，谢之”。“李晓舫来，约星期二到其家晚餐，言吴雨僧（宓）欲与余会面。”（日记）

1月8日　作《〈春暖花开〉序》（刊入李庆华著三幕剧《春暖花开》，国际与中国社1945年1月印行，署名叶绍钧；后收入《叶圣陶序跋集》，又收入《叶圣陶集》第十七卷）。

1月9日　作《吃空额》（刊1945年1月11日成都《新民报晚刊》第二版；后收入《叶圣陶散文乙集》，又收入《叶圣陶集》第六卷）。文章抨击当年军队和学校的“大弊”之一“吃空额”。

同日　作《慰劳》（刊1945年1月12日成都《新民报晚刊》第二版，署名谷神；后收入《叶圣陶散文乙集》，又收入《叶圣陶集》第六卷）。文章指出“慰劳不宜取怜悯的态度，不宜存施舍的心肠”，批评当时的“慰劳”仅仅限予“黔桂前线”的做法，指出“慰劳应该普及到所有军士同胞”。

同日　“五时半，至李晓舫家，晤吴雨僧、李哲生、陈国华、谢冰莹。雨僧与余同岁，身长挺立，言谈颇豪爽，近在燕大讲《红楼梦》，借以发抒其对文学与人生之见解，颇别致。主人治馔颇精，而不设酒，余以酒人，觉其勿习。八时散，复至月樵所，方宴颉刚夫妇，尚有他客六七人，墨先在。余乃饮酒十余杯。”（日记）

同日　吴宓日记：“……赴华西大学内李珩、罗玉君夫妇邀家宴。座客桦外，有叶绍钧圣陶。苏州人，今为开明书店总编辑。与宓同年生。留须。温和沉默。”（《吴宓日记》第九册，三联书店1999年版，第406～407页）

1月10日　作书致傅彬然，复詹幼馨、胡乐炳。至沈志远家，出席新世纪学会筹备会，晤张友渔。

1月11日　作《刃锋的木刻与绘画》（刊1945年1月13日成都《新民报晚刊》第三版；刊入《刃锋木刻》，开明书店1947年4月初版；后收入《叶圣陶集》第六卷）。文章盛赞刃锋的木刻与绘画“不拘拘于家派”，“以表现自己为主”。

同日 编定《中学生》杂志第八十三期。

1月12日 作书复范洗人（第百二十一号）、傅彬然、朱达君、唐锡光、章士敭、王清华。

1月13日 作《复信》（刊1945年1月14日成都《新民报晚刊》第三版，署名大容；后收入《叶圣陶集》第六卷）。文章委婉地批评了“佛家不着相的境界”，看重朋友间的“写信”和“复信”。

1月14日 作《子冈的〈怀念振黄〉编者按》（刊《中学生》复刊后第八十四期，1945年2月5日；收入《叶圣陶集》第六卷时题名为《读了子冈的〈怀念振黄〉》）。沈振黄是《中学生》杂志培养起来的作家，抗战爆发后在柳州长官部工作，紧急疏散时奉命押运疏散车，他把座位让给文化人坐，自己扒在车顶上，不幸摔下来牺牲了。

同日 至青年会观汪刃锋木刻绘画展。

同日 杨村人、王希瑾来访，邀叶圣陶为《新艺》杂志特约撰稿员。孟韬夫妇来访。顾颉刚夫妇来访。

1月15日 作《“六腊运动”》（刊1945年1月16日成都《新民报晚刊》第二版；后收入《叶圣陶散文乙集》，又收入《叶圣陶集》第六卷）。

同日 作《政治家》（刊1945年1月17日成都《新民报晚刊》第二版，署名微庵；后收入《叶圣陶集》第六卷）。文章认为“政治家宜如教育家”，进而批判“徒拥校长教授之号”的“教育家”视学子“为土坯，为空瓶，甚至为刍狗，为牛马”的“荒谬”，希望“教育家”要“知人各有能”，“因势利导”。

同日 作《记丏翁一二事》（刊《朝花》杂志创刊号，1945年1月；后收入《叶圣陶散文乙集》，又收入《叶圣陶集》第六卷）。文章称扬夏丏尊先生的“耿介”，在日本侵略者面前有

“中国人”的气节。

同日　吕叔湘来访。接宋云彬信，即复。

1月16日　作《再谈政治家》（刊1945年1月19日成都《新民报晚刊》第二版，署名微庵；后收入《叶圣陶集》第六卷）。文章将政治家“拟之导演”，“导演胜其任，则佳剧登场，斯为盛治。导演徒虚名，则混然淆然，直同儿戏，而治绩莫睹矣”。

同日　冯列山来访，谈其筹办之《自由周报》拟于三月间创刊。作书复朱东润、徐盈。

1月17日　作书致汪允安，复吴祖光。在《新民报》馆晤谢冰莹，谢“穷愁潦倒”。（日记）

1月19日　作《夜思》（刊1945年1月21日成都《新民报晚刊》第三版，署名微翁；后收入《叶圣陶集》第六卷）。午夜闻飞机掠空而过，默念深夜出征的空军战士，“人飞行而我安眠”，“念此辄能安然入睡”。

同日　作《改变教育——与受教育的谈谈（一）》（刊1945年2月4日成都《新民报晚刊》第二版，收入《叶圣陶集》第十一卷时题名为《改变教育》）。文章指出“受教育的头上戴着这个‘受’字”，并不是说只是处于被动地位；“受教育不是像张开一个空袋子，等人家把东西倒进来，装满它。受教育含有个重要的意义，就是学习”。所谓学习，“全靠自己的能力”。

同日　吕朝相、程千帆来访。在《新民报》馆遇徐霞村，“索瑟殊甚，来取稿费。闻渠染烟瘾，十余年前一翩翩少年，今大不同矣”。（日记）

1月22日　“午后至嘉乐纸厂，出席文协理事会。议定于下月三日开联欢会于青年会，有讨论及种种游艺节目。”（日记）

1月24日　作书致范洗人（第百二十二号）。作书复宋云彬。

1月26日　王楷元、何文龙来访，邀为《新民报》长期作文。

1月27日　作《四个“有所”》（刊《中学生》复刊后第八十四期，

署名朱逊；后收入《叶圣陶散文甲集》，又收入《叶圣陶集》第六卷）。文章阐述“有所爱，有所恶，有所为，有所不为”“联成一串儿”的意义。

同日 黄药眠来访。沈志远来访。

1月28日 “至慈幼院，出席新世纪学会成立会。到三十余人。晤常燕生，二十余年前在中国公学附中同事，别后未尝再见，备老苍矣。周太玄为主席。由沈志远报告筹备经过。于是通过会章，选举理事。凡组织会社，此事最麻烦，历三小时而毕。选出理事十七人，在重庆者二人，在昆明者二人，在西安者一人，余十二人皆在成都，余与焉。继开第一次理事会，选出常务理事七人，余又与焉。推选正副理事长，张表方为正，余为之副。余至不宜于此，而固辞不获，只得勉强承允。此外沈志远、马哲民、常燕生、周太玄、周谦冲五人为常务理事。”散会后出席燕大学生之文艺茶会，致辞，谈“我们需要怎样的文艺”。（日记）

1月29日 作《主人翁的教育——与受教育的谈谈（二）》（刊1945年2月5日成都《新民报晚刊》第二版，收入《叶圣陶集》第十一卷时题名为《主人翁的教育》）。文章指出青少年是“中国未来的主人翁”，“就受教育的方面说，要受的是主人翁的教育，而且，人人要受主人翁的教育”。

同日 作一文赠新闻专修班甲组毕业同学。

1月30日 作一文谈须发动扫盲运动（刊钱歌川主编之《风雨谈》杂志）。（日记）

同日 黄药眠、吕朝相来访，谈文协开文艺联谊会事。

1月31日 作《〈国学常识问答〉序》（刊入唐锦良著《国学常识问答》，署名叶绍钧）。

同日 马哲民来访，定于2月2日在叶圣陶宅开新世纪学会常务理事及财务委员会联席会议。观苏联电影《莱蒙托夫》。

1月1日至4日、6日至17日、19日至20日、22日至31日的日记，收入《叶圣陶集》第二十卷。

同月 散文与小说合集《西川集》由重庆文光书店出版，署叶绍钧著。同年10月在上海再版。内收《自序》、《答复朋友们》、《三十三年纪念短文》（包括《“七七”七周年随笔》、《“八一三”随笔》、《双十节随笔》）、《据理论而盲》、《暴露》、《关于谈文学修养》、《以画为喻》、《能读的作品》、《扩大白话文字的地盘》、《读〈虹〉》、《读〈石榴树〉》、《读〈经典常谈〉》、《读〈文言虚字〉》、《如果我当教师》、《谈大学的合并》、《变相的语文教学》、《致教师书》（包括：一、《多刺目的两个字啊》，二、《几派的训育办法》，三、《新的傻子》，四、《关于禁止看小说》，五、《改文》）、《我们的骄傲》、《辞职》、《邻居吴老先生》及《春联儿》。

《西川集〈自序〉》：“……反映现实，喊出人民大众的要求，是文学的时代的使命，这个纲领我极端相信。教育不是孤立的事项，在如今的现实情况之下，教育不良不能全怪教育者，这个说法我极端同意。”

2月1日 偕叶至诚参观航空机械学校。吕朝相来访，陈翔鹤来访，王楷元来访。

同日 “收到上海寄出之新书三种，皆佳纸精印，线装。系调孚托施蛰存带至长汀，施又托友人带至淳安，然后付邮者，计其时日已逾一年矣。一种为刘大白之《中诗外形律详说》，六册，一种为潘承弼之《明代版本图录初稿》，四册，一种为《别号索引》，一册。版本之图用珂罗版印，在内地观之如睹瓌宝矣。”（日记）

2月2日 李劼人来访，盛赞沙汀《淘金记》运用四川方言，颇增神味。吕朝相、顾石帆来访。“四时后，哲民、燕生、太玄、志远四君来，遂开常务理事财务委员第一次联席会议，决定聘定秘书，展开会务。曾庶凡君（财务）继至，偕王梅生君同来。王居昆明，投资于银行，与昆明成都学术界人士皆相熟，深赞同我学会组织者也。六时半，七人共至祠堂街梅园聚餐。”（日记）

2月3日 “下午一时许至青年会，参加文协会员联谊大会。到者五六十人。……余为主席，先由余与朝相、药眠报告今日文艺界之现况，继由各会员发表意见。……末为余兴，张逸生唱陕西调，王君念其所作《祥少爷》之通俗诗，张允和小姐唱《琴挑》中之一曲。”（日记）

2月4日 “写信复姚蓬子、孙伏园，皆为骆宾基、丰村二人在丰都被扣事。二人任教于丰都，为稽查处所拘，大致为思想问题。附一书复雪峰。又聂绀弩（《艺文志》之编辑）、徐文珊（《文艺先锋》之编辑），二人皆来索稿者。又复孟韶。”（日记）

同日 “傍晚祀先，算是‘年夜饭’。”（日记）

2月5日 发表《中学生》广告（刊《中学生》复刊后第八十四期，未署名；后收入《叶圣陶集》第十八卷）。广告云：“我们这个杂志是十九年初创刊的，只‘八一三’后停刊了二十二个月，此后都按期出版，直到如今。我们的宗旨一向是给青年朋友帮点儿忙，关于学习方面跟实践方面，希望多少贡献一些。抗战发动后，我们曾经说过，我们要使青年朋友身体、品性跟知能方面的基础坚实起来，达到真个能够担当建国大业的地步。这可以说是个宏愿，达不达得到不敢说，可是我们总尽力的做。我们不愿意站在青年朋友的圈子外面，自认为是教训者，指导者。我们愿意跟青年朋友混在一块儿，好比兄弟或者同学。彼此商量，彼此劝勉，共同学习，共同实践。想来在校或者校外的青年该会接受我们的诚意的。”

同日 许洁夫、吕朝相、吕叔湘来访。写信致范洗人（第百二十三号）、傅彬然。

2月6日 “至嘉乐公司，出席文协理事会，到者有劼人、翔鹤、开渠、白尘诸君。讨论救援骆宾基、丰村二人之事，无切实有效办法，仅能写信致刘峙、冯焕章、邵力子三人，请代为设法而已。”夜听张定和音乐会。（日记）

2月7日 作书复范洗人、傅彬然、金韵锵。吕朝相、叶鼎彝来访。

2月9日 为叶鼎彝写篆字联，句系其自撰，以“只爱云山非学道”对“但开风气不为师”。开新世纪学会之常务理事与财务委员联席会议，到劼人、一平、太玄、哲民、志远及余六人，鼎彝为秘书。讨论编辑、出版、研究、联络四部之工作计划及财务委员会之计划。（日记）

2月10日 与开明同人在少城公园梅园餐厅宴学界朋友。

2月11日 作书致王楷元、胡赞平，希望能在《新民报》或四川经济建设委员会为钟博约安排工作。作书复黄念田。致书范洗人（第百二十四号）、章雪山、曾忠岱。

2月12日 赴二泉茶馆应胡赞平、许可经之约，主客为音乐家张定和。

2月13日 阴历元旦，“我家仍如老样，不放鞭炮，不言恭喜”。（日记）

2月14日 作书复陆步青。作书致范洗人（第百二十五号）。观卡通片《白雪公主》。陈白尘、黄药眠、叶鼎彝、许洁夫来谈文协及文化人协济会事。洪承法、赵隆勷来谈翻译事。

2月16日 始读周作人《秉烛谈》、《风雨谈》、《瓜豆集》。“楷元令人送所藏周启明集子三种来，皆二十五六年间所作之文，余所未见者。取其《秉烛谈》观之。所谈皆深通人情，思想明澈，并世所罕见。奈何从敌作奸，使人不屑齿其名，思之怅怅。”“灯下续看《秉烛谈》。”（日记）

2月17日 “上午看周知堂书。”谢冰莹来访。钟博约、黄念田、杨村人及《新艺》杂志编辑王君来访。午应孟尚锦邀至其家进午宴。（日记）

2月18日 “仍看周知堂书。”下午至书场听贾树三唱《黑虎队》，听孙大玉唱《古城会》。（日记）

2月19日 吕叔湘、叶鼎彝来访。

2月20日 作书复范洗人（第百二十六号）、章雪山、王清华、汪允安、傅肖岩、凌叔华。黄药眠来访。“至嘉乐纸厂，出席文化人协济会委员会。会后与诸友至刘开渠家，观其新塑之中山先生像。像略侧坐，作观书后沉思状，穿长袍马褂。开渠之雕塑，论者谓其精胜有神，此作大约亦不恶。围炉闲谈，饮咖啡。”（日记）

2月21日 午至小天竺王楷元家应其招饮。同坐何文龙、赵超构。“赵超构为《新民报》记者，去年往访延安，其所著《延安一月》，近颇为人传诵者也。慕名已久，得会甚欢。承赠余浏阳纸本之《延安一月》一册，较前所见者清楚得多。”午餐后至四五六餐馆，出席新世纪学会理事会，讨论募款事。夜编成《中学生》杂志第八十四期，次日送审。（日记）

2月22日 作书复黄子耕、龙志霍、谭丕模、孙雪洪。作书致钱歌川、范洗人（第百二十七号）、章雪山、傅彬然、章士敭。王楷元来访。孙明心来访。观电影《神鹰队长》。作《中国人与中国文》之广告词。（日记）

同日 作《国文教学》（叶绍钧、朱自清著）广告（刊《中学生》复刊后第八十五期，未署名；后收入《叶圣陶集》第十八卷）。

2月23日 初读毛泽东《在延安文艺座谈会上的讲话》，系黄药眠所赠，“觉其以文艺为教育工具，自其立场言，实至有道理”。王楷元来闲谈。既而叶鼎彝、陈白尘、陈翔鹤、药眠相继至，共为闲游。共出南门，食抄手于小铺子。茗于江上村，杂谈文艺。日暮，入新南门，聚餐于走马街一小馆子，饮酒闲话。（日记）

2月24日 作成《对于“读书”的反感》（刊《真报》周刊第一期，

1945年6月22日)。

同日 作《踏莎行 题丁聪兄现象图》(刊1945年3月3日《华西晚报》第二版，又刊《文萃》第十四期；收入《箧存集》时改题名为《踏莎行 题丁君所绘“现象图”》，又收入《叶圣陶集》第八卷)。

2月25日 王楷元偕赵超构来访，赵超构“谈延安杂事”。

2月26日 《改革艺术教学——艺术教育问题特辑之一》(刊《新艺》第一卷第三、四期合刊；收入《叶圣陶散文乙集》时题名为《改革艺术教学》，又收入《叶圣陶集》第十一卷)。文章阐述普通学校里图画、音乐等艺术学科教学亟须改革的缘由。

2月27日 至图书杂志审查处取回《中学生》杂志第八十四期送审稿。送审时间为一周。

2月1日至7日、9日至14日、16日至28日的日记，收入《叶圣陶集》第二十卷。

3月1日 作书复陆步青、詹幼馨、傅彬然、唐锡光、章士敭。

3月2日 作书复章士敭、金韵锵、章雪山。

3月3日 叶至诚想去延安未能成行。改往重庆开明书店编校部工作。叶圣陶偕胡墨林至三益公剧场观吴晓邦表演舞蹈。访程受百，谈稿酬和语文教学问题。作书复陆梦生、王清华、唐锡光、范洗人(第百二十八号)、傅彬然。

3月5日 作《谈成都的树木》(刊《成都市》杂志创刊号；后收入《我与四川》和《叶圣陶散文乙集》，又收入《叶圣陶集》第六卷)。

3月6日 作《受教育的与改革教育》(刊《中学生》复刊后第八十五期，署名圣陶；后收入《叶圣陶集》第十二卷)。作者说：“我写这篇短文的意思，无非以为改革教育不只是教育家、教育者、教育官的问题，在身当其冲的受教育的，尤其要加以注意，非但要讨论如何改革，并且要促成真个改革。”

同日 冯列山、黄药眠来访。

3月7日 作《书院和国学专修科之类》（刊《中学生》复刊后第八十五期，署名朱逊；后收入《叶圣陶集》第六卷）。文章针对有些地方私人设立书院和国学专修科之类的做法，指出这不是教育改革的“正路”。

同日 作《渡船——英语动词研究》（龙志霍著）广告（刊《中学生》复刊后第八十五期，未署名；后收入《叶圣陶集》第十八卷）。

同日 作《〈渡船〉练习答案》（龙志霍著）广告（刊《中学生》复刊后第八十五期，未署名；后收入《叶圣陶集》第十八卷）。

3月8日 编定《中学生》杂志第八十五期，送审。作书复傅彬然、胡绳、杨东莼、汪刃锋、傅肖岩。至美术协会观现代美术展览。

3月9日 叶鼎彝、孙明心来访。至中央影院观电影《纳粹内幕》。

3月10日 致书叶至诚、王清华、吕叔湘、胡赞平。吕叔湘、胡赞平来访。“看沈从文《边城》，写湘西风物颇为美好，如白描画。然其写人物，恐非写实手法也。”（日记）

3月11日 午偕胡墨林至冯列山宅应其招宴。夜往燕大观学生演吴祖光之《少年游》。

3月12日 至少城公园观英国新闻处之照片展览。与文协成都分会理事签署《成都文化界对时局宣言》。

3月14日 作书复陆梦生、田稼、钟博约、范洗人（第百二十九号）、叶至诚。沈志远来访。

3月16日 沈志远等拉叶圣陶加入民主同盟会，未入。（日记）

3月17日 作书致沙汀。作书覆宋云彬。胡赞平、王楷元、赵隆勷来访。

3月18日 金陵大学同学来访，谈远征军内事，“颇受军官之压抑，食不得饱，稍致反诘则楚萫随之”。（日记）

3月19日 作《血和花》（刊1945年3月22日《党军日报·血花》

第四版；后收入《叶圣陶散文乙集》，又收入《叶圣陶集》第六卷）。文章说抗战八年中，我国同胞“血汇成海”。但鲜红的血并未能迸发自由之花，开遍中华。“真的自由之花没有开，大概是血还没有流够。”

同日　至宴宾楼出席新世纪学会第三次理事及财务委员联席会议。作书复傅彬然。

3月20日　作书复唐锡光、王清华、叶至诚。胡赞平来访。叶鼎彝来访，谈新世纪学会经费事。“校对王了一之《中国语法纲要》校样。此书须为作索引，校对亦须精审，故锡光寄来由余校之。至于夜九时，凡校三十余面。”（日记）

3月22日　午后与胡赞平、王楷元等至黄瓦街张毅崛家，会赵超构。“因超构曾访延安，就询延安事。”（日记）

3月23日　程受百偕戴运轨来访，谈戴氏教本版税事。夜应邹荻帆邀请赴文化生活社之晚会，听张友渔谈日本方面之各问题。

3月24日　作书致范洗人（第百三十号），谈戴运轨教本版税事。

3月25日　“午刻祀先，算是过清明节。”抄录左宗棠致其胞兄信。杨村人来访。（日记）

3月26日　吕朝相、徐中舒来访。得范洗人、叶至诚信。

3月27日　作《独善与兼善》（刊《中学生》复刊后第八十六期，署名朱逊；后收入《叶圣陶散文甲集》，又收入《叶圣陶集》第六卷）。文章认为“古人”的“独善”不是真的“善”，“古人”的“兼善”简直是“空话”。“如今时代与从前不一样”，“即使你喜欢独善，也得通过兼善才做得到真个独善”。

同日　作《我的侄儿》（刊《中学生》复刊后第八十八期，署名寅生；后收入《叶圣陶集》第六卷）。

3月28日　作书复陆步青、钟博约、金韵锵。“书《英文月刊》及《中国地理基础》之封面字。《英文月刊》即将创刊，以仲华为之主持人。”（日记）

3月29日 作书复汪允安、汪刃锋、吕叔湘、傅肖岩、章士敭、傅彬然。

3月30日 “接骆宾基丰村二君来电，言已离丰都抵渝，谢此间友人之援助。”（日记）

3月31日 发表《欢迎我们的姐妹刊物——〈进修月刊〉》，刊《中学生》复刊后第八十六期，署名圣陶（收入《叶圣陶集》第十八卷）。《进修月刊》，昆明进修月刊社编辑，1945年3月15日创刊。

同日 作《“算了，算了”的态度要不得》（刊1945年4月4日《燕京新闻》第三版；后收入《叶圣陶散文乙集》，又收入《叶圣陶集》第六卷）。武大缪朗山教授被地方当局认为思想不纯，勒令停课。学校当局为了息事宁人，劝缪朗山教授“算了，算了”。文章认为“算了，算了”的态度要不得，“不与恶斗争，就是信善不坚。真正行善的人就是那抗恶灭恶的人”。“见恶不诛，‘算了，算了’，实为助长其恶，纵容其恶，亦恶德也。故人人应勉与恶斗。”

同日 “午后得金子敦、巴金、雁冰三人署名之函，云将组成一团体，为文友谋写作及出版上之便利，由三人另邀十一为发起人，余名在内，即作书允之。”（日记）

同日 作书信《致茅盾巴金金子敦》（收入《叶圣陶集》第二十四卷）。信中说：“成立中机构，为文友写作及出版谋便利，弟深表同情，愿意参加为发起人。十数人中，居渝者七八人，进行办法，似宜由先生等先行集议，分函各地发起人讨究，然后取决。”“弟今无甚意见，唯思或须推定数个委员会，以决稿件之取舍，即发起人有作，亦归评决，以期公允，有当或否，乞酌之。”

3月1日至12日、14日至20日、22日至31日的日记，收入《叶圣陶集》第二十卷。

4 月 1 日 黄药眠来访。作书致傅彬然。至新明影院观电影《希魔恶花》。

4 月 2 日 接宋云彬信，“信中抄示某报对于战局之观察”。看电影《泰山情侣》。

4 月 3 日 作书复吕叔湘、章嘉禾、马文珍、田泽芝。致书杨人楩。叶鼎彝来访。

4 月 4 日 作书复唐锡光、傅彬然。作书致范洗人（第百三十二号）。与文协成都分会理事开会，讨论协济会事。接范洗人信，即复（第百三十三号）。夜赴四五六应孙永庆招宴，同坐钱宾四、黄文弼等。

4 月 5 日 赴灌县观江都堰开水典礼。

4 月 6 日 编定《中学生》杂志第八十六期，于下午送审。叶鼎彝来访。“四时，在我家开新世纪常务理事会，到者连余五人。决定改月刊为丛刊（以登记暂难取得执照），分头募捐，联络会员情谊等项，五时半散。药眠又谈半时许而去。”“杨村人来，约余于下星期二往南虹艺专演讲。”作书致李劼人、傅彬然。作书复沙汀信。（日记）

4 月 7 日 作书致唐锡光。作书致范洗人。“叔湘来，谈《英文月刊》事。继之，受百来，谈日本武人强不知以为知，蹙其国运。甚可听。又继之，楷元来，留渠晚餐，谈至八点半去。”

4 月 8 日 作书致唐锡光。作书复朱自清，“渠来信言胃疾复发，教课而外，他无所作”。“观中艺社所演夏衍、于伶、宋之的三人合编之剧《戏剧春秋》。”（日记）

4 月 9 日 作书致唐锡光。

4 月 10 日 至南虹艺专演讲，题为《文学的修养》。

4 月 11 日 作书复汪允安、傅肖岩、赵家璧、蒋牧良、宋云彬。作书致朱自清。吕朝相、郭尼迪、濮君、凌叔华来访。

4 月 12 日 夜至燕大参加各大学代表之兵役问题座谈会。

4月13日 作《五四文艺节》（刊《中学生》复刊后第八十七期，署名圣陶；又刊《燕京新闻》第十一卷第二十三期；后收入《叶圣陶散文甲集》，收入《叶圣陶集》第六卷时题名为《五四文艺节》）。文章说"今年五四是第一届文艺节"，进而述说"把五四定作文艺节"的意义。

同日 作《悼念罗斯福总统》（刊《中学生》复刊后第八十六期）。文章说："罗斯福总统对于我们太亲近了，对于全世界爱好自由和平的人太亲近了。把太阳比他再合适不过，真是无所不照，人皆仰望。"

4月14日 接杨人楩信，"又谈高中外史之编撰，复之。"寄朱自清、王了一、李广田、冯雪峰、沙汀、吕叔湘、胡赞平、王楷元《西川集》。郭子杰来访，"言文化界对时事宣言署余名，外间颇有注意余者，以为有背景，劝余不必多与闻此等事。余谢其盛意，但亦告以见有不满意事，亦不得不管。赠以《西川集》一册"。（日记）

4月15日 李晓舫罗玉君夫妇来访。

4月16日 作书致范洗人（第百三十四号）。陈白尘、孙明心来访。

4月17日 作书复范洗人（第百三十五号）、傅彬然、叶至诚、朱孟实。复书陆步青、傅肖岩。吕叔湘来访。

4月18日 作诗《言论自由》（为《华西晚报》四周年作，刊1945年4月21日成都《华西晚报·艺坛》，又刊1945年4月29日《新华日报·副刊》，又刊1945年6月9日《解放日报》；后收入《叶圣陶集》第八卷）。

同日 看电影《含冤九泉》。

4月19日 作书致叶至诚、范洗人、傅彬然、唐锡光。与协济会成员在冠生园宴请市政府高级职员。托庞薰琹为《开明少年》杂志画封面，该志定于七月创刊。沈志远、黄药眠来访。吕朝相、王冰洋来，"以所作慰问郭沫若文见示。郭为政治部文化

工作委员会主任，今其会撤销，名曰裁去骈枝机关，实含有政治意味，故慰问之。余略为改易而已”。（日记）

4月20日 应刘开渠、庞薰琴邀作一短文刊《新民报》，欢迎著名提琴家及作曲家马思聪来蓉。往青年会参加《华西晚报》四周年纪念会。（日记）

4月22日 《管公众的事》（刊《中学生》复刊后第八十七期，署名朱逊；后收入《叶圣陶集》第十二卷）。文章说：“公众的事真个由公众来管”，“到人人管公众的事的时候，民主精神发皇起来了”，“民主政治这才真个实现了”。

同日 编定《中学生》杂志第八十七期。胡赞平来访。

4月23日 至蓉光看电影《凤羽飞马》。作书覆范洗人（第百三十六号）、章士敭。

4月24日 至嘉乐厂，出席文协理事会。议定于下月四日开社员大会，并庆祝文艺节。杨人楩来访。

同日 “作一歌曰《少年》，备刊入《开明少年》之首期。”（日记）

4月25日 作书复陆步青、傅彬然、叶至诚。作书致宋云彬，“嘱作纪念愈之之文”，时有传言，说胡愈之病死南洋。与叶至善商《开明少年》之编辑方式。

4月26日 接钱歌川、朱孟实信，即复。与胡墨林往听马思聪小提琴演奏会。“作短文一篇，预备入《开明少年》。”（日记）

4月29日 作《五四文艺节》（刊1945年5月4日《星期快报》）。

4月30日 作《谈五四文艺节》（刊1945年5月4日成都《新民报》）。

4月1日至20日、22日至27日、29日、30日的日记，收入《叶圣陶集》第二十卷。

同月 发表《中国的地理基础》（葛德石著，薛贻源译）广告，刊《中学生》复刊后第八十六期，未署名（收入《叶圣陶集》第十八卷）。

同月 发表《中国人与中国文》（罗常培著）广告，刊《中学生》复刊后第八十六期，未署名（收入《叶圣陶集》第十八卷）。

同月 发表《少年游》（吴祖光著）广告，刊《中学生》复刊后第八十六期，未署名（收入《叶圣陶集》第十八卷）。

同月 《国文教学》由开明书店出版，署叶绍钧、朱自清著（1947年2月三版）。书前有著者《序》，内收叶绍钧作《对于国文教学的两个基本观念》、《论国文精读指导不只是逐句讲解》、《论写作教学》、《谈语文教学》、《论中学国文课程的改订》、《认识国文教学》、《中学国文教师》、《关于大学一年级国文》等共八篇。

朱自清1948年7月23日致南克敬信："你问怎样教学生学习国文，我想介绍叶绍钧先生和我两个编的《精读指导举隅》和《略读指导举隅》（商务）请你看看。还有我的《经典常谈》（文光），叶、夏两位的《文心》（开明）以及叶和我的《国文教学》（开明），都可看。"（《朱自清全集》第十一卷，江苏教育出版社1998年版）

5月1日 作书复陆步青、唐锡光、傅彬然。叶鼎彝来访。陈白尘来商《文艺与民主》讨论纲领。

同日 "今日为母亲生日，傍晚吃面，且供寿星。"（日记）

5月3日 作书致沙汀、唐锡光。作书复傅彬然、章雪山、章士敫、叶至诚、田稼。冯列山来访，"谈国内外情势很多，偏于乐观"。（日记）

5月4日 "九时，至青年会，出席文协年会。到者约八十人，茍人主席。报告会务后，选举下届理事。理事本为九人，今增多六人，余仍当选，实则力既不逮，时亦不许，余未能作何事也。午刻，会友聚餐于四五六，凡五席，一部分会员未参加。鼎彝邀至其家小休，泡浓茶见饷。

"二时，再至青年会，参加庆祝文艺节之会。到者除文协会友外，尚有各文艺团体之主持人及各报副刊编者。余为主席，致词半小时，复请周太玄演说，谈五四精神。继之则为余兴节目。……

“（晚）与二官驱车往华西坝。坝上殊热闹，各大学皆特出壁报纪念‘五四’，蔚为大观。方在开大中学一百零五个学生团体之纪念‘五四’大会。后有特务人员来捣乱，裂旗拆台，会遂散。特务人员以此为工作，为报销，不足深责，而行此制者，其恶不可恕矣。

“余所参加者为营火会，亦各大学学生所召集。燃木柴一大堆，火焰炽然，会众围之，藉草而坐。歌声四起，别有情味。虞特务人员再来捣乱，则各校推出纠察队。致辞者四人，陈觉玄、沈体兰（燕大秘书长）、文幼章（美国人）及余。……”（日记）

同日 作《在文艺节庆祝会上的讲演》（刊 1945 年 5 月 5 日《华西晚报》）。（本文发表时无题目，题目是编者拟的）

5 月5 日 胡赞平来访。《党军日报》记者章君来访。

同日 作《青年们的心声》（刊《中学生》复刊后第八十八期，署名圣陶）。文章取 4 月 28 日成都各大学同学追悼罗斯福总统会上发表的《致全国青年书》和《致世界青年书》，“稍加按语以介绍于读者”。

5 月6 日 偕叶至善、叶至美往访许可经、刘开渠。“许言不久即将为余所作之《少年》一歌作曲。于刘处参观其雕塑之工作室，向索其所作无名英雄像之照片，将刊于《开明少年》，并询制作经过，余将为文以张之。”往华大博物馆观其古玉展览。作书复田世英。（日记）

同日 作《升学与就业》（刊《中学生》复刊后第八十八期，署名朱逊；后收入《叶圣陶集》第十二卷）。文章希望青年人把“为学与就业的”眼光放远些，“所学所业”都要有益于“大群”才行。

5月7日 作书致傅彬然、唐锡光、叶至诚。作书复范洗人（第百三十八号）。

5月8日 作评论《读〈游子吟〉》（刊《开明少年》创刊号，1945年7月16日，署名朱逊；后收入《叶圣陶集》第十卷）。文章评孟郊的诗《游子吟》。

5月9日 作评论《无名英雄的铜像——纪念“七七”的艺术品》（刊《开明少年》创刊号，署名圣陶；后收入《叶圣陶集》第六卷）。文章介绍成都市东门外为纪念抗战的大众而立的一尊刘开渠创作的“无名英雄的铜像”。

5月10日 作书复唐锡光、傅彬然、章元善、朱东润、赵家璧。

5月11日 文协成都分会在叶圣陶家开首次理事会，“除劼人外，到者十六人，殊为难得。分配担任职务，余入联络组，与邹荻帆、王冰洋二人同组。议定于阴历五月五日开诗人节晚会，于署期中举办文艺讲座”。“薰琴以绘就之《少年》封面画交余，开渠则以其无名英雄像之照片放大见赠，皆可感。灯下，修改薰琴所写封面字。”（日记）

5月12日 “将《少年》封面画及无名英雄像照片等寄与锡光，请即铸版。又作书致彬然，以振黄子女教育基金捐款寄与，托其转致，计二万余元。”编齐《中学生》杂志第八十八期。夜至冯列山宅应其招宴。“张琴南先在。三人饮酒甚徐，杂谈办报、办杂志、国际形势、国内政治等。一餐直三小时。酒罢更谈。十一时半始归。”（日记）

5月13日 作书致章士敭、汪刃锋、叶至诚。接马文珍信。

5月14日 作《致教师书之六》（刊《成都周报》）。

同日 “子杰来，以丁聪所作木刻《阿Q正传》裱装本嘱余题记，将赠与英国。志远来，谈学会事，并论今后战局。”与陈白尘、黄药眠、叶鼎彝、陈钟凡等至江上村吃茶，“商定文艺讲座办法甚详。此事有意义，唯我人颇需费若干精力也”。（日记）

5月15日 “作书致沈体兰，商借燕大礼堂，为文艺讲座之会所。致书可经、叔湘，皆请其于讲座演讲一次。”(日记)

5月17日 “作《少年》之发刊旨趣及广告。”至祠堂街茶馆，出席新世纪学会之理事会。“商定下星期开座谈会，讨论欧战结束后之世界局势与我国情形。”“许可经来，已将余所作‘少年’一歌制成曲谱。作书致章士敫。”(日记)

5月18日 吕叔湘来信，“评新出之《英文月刊》”。章元善来信，“邀余参加七月间之手工艺座谈会，作书允之”。夜，参加燕大学生之文艺晚会，“说话十余分钟”。(日记)

5月19日 编定《开明少年》创刊号。

5月20日 作《〈国文教学〉自序》（刊《国文月刊》第三十五期，署名叶绍钧、朱自清；后收入叶绍钧、朱自清合著《国文教学》，收入《叶圣陶集》第十三卷时题名为《教材、教法和教学效率——〈国文教学〉序》）。序文中说：“我们将近些年来写的关于国文教学的论文和随笔编成这本书，就题为《国文教学》。这里面以论中学的国文教学为主，大学的也有几篇论及。我们都做了多年的国文教师，也编过一些国文科的读物给青年们看，本书的文章就是根据这些经验写成的。这些文章偏重教学的技术方面，精神方面谈到的很少。因为精神方面，部订的课程标准里已经定得够详细的。再说五四以来国文科的教学，特别在中学里，专重精神或思想一面，忽略了技术的训练，使一般学生了解文字和运用文字的能力没有得到适量的发展，未免失掉了平衡。而一般社会对青年学生要求的却正是这两种能力，他们要求学生第一要写得通，其次要读得懂。我们根据实际情形立论，偏重技术一面也是自然而然。”

5月21日 作书复范洗人（第百三十九号）、章士敫、唐锡光、叶至诚。

5月22日 作《致教师书之七——谈利用》（刊《成都周报》）。

同日　作书复胡绳。作书致唐锡光、金韵锵、叶至诚。冯列山、黄子耕来访。至中央影院观电影《银行假日》。(日记)

5月23日　作书复宋云彬、谭丕模。

同日　作《胡愈之先生的长处》(刊《中学生》复刊后第八十九期，后收入《叶圣陶集》第六卷)。作者当时听到胡愈之在南洋病逝的消息，就在《中学生》杂志上设了个"纪念胡愈之先生"特辑，作者的这篇文章打头，随后有茅盾的《悼念胡愈之》、傅彬然的《记胡愈之先生》、云彬的《怀胡愈之先生》、柏寒的《愈之先生二三事》、胡子婴的《怀胡愈之先生》，共六篇文章。作者在文章开头说："万一是海外东坡，死讯误传。如果我们有那么个幸运，得与他重行晤面，这个特辑便是所谓'一死一生，乃见交情'的凭证，也是颇有意义。"

5月24日　"往《华西晚报》宿舍，访张天翼。张患肺病甚久，迄不见愈，此次来蓉意在休养。余与不见者且十年矣。一榻萧然，顾而凄恻。"作书致唐锡光、章士敫、吕叔湘、汪允安。(日记)

5月25日　"作一短文，略谈普式庚《波希米人》一诗。此诗译者甚多，有瞿秋白之译本，名曰《茨冈》，诗人节会中将由数人诵之，邹荻帆嘱余特撰此文。""作丁聪《阿Q正传》木刻之题记，凡七百言，即写其上，明日送于子杰。"(日记)

5月26日　偕胡墨林至美术协会，观吴作人画展。

5月27日　作《诗人节致辞》(刊1945年6月13日《华西晚报》"诗人节特刊"；后收入《叶圣陶散文乙集》，又收入《叶圣陶集》第六卷)。文章盛赞屈原和杜甫，说他们"伟大的精神"，就在于"表达出人民的心声"。"在'人民的世纪'，'人民的诗人'没有旁的要写，要写的就是'人民的诗'。"

同日　编定《中学生》杂志第八十九期。观苏联影片《虹》。

5月28日　作《"七七"八周年》(刊《中学生》复刊后第八十九期，署名朱逊；后收入《叶圣陶集》第十二卷)。文章说："建国之道千头万绪，可是有个总纲，必须人民站起来，自己的事由自己来治理——当然要互相帮助，不是各归各的治理。”

5月29日 为开明书店店务偕章雪舟赴渝，夜宿内江。次日抵渝。

5月31日 丰子恺、李儒勉、郭沫若、沈雁冰来访。夜开明书店宴设计委员丰子恺、沈雁冰、巴金。餐毕讨论“今后出书及明年纪念廿周年之办法”。（日记）

5月1日至15日、17日至19日、21日至31日的日记，收入《叶圣陶集》第二十卷。

同月 发表《梁漱溟教育论文集》（梁漱溟著）广告，刊《中学生》复刊后第八十七期，未署名（收入《叶圣陶集》第十八卷）。

同月 发表《编辑室》，刊《中学生》复刊后第八十七期，未署名。《编辑室》公布第三次“笔谈会”的题目有两个：一是“关于国文科和理科”，二是“我们需要哪样的教育”。

6月1日 沈雁冰来访，谈盛世才事。孙伏园来访。

6月2日 访赵家璧。与赵家璧、巴金、以群同饮于滋美。“以群言本月二十四日将为雁冰祝寿（实只四十九岁），嘱余为邀请之公启，并为文纪念。余又思邀集各书店，凡出有雁冰书者，届时共同登广告发售其书。”汪允安、陆梦生、吴大琨、夏衍、金仲华来访。（日记）

6月3日 晨应陶行知之约，共进早点于滋美。观电影《威尔逊总统传》。莫志恒来访。

6月4日 “作一邀请朋友参加雁冰五十寿辰茶会之书函。”听唐锡光讲湘桂大撤退时逃难情景。（日记）

6月5日 为开明练习生初级国文班作示范上课。俞守己来访。观剧《小人物狂想曲》。

6月6日 作《茶馆》（刊1945年6月14日重庆《商务日报·茶座》；后收入《我与四川》，又收入《叶圣陶集》第六卷）。

同日 晨访章元善。夜应巴金和吴朗西之约，至文化供应社饮酒。

6月7日 作《中文系——致教师书之八》（刊1945年6月10日《新华日报》第四版；后收入《叶圣陶语文教育论集》，又收入《叶圣陶集》第十三卷）。文章强调“中文系”研究中国以往的文学不能取“抱残守阙”的态度，要从“以往的文学”中“发掘出一些新东西来”，“开创将来”。

同日 晨为开明同人谈国文学习。

6月8日 作诗《送郭沫若出国》。（日记）

同日 晨偕范洗人、章雪舟至中一路，贺文光书店新店开幕。下午参加编校推广部第三十次工作会议。“雁冰托人送信来，邀余加入文艺联络社为发起人。”金仲华、俞鲤艇、刘尊棋、秦柳方来，同饮酒。夜参加明社全体晚会。（日记）

6月9日 作书寄胡墨林。出席开明书店业务会议。夜与金仲华、胡绳、戈宝权、傅彬然等饮于留香园。

6月10日 至作家书屋访冯雪峰，未遇。晤姚蓬子。夜应陆梦生、汪允安招宴。看电影《马克吐温传》。

6月11日 “晨为同人谈语文学习一时有余。”“拟各家联合特价发售雁冰著作之广告。此一纪念（沈雁冰五十寿辰）之一方式也。”致一书与柳亚子先生。冯雪峰、姚蓬子来访。顾颉刚、丁君匋来访。邵力子来开明书店聚餐、开会。叶以群来，“示余以文艺联络社之旨趣与简则。此社为文艺之介绍机关，不但介绍国内各地作者之文稿于各刊物，且尽中外介绍之力，经常费用月需三四十万，亦非易也”。（日记）

6月12日 晨与顾颉刚、丁君匋等进早点于冠生园。校《丽白楼自选诗》之校样。李儒勉夫妇来访。傍晚，开明同人十余人宴叶圣陶、章雪舟、卢芷芬于白玫瑰。（日记）

6月13日 “晨仍为同人谈国文学习。”丁晓先来访。（日记）

6月14日 由渝返蓉，夜宿内江。次日抵蓉。

6月15日 夜偕胡墨林至蓉光电影院，观重庆曲社之公演。“此间鲜有昆曲之公演，大有号召力，观众拥挤特甚。戏为《探山》、《寄子》、《琴挑》、《梳妆》、《掷戟》、《游园》、《惊梦》七出。”（日记）

6月16日 孙明心、孟尚锦、尹德华来访。

6月17日 吕叔湘、沈志远、叶鼎彝夫妇、陈白尘夫妇来访。

6月18日 吕朝相、王楷元来访。

6月19日 接范洗人信。复范洗人（第百四十号）。

6月20日 丁君匋来访。张西洛来访。至教育科学馆访田世英，“请其修改前年所撰初中地理，将印为准教本。世英介往晤新馆长陈行可。陈有意招余回馆工作，屡托世英致意，今见面，以事忙辞焉”。至李劼人嘉乐公司，出席文艺讲座委员会。“议定以下月九日开始讲述，下月一日，集讲师为茶会于子杰所。此外杂谈甚多。”（日记）

6月21日 发表《“通启”》（为庆祝茅盾五十初度而作——编者注），刊《新华日报》第二版，未署名。

6月22日 致章伯寅信，代陈述民邀请章氏来光华中学任训育主任。时，章先生在重庆洛碛，任女子师范教师。

6月23日 发表《略谈雁冰兄的文学工作》，刊《华西晚报》第二版（刊1945年6月24日《新华日报》第四版；又刊《文哨》第一卷第三期，1945年10月1日；后收入《叶圣陶散文甲集》，又收入《叶圣陶集》第六卷）。文章说：“我有这么个印象，他写《子夜》是兼具文艺家写作品与科学家写论文的精神的。近来他写《霜叶红似二月花》与《走上岗位》，想来仍然是这样。对于极端相信那可恃而未必可恃的天才的人们，他的态度该是个可取的模式。”“最近问起他《霜叶红似二月花》的后文如何，他告诉我还没有写下去。我心里想，《霜叶红似二月花》缓些也无妨，按照他以前写三部曲的先例，在这个时日，他有更急于要写的题目，大家在等待写那种题目的作品，而他正是适于写那种题目的作者。”

6月24日 午后二时，至祠堂街华记餐厅，出席雁冰五十初度纪念茶会。到者八十人左右。黄药眠主席，叶圣陶致辞云：“我们要和茅盾一样提着灯笼在黑暗里行走，现在成都、重庆、昆明各地到处有人点着灯笼，光明越聚越多，黑暗终将冲破。”叶圣陶致辞时“大声呐喊，甚至站到了凳上”。（1945年7月4日《新华日报》第四版“文化短波”）

散会后，与陈白尘、陈翔鹤、张天翼等茗于少城公园。茶散，聚餐于宴宾楼。

同日 作《在沈雁冰五十寿辰庆祝会上的讲话》（刊1945年6月25日《华西晚报》第四版）。（本文发表时无题目，题目为编者所拟）

6月25日 吕叔湘来访。

6月26日 编齐《开明少年》第二期。

6月27日 叶鼎彝来，“谈大学国文系应如何办理”。

6月28日 访吕叔湘、戴申甫。至新南门外竟成园，与开明同人为章雪舟作四十寿。先啜茗于江边，后聚餐，饮啖甚欢。

6月29日 身体不适，由胡墨林代笔作书复佩弦、云彬、汪允安。致书张友渔。冯列山、罗永麟、吕朝相来访。夜偕胡墨林观电影《幻想曲》。

6月30日 “忽佩弦来，殊出意外，为之狂喜。据云因有直航飞机之便，遂回来休息一暑假。渠迩来心绪不好，次女在扬州夭逝，长子在军中，去年广西战役以后，迄今无消息，料是凶多吉少。闻此亦无辞以慰之。”编定《中学生》杂志第九十期。自这期起，《中学生》杂志改在重庆送审。（日记）

6月1日至30日的日记，收入《叶圣陶集》第二十卷。

同月 发表《作者还有别的事儿》，刊《新中华》复刊第三卷第六期（收入《叶圣陶集》第九卷）。文章宣讲“扫除文盲运动”

的重要性，认为“这个教育工作至少与认真写作同等重要”。

同月 发表《开明少年》广告，刊《中学生》复刊后第八十八期，未署名（收入《叶圣陶集》第十八卷）。

同月 发表《中国人与中国文》广告，刊《国文月刊》第三十六期，未署名（收入《叶圣陶集》第十八卷）。

7月1日 胡赞平来访。至郭子杰家，参加文艺讲座讲员之茶叙。

同日 发表《文艺者之另一新任务》，刊《热力光》第一卷第二、三期合刊（收入《叶圣陶集》第六卷时题名为《文艺者的另一种任务》）。文章仍谈“扫除文盲”的重要性。

7月2日 作书复陆步青。作书复范洗人（第百四十一号）。“罗永麟来，邀余与墨聚餐于静宁饭店，其伯父同坐。其伯父为川大法学教授，耽吟咏，即席赠余一诗：‘仲夏生意盛，蝉鸣高树林。冷淡深杯意，静宁齐物情。能诗勿学易，无吝自几仁。理乱形骸外，桃源何必寻。’”接丰子恺来信。王楷元来闲谈。（日记）

7月3日 至撷英餐厅，贺章雪舟女儿士勉之婚礼。叶圣陶为证婚人。

7月4日 接章伯寅先生信，有允任光华中学训育主任之意。

7月5日 “姚雪垠、董每戡二君来访。二君皆任教于东北大学，据言东北中文系教师十余人意见皆相近，不取抱残守阙，重在继往开来，殆为各大学所少有。为文学院长者，则陆侃如也。”

观美国新闻处之时事照片展览于美术协会。吕朝相来谈。闻在宥来访。叶鼎彝来谈文艺讲座事。夜至东方书社王畹芗所，应其招饮。（日记）

7月7日 作书信《致沈雁冰》（收入《叶圣陶集》第二十四卷）。信中首先谈到上月来渝未能参加渝地为沈氏祝寿活动的原因，说：“弟上月到渝，以急欲归来校读杂志稿，不及候至二十四日过后再走，深觉歉仄。祝寿之事，弟近觉亦有意义，其意义不在于个人而在于社会。二十四日之会，其给与相识不相识之友朋之振奋，实未可计量也。”最后谈到追求和希望时说：“弟今思维，关于个人方面，实已无所希冀。其所以执著者，唯欲见民生康乐，庶业繁盛之一日耳。他日共届六十七十之年，斯愿获偿，老友共叙，则其为欢将无可言喻。”

7月8日 与叶鼎彝至燕大，布置文艺讲座会讲堂。午至长美轩，应翟水森之宴。夜，黄药眠来访。

7月9日 文艺讲座开始，叶圣陶主持并致辞。郭子杰主讲《文艺与教育》。刘开渠、丰子恺来访。

7月10日 至燕大礼堂主持文艺讲座，姚雪垠主讲《小说的创作》。方欣安来访。赴华西坝金陵大学农业专修科应章元善之宴。

7月11日 至华西坝金陵大学出席手工艺集会之开会式，四川省主席张岳军到会致辞。访庞薰琴。听沈福文谈漆器制作。

7月12日 至燕大礼堂主持文艺讲座，朱自清主讲《新诗之趋势》。午赴宴宾楼应董每戡宴，同坐朱自清、陈觉玄。丰子恺、陶载良来蓉。叶圣陶到丰、陶下榻的嘉利客寓拜会。写信复范洗人(第百四十二号)、易君左、李广田。

7月13日 王楷元、丰子恺、陶载良来访。

7月14日 至华西坝金陵大学出席手工艺集会作演讲，题为《手工艺对心理建设之贡献》(刊《手工艺集谈会》专集，“手工艺集谈会”印刷；后收入《叶圣陶集》第六卷)。这篇演讲稿在谈到什么是“教育的意义”时说：“记得从前有人对教育下了个定义，他说：‘把所学的东西忘记了，剩下来的才是教育。’这定义似乎很滑稽，其实却含有至理。学生在学校读书，一天到晚上课自习，等到毕业，大部都忘记，这些忘记了的知识，不能说是教育，这学生在校所养成的生活习惯，以及所得到的与他日后生活有关的知识和技能，这才是教育。”

同日 偕丰子恺、陶载良访郭子杰。胡赞平来访。

同日 接到《开明少年》创刊号，创刊号版权页注“7月16日出版”，实际出版时间却要早。日记中说：“《开明少年》创刊号今日寄到，印刷尚可。成此一编颇费心力，把玩亦复欣然。”

7月15日 至燕大礼堂主持文艺讲座，许可经主讲《音乐的欣赏》。午与章雪舟在明湖春宴立达校友会丰子恺、陶载良、王畹芗等九人。夜观夏衍话剧《离离草》，“演员演来甚精平，殊可赏心”。（日记）

同日 朱自清在给浦江清的信中代叶圣陶向浦约稿。信中说：“到此晤圣陶、叔湘、千帆及其他诸友，均盛称大著《词》的讲解之精，以为在平伯《偶得》之上。圣陶嘱预约全书由开明出版，如承惠允，乞示及。又开明明年二十周年纪念，拟印一纪念册，载学术文字。联大方面拟约一多、兄、辰伯及弟四人撰作。稿件约一万五千字至三万字，明年二月交稿，润笔从优。此事亦盼惠允。一多、辰伯处当另行函恳。”（《朱自清全集》第十一卷，江苏教育出版社1998年版）

7月16日 《开明少年》创刊，叶圣陶主编。自第一卷第八期起，署“编辑者叶圣陶　贾祖璋　唐锡光　叶至善”，实际的编辑工作由叶圣陶和叶至善担任。1947年下半年起，叶圣陶因事务繁忙，《开明少年》由叶至善一人编辑。自第四十六期（1949年4月）始，叶圣陶不再列名编辑。

同日 发表《“开明少年”》，刊《开明少年》创刊号，署名编者（收入《叶圣陶集》第十八卷时题名为《〈开明少年〉发刊词》）。

《“开明少年”》：

“本志创刊了，名目叫做《开明少年》。其实也不是一种新创的杂志，它的前身叫做《新少年》，可以说是《新少年》的复刊。《新少年》创刊于二十五年一月十日，是一种半月刊。出到二十六年八月间，‘八一三’战争爆发，我们的印刷厂被敌人的炮火毁了，只好与其他几种杂志一同停刊。看了一些青年（八年前的少年现在是青年了）寄给我们的信，诉说他们惦念《新少年》的心情，听了一些朋友的鼓励话，说那样的少年杂志现在很需要，我们更希望从早把它复刊。但是我们在先在桂林，去年来重庆，都感到编辑上印刷上发行上种种的困难，想出又不敢出。今年来，纸价更涨了，印刷工价更高了，运输寄递不比以往方便，许多朋友依然散处在各地，编辑方面也还是感觉人手不够。我们想，要等待种种困难改变过来，恐怕还不止一年两年，有句通常话叫做'克服困难'，我们何不试试呢？等待是自己不作主，克服困难是自己作主，我们何不作作主呢？这么想着，我们就动手筹备起来，定在这个月里出版。半月刊暂时办不到，就出月刊。《新少年》的名目被人家用去了，就叫做《开明少年》。

"叫做《开明少年》也好。一方面，表示他是开明书店出版的少年杂志。另一方面，还有旁的意义。……在今后的我国，在今后的世界，个人必须做个全新的人。怎么叫做全新，说起来可以有很多话，但是'开明'两个字也可以包括了。开是开通，明是明白。侵略人家，欺侮人家，妨碍人家的自由，剥夺人家的幸福，就是不开通，不明白。这样的人无论如何要不得，由他治理一地的事，便是一地的祸患，由他治理一国的事，便是一国的甚至世界的灾难。协和人家，帮助人家，尊重人家的自由，顾全人家的幸福，就是开通，明白。这样的人遍于一地，便是一地的康乐，遍于一国，便是一国的荣华：现在人们自己勉励的，就是作这样的人——开明的人。读者诸君是少年，我们愿意诸君作开明的少年。我们说，把这种杂志叫做《开明少年》还有旁的意义，意义就在这儿。"

同日 发表评论《无名英雄的铜像——纪念"七七"的艺术品》，刊《开明少年》创刊号，署名圣陶（收入《叶圣陶集》第六卷）。文章介绍成都市东门外为纪念抗战的大众而立的一尊由刘开渠创作的"无名英雄的铜像"。

同日　发表评论《读〈游子吟〉》，刊《开明少年》创刊号，署名朱逊（收入《叶圣陶集》第十卷）。文章评孟郊的诗《游子吟》。

同日　发表歌曲《少年》，刊《开明少年》创刊号，署叶圣陶作歌、许可经谱曲（收入《叶圣陶集》第四卷）。歌云："当春的枝芽叶芽，枝头上打着朵儿的花，朝晨冒出地平线的太阳，在西部高原的黄河长江：从这些东西，我们看见我们自己。要把眼睛睁开，要让头脑明白，莫要闲空了一双手，说什么要对得起一张口：把这些道理，我们勉励我们自己。我们多的是同伴，我们精神清新，强干，手牵着手向前进，脚脚踏实步步稳，希望的光照在我们身上，我们满胸满怀的欢畅，欢畅！欢畅！我们满胸怀欢畅！"

同日　发表《"习惯成自然"》，刊《开明少年》创刊号，署名翰先（收入《叶圣陶散文甲集》和《叶圣陶集》第十二卷时删去了两句话："能力都从习惯来"；"把学来的东西完全忘掉了，那剩下来的东西就是教育——V. 哈力法克斯的话"。

同日　发表评论《编者说》（收入《叶圣陶集》第十八卷时题名为《〈我们也写些〉编者说》）。文章介绍该期刊登的少年们的习作《抗战中度过的童年》（蔚若）、《读〈离离草〉》（姚信），以及董春如的日记。

同日　张西洛、叶鼎彝、章雪舟、钟博约来访。午与陈钟凡、叶鼎彝、陈白尘在全家福作东，宴董每戡、姚雪垠、朱自清。夜偕胡墨林访丰子恺、陶载良于嘉利客寓。

7月17日　偕陶载良访陈行可、宋大鲁，为立达学园在教育部备案事。

7月18日　至燕大礼堂作文艺讲座，题为《"风波"》，"听者居然满堂，为开讲以来之最高纪录"。至冯月樵宅，参加出版界同人"星期三座谈会"，兼欢迎丰子恺、陶载良。"子恺将于下星期开展览会。余为言其画应改变作风，今所用线条宜于旧画而不

宜于表现现实。子恺谓将徐徐图之。十时半归。”(日记)

7月19日 至燕大礼堂主持文艺讲座，邹荻帆主讲《新诗之创作》。午与丰子恺、陶载良、胡赞平、朱自清应省议长向今之招宴，他客有陈筑山、陈行可、宋大鲁等。夜到刘诗圣宅，章雪舟和刘诗圣款丰子恺、陶载良，叶圣陶作陪。

7月20日 “至宽巷子访吴组缃。吴前未识面，近方自重庆来，遇之，印象颇佳。渠与冯焕章将军同来，介余见冯将军，谈一刻钟许。”应王畹芗之招宴。主要客人为丰子恺与法尊法师，此外有姚雪垠等。(日记)

7月21日 至燕大礼堂主持文艺讲座，介绍庞薰琴开讲。下午与丰子恺、吕叔湘、卢剑波、朱自清、王楷元聚于望江楼。夜与朱自清、丰子恺应郭子杰之宴。宴散后与陶载良、丰子恺访宋大鲁。黄药眠来访。吴组缃、孙次舟来访，皆未晤。

7月22日 至燕大礼堂主持文艺讲座，介绍戴镏龄讲《传记文学》。陈白尘、吕叔湘、胡赞平、向于芳来访。偕朱自清往观丰子恺书画之预展。夜，与开明同人设茶会欢迎丰子恺、陶载良、朱自清三人。

7月23日 至燕大礼堂主持文艺讲座，介绍吴组缃讲《生活态度》。“其言甚可味，谓宜兼取执著与超脱。十一时讲毕，与组缃、白尘、鼎彝茗于公园，谈文事甚快。共进食于天津馆老乡亲。”至美术协会助子恺照料画展。观者甚众。(日记)

7月24日 “文协为茶会，欢迎冯焕章、吴组缃、姚雪垠、戴镏龄及子恺、佩弦，兼集讲座讲说之诸君。假地于月樵店中之楼上。……十时半始开会。余为主席，致欢迎辞。冯、吴、朱、丰、姚各为谈说，继之自由集谈。午刻聚餐于宴宾楼，尽欢而散。”“沈体兰偕其夫人来访，告余燕大近接三青团中央团部之密令，谓有奸伪分子假其校设文艺讲座，所讲多荒谬，嘱彻底究查呈覆，并令成都团部另组一讲座，以为纠正。此事可气复

可笑，与沈相对叹息。”（日记）

7月25日 至燕大礼堂主持文艺讲座，介绍丰子恺讲《艺术与艺术家》。“孙次舟来访，为川大夜校来劝说，欲余就文学系主任。余辞焉。”夜偕王楷元访丰子恺。“子恺开画展三日，售去卅四件。渠谓此为末次画展，以后不拟复开。余谓以后作风有新创，社会人士之认识有进步，亦何妨复开。”（日记）

7月26日 编定《开明少年》第三期寄于唐锡光。夜偕丰子恺赴刘开渠宅应其招宴。他客有吴作人等。

7月27日 至燕大礼堂主持文艺讲座，介绍吴作人讲《敦煌艺术》。

7月28日 偕丰子恺赴锦城酒家应谢颂皋之宴。编定《中学生》杂志第九十一期。夜与丰子恺赴沈福文宅应其招宴。他客有李晓舫罗玉君夫妇，蔡漱六女士，张四小姐及王楷元。“先鉴赏沈之漆器，次听罗蔡唱曲，四小姐吹笛，然后聚食。”散席后至丰子恺寓所叙别。丰子恺、陶载良明晨乘车离蓉。（日记）

7月29日 至燕大礼堂主持文艺讲座，介绍姚雪垠讲《小说之结构》。作书复朱东润、闻在宥、卢冀野、苏步青。

7月30日 至燕大礼堂主持文艺讲座，介绍陈白尘讲《戏剧之创作》。姚雪垠偕李束丝来访，“雪垠谈文事，余深佩其识”。闻在宥来访。（日记）

7月1日至6日、8日至29日、31日的日记，收入《叶圣陶集》第二十卷。

同月 发表《编辑室——〈“中学生”〉的老朋友〉、〈我们欢迎文艺的稿子〉、〈一个声明〉》，刊《中学生》复刊后第八十九期，未署名（收入《叶圣陶集》第十八卷）。

同月 发表《文艺心理学》（朱光潜著）广告，刊《中学生》复刊后第八十九期，未署名（收入《叶圣陶集》第十八卷）。

8月1日 至燕大礼堂主持文艺讲座，介绍李劼人讲《佛罗贝尔》。“与（叶）鼎彝茗于少城公园。鼎彝言渠倾向于怀疑，作教为学，细思之亦似无谓。余谓此是我辈之常态，病在松懈，一切不能起信。”作书致章元善。冯列山、王楷元、孟韶、张西洛来访。（日记）

8月2日 吕叔湘、徐中舒来访。夜至燕大交谊室，听周谦冲为燕大同学讲出席参政会观感及中苏关系。

8月3日 “昨陈克成以书致雪舟，言潘公展在此，欲与余晤，因乘车访潘于中国旅行社招待所。据谈对于《中志》之意见，谓宜注意基本工具学科，少弄社会科学文字。又言渠不满审查制度，若编辑人各自检点，审查制度即可以废止。其言殊可笑，余不与辩，颔之而已。若非顾及开明之立场，则面斥之矣。”（日记）

8月4日 至燕大礼堂主持文艺讲座，介绍庞薰琴讲《工艺美术》。与叶至善往悦来园观川剧《马房放奎》、《首阳山》、《三祭山》、《杀伯奢》、《幽闺记》、《秦雪梅》、《凤仪亭》、《巴九寨》。

8月5日 文艺讲座结业，致闭幕辞。

8月6日 作书致傅彬然。

8月7日 郭尼迪、汪子美、冯列山来访。《中学生》杂志第九十一期中张友渔所作《收复东北》一文在审查处被扣。（日记）

8月8日 与刘开渠、吕朝相、周太玄、陈翔鹤、叶鼎彝、陈白尘至李劼人“菱寓”造访，品其夫人手治之家常菜。

8月9日 作书复范洗人、傅彬然、唐锡光。朱自清来访。

8月10日 与陈白尘、陈翔鹤等在四五六为叶鼎彝、黄药眠作饯。叶鼎彝将往三台，黄药眠将往昆明。夜得悉日本侵略者向盟军无条件投降的消息，并不多么欣喜。“（夜）到家未久，外传日本投降，已于今晚发出广播。既而报馆发号外，各街燃放爆竹，呼声盈路，亦有打锣鼓游行者。余自问殊无多兴奋。日本虽败，而我国非即胜利。庶政皆不上轨道，从政者无求治之诚心，百端待理，而无术以应之，去长治久安，民生康乐，为期固甚远也。所可欣慰者，日本飞扬跋扈，欺我太甚，而终见其崩灭耳。”“报载谢六逸以心脏病逝世于贵阳”，“闻讯怆然”。（日记）

8月11日 “发电致重庆，日本既表示投降，杂志中有关‘九一八’之文字，口气皆须换过，请彬然注意。又寄信与彬然细说此事。”下午，应车瘦舟之约，至其寓叙饮。夜与开明诸友为倪文铨作饯。“文铨将运书往西安，兼往兰州。”（日记）

8月12日 冯列山、陈仲英、孟韶、赵隆勷来访。

8月13日 冯列山、陈思岑、王冰洋等来访。

8月14日 张西洛来访，询《星期快报》如何可以改进。姚雪垠来访。

同日 作诗《题孟韶之〈云山渔艇〉画》。（日记）

8月15日 往观航委会所办之航空展览。至沈志远所，“出席新世纪学会理事会，到友渔、哲民、志远、一平、伯恺、鼎彝、药眠诸人。决议开座谈会等事”。接朱东润信。闻在宥来访。（日记）

8月16日 “晨起写信，复陆侃如，复洗公。致书上海诸友及红蕉，一年不写信矣，希望今日之信得附第一班航机到沪。”“午刻祀先，中元节近矣。”

对抗战胜利反而感到很伤惨。“今日各街巷保甲纠集市民，往春熙路孙先生铜像下献花，庆祝胜利，一路爆竹锣鼓。晚后与小墨出外观之。所见行列皆衣衫不整之人，杂以小儿甚多，与新年间游行无异。如此庆祝，实可伤惨。即归。”（日记）

同日 作评论《木刻》（刊《开明少年》第三期，1945年9月16日，署名黄幼琴；后收入《叶圣陶散文乙集》，又收入《叶圣陶集》第六卷）。文章评述古元的木刻《运草》，并论及我国现代木刻的历程。指出：“在苏联，木刻艺术特别发达。在我国，经鲁迅先生的提倡，才开始有人重视木刻，从事木刻。十多年来，我国从事木刻工作者相当努力，到现在，我国的木刻已经走上了自己的道路，产生了特有的作风，这是一件值得高兴的事。”

同日 发表评论《编者说》，刊《开明少年》第二期，未署名（收入《叶圣陶集》第十八卷时题名为《〈我们也写些〉编者说》）。文章介绍该期刊登的少年们的习作《从电影〈虹〉里看到的》（李维新）、《从电缆车说起》（和鸣）、《小馆子的老板》（曾甫尧）等。

同日 作《蜀中书简》（刊1945年9月28日上海《文汇报·世纪风》，署名钧）。

8月17日 王楷元来访。吴组缃与徐秘书（冯玉祥之秘书）来辞行，“言日内回重庆，以后晤见将在上海”。（日记）

8月18日 作长书复朱达君和傅彬然，告叶至善决辞教职，入开明书店为编辑，助编《开明少年》杂志。与胡赞平共往美术协会观两画展。“一为高龙生汪子美之漫画，总名曰《幻想曲》，多讽刺现实之作。一为赵少昂之国画，系岭南一派，参以东西画法，几乎幅幅可观。”吕朝相、王楷元来访。（日记）

8月19日 作《三大原则与四大自由》（刊《开明少年》第四期，1945年10月16日，署名编者）。文章论述法国《人权宣言》中的三大原则（自由、平等、博爱），以及罗斯福提出的四大自由（言论与表示的自由、各个人照他自己的方式拜神的自由、免除匮乏的自由、免除恐惧的自由）。

同日 作《胜利日说几句话》（刊1945年9月3日《新民报晚刊》）。

8月20日 作书致叶鼎彝。至《新民报》馆，访王楷元。陈由尘来访，谈文协之事。

8月22日 作《“胜利日”随笔》（刊1945年8月24日《华西晚报》第二版，又刊1945年9月23日《新华日报》；后收入《叶圣陶散文甲集》，又收入《叶圣陶集》第六卷）。文章说“胜利日”当然是极度的高兴，还有惭愧：

“我愧对牺牲在战场上的士兵同胞，愧对牺牲在战场上的盟军。

“我愧对挟了两个拐棍，托了一条腿，在东街西巷要人帮忙的‘荣誉军人’。

“我愧对筑公路修飞机场的‘白骨’与‘残生’。

“我愧对拿出了一切来的农民同胞。

“我愧对在敌后与沦陷区，坚守着自己生长的那块土地，给敌人种种阻挠，不让他们占丝毫便宜，同时自己也壮健地成长起来的各界同胞。”

8月23日 接范洗人、傅彬然信，“告以店事。一为先于重要地点恢复据点。二为与上海诸友商议，两地之店如何合流，印刷出版如何在沪进行”。（日记）

8月24日 作书复范洗人。作书致章雪山。又书一笺与叶至诚，“后此三日为其二十岁生日，祝贺之”。闻在宥、胡赞平来访。（日记）

8月25日 编定《中学生》杂志第九十二期。往美术协会观法国新闻处之照片展《今日之法国》。陈白尘来访。

8月27日 “今日三官（叶至诚）二十岁生日，中午吃面，且分饷同居各家。”（日记）

8月28日 作《发表的自由》（刊《中学生》复刊后第九十二期，署名圣陶；后收入《叶圣陶散文甲集》，又收入《叶圣陶集》第六卷）。文章提出：我们必须得到“四大自由的第一项就是发表的自由”，“无条件的得到发表的自由”。

同日 朱自清偕张志和来辞行。这是两人最后一次见面。“佩弦偕张志和同来。佩言明日有飞机，将直航昆明。清华等校将于年底迁回北平，渠即随往，以后再来接眷。他日会面殆将在上海矣。此次佩回来，晤面次数不少，而叙谈无多，又将分别，不免怅然。张志和为我家之东邻，前曾识面，佩之热友也。坐未久，即去。”（日记）

8月29日 “作书三通，复不相识之投书者。看彬然等所编选国文本，书其所见，以告彬然。”郭子杰来，“言马思聪又将开演奏会，嘱余为文”。至《新民报》馆，晤王楷元。观苏联所制新闻片于蓉光电影院，“一为克里米要会议，一为攻入柏林”。（日记）

8月30日 “读黄任老所著《延安归来》，系叙其访延安五月间之经历。觉延安之作法平易切实，就事解决，处处为改善民众生活着想，殊可钦佩。各地若均能造成如此风气，则一切有办法。若继承传统之官僚政治，变本加厉，则一无可望。任老尝以人存政举、人亡政息之意询毛君，以为延安之将来或亦将循此轨迹。毛君答此诚可虑，然已找到一新路，其路即为民主。余观而深喜其言，所谓人存人亡，皆指倡导者而言，既成民主，则倡导者退居于不重要之地位，自无政息之惧矣。”（日记）

8月31日 作《送马思聪先生序》（刊1945年9月4日成都《新民报晚刊·出师表》）。

8月1日至20日、22日至31日的日记，收入《叶圣陶集》第二十卷。

同月 发表《受教育者与教师节》，刊《中学生》复刊后第九十期，署名朱逊（收入《叶圣陶集》第十二卷）。文章代表《中学生》杂志讲话，说在“教师节”来临的时候，除对“教育者”表示诚挚的敬意外，还希望“教育者”和“受教育者”共同努力，“把教育安排在一个较好的环境中”。

9月1日 钟博约来访。吕朝相来访，谈时事。

同日 发表《记者节谈发表的自由》，刊成都《新民报晚刊》。

9月2日 王楷元来访。“（胡）赞平来，留之共饮。谈还乡之期及在乡闲适情形，共为设想，未知究何日实现。”（日记）

9月3日 谢冰莹来访。成都市民集会庆祝日本政府签字投降、抗日战争胜利结束。“（下午）四时与墨出外游观，街上悬旗结彩，游人来往。至店中，观祠堂街及少城公园中游行队伍之集合。所扎灯笼及所饰汽车，皆简陋粗俗，人众止有嚷嚷，无以表其欢愉之情。此事自关教育程度，无可强也。六时归，不待游行队伍之出发。”（日记）

9月4日 “报我蒋氏所发表文告，其言亦倾向民主，为诚为妄，尚待事实证明，然其能为此，亦世界潮流与国内空气有以致之也。”“（沈）志远来，拟就成都文化界对时事之意见一通，邀余署名，即署之。”（日记）

9月5日 作《胜利随笔》（刊1945年10月10日上海《建国日报晚刊·春风》第一期）。

同日 作《两种习惯养成不得》（刊《开明少年》第五期，1945年11月16日，署名翰先；后收入《叶圣陶散文甲集》，又收入《叶圣陶集》第六卷）。本文与《“习惯成自然”》相呼应，把日常的细节提升到规律的高度和哲理的层面，强调良好的习惯的形成要靠平时的自觉，其间势必有一定的强制性。

9月7日 作书复马文珍。作书致朱自清。接章雪山、范洗人、傅彬然、叶至诚信。作书复章雪山、范洗人、傅彬然、叶至诚。孙次舟夫妇来访。至中央影院观电影《塞上春晓》。

9月8日 “晨间《华西晚报》之黎澍君来，邀余至其报馆集会。缘昨日此间得讯，重庆《东方杂志》、《新中华》、《宪政》及我《中志》等八种杂志，决自即日起不送审查，以为对于审查制度之抗议。八种杂志并拟发行联合增刊，取名《民主与团结》云云。因此此间报馆、通讯社、杂志社拟响应此行动，遂有今日之会。余于此事，昨曾于信中与彬然详谈。审查制度之必须取消已无可争辩，既政府不取消，我人自动取消之，最为干脆。且当此时会，提出此主张亦最为适宜。曾告彬然我店必当参加。今知业已参加，为之欣慰。”“到会者十余人，计报纸两家，通讯社数家，杂志社十余家。余为主席，议定致书重庆之八杂志，表示以行动为响应。又议以舆论界立场发宣言，提出其要求，由余起草。十二时后散会。白尘邀至其寓午餐，特为设酒。”（日记）

9月9日 作《成都十七文化团体致重庆杂志界的一封公开信》（刊成都各报刊，署《青年园地》、《成都快报》、《华西晚报》、《开明少年》等十七个文化团体）。

同日 “晨起作昨日所决议言论界对于言论自由之主张，全文凡二千言，将由成都各报社、通讯社、杂志社以己意签名，然后发布。要点在取消事前之登记特许，事后之检查与传递时之扣留。并言政府协助言论界之复员须求其公平，并严惩降敌附逆之文人，保障文人之人身自由，文化事业不得由一部分人独占云云。”“下午四时至少城公园集成图书馆楼上，出席文协文艺顾问会小说组之座谈会。到者二十余人，余为主席。讨论今后小说倾向，及文艺下乡诸问题。六时散。”（日记）

同日 朱自清来信，谓闻一多拟约叶圣陶到清华大学任教，“主持大一国文”；又说《国文月刊》编到四十期为止，“停了很可惜”；还说吴晗、闻一多、浦江清均答应为《开明纪念刊》作文。（《朱自清全集》第十一卷，江苏教育出版社1998年版）

9月10日 “雪峰来信，嘱为《抗战文艺》作文，言战事已结束，文艺界抗战协会即不解散另行结会，亦当改换名称，因而会中之《抗战文艺》亦必停止。今渠所编者为末了一期，望余务寄一文与之。”作书致宋云彬，“与谈《国文杂志》事，并告近况”。（日记）

9月11日 作《革心》（刊《抗战文艺》第十卷第六期，1946年5月4日；后收入《叶圣陶集》第六卷）。文章说："说到革心，最要紧的是改变对于政治的了解。"还有一点，"绝对用不着君师主义了"。"什么叫君师主义呢？君师主义是行政人员自视甚高，最高的时候竟自认为哲学家，把公众看得一钱不值，以为他们懂得什么，我的意见才是无所不周，无所不至，由我来'作之君，作之师'吧。这种君师主义的最大毛病就在于抹煞了公众，自己要为君为师。"

同日 作书致冯雪峰。黎澍君来谈《成都十七文化团体致重庆杂志界的一封公开信》于近期内发布。

同日 朱自清来信，谈开明书店以何种方式接洽续编《国文月刊》事。（《朱自清全集》第十一卷，江苏教育出版社1998年版）

9月12日 作书复贺昌群、叶鼎彝、陆侃如。至五世同堂街观黄希成博物馆。孙伏园来访。孙来蓉出任齐鲁大学国文系主任，"余为言大学国文最宜另起炉灶云云"。"承告以重庆杂志界自动取消审查制之详情。""又告余传闻毛泽东向人宣布，渠有基本意旨三点。一为'商谈'，即谈而无成，商谈之门不闭。二为'拥蒋'。三为'各得其所'。据此以观，内战殆可免矣。"（日记）

9月15日 孙伏园来访，邀叶圣陶到齐大演讲。至蓉光电影院观电影《嫦娥梦幻》。接范洗人信，即复。

同日 朱自清来信，又谈及开明书店接编《国文月刊》事。（《朱自清全集》第十一卷，江苏教育出版社1998年版）

9月16日 发表《关于本志》，刊《开明少年》第三期，署名编者（收入《叶圣陶集》第十八卷）。文章总结前两期的"缺点"之一是："内容方面，多数意见以为材料太沉重，怕少年朋友们不能完全理解，笔调太滞板，怕不容易引起少年朋友们的兴趣。关于这两点，我们已经请写稿子的各位朋友注意了。请他们选择适合高小初中程度的材料，尽量用活泼生动的笔调写出来，务必使大家喜欢看，容易懂。”

同日 叶鼎洛、李剑青、沈嘉平来访。至华记茶厅，参加草桥同学会。“作书致伯祥，此为第三书矣。昨日有人接上海航空信，而余家无之，不胜遥念上海之亲友也。”（日记）

9月17日 作《我们永不要图书杂志审查制度》（刊《联合增刊》第二号，1945年10月4日；又刊《周报》第十一期，1945年11月17日；后收入《叶圣陶散文甲集》，又收入《叶圣陶集》第六卷）。文章说：

“按我们的理解，政治是一切公众的事的总名称，大家都得参预。不是为了好事才参预，是为了要自己与他人的生活都好，不得不参预。参预的方式，大家发表意见，商量商量，求其至当，是一项。大家贡献力量，认认真真，做到至善，又是一项。至于各级行政人员，他们是受了公众的信任与委托，办理公众的事的人。必须特别点明，他们不是统治者，他们也只有一份参预的权利，与任何人一样，不多也不少。又必须特别点明，他们必须是最精熟的技术人员与最负责的实行家。”

同日 “至《新中国报》编辑部，参加各报各杂志社之集会。决定组织一联谊会，并如重庆样，亦出一联合增刊，取名曰《自由言论》，最近期内即出版。”吕叔湘来，“谈文字之改革，甚有味”。（日记）

9月18日 作书致彬然。作《自力手册》题词，凡四百言。（日记）

9月19日 傅肖岩来访。“作《自由言论》之发刊辞，甚短，仅八百言。陈白尘来访，言廿三日文协诸友聚餐，欢迎伏园，并为余作饯。”孙明心来访。王楷元来访，“谈文事，谈生活，甚畅快”。（日记）

9月20日 姚雪垠来“谈小说之创作”。吕朝相来访。作书复范洗人。致书傅彬然。（日记）

同日 “接圣陶九月五日蓉信，告先已有函寄出，询收到未，详言内地企画，并告明年春夏之交将奉母挈家东归故乡。”（王伯祥日记）

9月22日 成都出版界在明湖春宴孙伏园，叶圣陶出席。

同日 “寄圣陶长信，编沪复第一号，附雪村、调孚两书。”（王伯祥日记）

9月23日 午至北平饭馆，与文协诸友聚餐。晚应陈述民之宴，同坐吕叔湘、许可经、胡赞平等。全家定于26日离蓉赴渝。

9月24日 作书致朱东润。致书李劼人辞行。夜至努力菜馆应洪承法之宴，同坐许可经、胡赞平、王楷元等。

9月25日 定于明日离蓉，心绪不宁。

“晨间大雨，念及明日动身，或将淋雨，为之焦心。

“为（冯）月樵题刘松年《九老图》，作诗不成，随写数语而已。

“十时至齐鲁大学，应（孙）伏园之约，为国文系同学谈话，杂谈余平常对教育之想头，一小时而毕。至陈觉玄处辞别，未晤。

“入华西坝步行一周，眺望建筑及卉木，以后未必再来矣。

“十二时至（郭）子杰家，应其招宴。子杰犹未归，他客皆不相识，因谢子杰夫人而出。至楷元家，墨与满子三午已先在，又有叔湘、高语罕。高系初见，谈吐殊伉爽。楷元夫人作馔，务合我家口味。二时归。

“为人写篆字，系伏园代托。（陈）翔鹤来，佩弦夫人来，孟韬夫妇来，皆为送别。（吕）朝相以上午来，未之遇。傅庚生来，少坐即去。

“入夜，全店同人及家属为余家饯行，外客加入者马群超老先生，孟尚锦夫妇，刘诗圣夫妇及月樵。饮啖甚欢，八时半散，各执手而别。明晨在车站尚有多人送行也。”（日记）

9月26日 “未明即起，整理行李。雪舟、世泽、陈永贵、汪声潮、老龚、林荷翘亦皆起，甫明即驱车离陕西街。除林荷翘老龚外，余人皆送至车站。侯赞平来，即为取得预购之车票，不需在购票处拥挤。行李凡八件，权之超过七十余公斤，纳费一万三千余元，本当另装行李车，由赞平向站员唐君关说，即得附载随身而行。白尘、翔鹤、朝相、月樵亦来相送。”夜宿内江。（日记）

9月27日 下午五时抵重庆。住较场坝螃蟹井三号。

9月28日 至开明书店重庆办事处与傅彬然、唐锡光、覃必陶、丁晓先等谈编辑出版事，以及为台湾赶编应急教科书事。钱歌川来访。

9月29日 “饭后至店中，会（范）寿康、沈仲九、金子敦、（丁）晓先、（傅）彬然，共商台湾临时教本编纂事。沈仲九为台湾行政长官陈仪幕后参赞一切之人，陈等将以下月到台，拟携教本之稿俱往，俾即可开学，有书可用。寿康系受沈之托，约我等共事，实际执笔者，子敦、晓先、彬然与余而已。商谈之结果，现在急需者为国语与历史两科。为进行省事计，亦为实际需要计，先编小学国语两册，初中国语一册，中小学历史各一册。各以应用半年为准，半年之后改用另行编撰之正式教本。国语三册，晓先与余任之，小学中学历史，彬然子敦分任之。为期迫促，须以一月内交卷。余殊不愿为此，彬然晓先谓此是帮人之忙，可令小墨相助，遂勉应之。”“傍晚与洗公晓先小饮。张志让来，共谈出版界情形及最近之政闻。”（日记）

9月30日 “晓先来商谈教本形式方面之各点。至于内容，俟其回李家沱拟定后再来共商。晓先任写小学之两册，小墨任写初中之一册，及三册之练习课文，余则任校改之责。”（日记）

9月1日至12日、14日至30日的日记，收入《叶圣陶集》第二十卷。

同月　发表《日本投降!》，刊《中学生》复刊后第九十一期，署名本社。

同月　发表《风雪夜归人》（吴祖光著）广告，刊《中学生》复刊后第九十一期，未署名（收入《叶圣陶集》第十八卷）。

10月1日　出席编审校对部工作会议。议定以后改名编译所工作会议。章元善、孙起孟来访。“新闻检查与图书杂志审查以今日废止，机关亦裁撤。”（日记）

10月2日　访章元善。“致佩弦一书，谈《国文月刊》事。佩弦与其同事拟以此刊改为私人所办，余店赞成之，仍愿为之出版。”丁晓先来，共商台湾教本之内容范围。“忽雁冰夫人来访。墨与雁冰夫人已十年未见，相见倍觉情亲。”冯雪峰来访。沈雁冰来访。（日记）

10月3日　丁晓先来，“续说台湾教本内容范围，历二小时，大体规定”。徐盈来访。得知胡愈之尚在人世，喜极。“《大公晚报》载中央新加坡电讯，言愈之未死，已返星岛，此大可喜。海外东坡，今有新例。以愈之之为人，其人尚在人间，不但老友，即不相识者亦必闻而欣跃也。”“雁冰夫妇来，招我店诸人出外聚餐，他客有何其芳及乔木二位，皆方从北方来者。”（日记）

10月4日　作《青年界的复员》（刊《中学生》复刊后第九十三期，署名朱逊；后收入《叶圣陶集》第十二卷）。文章说：“复员两个字的意思，是人们的生活和工作从战时状态改变到平时状态。战事起来了，人们都得改变了生活和工作来适应它，这才可以抵抗敌人，取得胜利。战事结束了，战时的生活和工作跟着结束，当然又得来一番改变，这就是复员。”接着对“献身于抗战”的青年、“普普通通”的青年、“浅化劣化”了的青年寄予祝祷或希望。文章最后说：“现在通行一句话，叫做‘复员不是复原’。意思是不仅恢复到战前的原样儿，还要改变得比战前更好。愿青年们记住这句话，前面说的也无非是这么个意思。青年界的复员能有成效，我国当前的问题就至少解决了一半。”

同日 编定《中学生》杂志第九十三期。

同日 王伯祥“收圣陶信”。（王伯祥日记）

10月5日 参加十杂志（《中华论坛》、《中学生》、《文汇》、《民主世界》、《民宪半月刊》、《再生》、《东方杂志》、《国讯》、《新中华》、《宪政月刊》）联合增刊第三期之编辑会议。第三期由《东方杂志》、《再生》和《中学生》主编。晤张志让、苏继庼。邵荃麟来访。

10月6日 李辉英、王语今来访。作《中学生》杂志读者来信之答语，“凡三篇，共将二千言”。接范洗人、章雪村信。“上海之店已改为办事处名目，同人薪给亦照内地标准。”夜，与开明同人在新味腴宴沈雁冰夫妇、张志让、徐盈、胡绳、莫志恒、孙源、章嘉禾等。（日记）

10月7日 孙明心夫妇、陈雪岑、汪允安来访。

10月8日 作书致夏丏尊、王伯祥、徐调孚、顾均正、江红蕉。至青年馆，观高谪生画展，遇柳亚子。李儒勉来访。夜出席明社大会。

同日 作《“人民的世纪”》（刊《开明少年》第五期，1945 年 11 月 16 日，署名编者；后收入《叶圣陶集》第十二卷）。文章阐释“人民”的意义，指出：“所谓‘人民的世纪’里的‘人民’，就一国说，包括全国的人而言；就世界说，包括全世界的人而言。摆个杂货摊的是人民，赤着脚下田的是人民，在讲台上谈论学理的是人民，在各级政府机关里办事的是人民，总而言之，谁都是人民。大家站在一边儿，彼此平等，另外不再有相对的什么人。照从前的说法，‘民’与‘君’相对，当然是不合的了。照孟夫子的想法，‘民’是‘治于人’的人，另外还有‘治人’的人，也不是那么一回事。”“‘人民’的意义既然弄清楚了，才可以说到‘人民的世纪’。”

10月9日 作《编辑室》（刊《中学生》复刊后第九十三期，未署名；后收入《叶圣陶集》第十八卷）。《编辑室》以极为欣喜的心情向读者诸君报告：“胡愈之先生尚在天壤间”，“他的死讯果然像‘海外东坡’一样是误传的”。

同日 朱东润来访，“谈教育、著作、用世各方面，颇欢。与共餐于冠生园。遂别”。出席编译所工作会议。又与傅彬然、覃必陶、叶至诚讨论编辑国文准教本事。（日记）

10月10日 作长信复徐调孚，“皆谈出版事”。致书王伯祥。偕胡墨林往青年馆，观沈雁冰之《清明前后》。“此剧以上半年黄金案为背景，写工业界之困顿情形，因种种压抑，趋于无可生存之绝路。似不能为高品，亦是应时之作，难免化装演讲之嫌。”“耿济之来渝……来而即飞东北。俄文人才多往东北，济之为外交界老手，宜其被征用也。”（日记）

10月11日 “写信两通，代此地明社全体同人慰问上海及广西之同人，是前夕明社大会之决议也。”接王伯祥、章雪村、徐调孚三人信，“虽事皆前知，再读一回亦慰远怀”。（日记）

同日 朱自清来信，仍谈及开明书店如何接编《国文月刊》事。（《朱自清全集》第十一卷，江苏教育出版社1998年版）

10月12日 作《十月十二日随笔》（刊《〈中华论坛〉〈中学生〉〈文汇〉〈民主世界〉〈民宪半月刊〉〈再生〉〈东方杂志〉〈国讯〉〈新中华〉〈宪政月刊〉联合增刊》第三号，1945年10月24日；后收入《叶圣陶散文甲集》，又收入《叶圣陶集》第六卷）。文章批判“官僚政治”。说“官僚政治”“讲究有凭有据，有交有代，也只讲究有凭有据，有交有代”。

同日 作《看报偶得》（刊《民主星期刊》第四期，1945年10月20日，北平1945年11月5日再版；后收入《叶圣陶散文甲集》，又收入《叶圣陶集》第六卷）。文章从报上常见的“不要失了人心”、“人民的世纪”等话语引发开来，力倡“要排除因袭观念，革自己的命”。

同日　柳无忌来访。

10月13日　老舍来访，谈文协会务。顾颉刚夫妇来访。至励志社，观陈烟桥、王琦、黄荣灿等十余作家之木刻展览会。

同日　王伯祥“写信寄圣陶（沪复二号）”。（王伯祥日记）

10月14日　晨与金端苓叙别，金明日飞沪。午应汪允安、陆梦生之招宴。同座有傅彬然、李公朴，“听李谈话，似颇爽利”。下午至杭建堂，观吴祖光之《风雪夜归人》，“此剧有新趣，而殊无现实感，似无深味”。戏散后至文协会所，出席理监事全会。“在渝诸文友大多晤面。先为聚餐，继乃开会，议定更改会名，删去‘抗敌’二字，并设法助文友复员等项。”（日记）

10月15日　接夏丏尊信。接江红蕉信。至江苏同乡会，出席《联合增刊》全体编辑会，“议定以后四五两期以政治协商会议为中心，及其他杂事”。（日记）

10月16日　写信复王伯祥、夏丏尊、章雪村、徐调孚、顾均正、朱达君、朱孟实、吕叔湘。至青年会，出席杂志社联谊会。听黄炎培报告时事消息。“言政治协商会议可于下月召开，重要问题有三，即和平建国纲领之制定，国民大会争持之解决，宪草主要精神之取定是也。又及国共谈判，五外长会议，国内民生痛苦等项。”“六时，偕叶以群吴组缃二位至曾家岩，应周恩来之招宴。闻周之名已久，见面尚是初次。其人有英爽之气，颇不凡俗。同座有老舍、靳以、胡风、何其芳、徐冰、王若飞诸位。饮啖甚适，笑谈无忌。十时散，驱车而归。”（日记）

同日　发表《辛亥革命的着火点——川汉铁路保路事件》，刊《开明少年》第四期，署名翰先。

同日 发表评论《日本投降日读杜诗》，刊《开明少年》第四期，署名申绪。文章评杜甫的诗《闻官军收河南河北》。

10月17日 罗永麟来访。“苏继庼、张志让、尚丁来，编定《联合增刊》第三期，明日付排，二十日可出版。”（日记）

10月18日 接襟兄张贡三来电，报岳母于十二日在杭州病故。始为丁晓先修改台湾小学国语课本课文稿。

同日 王伯祥“写沪复三号书寄圣陶”。（王伯祥日记）

10月19日 写信致徐调孚、王伯祥，询吴致觉消息。出席开明书店工作会议，准备移沪。“（下午）一时半，至白象街西南实业大厦，参加鲁迅逝世九周年纪念会。到者甚众，殆在五百以上。许季黻为主席，说话者冯焕章、郭沫若、余、胡风、周恩来，参以赵丹、徐迟、老舍三人朗诵鲁迅之著作，至六时始散。去年此日，余在成都参加纪念会，到者不满二十人，带半秘密性质。今年乃有此盛会，亦民主势力渐张之影响也。”（日记）

同日 拟《叶圣陶发言》（刊1945年10月20日《新华日报》“鲁迅先生逝世九周年陪都文化界集会纪念”特刊）。

10月21日 午前至巴蜀学校应孙伯才之招宴。同坐吴研因、郭沫若、徐仲年、顾荫亭、潘梓年等。听郭沫若谈苏联见闻。听吴研因谈菲列滨（律宾）情形。“三时，偕晓先、彬然、研因访雁冰于其寓所，未遇。”至文协，“出席其茶酒晚会。到者四十人光景，余识其小半。七时半开会，老舍主席，余报告成都情形，郭沫若致辞，周恩来谈延安文协近况。十时散”。（日记）

10月22日 王伯祥“接圣陶十月十六、十九两信并托转红蕉信”。（王伯祥日记）

10月23日 《中苏文化》之郁文哉与《中华论坛》之罗又玄来访，“共商下届杂志联谊会之日期与地点。议定以下月九日在中苏文化会集会，邀约参与政治协商会议之诸君演说，并定提议

事项”。（日记）

同日 王伯祥“写信寄圣陶，沪复四号”。（王伯祥日记）

10月24日 朱自清来信，仍谈及开明书店如何承办《国文月刊》事，又说到《诗言志辨》的出版。（《朱自清全集》第十一卷，江苏教育出版社1998年版）

10月25日 吴文藻来访，“谈其妻冰心《关于女人》版权被天地出版社侵害事，嘱我店为之处理。因代冰心作书致天地社，如其不理，则登报警告，且将广告辞拟就”。李季谷来访。（日记）

10月26日 李辉英、黎丁来访。访程仰之于中央储蓄会。夜，与柳亚子、尹瘦石在开明书店共饮。“尹系一青年画家，日来与亚子合开诗画展览。亚子不能饮而豪于饮，照杯即一饮而尽。语絮絮不休，可谓狂士。”（日记）

10月27日 “与彬然谈近事，感慨殊甚。复员工作之进行，无非为当事者攫利争权之举。从政者一切恶德，皆于此时表露无遗，殆为古今腐朽之顶点。军事冲突，自绥远以至浙江，随地而有，似内战之祸终不可免。经济政策，唯事依傍美人，民族工业之兴起杳无朕兆。我国翻身，本以此时为最好机会，今则其机已失，须待从新来过，然而民生因苦太甚矣。”接王伯祥、江红蕉信。（日记）

同日 王伯祥“寄圣陶，沪复五”。（王伯祥日记）

10月28日 午前至郭沫若寓，郭沫若与潘梓年作东招宴。客有吴研因、孙伯才、周恩来、张友渔、冯乃超。“席间研因谈菲列滨解放后情形，恩来答人之问，谈近日形势。三时散。”至中苏文化协会，观柳诗尹画展览。“尹多作人物画，勾勒不坏，而设色嫌其庸俗。柳之书法甚爽利，有可观。”作书复王伯祥、江红蕉。（日记）

同日 写信致徐调孚，兼复朱达君。出席开明书店工作会议。

10月30日 写信致朱佩弦，“谈《国文月刊》由我店接办事。佩弦昨来信，言拟停办此月刊。我店似不宜任其停止，拟请绍虞主持，继续刊行。又作详信致调孚，请上海诸君怂恿绍虞任之”。张志让来访。（日记）

同日 王伯祥“接圣陶十月廿八航信，复此去四号，附来分致红蕉伉俪及莫志恒信。寄圣陶沪复六号，复告一切”。（王伯祥日记）

10月31日 作《也算呼吁》（刊《民主》第五期，1945年11月10日；又刊《联合增刊》第四期，1945年11月8日；又刊《民主星期特别增刊（二）》，1945年11月30日；后收入《叶圣陶散文甲集》，又收入《叶圣陶集》第六卷）。文章呼吁不要“内战”!

10月1日至19日、21日、23日、25日至31日的日记，收入《叶圣陶集》第二十卷。

同月 发表《“国学”入门书籍》，刊《中学生》复刊后第九十二期，署名编者。

同月 发表《编辑室》，刊《中学生》复刊后第九十二期，未署名（收入《叶圣陶集》第十八卷）。《编辑室》公告第四次“笔谈会”的题目有两个：一是“听到胜利消息的时候”，二是“抗战胜利以后我们的任务”。

11月1日 至中苏文化协会，参加杂志社联谊会议之临时会，“决定由各杂志发一呼吁文字制止内战”，由叶圣陶起草。作书致沈雁冰。作一短文登《明社消息》。

同日 王伯祥“接圣陶附调孚信”。（王伯祥日记）

11月2日 “作各杂志呼吁不要内战文”，“凡千二百言”。“为冰心《关于女人》版权事，又为代写一信。”黎澍来访。邓初民、张志让来看“各杂志呼吁不要内战文”，“皆无异议，即可发出，由各杂志社审定之”。孙伏园自成都来，“拉之共饮，谈叙甚欢”。（日记）

11月3日 “写邀请各界人士参加座谈会之信稿。”至两路口，看丰子恺之漫画展。

11月4日 作《和平说》（刊1945年11月12日《和平日报·和平副刊》，后收入《叶圣陶集》第六卷）。文章为《扫荡报》改称《和平日报》叫好，进而指出："凡是愿欲，必然期望它施于实际，见于事实。抱持越坚强，期望越真切。现在人人心里抱持着和平的愿欲，当然期望着事实上得到全面的和平，真正的和平。"

同日 傍晚，往育才学校应陶行知之招宴。"到者二十余人，食饭不设酒，客自己盛饭，颇见朴素之风。其宴客之意，盖为其所办《民主教育》半月刊拉文稿。此刊本名《战时教育》，今改斯名，方出第一期。吴研因谈菲列滨教育甚多，余与邓初民亦略有言，八时散。"（日记）

同日 朱自清来信，对《国文月刊》由开明书店续办，"欣慰之至！"又谈及"丏尊翁六十寿纪念集"事。（《朱自清全集》第十一卷，江苏教育出版社1998年版）

11月5日 "马宗融来访，偕马继高君。继高亦为回教徒，通阿拉伯文，尝译余之《稻草人》各篇，载于开罗之报纸，并将出单行本。"作书复徐调孚。丰子恺来，邀往滋美餐饮。（日记）

同日 王伯祥"寄（章）雪山、圣陶更新十六号"。（王伯祥日记）

11月6日 "二时后到店，晤雁冰夫妇。其女霞在延安，以专意攻读，怀孕而堕胎，医生消毒不净，致染及他人之病菌，竟殒其命。此事传来消息已久，友人恐雁冰夫妇不堪，最近方告之。雁冰夫人为余语此，凄然欲泪。余亦无以慰之。"（日记）

同日 王伯祥"寄山、圣更新十七号，附村书"。（王伯祥日记）

11月7日 王伯祥"寄山、圣更新十八号，附村、调诸信"。（王伯祥日记）

11月8日 作《〈杜鹃血〉序》（刊入埋怨女士原作，杜明通改篇的弹词《杜鹃血》，新四川文艺出版社1946年5月出版；后收入《叶圣陶序跋集》，又收入《叶圣陶集》第十七卷）。序文说：“迩来文坛方扬民族形式之说，谓当择其善者而利用之，光大之。余念弹词亦民族形式也，其亦有堪以措意者乎。埋愁女士此作，余循诵一过，以为颇能脱去旧日弹词之蹊径，足以表见今世今人之意识。杜明通先生为之改编润色，益使通体澄澈，宜口宜耳。”

同日 王伯祥“寄山、圣、彬（宋云彬）更新十九号，附去洗人手书”。（王伯祥日记）

11月9日 出席开明书店工作会议。贺昌群来访。至中苏文化协会，先观木刻漫画展览，后出席杂志联谊会，余为主席。主要决议为致书美国人民，请促其政府撤回在华美军，以免参加我国内战之嫌。实则美军确已助一方面为内战。“余又被推起草，陈翰伯副之。会中听各人报告消息，知内战必将扩大。前途茫茫，余个人徒深愤慨。”夜应伏园之招宴，聚餐于外交会堂。（日记）

同日 王伯祥“寄山、圣更新二十号，附去洗书、调书及《中志》投稿两篇”。（王伯祥日记）

11月10日 “作《致美国人民书》。下笔不快，各杂志态度不一，有几家对于此点力主郑重，故措辞亟需斟酌，至下午四时方完篇，不过一千四百言耳。”“丁晓先偕孟君谋夫妇来。君谋之夫人吴茵，于话剧界甚有名，善饰老太婆，近日方在演夏衍之《芳草天涯》也。”（日记）

11月12日 参加开明同人之汪山远足团。夜往贺章桂之婚。

11月13日 写信复上海诸友及朱自清。“作一短文，应邵荃麟之嘱。”读徐世大书稿《周易阐微》，“颇感有味”。（日记）

同日 王伯祥“写信寄山、圣、彬更新廿一号，附去调孚所作《三山欢宴记》及稽单等件。”11月11日，上海开明同人及家属在三山会馆聚餐，兼为范洗人洗尘，并补庆夏丏尊六十大寿。

（王伯祥日记）

11 月14 日 “晨至店中，彬然告余杂志联名告美国人民书，主张美军即日退出中国，《东方杂志》不同意发出。黄任老亦有犹豫，以为有关国策。实际报纸上作此说者已多，美国舆论亦多云然，杂志界书之，未必即得罪美人。此种心理，余只能以不了解解之。”“访伏园于其中外出版社。谈发表致美人民书事，共谓若有数社不签名，即见联合之不坚。为维护联合计，此书有从缓发出再事协商之必要。”“三时半，到特园鲜宅，出席全国反对内战联合会筹备会。特园主人喜以其房屋供人开会，言民主者往往趋之，谓其居曰‘民主之家’。今日到者五六十人，梁漱溟为主席，发言者甚多。结果决定于最近期内开大会，并致书杜鲁门，亦言请美军退出中国，不由会署名而由知名之士个人签名。”章元善来访。“（元善）此行到上海、天津、北平三地，谓恍如死人复生，历经生前所到之处，——皆有情感。并谓各地人对胜利后一切措施之失望，可谓至乎其极。如此政治，而犹欲以盛气凌人，必无幸存之理。”（日记）

同日 王伯祥“写信寄山、圣、彬更新廿二号，附去洗、村信”。（王伯祥日记）

11 月15 日 作《与青年们共勉》（刊《中学生》复刊后第九十四期，署名朱逊；后收入《叶圣陶集》第十二卷）。文章说：咱们要把从根本上“消除那不好的因”和“建国”的“权柄操在手里”，“同声齐唱追求新生的进行曲！”

同日 陈白尘来访，谈成都近事。罗永麟来，“以所作记荣县县长之文嘱余看”。

11 月16 日 午前至特园鲜宅，参加郭沫若五十四岁之寿宴。宴散后到沈雁冰寓小坐。至张家花园，访《国讯》社尚丁。

同日 王伯祥“写信寄山、圣、彬更新廿三号，附调、洗信”。（王

伯祥日记）

11月17日 午与开明同人聚餐于新型饭店，为傅彬然、欧阳文彬等饯行。傅彬然等回沪。

同日 王伯祥“写信寄山、圣、彬更新廿四号，附丏、村、虞（郭绍虞）、孚信”。（王伯祥日记）

11月18日 写信八通，“皆为接洽接办《国文月刊》及为月刊拉稿之事”。夜应文光书店陆梦生和汪允安之宴，同坐宋云彬、傅彬然等，席间谈《国文杂志》仍继续出版事。（日记）

11月19日 “作书两通。为《国文月刊》校改原稿竟日。余冠英寄来之原稿未加校读之功，排版时常发生困难，故为校之。此是第四十期，盖余君所编之末一期矣，此后将由我店编辑，当较修整。”（日记）

11月20日 作书复徐调孚、范洗人、钟博约、胡乐炳。卢冀野来访。决定乘木船东归。“芷芬倡议，我店雇一木船，将应行东下之各人及家属悉数载行。余赞其议。盖以目前情形推之，从容乘轮面下殆难断其时日也。推芷芬作详细计划，果得成行亦当在一个月之后。其事较冒险，水急一险，土匪二险，但为事简便，一了百了，若安然到达，则比之分批成行省力多矣。”（日记）

11月23日 王伯祥“写信寄山、圣、彬更新廿六号”。（王伯祥日记）

11月24日 到张家花园《国讯》社，出席十家杂志社之会。“余为主席。《东方》《新中华》《民主世界》来函要求退出《联合增刊》，表面言人手东下，无法兼顾，实则为第四期刊载责备美国之文，彼辈未能同意。经任老颂华劝说，《东方》《新中华》可不退出，《民主世界》无人出席，尚待疏通。余言联合非易，既联合而分离，予社会之印象太不好，最好维持原式，一家也不退出。众皆赞之。任老报告时事，言东北问题，苏联与我政府近以公文达意，或可谋解决，余意内战或可停

止。”夜应俞颂华招饮。后至文协会，晤梅林。（日记）

同日 王伯祥“接芷芬十一月廿二日航信及同日圣陶与调孚信，知同人之应行东返者将包一民船，集团赋归。但余心中至见矛盾，一面欲图速见，最好即日实现，一面怵于滩险盗患，又不愿冒险促行，以是即作函告雪山圣陶芷芬更新二十七号，希详为考虑”。（王伯祥日记）

11月25日 作诗《雁冰五十初度》（收入《箧存集》，又收入《叶圣陶集》第八卷）。

11月26日 为续编《新文学大系》事，“访赵家璧于良友，渠于上星期六看余而未遇也。良友拟续编《新文学大系》，以抗战八年为限。请郭沫若编论文，雁冰编小说，李广田编诗，洪深编戏剧，老舍编报告文学，而托余编散文。材料由家璧搜集供给。余怕事，而又情不可却，勉应之。交卷大概在明年三四月间”。（日记）

同日 王伯祥“寄山、圣更新廿八号，附村、达、孚信及仲华、调孚两文”。（王伯祥日记）

11月27日 陈白尘来访。接上海来信，“于我们之将乘本船以归，亦喜亦惧，意殊矛盾”。（日记）

11月28日 程受百来访，“谈世界大势”。

11月29日 尚丁来访，“谈《联合增刊》第六期之编辑”。作书致王伯祥、徐调孚、胡绳。（日记）

11月30日 作书致徐调孚。

同日 王伯祥“寄山、圣更新三十号，附洗、村、达信”。（王伯祥日记）

11月1日至6日、8日至10日、12日至21日、24日至30日的日记，收入《叶圣陶集》第二十卷。

同月 发表通信《国文试题》，刊《中学生》复刊后第九十三期，署名邓虎章、叶圣陶。邓虎章在给叶圣陶的信中说：“今年四川大学的国文题是《礼记》《学记》《大学之法，禁于未发谓之豫……》那四话的‘说’。成都市立女中第二学期插班生的国文题二道：一出于《荀子》，一出于《颜氏家训》。”请叶圣陶站出来“向出这题目的学校当局和教师提出抗议”，“救救孩子”！叶圣陶在回信说：“我以为与其作文抗议，不如把各自所见的所信的表白出来，藉以联络同气，改变当前的实际作风。另一方面为青年们进言，说明怎样才是学习国文的正当路子，请他们认清方向，不要跟着人家一同开倒车。”

同月 发表《清明前后》（茅盾著五幕剧）广告，刊《中学生》复刊后第九十三期，未署名（收入《叶圣陶集》第十八卷）。

同月 发表《编辑室》，刊《中学生》复刊后第九十三期，未署名（收入《叶圣陶集》第十八卷）。

同月 发表广告《沈从文著〈湘西〉》，刊《中学生》复刊后第九十三期，未署名。

同月 发表广告《冰心著〈关于女人〉》，刊《中学生》复刊后第九十三期，未署名。

12月1日 “寄山、圣更新三十一号，附洗、孚书。”（王伯祥日记）

12月2日 作《对于收复区学生的措施》（刊《中学生》总一七一期，1946年1月5日，署名朱逊；后收入《叶圣陶集》第十二卷）。文章希望对“收复区”（“沦陷区”）的学生进行“甄别”，从思想和“学科”方面给他们以“补充”。（自本期起《中学生》复刊后的期数与抗战前所出的七十六期合并，改称总数）

12月3日 作《教育改造的目标》（刊《中学生》总一七一期，署名朱逊；后收入《叶圣陶集》第十二卷）。文章援引并阐释张其昀《北美学府之一枚南针》里的一段话：“民治为‘自由人之社会’，人人有自由，人人有尊严。一人不能为他人之奴仆，亦不能为他人之工具。惟目的非自私自利之谓，即洁身自好之徒，不加害于他人，亦仅足称为消极之道德，而不足以构成民治。凡自由人应有责任观念，合作精神，与知识上之虚心。人性之尊严在能认识对于他人之义务，能为公众福利舍己为群，公而忘私，以效忠于民族国家。自己应有信心，对人应有同情，于他人之观点能有虚怀审察之雅量。知宽容之要而不流于虚无主义，知信仰之要而不流于独断主义，知批评之要而不流于愤世嫉俗之犬儒主义，自由社会之所赖以成立者在此。”叶圣陶认为这一段话，抓住了教育的“目标”。

同日 邵荃麟来访。周觉识来别。

同日 王伯祥“接圣陶信，作东归计矣”。（王伯祥日记）

12月4日 丁晓先来访，“谈木船东下，大须考虑。其意甚殷。但今日除木船而外，无他种工具可供我店利用，亦唯有勉强一用木船耳”。“写定明年《中志》一月号目录，并规定封面格式。”巴金来辞。罗永麟来访。写信致林砺儒。（日记）

同日 王伯祥“寄山、圣更新三十二号，附洗、村二公书及附件”。（王伯祥日记）

12月6日 作《去私》（刊《〈中原〉〈文艺杂志〉〈希望〉〈文哨〉联合特刊》第一卷第一期，1946年1月；后收入《叶圣陶散文甲集》，又收入《叶圣陶集》第六卷）。文章呼吁大众“与没有去掉私字的人站在两边，直到他们去掉私字的时候为止”。

12月7日 王伯祥“寄山、圣更新三十三号函”。（王伯祥日记）

12月8日 作《新年快乐》（刊《开明少年》第七期，1946年1月16日，署名编者；后收入《叶圣陶集》第十二卷）。

12月9日 徐世大、徐世廉来访，谈《周易阐微》出版事。作书致徐调孚。

12月11日 宋云彬、胡绳来访。与运输行老板说定雇船东归事，“计人数付值，每人为四万元”。（日记）

12月12日 吴潜英来访。尚丁、罗又玄来，“谈《联合增刊》第六期之编辑”。作书致徐调孚。（日记）

同日 朱自清来信，又谈及《国文月刊》由开明书店续办事，还谈及昆明的“学潮”，以及“开明纪念论文”事。（《朱自清全集》第十一卷，江苏教育出版社1998年版）

12月14日 “作书致邵力子，请具托书，在上海以洗公代董事长。”“至白玫瑰餐厅，应陈铭德之招宴。他客有雁冰、沫若、翰笙、彦祥、巴金。余则白尘、祖光、超构，皆《新民报》人也。《新民报》颇欲改进，近日已颇得社会好评，一般认为在《大公报》之上。诸友亦乐于助之。饮酒甚多，皆甚欢。三时散。”“赵超构来访，复言《新民报》之立场。”作书致徐调孚。（日记）

12月15日 作书致吕叔湘，告即将离此。

同日 发表《为声援昆明学生反内战争民主的要求致昆明各学校函》，刊《民主》周刊第一卷第十期，署名郭沫若、茅盾、巴金、叶圣陶等十人。

同日 王伯祥“寄山、圣更新三十五号书”。（王伯祥日记）

12月16日 徐世大、世廉来访，小饮于五芳斋。

12月17日 作《赠参加政治协商会议诸君》（刊《〈中华论坛〉〈中学生〉〈文汇〉〈民主世界〉〈民宪半月刊〉〈再生〉〈东方杂志〉〈国讯〉〈新中华〉〈宪政月刊〉联合增刊》第六号“政治协商会议特辑”，1945年12月25日；后收入《叶圣陶散文甲集》，又收入《叶圣陶集》第六卷）。文章说：“诸位必须把政治两个字作最常识可是最基本的解释。政治就是公众的事，不仅是在朝党在野党的事，不仅是为写论文开座谈会的学者名流的事，在重庆街头肩起一条扁担等人来雇用的挑夫也有份，在小龙坎田地里舀起粪水浇大脑壳青菜的农夫也有份。诸位协商，必须商出一些切切实实的纲领和办法来，把公众的事办得上轨道，有进步，使公众的生活渐渐好起来。”

同日 “木船已讲妥，将于明日订约，云二十日开。”（日记）

12月18日 编定《中学生》杂志1946年2月号。往戴家巷访谢冰心，谈《关于女人》版权事。与朱东润至俄国同学会进餐。“东润力言木船不可坐，劝余考虑，其意甚殷。余甚感之，以‘吉人天相’之套语谢之。”“运输行来订约，言木船以二十四日开行。”出席开明书店董事会，“作总公司迁沪之决议”，邵力子到会。写信致徐调孚。（日记）

同日 发表《暴露的效果》，刊《文萃》第十一期，又刊《自由导报》革新一号和《周报》第十五期（收入《叶圣陶散文甲集》，又收入《叶圣陶集》第六卷）。文章强调暴露不仅在于“扬”丑，“同时必须赶紧消除那个丑，才是正理”。必须把“丑”消灭了才罢休——暴露就产生了效果。

12月19日 作书致范洗人、徐调孚。与俞颂华、尚丁共同编定《联合增刊》第六期。章元善来访。

12月21日 程受百来访。一时半，偕章雪山至立信大楼。“应出版界同人之邀，讨论对于政治协商会议应提出之意见。余为主席。讨论集中于出版自由，议定具体项目若干端，将托出席会议之王云五、郭沫若二位表达之。四时余散。”“六时到巴蜀学校，向勖成辞行。”“六时半到文协会，出席晚会。到者不足二十人，亦讨论提供于协商会议之意见。结果决定扩大范围，邀约文化界各部门之朋友共商，再行提出。九时散。余与诸君为别，以后相见当在上海矣。”（日记）

12月22日 与芷芬、士敭谈旅途组织事。应秦牧夫妇及沈同衡、潘天青四位之邀，至广东酒家进早餐。午，程受百邀往五福楼进餐。夜，章雪山等饯东归诸人。

12月23日 至七星冈与贺昌群叙别。应胡绳、徐冰邀至留音园饮酒畅谈。

12月24日 木船未能开航。尚丁来访，谈《联合增刊》事。

同日 王伯祥“接圣陶二十日来信，知今日正启椗东发矣，但愿沿

途平顺，则各家均得团圆吃年夜饭也”。(王伯祥日记)

12月25日 宋云彬、吴世昌来送行，下午四时登船。“船甚长，首尾约六丈余，其宽则适容两人抵足而卧。余家睡于中舱。中舱置一写字桌，日间作事，夜间睡两人。燃四盏油灯。用油布遮两旁以挡风。八时，大家就睡，余傍母亲而卧，江声汩汩，船家相呼，别有风味。”(日记)

叶圣陶《〈东归江行日记〉小记》：“那次乘木船出川完全是不得已。飞机、轮船、汽车都没有我们的份，心头又急于东归，只好放大胆子冒一冒翻船和遭劫的危险。木船是开明书店雇的，大小两艘载了五十多人，有开明的同事，有搭载的亲友，有全家老小，有单身一个。年纪最大的是我的母亲，过了八十居然还能出川，看望昼夜惦念的女儿——我的妹妹。最小的章建昌出世才一个来月，他是士敭和清华的孩子，锡琛先生的孙子，伯祥先生的外孙。伯祥先生还有一对女儿女婿在船上，就是汉华和卢芷芬，他们也带着儿女。即此可见上海有多少亲友的心系在这两艘木船上了。也亏得那时下了决心乘木船，要是再延迟半年，就见不着夏丏尊先生了。我们到达上海后才两个半月，丏尊先生就怀着满腔忧愤去世了。”

12月26日 船未开，“据云老板尚未发工钱与伙友。木船往往如此，亦心急不得”。(日记)

12月27日 船仍未开。上街观电影于美工堂，片名《美目盼兮》。

12月28日 船以十一时启行，下午泊唐家沱。作书致章雪山、章元善、程仰之。

同日 作《谈鲈鱼》(手迹刊《文艺春秋》第二卷第三期，署名叶绍钧)。

12月29日 船泊洛碛，登岸至国立女子师范，谒章伯寅先生。

12月30日 船泊涪陵县石家沱。

12月31日 船经蔺市、李沱至涪陵。“廿六年自汉入川，在宜昌过年。今越八年而东归，过年尚未出川境。我生居川，盖足八年矣。”（日记）

12月1日至4日、6日至10日的日记，收入《叶圣陶集》第二十卷。

12月11日至31日的日记，收入《叶圣陶集》第二十一卷。

12月25日至1946年2月9日的日记，以《东归江行日记》为题，刊《大地》1981年第一、二、三期，后收入《日记三抄》。其中12月25日至1946年1月14日的日记，又以《出川日记》为题，收入《我与四川》。

1946年

（中华民国三十五年　丙戌）　五十二岁

1月　国共双方缔结《停战协定》。各抗日党派在重庆举行政治协商会议，会议通过了《和平建国纲领》。

3月1日　国民党召开六届二中全会，推翻了政协决议中的各项民主原则。

6月5日　国民党政府由重庆迁回南京。

6月26日　蒋介石悍然撕毁停战协定，大举围攻中原解放区，从此发动了向解放区的全面进攻。

7月11日　民盟中央委员李公朴在昆明被国民党特务暗杀。

7月15日　民盟中央委员、西南联大教授闻一多在昆明被国民党特务暗杀。

10月21日　国民党军队攻占张家口，全面进攻解放区。

11月15日　国民党的"国民大会"在南京召开，制订了《中华民国宪法修正案》。

11月18日　中共中央发出关于暂时放弃延安的指示。

12月24日　北平发生美军强奸北大女生事件。北平、天津、上海、南京等几十个城市学生举行示威游行，抗议美军暴行，掀起了反美反蒋运动。

*　*　*

1月1日　舟泊忠县羊肚溪。

1月2日　抵忠县，登岸观市街。

1月3日　抵万县。

1月4日　舟泊万县。作书致徐调孚，寄《开明少年》文稿。

1月5日　发表《编辑室》，刊《中学生》一月号（总一七一期），未署名（收入《叶圣陶集》第十八卷）。

同日　发表《〈“中学生”的老朋友〉前言》，刊《中学生》一月号（总一七一期），署名编者（收入《叶圣陶集》第十八卷）。《前言》中说，这个《〈中学生〉的老朋友》特辑，“意在请以往一班读者、作者、投稿者，凭他们的深情和卓识，就本志的以往和将来说一些话，告诉读者，并且诏示编者”。“特辑”栏刊有莫志恒、觉民、孙源、夏丏尊、朱文叔、章锡琛、顾均正、金仲华、徐调孚等九人的文章。

同日　发表《中国通史》（周谷城著）广告，刊《中学生》一月号（总一七一期），未署名（收入《叶圣陶集》第十八卷）。

同日　舟歇云阳。“自重庆开船后，遇县城即发电致重庆、上海，告平安。”（日记）

1月6日　舟歇奉节。“我店之另一船途中与军粮船相撞。损船舷一板。……后舱入水甚多，货物浸湿。”（日记）

1月7日　船工修船。登岸入奉节城访黄俊峰医生。

1月8日　舟经白帝城下，历激滩数处，四时抵巫山，泊岸。

1月9日　舟入巫峡，泊碚石。停靠时舟“触岸礁石者两次，水乃大入。……逮货物取出，水已齐舷，下搁礁石，不复沉”。

1月10日　船主雇匠修船。赴当地乡公之邀宴。

1月11日　舟泊巴东。登岸观市街。

1月12日 舟抵新滩。“入夜风益狂肆，吼声凄然。篷皆张上，且漫油布，乃如无物。寒甚，小孩闹甚，余又未得安眠。”（日记）

1月13日 舟歇南沱。“就睡后灭灯，月光映于两旁之油布，如张玻璃。杂然一舟，至此乃归幽寂。听江流潺潺，念及《春江花月夜》之诗句。”（日记）

1月14日 舟抵宜昌。登岸，访新生书店。“宜昌市屋十去七八，系为寇兵拆去充作燃料，故皆留屋顶墙壁。”（日记）

1月15日 舟泊宜昌，曝书。

1月16日 舟泊宜昌，仍曝书。“作书致山公。又向胡绳催稿。寄书上海诸公，并附一笺致我妹。”（日记）

同日 发表《新年快乐》，刊《开明少年》第七期，署名编者（收入《叶圣陶集》第十二卷）。

同日 发表《盲诗人爱罗先珂的话》，刊《开明少年》第七期，署名翰先。文章说：“爱罗先珂是老是非常关心咱们中国的，他说过‘这国度到底怎样了呵？这民族的壮烈的精神难道已经死了吗？这国度的伟大的灵魂已经永远消失了吗？在青年们的胸膛里的英雄的心已经不再跳跃了吗？’他希望咱们中国奋发起来，他希望咱们中国的青年们奋发起来。”

1月17日 舟仍泊宜昌。登岸访索非友人桂文梁，请代为向招商局接洽拖轮，冀木船附拖轮前行。

1月18日 舟仍泊宜昌。

1月19日 舟仍泊宜昌。登岸至招商局缴拖轮款。

1月20日 舟附拖轮开行。夜泊于宜都枝江之间。

1月21日 舟泊沙市。“寄山公一书，详告在宜昌五日经过，列‘东归’第十号。改知伊所作《师生间》一文，耳边不静，仅改五六页耳。”（日记）

1月22日 舟泊郝穴，登岸观市街。“晚饭后，邻舟之姚君华君来，共谈出川经过。所闻水险匪患，虽未亲历，思之犹悸。若当初知之甚详，亦不敢有此一行矣。继之，二君唱各地小调，汉华小墨唱昆曲，八时始散。无聊中得此，亦复稍慰。又闲谈至九时半，乃睡。”（日记）

1月23日 在舟中改《师生间》八九页。（日记）

1月24日 舟歇城陵矶，登岸探访日寇俘虏留置处。

1月25日 舟歇茅埠。途中改《中学生》杂志文稿半篇。

1月27日 抵汉口，“写信分致山公及上海诸君”。舟泊后，“即与芷芬等登岸，循江汉路而至交通路，景象与一九三七年无殊。美国飞机轰炸汉口，其势颇猛，而此热闹街道适未遭受。遇骤雨，满身淋漓。昔年我店店址今为《华中日报》社，交涉仍归我店租用已无望。其隔壁为联营书店办事处，我店办事处于其间设通信址，探知惠民住对门交通旅馆。于是晤惠民。询知彬然到沪已二十余日，甫琴曾来汉口，现已返长沙。下行轮船不多，得票甚难。军政界中人可优先登记，我辈毫无名目，恐须停留若干日，始可成行耳。”（日记）

1月28日 移居交通旅馆。

1月29日 “写一信寄上海。”（日记）

1月30日 游旧日租界。邵荃麟来访。张静庐、田一文来访未遇，即往文风书局相会。

1月31日 访张静庐。

1月1日至31日的日记，收入《叶圣陶集》第二十一卷。

2月1日 邵荃麟偕《大刚报》社长王怀冰来访。买定船票。“部署既定，斟酒独酌，以酱豆下酒。继之，吃船上之客饭。阴历年夜，如此简单寂寥，可记也。”（日记）

同日 发表《做好人与看书》，刊《中学生》二月号（总一七二期），署名朱逊（收入《叶圣陶散文甲集》，又收入《叶圣陶集》第十二卷）。文章劝慰“为了做好人与看书”受到“冤枉”的老师和学生说：“正惟如此，我们要多结朋友，扩大思感相通的范围，彼此以各自的认识与实践互相影响，造成风气，大家永久勉为好人，大家永久多多看书。”

同日 发表广告《夏衍剧作集〈心防〉〈法西斯细菌〉》，刊《中学生》二月号（总一七二期），未署名（收入《叶圣陶集》第十八卷）。

同日 发表评论《契诃夫的〈苦恼〉》，刊《国文杂志》第三卷第五、六期合刊，署名朱逊（收入《叶圣陶集》第十四卷）。契诃夫的短篇《苦恼》是胡适翻译的。评论侧重讲了这个短篇的内容和技巧。

2月2日 舟泊黄石港。

2月3日 舟泊九江。

2月4日 舟泊安庆。

2月5日 舟泊芜湖。

同日 朱自清致信叶圣陶，推荐联大助教陈祖文译稿《一个人的地位》。(《朱自清全集》第十一卷，江苏教育出版社 1998 年版)

2月6日 舟泊南京下关。

2月7日 舟过镇江。

2月8日 舟抵吴淞口。

2月9日 舟抵南市，回到上海。先后见王伯祥夫人、妹妹叶绍铭、夏丏尊、王伯祥、顾均正夫妇等诸亲友。“路经之处皆似熟似生，颇有化鹤归来之感。旧法租界各路似甚少改观。”“至同里三号，访丏翁。丏翁坐床上，相见之顷，唯言‘老了！老了！’彼此忍泪，不能为言。翁之肺病殆已犯实，时时发烧，而心绪复不佳，自家庭琐屑以至天下大事，皆感烦恼。”“我妹所做菜皆苏州名色，八年来所未尝，今乃一二重尝之。唯闻近日以来，上海物价飞涨，几乎超过重庆。虾一斤值三千元，肉亦八九百元。今夕一席自备菜，值在二三万元矣。”（日记）

2 月 10 日 “(上午)九时，与墨及小墨三官乘电车至外滩，事事重温，皆觉新鲜。”后至祥经里，与王伯祥、徐调孚等共饮。闲步虬江路阅市。

同日 重庆各界民众在校场口集会庆祝政治协商会议成功，国民党反动派指使暴徒、特务捣乱会扬，殴打郭沫若、李公朴、施复亮、章乃器等人。“特务横行，盖已自感没落，而作你死我活之斗争。”(日记)

2 月 11 日 到开明书店会郭绍虞、周予同。金仲华来访。应夏丏尊招宴。夜，出席民主促进会之茶会，到者五十人左右。该会由马叙伦领导，黄炎培、胡子婴到会谈政治协商会议经过。会末发表《为重庆二月十日凶击事件致国府电》(刊《民主》周刊第十八期)，抗议暴徒的行径；并发电慰问重庆昨日受伤人员，到会者全体签名。会上晤郑振铎、周建人。

2 月 12 日 午至锦江菜馆，应《周报》唐弢及刘君二人之邀。傍晚至青年会餐厅，应《浙江日报》许志行之邀。同坐王伯祥、郭绍虞、楼适夷、郑振铎、冯仲足、施蛰存、赵景深等。散席后，与郑振铎、王伯祥等步月而归。“写一信慰问沫若、公朴诸君，与彬然同署。”(日记)

2 月 13 日 出席开明书店稿件处理委员会例会。叶以群来访。夜，全家赴王伯祥宅应其招宴，王家“四女四婿齐集一堂，又兼老友全家同在，伯祥夫妇之乐可知。酒罢，杂坐笑谈，歌声间作，至十时半，始就睡”。

2 月 14 日 作成《当代文选评〈中国政治之路〉〈小品二则〉(周煦良)》(刊《国文月刊》第四十一期，1946 年 3 月 20 日，未署名)。

同日 “文萃社王君来访，为谈羊枣被害情形。特务横行，闻之愤愤。孟君谋来访，言上海剧运尚难展开。”“傍晚，至南国酒家，应美国新闻处处长费正清(美人)之邀宴。客七人，皆杂

志之主编人。费君之意，其机关愿以资料及图片供给各杂志。杂谈甚久，至九点半始散。”（日记）

2月15日 傍晚至章守宪寓应其招宴。

2月16日 与开明同人范洗人、王伯祥等商量改定公司组织事。傍晚，偕开明同人应顾均正夫妇及索非夫人之邀，共至索非家欢宴。

2月17日 晨八时到八仙桥青年会，参加欢迎沈衡山先生之大会。“是会由三十余团体发起，到者四百余人，可谓盛会。沈先生讲最近国内情势及国际状况，结局于民主运动之必须加紧努力。余为欢迎词，誉沈先生无所为而有所为，无所为者私利，有所为者民主之成功。会终通过联名致书于蒋氏，严办校场口惨案，实施其四项诺言。又，要求上海当局撤销戒严令，停止推行保甲制度。又，劝市民拒填保甲户口表。”

十时半散会。“乃出席青年文艺会欢迎余之会，逾预定时间已一时有半。到会者将百人，似皆学校青年。赵丹君正在谈其新疆遇难经过，言之娓娓，听者动容。赵君毕辞，会众推余说话，余乃言文艺与非文艺之别，以为如赵君之辞，笔而出之，即为文艺。”（日记）

2月18日 下午至金城银行餐厅，出席文协上海分会大会，“是会欢送老舍、曹禺二君出国，至美讲学，并欢迎我辈从内地来沪之诸人。留沪之旧友，及在渝在桂在蓉常叙之诸友，皆聚于一堂，回首八年间之情形，欣感交集。五时开会，振铎为主席，余与老舍、曹禺、祖光等皆发言，大致皆谓今后文艺之大途，为推动民主。”（日记）

叶圣陶为大会题词纪念：“文协上海分会欢送舒舍予、万家宝两先生赴美讲学，宣扬我国新文化，到会者咸签于此纸，永留纪念，时为三十五年二月二十八日下午四时，会场为金联食堂。叶圣陶书端。”（赵景深《文坛忆旧·一个作家集会》）

同日 文协于辣斐大戏院召开文艺欣赏会，叶圣陶致开会词（《文艺欣赏会》，刊1946年2月28日《世界晨报》）。

夜，应文权招宴，王伯祥作陪。

2月19日 午至静安寺路梅龙镇酒家，应姚蓬子之招宴。同坐有老舍、夏衍、郑振铎、赵家璧、吴朗西、叶以群等。全家住入祥经里。

同日 作书信《致吴安贞》（收入《叶圣陶集》第二十四卷）。

2月20日 出席编审会议。陈乃乾、唐剑我、钱君匋来访。郭绍虞来谈，“互道数年间情形”。

2月21日 出席特别业务会议。下午，至梅龙镇，贺吴祖光、吕恩之婚礼。“来宾多文艺界戏剧界朋友，济济一堂，可谓盛况。婚仪甚简单，老舍、曹禺及余被邀致辞，祖光答谢，新娘分蛋糕，即散。”与许广平共至郑振铎家小坐，晤振铎夫人及其子女。“广平为余谈及周启明。启明对鲁迅，对鲁迅前夫人及老太太，对乃弟乔峰，皆颇刻薄。又，渠自投敌伪而后，种种表现，皆贪吝卑劣，且为一班文人作奸者之挡箭牌，以为启明先生尚为汉奸，他何责焉。余闻而怅然。向谓启明思想明澈，识见通达，实为少数佳士，即使作奸，情犹可原。今闻一席话，渠实为言不果行之尤者，殊可鄙矣。启明今以汉奸名义被拘于北平，尚未发落。”六时，与郑振铎、许广平共至愚园路赵家璧家，应其招宴。同坐有老舍等。（日记）

2月22日 上午开业务会议。午后，参加出版计划之小组会议。傍晚，偕郭绍虞至百老汇路龙门书店经理严幼芝（煃庆）家，应其招宴。

2月23日 续开业务会议，通过修正薪给规定。

2月24日 “至蓬子之作家书屋，文协上海分会于此开理监事会，而总会理事亦出席。老舍叙文协过去情形，及将来之办法，甚详，听者动容。老舍本为总会之常务理事，管总务。于其出国期间，推余为之代，云已在渝通过。余只得应之。五时散会。至杏花楼，我店作东，为老舍、曹禺作饯，并宴夏衍、祖光等文艺作家。饮甚欢。”（日记）

2月25日 续开业务会议，通过修正组织大纲及厘订章则、确立营业三大案。夜，郭绍虞、周予同、徐调孚作东在金城餐厅宴开明同人，叶圣陶出席。

2月26日 出席开明董事会。“五时，与伯祥至小酒店共饮，候老舍、振铎。老舍尝谓盛宴共餐，不如小酒店之有情趣。振铎因以电话来约。未几，二君偕来，谈甚欢。共谓数十年之老友得此小叙，弥可珍也。”（日记）

同日 王伯祥日记：“（下午）四时半，西谛来电话约余，谓老舍与曹禺应美国国务院之招出国讲学，即日便首途出发。连日各文艺团体设宴欢迎老舍以未见及余为询，深致十年相思之殷。今日必欲偕来访余，拟顺约圣陶在永兴昌一叙，公式酒筵则谢绝也。余于散馆后即偕圣陶往永兴昌。六时许西谛偕老舍来，握言甚欢，倾谈至八时许始别。”

2月27日 五时，偕胡墨林等至金仲华家，应其招宴。“他客有冯仲足夫妇、刘尊棋夫妇，及王德鹏君（字翼云）。王为角直之学生，今为钱庄襄理。本务之外，喜为文化事业，曾收的翻译名著稿多种，今出资供仲华办《世界知识》，思想颇进步。”（日记）

2月28日 “午刻，至吕宋路洪长兴，文协与苦干剧团作东，宴请今日参加文艺欣赏会之诸人。”散席后，偕胡风（前日方到）、葛一虹至辣斐戏院，主持文艺欣赏会，致开会辞。“老舍、曹禺、胡风各为演说，又有朗诵歌唱，而殿之以苦干剧团之《正在想》。此剧为曹禺所改译也。”散会后，至王翼云家，应其招宴。（日记）

2月1日至28日的日记，收入《叶圣陶集》第二十一卷。

同月 发表《我们的态度》，刊《"争取人权，抗议陪都凶案"联合特刊》，署名中学生杂志社（收入《叶圣陶集》第六卷）。文章说："对于去冬的昆明惨案和这回的陪都惨案，我们实在也无所用其愤慨，徒然愤慨，于事何补？咱们只有把自己一群的力量赶快加紧团结，与全国人民的总力量相互配合。团结愈牢固，配合愈紧密，咱们所能发挥的力量就愈坚强，愈伟大。我们相信青年朋友一定早就认识到这一点了。本社同人不敢妄自菲薄，愿意参加全国青年的队伍，为争取国家的和平民主与人民的自由而共同努力。"

3月1日 前正中书局宋今人来访。午刻，偕范洗人、王伯祥、周为群及宋今人餐于同华楼。"宋君谈前年渠避难零陵，及一路逃奔、被俘、作苦工之经过，闻之伤恻。"夜，至震旦大学，出席大学新闻社举办的文艺晚会，作演讲。同被邀请的有熊佛西。（日记）

同日 发表《助学运动》，刊《中学生》三月号（总一七三期），署名圣陶（收入《叶圣陶散文甲集》，又收入《叶圣陶集》第六卷）。文章评论上海各校同学自发的资助清寒同学的"助学运动"，希望行政当局和校长教师也应该站在学生一边，"深切体谅学生的苦心，发觉他们的运动的意义，加以指导和赞助"。

同日 发表《编辑室》，刊《中学生》三月号（总一七三期），未署名（收入《叶圣陶集》第十八卷）。《编辑室》中说："最近本志同人邀集了十多位著作界和教育界的朋友"，举行座谈会，商量关于本志改进的问题，根据大家的意见，本志的内容体制恢复原来的性质，"以辅助中学程度青年课余或业余各科基本学习及性行思想的修养为主旨"。

同日 王伯祥日记："前正中书局宋今人来访，因约仲康、圣陶、芷芬及余共邀为群（开明南京分店经理）过饮于老同华楼。坐中听今人所述湘桂战争时倭贼淫虐状，惨绝人寰，令人发指，世有作妇人之仁，对倭俘示惜者，诚别具肺腑矣。”

3月2日 上午开杂志工作会议。

3月3日 午前到郑振铎家，“振铎与许广平作东请客。客有老舍、胡风、家璧、凤子、清阁等。老舍以明日上船，后日开行。居美之期一年，约明年再共饮”。“二时散。至卡尔登戏院，观李健吾之新作《青春》。戏剧技术颇佳，而内容殊平平。”（日记）

3月4日 “写信多封，索《国文月刊》之文稿。绍虞编此志，觉文稿来源甚少，殊难为继，故为之向友人催询。看稿若干篇。今后《中志》归彬然主持，《少年》归小墨主持，而修润仍由余为之。所收文字不经修润，实不能付刊也。”（日记）

3月5日 出席推广工作会议。吕诚之来访，与王伯祥共款之。

同日 作《根本改革》（刊《文艺春秋》第三卷第一期“中国文艺工作者十四家对日感想”专栏。该文刊日本版《政造评论》创刊号时题名为《对日箴言——根本的改革的要请》，收入《叶圣陶集》第六卷）。文章说：日本的教育，“在钻研知识，遵守公德那些方面，显然比我们中国收效得多，但是在根本精神上，教育却要求大家作皇帝的忠臣。这跟现在‘人民的世纪’绝对不合拍”。所以日本的教育需要彻底改革。“今后的教育，第一要发展人间的爱，彻头彻尾，无条件，无例外的爱，要绝对排斥遗留在人性中的兽性，也就是狠心与私心，这种兽性发展起来就是法西斯主义。”

3月6日 吴大琨来访。胡致觉来访。晚至吴湖帆家，应其招宴，所约皆草桥中学同学。

3月7日 出席编审会议。

3月8日 开经理室工作会议。决定延聘马叙伦、何伯丞、夏衍、吕诚之、吕叔湘、郑振铎、金仲华七人为开明书店编审委员会委员。午后二时，“于一家春茶点款友人，商谈《中志》及《少年》之改进问题。店中同人出席者十余人，外客到者为仲华、仲足、雪峰、陈原、柳方、胡绳、起孟、夏衍、宝权九人。因平常甚熟，诸友皆能畅所欲言。诸君皆以为欲求杂志之精良，须接近读者云云。四时半散”。夜应朱达君邀宴。（日记）

3月9日 作《〈军中归讯〉序》（刊入简又新著散文、小说集《军中归讯》，开明书店出版；后收入《叶圣陶集》第十七卷）。序文中说：这本《军中归讯》，“其中各篇多半在《中学生》杂志登过，经我修改过。修改的只是字句的一端而已，内容全是他自己的，我没有动他的分毫。开头几篇，他有所见，可是表达得不够透切。这与其说是文字修养差，不如说是思想见识还欠精确周密。……在后他逐渐进步，生活影响他的思想见识，思想见识影响他的文字，几乎一篇比一篇见得完整成熟。……从这本书里，可以见到一个青年长成起来的经历，也可以见到他的写作方面逐渐进步的经历。值得印出来给人看，其故就在于此”。

同日 开人事委员会，决定进用人员数人。夜，主持明社社员大会，致辞。大会决定修改社章，改组干事理事监事并组织消费合作社。

3月10日 孔另境、令杰兄弟来访。（日记）

3月11日 严大椿、刘师尚来访。（日记）

3月12日 作《少年们自己的刊物》（刊《开明少年》第九期，1946年3月16日，署名编者）。

3月13日 作《当代文选评〈不要内战——重庆二十六种杂志的呼吁〉〈写在耶稣诞日以前〉（马夷初）》（刊《国文月刊》第四十二期，1946年4月20日，未署名）。

同日 出席经理室工作会议。夜应吴大琨之宴，同坐范洗人、傅彬然，席间谈时局。

3月14日 修改上海出版界致参政会请愿书，“要求改善税收及邮递办法”。出席编审会议。沈家海来访。

3月15日 接王了一、吕叔湘信，即复。黄幼雄来访。

3月16日 作《赠服务社会的大学毕业同学》。(日记)

同日 接朱自清来信，信中附《胜利已复半载，对此茫茫，百端交集，次公权去夏见答韵》。诗云：“凯歌旋踵仍据乱，极目升平杳无畔。几番雨横复风狂，破碎山河天四暗。同室操戈血漂杵，奔走惊呼交喘汗。流离琐尾历九秋，灾星到头还贯串。异乡久客如蚁旋，敝服饥肠何日赡？灾星宁独照吾徒，西亚东欧人人见。……只愁日夕困心兵，孤负西山招手唤。更愁冻馁随妻子，瘦骨伶丁沦弃扇。”即将这首诗送王伯祥阅览。

同日 王伯祥日记：“圣陶出示佩弦近诗《胜利已复半载，对此茫茫，百端交集，次公权去夏见答韵》，颇足窥其心境，因录之，备他日抵掌也。”

3月17日 偕胡墨林至功德林，出席公祭傅彬然祖母之仪式。

3月18日 冒雨至私立储能中学演讲。午刻，于章士敫家宴特约编审委员。“近议定邀店外七人为特约编审委员，计马夷初、吕润之、仲华、何柏丞、振铎、夏衍、叔湘。除叔湘在成都外，六人皆在上海，今日宴之。夷初未到，柏丞少坐即去。席间未谈编审事，仅资联谊也。”下午开经理室工作会议。(日记)

3月19日 潘垂统来访。

同日 王伯祥日记：“午后与洗人、达君、圣陶商定分店经理制度之维持及北平人选不遽变更两事。”

3月20日 《国文月刊》第四十一期起改由开明书店接办在沪出版。《国文月刊》原署编辑者郭绍虞、周予同、叶圣陶、朱自清。第四十一期起，署编辑者叶圣陶、黎锦熙、郭绍虞、朱自清、周予同、吕叔湘。实际的编辑工作是由叶圣陶和郭绍虞做的。

3月21日 潘梓年来访。出席编审会议。

3月24日 应小学教师进修会之邀，至山海关路育才小学作演讲。

3 月25 日 沈仲九来，“谈台湾情形”。尤秩臣来访。

3 月27 日 赴杏花楼《正言报》徐亚倩之午宴。同坐王伯祥、郭绍虞、徐调孚等。下午至沪江大学演讲。

3 月28 日 作《我坐了木船》（刊《消息半周刊》第一期，1946 年 4 月 7 日；又刊 1946 年 4 月 8 日香港《华商报·热风》；后收入《叶圣陶散文甲集》，又收入《叶圣陶集》第六卷）。文章介绍坐木船从重庆到汉口一路的经历。

同日 出席经理室会议和编审会议。夜，邀孙起孟给明社社员讲“民主精神在文化机关之运用”。演讲结束后，明社通过合作社章程。

3 月30 日 开杂志联合例会。

同日 作评论《〈张居正大传〉》（刊《文艺复兴》第一卷第四期，1946 年 5 月 1 日）。《张居正大传》，朱东润著。

3 月31 日 出席文协理事会，商谈援助贫困之会友。

3 月 1 日至 31 日的日记，收入《叶圣陶集》第二十一卷。

4 月1 日 发表《慰问教师》，刊《中学生》四月号（总一七四期），署名圣陶（收入《叶圣陶散文甲集》，又收入《叶圣陶集》第十二卷）。文章对上海学生团体联合会发动“敬师运动”，深表钦敬；“对于艰难困顿而不忘所守的教”，敬致诚恳的慰问。

同日 发表《“众人当中的一个”——怀念罗斯福先生》，刊《中学生》四月号（总一七四期），署名朱逊（收入《叶圣陶集》第六卷）。《众人当中的一个》是罗斯福总统的夫人在罗斯福逝世后写的一篇哀悼辞。文章由此引出作为“众人当中的一个”的“普通人”应负的“责任”。

同日 发表《编辑室》，刊《中学生》四月号（总一七四期），未署名（收入《叶圣陶集》第十八卷）。

同日 发表《世界文学名著讲话》（茅盾著）广告，刊《中学生》四月号（总一七四期），未署名（收入《叶圣陶集》第十八卷）。

同日　吴觉农来访。夜，偕王伯祥、郭绍虞、周予同、高祖文在王艮仲家聚饮，“言谈无禁”。

4月4日　作评论《木刻连环图画〈一个人的受难〉》（刊《开明少年》第十一期，1946年5月16日，署名李通方；后收入《叶圣陶集》第六卷）。木刻连环图画《一个人的受难》，比利时麦绥莱勒作。

同日　出席编审会议。楼适夷来访，商募款为夏丏尊先生疗养事。

4月5日　晚应冯仲足招宴，与郑振铎、楼适夷、傅彬然、陆诒等同坐。

4月6日　应马叙伦招邀，参加中国科学社茶会。夜，与范洗人、傅彬然、章士敭作东，宴金仲华兄妹及其母夫人。

4月7日　出席业务会议常会。

4月8日　吴县教育局长王芝九来访。

4月9日　出席经理室会议，决定在南昌设立分店。冯仲足来访，谈创办《联合晚报》事。楼适夷来，谈夏丏尊病情。汪刃锋来访。

4月10日　赵超构、张慧剑、吴祖光、胡风、夏衍来访。赵、张将在沪主办《新民报》。胡、夏主文协拟出《中国作家》，由开明书店出版。

4月11日　出席编审会议，决定接受《中国作家》及印行中国哲学会之《哲学评论》。至晋隆餐厅，应《消息半周刊》之招宴。夜，至慈淑大楼，为银钱业联谊会文艺座谈会作演讲。

4月12日　作书复王了一。

4月13日　偕郭绍虞至交通大学应柴志明之宴，皆尚公学校旧同学。

4月14日　至育才学校，应“时代青年社”之招，讲《中学生与文艺》。

4月15日　与开明同人宴文化供应社赵晓恩、陆梦生。傍晚赴一家春宴，《联合日报晚刊》请郑振铎编《文学周刊》，借便请客。初识芦焚、钱钟书。

4月16日 汪刃锋来访。

同日 发表评论《一句话》，刊《开明少年》第十期，署名韦商。文章评述闻一多的诗作《一句话》，结尾说："闻先生的诗跟预言一般应验了。现在，埋藏在咱们心里的一句话已经喊了出来，霹雳似的响彻全国，'中国是咱们人民的!'而且，咱们正在从各方面努力，务求不折不扣的实现这句话。"

4月17日 作书致朱自清。

4月18日 午后开编审会议。

同日 发表《驾长》，刊《消息半周刊》第四期（收入《叶圣陶散文甲集》，又收入《叶圣陶集》第六卷）。文章介绍"东归"木船上的"驾长"。

4月19日 出席经理室工作会议，决定分店薪给标准，及为中国书店收受好友邱晴帆遗书诸事。

4月20日 方光焘、赵厚斋来访。傍晚，与徐调孚至李健吾家，应其招宴。同坐郑振铎、钱钟书夫妇等。

4月21日 吴觉农来访。至中国建设服务社所办图书馆读书座谈会作演讲，题为《读书之话》。

4月22日 至南屏女中演讲。

4月23日 晚九时四十五分亲家夏丏尊先生逝世。叶圣陶深感悲痛，并把夏先生的临终愤语"胜利，到底啥人胜利——无从说起!"公告于众。

4月24日 与范洗人、王伯祥、杜守宪等共议夏丏尊先生后事，拟发报丧广告及明日开明书店停业志哀启事。

4月25日 晨，送夏丏尊先生遗体至殡仪馆。下午举行入殓仪式。

4月26日 作《从此听不见他的声音》（刊《消息半周刊》第七期"悼念夏丏尊先生"专栏，1946年4月28日；又刊《文萃》第二十八期，1946年5月2日；后收入《叶圣陶散文甲集》，又收入《叶圣陶集》第六卷）。文章写夏丏尊先生去世前一天对他说的话："胜利，到底啥人胜利——无从说起!"

同日 出席编审委员会会议。

4月28日 作《答丏翁》（刊1946年5月4日《周报》第三十五期；后收入《叶圣陶散文甲集》，又收入《叶圣陶集》第六卷）。文章说："胜利，当然属于爱自由爱和平的人民。这不是一个空洞的概念，不是一句喊滥了的口号，是事势所必然。人民要生活，要好好生活，要物质上精神上都够得上标准的生活，非胜利不可。胜利不到手，非争取不可。争取复争取，最后胜利属于人民。"

同日 出席开明董事会，决定褒恤夏丏尊先生办法。并讨论同人薪给事。

4月29日 开经理室会议，决定于台湾设分店。又议定于下月三日开夏丏尊先生治丧委员会首次会议，共商营葬、追悼、纪念等项。

4月30日 至玉佛寺，参加王若飞、秦邦宪、叶挺、邓发、黄齐生诸烈士追悼大会。叶圣陶是筹备会成员之一，与宋庆龄、左舜生、黄炎培、柳亚子等人联名作《祭文》，并发表《上海各界追悼王秦叶邓黄诸先生大会筹备会启事》。

"余仅与王若飞晤数面，余皆不相识。九时开会，黄任老、左舜生、陶行知、马夷初、章乃器诸人演说，皆力言争取民主、巩固团结之要。"（日记）

4月1日至30日的日记，收入《叶圣陶集》第二十一卷。

同月 《绍钧代表作》由上海全球书店印行，书前有《序》，内收《英文教授》、《招魂》、《多收了三五斗》、《春光不是她的了》、《微波》、《一个小浪花》、《逃难》、《隔膜》及《火灾》等九篇小说。

同月 “中国木刻研究会”从重庆迁至上海，改名“中华全国木刻协会”，并聘请宋庆龄、郭沫若、茅盾、许广平、叶圣陶、郑振铎、冯雪峰、徐悲鸿等人为筹备抗战八年木刻展赞助人。

5月1日 作《夏丏尊先生逝世》（刊《中学生》五月号，总一七五期，署名中学生同人；后收入《叶圣陶散文甲集》）。

同日 发表评论《谈文字的修改》，刊《中学生》五月号（总一七五期），署名圣陶（收入《叶圣陶集》第十五卷时题名为《谈文章的修改》）。

同日 发表《编辑室》，刊《中学生》五月号（总一七五期），未署名（收入《叶圣陶集》第十八卷）。《编辑室》悼念夏丏尊先生去世。又谈到为纪念五四，特地请周予同、郑振铎、许杰、蒋天佐写的关于中国文化、青年运动以及新文艺的论文。

同日 发表评论《“经典常谈”》，刊《上海文化》第四期。

同日 发表评论《文艺团体》，刊《文艺青年》第七期（收入《叶圣陶散文甲集》，又收入《叶圣陶集》第九卷）。

5月2日 晚应唐剑我招宴，同坐范洗人、王伯祥。

5月3日 “书一题名册之卷首语，文协署名，赠与孙夫人宋庆龄。孙夫人主持中国福利委员会，以七百五十万元交文协，为济助文化人之用，故以此谢之。”（日记）

同日 在开明书店主持夏丏尊先生治丧委员会第一次会议，马叙伦、夏衍、郑振铎、周予同等共十五人到会。讨论营葬、追悼、纪念诸事，议决六月间举行公葬，由文协、立达学会、开明书店、《中学生》杂志社、春晖中学等团体联合主办。并拟定募集纪念金，奖赠连任二十年之中学国文教师。

5月4日 文协在辣斐大戏院举行文艺欣赏会，庆祝胜利后第一届文艺节。叶圣陶为大会主席并致辞：“文艺工作者，要有所爱，有所恨，有所为，有所不为；和广大的人民，为同一个目标而斗争。”（《有所爱有所恨有所为有所不为提倡科学实行民主我们应从

“五四精神”再出发——上海文协举行文艺欣赏会庆祝胜利后第一届文艺节》，刊1946年5月6日《时事新报》）晚至金城餐厅，参加文协会员聚餐会。顾颉刚来访。

同日 在第二届文艺节庆祝会上的致辞，在当日《联合晚刊》上发表。

5月5日 在周予同宅晤吴文祺、许志行、许杰。夜与范洗人、顾颉刚、王伯祥、周予同赴严良才宅，应其招宴。

5月6日 偕胡墨林至法藏寺拜夏丏尊先生窑，设斋为夏丏尊先生作“二七”。

同日 为上海《世界晨报》题词：“从五四开始的反帝反封建精神，几经锻炼，直到现在，已经成为一股大力量了，最后的胜利是我们的。”在当日《世界晨报》发表。

5月7日 储安平来访。

5月8日 夜出席明社月会，听顾颉刚讲西北观感，听杜守宪讲立身处世之大要。

5月9日 与范洗人等在聚丰园宴林本侨、谢似颜、方光焘、李季谷、孙源等。出席编审会议和杂志工作会议。

5月10日 出席经理室会议及人事会议。林焕平、王畹芗、姚雪垠、施复亮来访。夏丏尊先生生前稔友芝峰、亦幻两法师来，为夏丏尊先生火化举火。

5月11日 为覃必陶看所编初中国文准教本语体文第一册。吴济昌来访。下午，至沈世璟主持的市立拉格勒小学为教师演讲，“谈向所怀之教育杂感”。（日记）

5月12日 至法藏寺化身窑，参加夏丏尊先生遗体火化典礼。由僧众念经，芝峰法师导亲友一一向灵柩拜礼。继由芝峰法师致法语，诵至末句即举火。仪式结束后至法藏寺，听芝峰、亦幻两法师谈佛学。

5月13日 致书章雪村，请写夏丏尊先生传，刊入《国文月刊》。

时，章氏在台湾。

5月14日 窦存我居士来，商定于6月2日在玉佛寺为夏丏尊先生开追悼会。“作（覃）必陶所选国文教本各篇末之提示”。（日记）

5月15日 为夏丏尊先生骨灰坛书“夏丏尊先生灵骨”七字，并记火化年月日。

同日 作《夏丏尊先生治丧委员会公告》（刊1946年5月23日《文汇报》，后收入《叶圣陶集》第六卷）。

5月16日 主持夏丏尊先生治丧委员会常委会，通过叶圣陶所拟为追悼会启及募款启。

同日 作《募集夏丏尊先生纪念金启》（刊1946年5月23日《文汇报》；又刊《中学生》七月号，总一七七期；又刊《文章》第一卷第四期，1946年7月15日；又刊《国文月刊》第四十五期，1946年7月20日，均未署名；收入《叶圣陶集》第六卷时题名为《募集夏丏尊先生纪念金启事》）。《募集夏丏尊先生纪念金启》云：“纪念金之举，世多行之。其意在于推爱，不忘一人，而惠不止于一人，则其不忘广矣。今欲纪念上虞夏丏尊先生，循例募集金财，将以资助中学国文教师，请陈其由。先生尝谓我不胜大学教师，差堪自信，其唯中学。而先生所以为教，要不出国文之藩，平时研讨，亦以语文为多。先生往矣，谋有以推爱，言其极致，自宜如杜老之广厦千间。然为力有限，弘愿难酬，狭其界域，事乃克集。彼中学国文教师者，悉心教育，甘苦深尝，与先生尤为同气。苟为资助，先生泉下有知，必将谓吾道不孤，惠同身受，而受之者亦可以得所慰藉，益加奋勉。命意如是，敬希公鉴。”（下略）

5月17日 至一家春参加新出版业联谊会之集会，致辞。

5月18日 作诗《题绍虞独立像》（收入《箧存集》，又收入《叶圣陶集》第八卷）。诗云：“独立何所思？沾豪试赋之。悲天悯人世，继往开来兹。狂狷尚堪与，爱憎各有施。文心抽妙绪，赏析入微时。”

5月19日 出席董事会，于各分店近状、上年度结算、内外股份之处置等各有拟议。下午在大西洋西菜馆主持陈君、沈小姐的婚礼，作颂语。

5月21日 作《〈明社〉社歌》（刊《明社消息》第十五期，收入《叶圣陶集》第八卷时题名为《开明风》）。歌云：“开明风，开明风，好处在稳重，所惜太从容，处常绰有余，应变有时穷。我们要互助，合作，加强阵容，敏捷，活泼，增进事功。开明风，开明风，我们要创造新的开明风。”

5月22日 刘仰之来访。

5月23日 出席编审会议。傍晚偕范洗人、徐调孚等至钱君匋宅，应其招饮。

5月25日 开经理室会议，讨论筹备开明书店之二十周年纪念，以及下星期日追悼夏丏尊先生之仪节。

5月26日 “午刻，祀先，兼为我父逝世日纪念。”“午后三时，雁冰夫妇来。自广州来沪，今日方到。此后将留居上海。曩在桂林重庆会晤之诸友，十之八九皆来上海矣。”（日记）

5月27日 “下午回家后，雁冰来，谈文协事，兼及广州、香港文艺界情形。

“七时，至千爱里吴大琨之新居，应其招宴。外有振铎及一美国人，中名曰文公直。此人现服军役，原为华盛顿大学之系主任，通远东事，能说中国话。谓华盛顿大学设一研究院，专究中国，将来写成分门之著作，然后综合之，成一叙写中国之巨著。大琨已应邀，将于下半年到美，研究经济，将来写关于中国经济之一章。美国重视我国，自一方面言，固不可诬，然自另一方面言，实堪警惕。……”（日记）

5月28日 巴金来访。与巴金、范洗人、王伯祥、周予同共饮于永兴昌。杜守宪来，谈夏丏尊先生追悼会事。沈雁冰来，“诸友欢然握手，共话别后情况”。晚至新都餐厅，应美亚绸厂之招宴。美亚今年二十五周年，悬奖征文，请叶圣陶、马夷初、郑振铎、王伯祥、严独鹤等为评判员。

5月29日 至新闻专科学校作演讲。

5月30日 出席编审会议和四杂志联席会议。邀候宦乡和以群为开明书店明社同人作演讲，分别报告“目前局势”和“苏北现况”。

同日 作《〈集体习作实践记〉序》（刊入于在春著《集体习作实践记》，永祥印书馆1946年7月初版；后收入《叶圣陶序跋集》，北京三联书店1983年版；收入《叶圣陶集》第十五卷时题名为《习作是怎么一回事——〈集体习作实践记〉序》）。

5月31日 梅林来访，谈文协事。沈雁冰夫人来访。与开明同人拟定夏丏尊先生追悼会仪节及派定执事。

5月1日至31日的日记，收入《叶圣陶集》第二十一卷。

6月1日 发表《没有书，自己想办法》，刊《中学生》六月号（总一七六期），署名朱逊（收入《叶圣陶集》第十二卷）。文章倡导“组织读书会”，“有无相通，各人把所有的书换看没有见过的书”，“协力捐募，汇集在一起大家看”。

同日 发表《编辑室》，刊《中学生》六月号（总一七六期），署名编者。《编辑室》中说：“为便利读者起见，本社特设图书杂志代办部，为读者代购图书杂志。”“读者如果托本社选购书刊，请详细开示书刊门类、读者程度、书价大约限度等等，本社亦可照办。”

同日 发表《自学成功的夏丏尊先生》，刊《上海文化》第五期（收入《叶圣陶集》第十一卷）。

同日 作夏丏尊先生遗物遗稿手迹展览之说明书。

6月2日 到槟榔路玉佛寺参加夏丏尊先生追悼会，到会近二百人。马叙伦任主席，致词者为姜丹书、许广平、沈雁冰、大愿和尚、徐蔚南、叶圣陶。杜守宪报告夏丏尊先生生平。追悼会结束后，出席弘一法师纪念会之临时会议，被推为常务理事。

6月3日 孙起孟来访，谈恢复《生活》杂志事。朱经农来，邀到光华大学任教。作书致施蛰存，代朱经农拉往光华大学任国文系主任。

6月4日 作评论《关于〈长闲〉》（刊《明社消息》第二十二期，《文艺知识连丛》第一集之一《喇叭》刊载时题名为《谈丏翁的〈长闲〉》；后收入《叶圣陶论创作》，又收入《叶圣陶集》第六卷）。

同日 偕范洗人、王伯祥、朱达君、杜守宪至漕河泾中国公墓，为夏丏尊先生相墓地，因索价过昂，未成。夜至金城餐厅，参加文协聚餐会，庆祝诗人节，兼为柳亚子先生补祝六十寿。到一百余人。

6月5日 晚，与王伯祥、周予同、郭绍虞应朱经农觉园之宴。

6月6日 出席编审会议。陈望道来访。偕王伯祥、傅彬然访翦伯赞，为初识。

同日 王伯祥日记："下午四时与圣陶、彬然往寠乐安路访翦伯赞谈，其人丰度殊类。"

6月8日 上午出席经理室会议，决聘沈陶孙为南昌分店经理，聘金士竑为福州分店经理。吕叔湘来访。与吕叔湘、张沛霖、覃必陶、顾均正共谈《英文月刊》事，吕叔湘仍为《英文月刊》顾问。顾颉刚来访。

6月9日 傍晚至大昌南酒店，应徐莲僧之约，同坐有王伯祥、周予同。

6月11日 邵力子来访。吕叔湘来访。

6月12日 尚丁来访，谈国民党方面"实不欲和"。午与范洗人、王伯祥、朱达君饮于山西路毛长润，谈开明书店事。

6月13日 靳以、萧乾来访。"孔另境来邀，至其服务之《改造日报》社，参加座谈会。《改造日报》者，第三方面军接收日本报馆而创办，系日文报纸，专供日本人阅读，其意将再教育日本人。到会者有马夷初、郭沫若、田汉、冯乃超、雁冰、望道、翦伯赞，外则报社中人。论题为日本民主前途，日本民主文艺前途等项。诸人皆有发言，不外报纸杂志常见之论调，皆不满麦克阿瑟管制日本之措施。余无能为役，仅言日本裁汰不合潮流之教师四十五万人，我国之教育昏昧如故，其应裁汰之教师殆将数倍于四十五万，否则教育前途无光明云云。”（日记）

6月14日 “梅林、以群来，云在浦石路觅得一屋，可为文协会所，需出顶费金条四条。四条者，四十两也，虽云上海通例，未免太昂。二人谓再廉即不可得屋，因姑作决定，复往王辛笛所，商量付款办法。”

“午后，接长沙分店报告，言长沙市政府及党部召集书业谈话，不得出售‘敌党书刊’，我店之《中学生》亦在其内云云。此是当局之新手法，表面上无检查，而由各地分禁，不书明文，而以口头宣告之方式出之。南昌方面已先有此类事，唯未禁《中学生》。余愤甚，起草一呈文致内政部，表示抗议，于‘敌党书刊’四字略事发挥。由伯祥修改，准备发出。”

傍晚，开明书店在金城银行七楼金联餐厅宴请著作人，欢迎沈雁冰夫妇、巴金夫妇、陈望道夫妇、郭沫若夫妇、田汉、靳以、吕叔湘、翦伯赞、王鞠候，并为柳亚子夫妇祝寿，兼邀无垢小姐。谈饮甚欢。（日记）

6月15日 孙明心、汪允安来访。

同日 发表《“十五天后能和平吗?”》，刊《周报》第四十一期，署名叶圣陶、王伯祥、周予同、郭绍虞、徐调孚、顾均正、傅彬然（收入《叶圣陶集》第六卷）。

6月16日 与叶至善至霍必兰路永安公墓为夏丏尊先生相墓地。参拜墓地的杨贤江墓。出席业务会议。沈雁冰夫人来访。

同日 发表《书·读书》，刊《开明少年》第十二期，署名翰先（刊《中学生》七月号，总一七七期，署名翰先；后收入《叶圣陶集》第十二卷）。文章说“读书顶要紧的事情，是把书中的经验化为自身的经验。随时能够‘化’，那才做到‘开卷有益’的极致”。

6月17日 午应唐坚吾之招宴，同坐王伯祥、范洗人。

6月18日 “梅林来，仍谈租屋事。前言及之一所已放弃，今又有他处，或可成交。雁冰适来，因共谈论。雁冰言苏联邀彼到苏一游，或将于今秋成行云。”吴觉农来访。（日记）

6月19日 许季茀、程受百来访。吕叔湘来访。出席董事会，决定“于夏师母致送丏翁之半薪，终其身”。又决定解除索非襄理职务，决定章士敭任台湾分店经理。

6月20日 出席编审会议。梅林来访。新任南京《中央日报》主笔之卢冀野来访。

同日 发表《当代文选评〈瞻望英国〉（费孝通）〈我的哥哥羊枣之死——敬致顾祝同将军一封信〉（杨刚）》，刊《国文月刊》第四十三、四十四期合刊，未署名。

同日 发表《学文示例》（郭绍虞著）广告，刊《国文月刊》第四十三、四十四期合刊，未署名（收入《叶圣陶集》第十八卷）。

同日 发表《中国哲学史通论》（范寿康著）广告，刊《国文月刊》第四十三、四十四期合刊，未署名（收入《叶圣陶集》第十八卷）。

同日 与郭沫若、茅盾、马寅初、马叙伦、陶行知、翦伯赞、郑振铎、胡绳、杜国庠、蔡尚思等二十四人，发起组织“全国学术工作者协会上海分会”。

6月21日 “上午写一信，致已订约之著作人，告以出版界现况，成本奇昂，销路奇窄，书稿暂时无法出版云云。迩来印一五万言之书稿一千本，直接成本即近百万，而每印一书，往往仅销三百本，此不可维持之局也。”“梅林又来，决定与文联社合租旧法租界一两层单幢屋，出顶费黄金两条半。梅林夫妇与会计员李君即可迁入居住，姑作解决，亦是佳事。”“饭后一时半，偕彬然至思南路一零七号，应董必武君之招，告以近日谈判经过。”（日记）

6月22日 中大教授赵廷为来访。复旦教授张明养来访。

6月23日 晨至北火车站，送马叙伦等八人及学生代表二人乘车往南京请愿，“反对内战，争取和平”。马叙伦等在南京下关车站遭特务殴打。

同日 胡绳、吴潜英夫妇来访。

6月24日 作《我就是推选他们的一个》（刊1946年6月26日《文汇报》“我们抗议”专栏，又刊同日《大公报》；后收入《叶圣陶散文甲集》，又收入《叶圣陶集》第六卷）。

同日 “傍晚，雁冰、振铎、夏衍三人来，商定于星期日（6月30日）开文协总会及上海分会之联席理事会。”夜，明社请沈雁冰讲新疆之经历。（日记）

6月25日 至极司非而路，出席中小学教师职业保障会所招集之座谈会，致辞。

同日 《民言》半月刊在上海创刊，与柳亚子、郭沫若、茅盾、陶行知等二十一人为该刊“特约撰述”。（《民言》创刊号）

6月26日 金仲华来谈时局。

6月27日 出席编审会议和四杂志工作会议。

6月28日 方光焘来访。偕胡墨林、范洗人、王伯祥、周予同宴方氏于王宝和。

6月29日 夜偕胡墨林至金仲华家，应其招宴。同坐沈雁冰夫妇、王翼云、冯仲足等。

6月30日 主持文协总会及上海分会理事联席会议，“讨论提案多

件”。（日记）

6月1日至30日的日记，收入《叶圣陶集》第二十一卷。

7月1日 发表评论《谈叙事》，刊《中学生》七月号（总一七七期）（收入《叶圣陶论创作》，又收入《叶圣陶集》第九卷）。

同日 发表《编辑室》，刊《中学生》七月号（总一七七期），署名编者。《编辑室》云：“下个月，值日本投降、第二次世界大战结束一周年，又值开明书店创立二十周年。本志决定出特大号来作纪念。内容以第二次世界大战为中心，叙述战争的经过、国际及国内政治经济的演变、法西斯主义与民主主义的消长、科学、文学的进步及一般社会生活（包括青年生活）等。”又说：“夏丏尊先生逝世后，夏先生家属，遵奉夏先生的遗言，谢绝赙仪及花圈、挽联等等。夏先生友好，决定募集纪念金办法，藉留永久纪念。”

7月4日 发表《桡夫子》，刊《文汇报》（收入《叶圣陶散文甲集》，又收入《叶圣陶集》第六卷）。

7月5日 夜，至育才学校，出席新书业同人联谊会第一次联欢会，致辞，谈书业所受种种压迫。

7月8日 “作国文（教本）之提示。第二册作毕，即付排。全书六册，预定秋季开学前出版三册。”（日记）

7月9日 夜至霞飞路某西菜馆，“应张君、雁冰之招。张君为大同书店之经理，请孔另境为编文艺丛书，而由雁冰为之拉拢。到沫若、乃超、田汉、洪深、振铎、雪峰诸人”。（日记）

同日 作书信《致陆咸》（刊1946年8月13日《苏州日报》，题名为《作家书简》；后收入《叶圣陶集》第二十四卷）。

7月10日 《上海文化》编辑庄智源偕赵景深来访。

7月11日 陈烟桥、李桦来访。夜为中华职业补习学校作演讲，题为《怎样学习，学习什么》。

7月13日 “报载李公朴被人暗杀于昆明，此定是特务人员所为。

倒行逆施，愈来愈凶，前仅用殴打之手段，今以李案为始，且用暗杀手段矣。李为民盟之盟员，多说话，颇露锋芒，或即以此贾祸。去冬在重庆，余尝与晤数面也。”沈从文来访。陈烟桥来谈出版木刻选集事。（日记）

7月14日 作《开明书店二十周年》（刊《中学生》八月号，总一七八期，署名圣陶；后收入《叶圣陶集》第六卷）。文章论及开明书店的方针和作风时说：

“书店有各种的做法。兼收并蓄，无所不包，是一个做法。规定范围，不出限度，是一个做法。漫无目标，唯利是图，又是一个做法。我们以为前一个需要大力量，不但财力要大，知力也要大，我们担当不了。后一个呢，与我们的意趣不相容，当然不取。与我们相宜的只有中间一个，就是规定范围的做法。我们把我们的读者群规定为中等教育程度的青年，出版一些书刊，最大部分是存心奉献给他们的。这与我们的学识修养和教育见解都有关系。我们自问并无专家之学，不过有些够得上水准的常识，编选些普通书刊，似乎还能胜任愉快。这是一层。我们看出现在的新教育承接着旧教育的传统，而新教育承接着旧教育的传统是没有效果的。我们也知道教育不是孤立的事项，要改革教育必须其他种种方面都改革，但是改革教育的意识不能不从早唤起，改革教育的工具不能不从早准备。这又是一层。

“二十年来，我们出版了不少的书刊，有的已经绝了版，现在的读者不再能称说它们的名字，有的一直畅销，到现在还是读者爱好的读物。对于这些书刊，我们都是认认真真的编撰、审读、校对、印刷的。我们不敢说辛苦，辛苦原是做事人的本分。我们觉得安慰的是在读者界造成了一种口碑，一般的说开明的书不马虎。不马虎，就内容而言，也就形式而言。可是我们宁愿认这个话是鼓励，不是的评。如果认为的评，说不定会走上自满的路子。认为鼓励，才可以加紧努力，做到百分之百的不马虎。”

7月15日 贺昌群、李青崖来访。午与王伯祥、周予同邀贺、李饮于永兴昌，并邀郑振铎作陪。

同日 “代书联作一短文，为李公朴被刺事公告社会。”（日记）

7月16日 出席开明书店二十周年纪念会筹备会。至南海花园，参加民主同盟政协代表召集的座谈会。

同日 与茅盾、夏衍、许广平、巴金等上海文化界人士二百六十人，发表反内战、争自由宣言。同日，得知闻一多被刺于昆明，气愤之至。

7月17日 高祖文、郑振铎、梅林来访，谈作文纪念闻一多及对当局“应如何表示”。文协发表《中华文艺协会总会为李闻惨案宣言》、《中华文协总会告世界学者和文艺作家书》、《文协总会致于（右任）邵（力子）二先生电》、《中华全国文艺协会总会唁电》。夜与开明同人宴程受百、沈从文，并邀巴金、方光焘陪席。

同日 作《多说没有用，只说几句》（刊《民主》第四十期，1946年7月20日；又刊《群众》周刊第十一卷第十二期；后收入《叶圣陶散文甲集》，又收入《叶圣陶集》第六卷）。文章说：对李、闻的被害表示愤慨。又说：“暗杀是最卑怯无耻的行为”，“在人民的世纪里，竟容许这种卑劣残暴，灭绝人性的事件在中国发生，这是全中国人民的耻辱，也是全人类的耻辱。我要向全中国全世界的人控诉，大家要用行动来洗雪这种耻辱”。

7月18日 开编审会议。开开明书店二十周年纪念会筹备会。《文汇报》被国民党当局勒令停刊一周。叶圣陶致书《文汇报》副刊主编柯灵，建议停刊期满之日，出一特刊，专载读者支持该报之投函。（柯灵：《叶圣陶同志的一封信》，刊《收获》1979年第

五期）

7月19日 与郭沫若、茅盾、周建人、许广平、田汉等二十三人，致电联合国人权委员会，控诉国民党当局暗杀李公朴、闻一多，以及排列暗杀黑名单，施行暴力灭绝的罪行，并吁请立即派调查团来华（电文刊1946年7月23日《新华日报》）。

同日 尚丁、汪刃锋来访。

同日 作《叶圣陶先生函》（刊1946年7月25日《文汇报》“文艺界的慰问”专版；收入《叶圣陶散文甲集》时题名为《致文汇报》，又收入《叶圣陶集》第六卷）。7月12日，柯灵主编的《文汇报》副刊《读者的话》因发表了两封警察的来信，表示他们不愿意再做当局镇压民众的工具。政府当局老羞成怒，命令该报从7月18日至24日停刊一周。叶圣陶致信慰问，并鼓励起来抗争。

《叶圣陶先生函》全文如下：

《文汇报》诸位先生：

被罚停刊，你们当然不颓丧。你们问心没有错，连那罚你们的人也必然自知是借端生事，你们为什么要颓丧呢？可是停刊的确吃了实实在在的亏，你们不能不考究，弄个明白。人家借端生事，成不成个理由？人家要你们停刊，合不合手续？不能说现在没有道理可讲，吃了亏就算了。如果这么想，没完没了的亏就等在后头。我国弄到这么糟，一半固然要怪那些为非作歹的，一半也要怪大多数人，大家存着吃了亏就算了的想头。这种想头对为非作歹的是极大的鼓励，鼓励他们更加肆无忌惮，更加为非作歹。必须考究，必须讲道理，除非他们正正式式公开宣告，现在不讲道理了。书生之见，也许很迂，不知道你们以为如何。愿你们精进不懈，继续努力，在许多种无可看的报纸之外，永远有一种像模像样的报纸。

叶圣陶谨启　七月十九日

同日 作书信《致柯灵》（柯灵《叶圣陶同志的一封信》，刊《收获》1979年第五期；后收入《叶圣陶集》第二十四卷）。信中向柯灵建议：《文汇报》停刊期满之日，宜出一特刊，“至少两版，专载读者投函，表明读者需要此报纸，与此报纸有片刻不能相离之情感。亦使反动家知所警惧，报纸后面原来有如此大力为之支持。急速发动，尚来得及，不知贵刊有此意与否？……乞与贵刊同人详酌之。”

7月20日 朱文叔来访，谈台湾人学习国文情形。

同日 发表评论《谈学习文艺》，刊《文艺学习》第三期（收入《叶圣陶论创作》，又收入《叶圣陶集》第九卷）。

同日 发表《当代文选评〈韬奋逝世一周年哀词〉（黄炎培）》，刊《国文月刊》第四十五期，未署名。

同日 发表《总该有一线光明罢》，刊《民主》周刊第四十期。

7月21日 至花旗银行，主持召开文协会员大会，向李、闻二先生致哀，并讨论对于李、闻事件的对策。郭沫若、田汉、洪深等十余人发言。欧阳予倩、马彦祥分别谈桂林、北平近况。

7月23日 应郭沫若之邀，赴郭宅听周恩来副主席谈当前形势，“剖析极详”。张宗和来访。李桦来谈《抗战八年木刻选集》事。

7月24日 至银河餐馆，欢迎到沪的文友欧阳予倩、洪深、马彦祥、阳翰笙、李何林、臧克家、周伯勋，致欢迎辞。

吴晗来开明书店，为初识。“其人年不满四十，精健有余，学问行谊，皆可钦佩。既而金子敦、振铎来，即买酒共饮”。（日记）

7月25日 陶行知先生逝世。叶圣陶为陶行知先生追悼大会筹备委员会成员之一。又闻何柏丞先生之噩耗。

同日 开编审会议、四杂志联席会议、开明书店二十周年纪念会筹备会议。

7月26日 至上海殡仪馆，吊陶行知先生。至中国殡仪馆，奠何柏丞先生。晤傅东华、徐慰南。

同日 作诗《挽陶行知先生》（刊1946年7月28日《联合日报·晚刊》第一版，编入《陶行知先生纪念集》；后收入《箧存集》，又收入《叶圣陶集》第八卷）。

7月27日 作《〈开明新编国文读本〉（甲种）序》（刊《国文月刊》第四十八期，1946年10月20日，未署名；刊入叶圣陶、郭绍虞、周予同、覃必陶编《开明新编国文读本（甲种）》；后收入《叶圣陶语文教育论集》，又收入《叶圣陶集》第十六卷）。序文中说："我们编这部读本，预备给自修国文的人用。如果教师们认为可采，作学生的补充读物，或者径作讲读的材料，都可以。""白话文言混合教学的办法，是民国十一年编订新学制课程标准的时候开的头，到如今二十多年了，没有改变。有些人关心这件事情，以为混合教学虽有比较与过渡的好处，也有混淆视听与两俱难精的毛病。二十年来国文教学没有好成绩，混合教学也许是原因之一。他们主张分开来教学，读物要分开来编。我们觉得这个话有道理。这部读本就分开来编，甲种六册专选白话，乙种三册专选文言。到底比混合编的本子好还是不好，当然要待试用了相当时期之后才知道。"

7月28日 作《〈抗战八年木刻选集〉序》（刊1946年8月12日《侨声报·星河》，1946年9月18日上海《联合晚报》第二版刊载时题名为《序〈抗战八年木刻选集〉》；编入《抗战八年木刻选》，开明书店1946年9月出版；后收入《叶圣陶散文甲集》，又收入《叶圣陶集》第十七卷）。该序由张沛霖译成英文，吕叔湘校正。

7月29日 浦江清来访，为初识。李桦来签《抗战八年木刻选集》出版契约。

7月31日 施蛰存来访。杨人楩夫妇来访。李青崖来，谈大学国文教学。夜，至知味观应谢国桢之招宴，同坐王伯祥、周予同、郑振铎等。

7月1日至3日、4日至31日的日记，收入《叶圣陶集》第二十一卷。

8月1日 发表《中学生杂志社启》，刊《中学生》八月号（总一七八期），未署名。《社启》曰："为纪念抗战胜利一周年及开明书店创立二十周年，本志原定在八月出特大号，内容以第二次世界大战为中心。现因篇幅过多，排校一时赶不及，决定改出单册，在九月中出版。……"

同日 偕胡墨林往访刚从台湾回沪的章雪村，"自二十六年分别后，今为初见"。开编审会议。午刻，与范洗人、章雪村、王伯祥、周予同等共饮于永兴昌。出席《文汇报》"升学与就业"座谈会，发言题为《有志青年何必一定要高攀学府的门墙》。出席会议的还有沈体兰、杨卫玉、雷洁琼等。

同日 作《有志青年何必一定要高攀学府的门墙》（发言稿，刊1946年8月4日《文汇报》"两大难题——升学与就业"座谈会专版，署名叶圣陶，陈尚藩记录；后收入《叶圣陶散文甲集》，又收入《叶圣陶集》第六卷）。

8月2日 出席开明书店二十周年纪念会筹备会议。

8月3日 晚与开明同人共赴三山会馆天后殿，为范洗人夫人祝六十寿。

8月8日 出席编审会议及开明书店二十周年纪念会筹备会议。

8月10日 发表《也来一个比喻》，刊《新文化》半月刊第二卷第四期，署名圣陶（收入《叶圣陶散文甲集》，收入《叶圣陶集》第六卷时题名为《也来个比喻》）。文章将当时的中国比喻为"生了癌"，把当时的"某一个集团"也比喻为"生了癌"，问"广大的人民"用哪种方法来治疗？

同日 窦存我居士来访，约本月二十五日开弘一法师纪念会。

8月11日 傅彬然来谈《国文杂志》续出之事。

8月12日 梅林来谈文协之事。

8月13日 发表《善忘》，刊《大公报·大公园》（收入《叶圣陶集》第六卷）。文章批评“要人”、“名流”、“大家”善忘，“把八年抗战忘得一干二净。”

8月14日 发表《什么道理?》，刊《周报》第四十九、五十期休刊号“我们控诉”栏（收入《叶圣陶集》第六卷）。唐弢和柯灵主编的《周报》在反动当局的高压下被迫出休刊号，叶圣陶斥反动当局。

同日 与开明同人举行酒会，纪念抗战胜利日。外客有金仲华、郑振铎等。

8月15日 出席《文汇报》座谈会，讨论题目为《教材与教本》。参加座谈会的还有舒新城、俞庆棠、孙起孟等。

同日 作《“文字并不可靠　教本少用为妙”——在〈文汇报〉举办的“抢救在学青年”座谈会上的讲话》（刊1946年8月18日《文汇报》，后收入《叶圣陶集》第十一卷）。

8月16日 “竟日润色木刻(《抗战八年木刻选集》)作者之小传。”(日记)

8月17日 开业务会议。

8月19日 发表评论《诗话》，刊香港《华商报·热风》（刊1946年9月2日《世界日报》，又刊1946年9月15日《晋察冀日报》副刊第一百零六期；后收入《叶圣陶集》第六卷）。文章盛赞杜丹乡的《宣言》和闻一多的《一句话》，并附了作者自己的一首诗《咱们站在两边儿》：

你爱好听的名儿，
我把一切好听的名儿让给你，
咱们站在两边儿，
水火之势不自今日始。

你喜欢自居革命，

好，我就自居反革命；
可是，你骨子里若是反革命，
我就反反革命。

你喜欢自居正动，
好，我就自居反动；
可是，你骨子里若是反动，
我就反反动。

你，爱好听的名儿的人呀，
朝你说旁的话全是多余的，
只有一句话：
“不与同中国！”

同日 发表诗《咱们站在两边儿》（收入《叶圣陶集》第八卷）。

8月20日 发表《当代文选评〈哭一多父子〉（吴晗）〈向读者道歉〉（文汇报）》，刊《国文月刊》第四十六期，未署名。吴晗《哭一多父子》的评语：“简短的语句与段落，构成沉重的情调，凄咽的音节。一颗‘忠于人民，忠于国家’的心贯彻在字里行间，试听那句话：‘我是被保证了的，永不会走错路！’从这颗心反映出来的闻一多先生，使读者觉得太可敬了，太可爱了。这样可敬可爱的人却要被刺而死——是值得深深思念的。”

同日 发表广告《沈从文著作集：〈边城〉〈湘行散记〉〈湘西〉〈月下小景〉〈从文自传〉》，刊《国文月刊》第四十六期，未署名（收入《叶圣陶集》第十八卷）。

8月22日 彭子冈来访。出席编审会议及开明书店二十周年纪念会筹备会议。

8月24日 出席开明同人在三山会馆举行的酒会，为章雪村生日祝寿。

8 月25 日 与窦存我、朱稣典讨论筹备弘一法师纪念事。

8 月27 日 至三山会馆主持章士文与宋鸿猷订婚礼。

8 月28 日 “五时，偕彬然至沫若家，友人到者四十余人。听李君（维汉）邓君谈政治谈战事。似全面内战最近期间殊无停止之望。虽马（歇尔）与司徒（雷登）两人仍在斡旋，而美国苟不变其两面政策，则适与斡旋之力相抵消。谈毕，举行鸡尾酒会。八时半散。”（日记）

8 月29 日 开编审会议。

8 月30 日 杨晦、季羡林来访。

8 月31 日 文协于红棉酒家开茶会，欢送冯玉祥将军赴美研究水利。叶圣陶主持欢送会并致辞：“文协此次欢送冯焕章先生出国研究水利。四川青城山下最古的水利工程颇可讲究，返观现在，实是今不如古，希望冯先生研究水利回国，福利民众。希望他告诉美国民众，天下一家，攸切相关，希望他们帮助中国统一和平的实现”。（赵景深：《文坛忆旧・冯玉祥氏的出国》）

同日 夏丏尊先生治丧委员会开结束之会。决定葬丏翁于白马湖。纪念金已得六百余万，推出马叙伦、许潜夫、范洗人、朱达君、叶圣陶、章守宪、楼适夷、周予同、王伯祥九人为纪念金委员会委员，主持管理与分发奖助金事宜。奖助金给与任教十年以上，卓著成绩之中学国文教员。治丧委员会宣告结束，一切移交纪念金委员会接管。六时，明社开月会，请章雪村讲台湾情形。

8 月 1 日至 31 日的日记，收入《叶圣陶集》第二十一卷。

9 月1 日 至玉佛寺主持弘一法师纪念常会筹备会，决定以阴历九月十九开纪念会，并印弘一手迹一种，再版《永怀录》一千册。

同日 发表《何必升学》，刊《新文化》半月刊第二卷第五期（收入《叶圣陶集》第十一卷）。

同日 为张澜日前在成都李、闻追悼会上遭特务侮辱，特与郭沫若、洪深、周建人等三十七人联名致函表示慰问，愿共同为反内战、争民主、废独裁、取消特务而奋斗。（1946 年 9 月 2 日《新华日报》）

9 月2 日 与开明同人于悦宾楼宴丁晓先、索非，邀巴金作陪。

9 月5 日 开编审会议。出席范大成与揭小姐订婚宴。

9 月6 日 出席人事会议及经理室工作会议。

9 月8 日 丁晓先夫妇来访。午与同人赴章雪村宴，谈店事。

9 月9 日 梅林来访，商文协于中秋节举行聚餐会事。

9 月10 日 午，赴青年会贺弘宁、王洁结婚。晚，至佛教净业社，主持文协中秋晚会，与会者多达百余人。

9 月11 日 程侃声（鹤西）来访，“通信将近二十年，今始晤面”。（日记）

9 月13 日 午与章雪村、王伯祥等在聚丰园为章雪山洗尘，并款丁晓先夫妇。

9 月14 日 晚至狄思威路长春路金仲华宅应其招宴，他客有范洗人、章雪村、王伯祥、吴觉农等。

9 月15 日 至钱业公会，观抗战八年木刻展之预展。同日，《抗战八年木刻选集》经叶圣陶之手由开明书店出版。参加明远同学会（杭州第一师范同学会取“明远楼”之“明远”二字为会名）之集会，共谋济助经子渊遗族之事。

9 月16 日 汪静之来访。陈望道来谈“研究文法”。

同日 发表《读书不必进学校》，刊香港《华商报·热风》第三版。

9 月18 日 冯雪峰来，谈文协出《中国作家》事。

9 月19 日 开编审会议、经理室会议，通过以编辑名义聘任丁晓先及其他人事问题。

9 月20 日 发表《当代文选评〈时代的要求——论科学民主与大众之历史的根源〉（周予同）》，刊《国文月刊》第四十七期，未署名。评语中说："现在的教育与经典诗赋教育，精神上并无两样，不能说现在教学一些自然科学、社会科学，已经实施了'大众的科学教育'了。现在受教育的，大半还是想当士大夫，作个代言人，在统治方面帮一份忙。必须真正进了作者所说的'现化期'，教育才会是'大众的科学教育'，受教育的才会与士大夫完全不一样。"

9月21日 作《现实与理想》（刊《中学生》十月号，总一八〇期，署名朱逊；后收入《叶圣陶集》第六卷）。文章阐述"现实"与"理想"的关系。说："注重现实"为的是"怀抱着理想"，"没有理想，注重现实至多只能找到一些世故"。

同日 应周恩来副主席之邀，至马思南路周公馆，听周恩来谈国共谈判经过，"历两小时有余"。贺昌群来访。马文珍来访。出席业务会议。

9月23日 至新仙林餐馆，出席上海十余团体之茶会，为"美军退出中国周"招待上海记者。沈体兰为主席。

9月24日 丰子恺来访。金仲华来访。开经理室会议及人事会议。

9月25日 冯雪峰、巴金、郑振铎、胡风来，共商文协会刊《中国作家》出版事。议定出双月刊，明年一月出创刊号。

9月26日 为响应"美军退出中国周"，上海十余团体在青年会举行招待会，招待教育文化界人士。叶圣陶为招待会主席，马叙伦、郭沫若、茅盾、翦伯赞等到会。

9月27日 臧克家、李长之来访。李为初识。

9月28日 吴觉农来访，共饮于永兴昌。至钱业公会，观抗战八年木刻展。又往观张聿光画展。夜，出席明社例会，修订社章。

9月29日 开经理室会议及人事会议。

9月1日至30日的日记，收入《叶圣陶集》第二十一卷。

10月1日 发表《抗战八年木刻选集》（中华全国木刻协会编辑）广告，刊《中学生》十月号（总一八〇期），未署名（收入

《叶圣陶集》第十八卷)。

同日　发表《〈中学生〉复员后首次征文》(题材范围：一、“读《生活艺术》”，曹孚作；二、“我的学习经历”)，刊《中学生》十月号(总一八〇期)，未署名。

同日　刘开渠、吴维贤、黄炎培、窦存我居士、钱经宇先后来访。

10月2日　郭一岑来访。梅林与叶以群来谈文协事。

10月3日　作《开明书店二十年纪念碑辞》(刊《明社消息》第十七期“大家庭特刊”，收入《叶圣陶集》第八卷时题名为《题开明二十年纪念碑》)。辞曰：“书林张一军，及今二十岁。欣兹初度辰，镂金联同辈。开明夙有风，思不出其位。朴实而无华，求进弗欲锐。唯愿文教敷，遑顾心力瘁。此风永发扬，厥绩宜炳蔚。以是交勉焉，各致功一篑。堂堂开明人，俯仰两无愧。”

10月4日　至天蟾舞台，参加李公朴、闻一多追悼会。上海市长吴国祯为主席。潘公展、郭沫若、邓颖超(代表周恩来)、罗隆基演说。叶圣陶为“李公朴、闻一多追悼大会筹备委员会”委员。

同日　出席明社干事会，被选为监事。

10月5日　梅林、冯乃超、以群及木刻协会诸君来访，“共商美军退出中国之宣传品之制作办法”。应吴觉农之招宴，同坐沈雁冰夫人孔德沚、王伯祥、孙春台。

10月6日　到静安寺，参加各界公祭李公朴、闻一多大会。代表文协诵祭文。

同日　发表《文协祭文》，刊《文汇报》，未署名(收入《叶圣陶集》第八卷时题名为《祭李闻二公》)。文曰：“呜呼二公，人间所亲，大盗所恨。倡导民主，宣扬和平，乃以身殉。凡我后死，不遑伤感，唯知振奋。精诚赴之，锲而不舍，挫而不钝。必有一朝，人乐安康，群求精进。迄于役时，告慰二公，灵其无闷。”

10月7日 至幼稚师范演讲。夜，与开明同人在一家春宴钱经宇、孙春台、郑振铎、巴金、唐现之、顾颉刚、魏建功等。

10月8日 出席响应美军退出中国运动十团体之座谈会，通过《响应美军退出中国运动宣言》。

10月9日 邀各团体代表到开明书店集会，筹备于十九日纪念鲁迅逝世十周年。晚，在杏花楼，以文协名义宴刘开渠、萧乾，并慰劳洪深（洪于追悼李、闻，甚为劳瘁）。参加宴会的有郭沫若、茅盾、田汉、陈白尘、许广平、翦伯赞、梅林、郑振铎、赵清阁等。

10月10日 作《〈开明书店二十周年纪念文集〉序》（编入《开明书店二十周年纪念文集》，开明书店出版；后收入《叶圣陶序跋集》，又收入《叶圣陶集》第十七卷）。

同日 至金城大楼餐厅，主持开明书店成立二十周年纪念会。范洗人致开幕词，章雪村报告店史，马叙伦、吴觉农、茅盾先后致辞。叶圣陶代表开明同人致答辞，以“有所爱，有所恶，有所为，有所不为”四语交勉。会后摄影纪念、聚餐并有文艺节目助兴。

茅盾《在开明书店成立二十周年纪念会上的致辞》：“开明书店在出版界，规模不算大，可是精神却很活跃。例如在战时，我曾到过昆明、桂林、衡阳各地，看见开明在这些地方，短期内都将分店设立起来，做当地出版界的领袖。桂林文化城，是大后方的文化中心，其中的出版业以开明最为活跃。再如我胜利后到广州，便见广州分店在那里复业。开明的办事精神，是脚踏实地，迅赴事机。再如桂林撤退时，其慌乱情形非可形容。当时在桂林的开明，分向重庆、昭平撤退，倍极艰苦，所受的损失，拿别家书店比起来，还算小的。就靠有这种精神。再就兄弟数十年来对出版界的印象说，认为书店大致有二个极端，一个可以商务做代表，是老爷书店。一个可以生活做代表，作风特别。间乎中间的为开明。就以所出版的书论，开明所出的书，稳健而不落伍，亦不肯不顾一切，冲锋陷阵。在目前这样的时代，开明的稳扎稳打是很适宜的。鲁迅先生说的赤膊上阵，究竟不相宜的。再说出版业对一时风气的感应，商务太迟钝，生活太敏感，开明则介乎中间。我认为在目前开明还应保持这种精神。我和开明的创业者都是二十多年的老友。在大后方奋斗时，也常常和开明同人甘苦与共。故我和开明的感情特厚。谨祝开明五十年、一百年、二百年时候有更大的发展，以及中国的能够真正开明。”（《明社消息》第十七期“大家庭特刊”，1946 年 12 月 31 日）

同日 作《叶圣陶先生致答词》（刊《明社消息》第十七期“大家庭特刊”，1946 年 12 月 31 日；收入《叶圣陶集》第六卷时题名为《开明书店二十周年纪念会上的答谢词》）。

同日 发表《我们要求政府切实保障言论自由》，刊《民主》周刊第二卷第一、二期合刊，署名沈钧儒、郭沫若、叶圣陶等。控诉和抗议“武装和便衣的警员成日奔走于许多书店报摊之间，按照名单查抄各种出版物，加以撕毁或没收”的罪恶行径。

10 月 11 日 与胡墨林及王伯祥、范洗人、章雪村至无锡蠡园游览。夜，回到苏州。

10 月 12 日 偕胡墨林看青石弄家屋。“房屋尚不甚破败，租居之人家略加修饰，屋内尚不坏。唯庭中则乱草不除，颇见荒芜。树木皆已长大，海棠、梅树、杏树、石榴、枫树、柳树皆在，唯广玉兰一株不见，殊为可惜。”傍晚返沪。（日记）

10 月 13 日 到玉佛寺，主持弘一法师纪念会。“商定以后进行方针，其原则为刊行遗墨，扩充纪念图书馆，建造纪念塔，明年需编一纪念年刊诸项。”（日记）

10 月 14 日 耿济之来访，为别已十余年。出席鲁迅纪念会筹备会。

10 月15 日　黎劭西、魏建功来，共谈国语统一问题。出席开明书店人事会议。

10 月16 日　刘岘来访，为初识。午后，开经理室会议。下午，至大新公司，观丰子恺画展。夜，赴大鸿楼应濮文彬之宴。

10 月17 日　王向辰（老向）、钟灵秀来访，商谈印行通俗读物事。沈嗣庄来访，邀往中华工商专科学校讲授国文课。叶丁易来访。出席编审会议。

10 月18 日　刘岘来访。艾寒松来访，告以《民主》周刊为政府当局压迫，将出“终刊号”。

10 月19 日　中华全国文艺协会假辣斐大戏院隆重举行鲁迅逝世十周年纪念大会，主席团由邵力子、郭沫若、茅盾、沈钧儒、马叙伦、叶圣陶、翦伯赞组成。周恩来到会演说。宣布开会后与会者唱起颂歌：“生在遍地荆棘的祖国，你开阔了革命的血路一条，由于你新中国在成长，由于你旧中国在动摇中。”叶圣陶致词，以鲁迅常谈的庄子的话“相濡以沫”为号召，“希望大家各吐其沫相以濡”。（录自中共代表团驻沪办事处向党中央汇报的“鲁迅纪念活动”电文稿，电文稿存中共代表团驻沪办事处纪念馆）

同日　作《“相濡以沫”》（演讲稿，刊 1946 年 10 月 21 日上海《时代日报》第四版，1946 年 10 月 20 日《文汇报》于综合报道中引录）。

10 月20 日　发表《编者的话》，刊《国文月刊》第四十八期，未署名。该期为“中学国文教学研究专号——纪念夏丏尊先生”，刊登了夏先生的朋友和对于中学国文教学有研究的专家曹伯韩《对于语文课程的一些意见》、傅庚生《国文教学识小篇》、李广田《中学国文教学的变通办法》、蒋伯潜《习作与批改》、杨同芳《中学语文教学泛论》、周振甫《技能的训练和理论的研讨》、木将《国文教学新议》、朱怙生《中学国文教学一得》、于在春《集体习作》和章锡琛的《悼夏丏尊先生》。《编者的话》中说："本刊对于大中学的国文教学方法，一向比较注重。现在，为了纪念夏丏尊先生的关系，特约了几位夏先生的朋友，和对于中学国文教学有研究的专家，出这一期中学国文教学研究的专号。夏先生一生的兴趣，本重在中学的国文教学，我们现在这样纪念他，灵而有知，当能得他的赞许。我们为此，更感谢写稿的诸位。"

同日 参加上海文化界举行的群众性祭扫鲁迅墓活动，向前来扫墓的青年讲述鲁迅与敌人战斗的史绩。"扫墓礼开始，先唱纪念歌，余献花，行礼，默哀。于是致辞，先沫若，次沈衡山，次及余，皆呼鲁迅先生以告之。余谓此是先生之坟墓。当下葬时，棺上覆一大旗，曰'民族之魂'。先生虽死亡，民族之魂不会死亡。试听方才所唱的歌，'一个人倒下，千万人站起来。'余之后为雁冰、曹靖华、胡风、洪深、田汉、雪峰、广平，殿以纪念歌之重唱，礼遂毕。"（日记）

同日 出席工商专科学校开学典礼和校务会议。

10月21日 吴大琨来开明书店叙别（于明日赴美），书字一张相送，云："送君无别语，传告美国人，中国自有体，绝非菲列宾。"

同日 夜至工商专科学校演讲，题为如何学习国文。

10月22日 作《"相濡以沫"》（刊《新文化》半月刊第二卷第八期；后收入《叶圣陶散文甲集》，又收入《叶圣陶集》第六卷）。

10月23日 作《"生活教育"——怀念陶行知先生》（刊《中学生》十一月号，总一八一期，署名圣陶；又刊1946年12月25日汉口《星报》；后收入《叶圣陶散文甲集》，又收入《叶圣陶集》第六卷）。文章说：陶行知的"生活教育"，就是"'古之学者为己'的'为己'，创发知能，一辈子真实受用"。

同日 开人事会议，决定录取十名练习生。

10月25日 向锦江来访。

10月26日 开业务会议。茅盾夫妇来访。

10月27日 至震旦大学，参加陶行知先生追悼会。参加开明同人酒会，到十九人，客有郑振铎、吴觉农。

10月28日 夜至工商专科学校讲国文课。

10月30日 与傅彬然赴宝山县私立罗溪中学参观。

10月31日 斥章行严、戴季陶。“今日为蒋氏之六十寿辰，各报一片祝寿声，有用‘万寿无疆’之语者。前此数日，见章行严撰一寿序，全以蒋拟帝王。又见戴季陶所作《天下归顺歌》，举古圣贤所标德义之目悉数归之。士之无耻，有如是者。”（日记）

同日 开编审会议、杂志社联席会议、图书委员会议、人事会议。于人事会议中，决定改变门市部之风气，务使各店友充满服务精神，于读者多所帮助。

同日 作小说《老唐》（刊1946年11月10日《今报》第二版）。

10月1日至31日的日记，收入《叶圣陶集》第二十一卷。

同月 作《〈开明书店二十周年纪念文集〉提要》（刊《开明》新一号，1947年7月，未署名；收入叶圣陶选编的《开明书店二十周年纪念文集》）。

同月 《开明书店二十周年纪念文集》由开明书店出版。内收吕叔湘《从主语宾语的分别谈国语句子的分析》、郭绍虞《论中国文学中的音节问题》、浦江清《花蕊夫人宫词考证》、郭沫若《考工记的年代与国别》、钱钟书《中国诗与中国画》、王了一《新训诂学》、游国恩《论〈陌上桑〉》、顾颉刚《辛未访古日记》和翦伯赞《台湾番族考》。各篇论文前均有叶圣陶写的提要。“从学术上作介绍，指出它的特点和探讨的问题或研究的结论，这在当时是很少见的。”（周振甫：《〈开明书店二十周年纪念文集〉再版题记》，中华书局1985年版）

11月1日 梅林来谈“资助各地文协分会之数目”。为新进开明书店练习生作就业指导。往徐家汇参观联华电影制片厂，观《八千里路云和月》拍摄现场。

11月2日 与开明同人宴陈建功于永兴昌。

11月3日 至复旦大学萧乾寓所，应萧乾和靳以之招宴。同坐茅盾、洪深、李健吾、巴金、赵家璧、王辛笛、卞之琳、马宗融、陈望道。席散后，与茅盾、李健吾同为复旦同学作演讲。

11月4日 傍晚，至工商专科学校出席校务会议。会后讲国文课。

11月5日 出席董事会，议定年内开股东会。

11月6日 “上午，梅林来谈老舍事。老舍到美而后，美国通讯社皆发简短消息，谓老舍曾在某一会中发言，美国应保持原子弹秘密，以与苏联折冲云云。上海友人见此，颇不满于老舍，沫若、雁冰、田汉皆尝为文论及此事。其文传至美国，老舍大恚。大约通讯社之消息系有意或无意之误传，而沪友不察，遽加指摘，而执笔者均为支持文协之老友，尤伤其心。最近老舍致书与余及振铎、梅林，请辞文协理事，并退还前年文协支助之药费，于发言事并未直接提明，唯言到美后未公开演说。此事欲求弥补，转落痕迹，唯有俟老舍归来时当面一谈，庶几前嫌尽除耳。”(日记)

11月7日 开编审会议。

11月9日 与章雪村、王伯祥、徐调孚、周予同往探郑振铎之疾(患伤寒)。

11月11日 至工商专科学校，与江问渔、苏渊雷议定该校国文课教材选目，并上国文课。

11月12日 至玉佛寺，出席弘一法师纪念会常务理事会。

11月13日 梅林来，谈文协会务。访陈白尘。

11月14日 梅林来，“开发资助各地文协分会之款项”。与开明同人赴鸿运来，应章守宪之宴，席间“杂谈美学、哲学、宗教

方面之问题”。（日记）

11月16日 出席《文汇报》社召集的“中等教育改革谈：忽略社会经济因素，改革改良都是空论”座谈会，并发言。至金门饭店，应大地书局蒋寿同之宴，兼为茅盾访苏饯行，与郭沫若、茅盾、洪深分别致辞。时，叶圣陶与郭沫若、茅盾、郑振铎等组成《大地文学丛书》编辑委员会，茅盾任主编，选编《大地文学丛书》，由大地书局出版。

同日 出席开明书店董事会。

11月17日 为茅盾访苏作饯，邀耿济之作陪。

11月19日 开经理室会议，决定明年版税支付办法：“以一次付清，不再按售出数结算。”

11月20日 下午在《中学生》杂志社主持“中学生与政治座谈会”。应邀到会的有曹孚（复旦大学副教授）、孙起孟（比乐中学校长、中华职业教育社副总干事）、沈体兰（上海麦伦中学校长、约翰大学教授）、张志让（复旦大学法学院院长、《文摘》杂志主编）、沈亦珍（江苏省立上海中学校长）、陈青士（光华大学教务长、前上海市政府中等教育处处长）、吴耀宗（中国青年学会编辑部主任）、周予同（开明书店编辑、复旦大学教授），以及顾均正，徐调孚、傅彬然等。讨论大纲：一、政治的界说（政治的意义、政治和党派）；二、现实政治所及于中学生的影响；三、中学生应否参加政治活动（从中学生的身心发展上看，从中国的政治、社会情形来看）；四、中学生应否加入党团；五、中学生应否接受政治教育和政治训练，假如应该接受，要点如何？六、各国中学生的政治教育和政治训练，等等（座谈会记录刊《中学生》1947年一月号，总一八三期）。

同日 冯雪峰来，谈《中国作家》集稿事。开董事会议，决定改革章程草案，备提股东会议讨论，并拟定派息办法。

同日　发表《苞桑集》（黄炎培著）广告，刊《国文月刊》第四十九期，未署名（收入《叶圣陶集》第十八卷）。

同日　发表《丽白楼自选集》（林庚白著）广告，刊《国文月刊》第四十九期，未署名（收入《叶圣陶集》第十八卷）。

11月22日　作《名与实》（刊《中学生》十二月号，总一八二期，署名圣陶；后收入《叶圣陶集》第六卷）。文章评论11月4日在南京签署的《中美友好通商航海条约》，名义上是“互惠”，实际上“与几十年来全国人民所痛心疾首的不平等条约一模一样”，是“一份不平等条约。”文章强调“我们要偏重实际”，又说，“实是根本”。

同日　发表《教师应该怎样教课》（讲话记录稿），刊《文汇报》第七版，灵石笔记（1947年1月14日北平《益世报·学生生活》转载时题名为《叶圣陶先生谈教师应该怎样教课》）。

同日　应米星如邀宴。

11月23日　与杨承芳等讨论《英文月刊》改良事。“至青年会，应中苏文协之邀，参观苏联保卫三大城之照片展览。”应中苏文协之餐，为茅盾访苏饯行。叶圣陶即席赋诗：“今宵不惜千杯醉，语各相投襟抱开。为送雁冰致一语，幸凭慧识发天才。”

11月24日　至清华同学会，出席文协及剧协、音协、木协、漫协、诗音协、学术联谊会、杂志界联谊会、新出版业联谊会等十团体之集会，欢送茅盾访苏。到会的还有郭沫若、许广平、熊佛西、潘梓年、阳翰笙、陈白尘等百余人。夜，至浦东大楼，为中华第四职校同学演讲，谈写作。

11月25日　“傍晚，至苏联总领事馆，应总领事哈林之招，为茅盾作饯，到者二十余人，进俄国菜，频频干杯，直至十一时始归。”（日记）

同日　作诗《送茅盾夫妇出国》（刊1946年11月30日香港《华商

报·热风》，又刊1946年12月20日《新华日报》第四版；收入《叶圣陶集》第八卷时题名为《雁冰将访苏联》)。

11月26日 开经理室会议，讨论改革版税之支付办法。

11月28日 开编审会议及四杂志社联席会议。

11月29日 作诗《寿朱德将军六十》(收入《箧存集》，又收入《叶圣陶集》第八卷)。诗云：“止戈为武古之训，乃役于人耶墨心。六十生涯龚革命，愿缘公义祝长春。”

11月30日 午，至马思南路中共办事处为朱德祝寿，大醉。“午刻偕彬然至思南路，为朱德祝寿。到者六七十人，多热友。酒用烟台带来之陈白兰地，易于上口，而其力甚强，又兼诸人互相干杯，余乃大醉。醉时自己失去统制，一时悲从中来，出声而哭，所语为何，不自省记。乘车返店中，众人扶上楼，又发言哭泣。小墨为购安神药一颗服之，始入睡，睡于洗公办事室中。”

“六时，明社开大会，为王亚南小姐与周（迪贵）君结婚致贺。此婚仪甚别致，明社居于家长地位，全体同人皆证婚人，婚书止一纸，由社长与总干事署名，如毕业凭证。众人欢叙，余乃偃卧如死。及会散，墨乃唤醒余，余神志仍未清。”(日记)

同日 王伯祥日记：“圣陶、彬然午应朱寿筵，狂饮烟台张裕白兰地，伤时忧国，未免枨触，遂致大醉。三时送归公司，由彬然扶掖上楼，设榻经理室就卧，直至八时许始能起坐，犹扶醉不成语。三十余年来，余未见其醉至如此也，可见忧愤之中人烈矣。”

同日 发表《又来挽〈民主〉》，刊《民主》第五十三、五十四合期(收入《叶圣陶散文甲集》，又收入《叶圣陶集》第六卷)。文章说：“刚挽过《周报》，现在又来挽《民主》，悲愤极了。……我们挽《民主》，我们恨。我们决不肯说‘予欲无言’；我们要呼喊‘记住这个恨!’”

11月1日至30日的日记，收入《叶圣陶集》第二十一卷。

12月1日　发表《编辑室》，刊《中学生》十二月号（总一八二期），署名编者。

12月1日　“偃卧竟日，宿醉渐消，至于夜间，若无其事矣。”（日记）

12月2日　李桦送所作水墨画，供选作《中学生》杂志封面。

12月3日　作《写人物》（刊《开明少年》第十八期，1946年12月16日，署名编者；后收入《叶圣陶散文乙集》）。

同日　“雁冰来小坐，言明日行李上船，后日启程北上矣。”（日记）

12月4日　开经理室会议，议决版税结算及支付办法。与章雪村、周予同谈及宗教。“傍晚，因顾惠民与田野女士新婚，同人为之聚餐欢贺。凡五席，饮笑甚畅。与雪村、予同共谈，皆谓宗教于老年人有用。老年人虽有子孙，而孤寂之感难免。若信宗教，则足以移情，俾有所寄。雪村、予同谓若愿信教，当舍佛而耶。余则为吟旧句‘教宗堪慕信难起’云。”（日记）

12月5日　与郭沫若、郑振铎、叶以群等至海关码头送茅盾夫妇登苏轮斯摩尔尼号赴苏游历。下午出席编审会议。夜，为开明练习生上国文课。

12月7日　与开明同人宴教育部国民教育司司长吴研因及其部属魏冰心于鸿运楼。夜，开股东会议，章守宪、何五良等出席。

同日　王伯祥日记：“研因、冰心来沪，午刻宴之于金陵东路鸿运楼，洗人、雪村、予同、圣陶、墨林、晓先、均正、调孚、达轩及余皆十年未晤，痛谈流转，南洋斐律宾之谈为之神竦，下午三时三刻乃散。”

12月8日　参加开明书店股东会议，邵力子为主席。通过修改章程及分派盈余二案，并决定增资一万万元。

12月9日　开人事会议。

12 月10 日 出席经理室会议。

12 月12 日 作毕评论《读〈五代史伶官传叙〉》（刊《中学生》1947 年一月号，总一八三期，署名圣陶；后收入《叶圣陶语文教育论集》，又收入《叶圣陶集》第十四卷）。

同日 开编审会议。夜，为开明练习生上国文课，讲《孔乙己》。

12 月15 日 作《新年与希望》（刊《中学生》1947 年一月号，总一八三期，署名圣陶；后收入《叶圣陶集》第十二卷）。文章强调要以“以后种种譬如今日生”的精神，努力不懈，追寻“希望”。

12 月16 日 作《“为万世开太平”》（刊《中学生》1947 年一月号，总一八三期，署名圣陶；后收入《叶圣陶集》第六卷）。文章论说理学大家张横渠的“四句教”中的一句：“为万世开太平。”

同日 作诗《题木刻画〈春耕〉》（手迹，刊《中学生》1947 年一月号，总一八三期；又刊《开明少年》第十九期，1947 年 1 月 16 日，均未署名；后收入《箧存集》，又收入《叶圣陶集》第八卷）。诗云：“大地藏无尽，勤劳资有生。念哉此意厚，努力事春耕。”

12 月17 日 出席经理室会议。

12 月18 日 臧克家来访。

12 月19 日 “竟日写复信，共写二十封。”（日记）

12 月21 日 发表《牛》，刊《新文化》半月刊第二卷第十一、十二期合刊（刊 1947 年 1 月 31 日北平《益世报》，又刊 1947 年 11 月 24 日香港《华商报·热风》；后收入《叶圣陶散文甲集》，又收入《叶圣陶集》第六卷）。

同日 “午刻，至卡德路广和居，应马夷初、沙千里、胡厥文、陈汉生、许广平之招宴。此会之主旨在欢迎民盟主席张表方，及最近到沪之鲜特生、范朴斋、周鲸文数人。凡三席。席间罗努生报告南京近闻，谓国大行将闭幕，此后一两月间，国共或可恢复商谈。章伯钧亦方从南京来，报告军界确息，国民党方面最近在苏北损失七旅，就整局看，军事上有种种困难。”

“祀先，今日为冬至夜也。”（日记）

12月22日 开人事会议，于明年人事调整有所商决。午，开明书店举办酒会，“到者凡三席，振铎、洗翁、子敦、坚吾皆醉。光焘与余长谈，谓年事已长，颇思以所知于语文者贡诸社会。谓有兴编字典。余与雪村皆鼓励之。”（日记）

12月23日 开业务会议。夜，到工商专科学校上国文课。

12月24日 出席经理室会议，于明年续聘编审委员事有所商决。

12月25日 与开明同人小饮，纪念章雪村自日军宪兵队脱险三周年，并缅怀夏丏尊先生。

12月26日 作《“努力事春耕”》（刊《开明少年》第十九期，署名编者；后收入《叶圣陶散文甲集》，又收入《叶圣陶集》第六卷）。

同日 赵俪生来访，为初识。夜，为开明练习生上国文课，讲《陇冈阡表》。

12月29日 至青年会，出席中国语文学会筹备会。到会者还有章雪村、周予同、陈望道、靳以、马宗融、于在春、方光焘、郭绍虞、许志行、吴文祺。夜，至清华同学会，出席文协辞岁晚会。

12月31日 出席开明同人之辞岁之会。小教联（上海市小学教师联合进修会）戏剧组到会为开明同人演话剧《荐头店》。时，叶圣陶任小教联的指导员和上海市中等学校教师研究会的顾问。

同日 发表通信《读者的关怀》，刊《明社消息》第十七期“大家庭特刊”，署名周明谦、叶圣陶。

12月1日至31日的日记，收入《叶圣陶集》第二十一卷。

同月 《绍钧杰作选》由上海全球书店出版。内收小说六篇：《潘先生在难中》、《夜》、《义儿》、《丁祭》、《一个练习生》、《半年》；童话四篇：《火车头的经历》、《“鸟言兽语”》、《古代英雄的石像》、《稻草人》；散文小品十篇：《报销主义》、《某商人的话》、《勒令转学》、《养蜂》、《没有秋虫的地方》、《藕与莼菜》、《看月》、《牵牛花》、《客语》、《将离》。

同月 与郭沫若、柳亚子、许广平、周建人、马叙伦等同为“于再（昆明“一二·一”四烈士之一，昆明南菁中学教员——编者注）先生纪念委员会”赞助人。

1947 年

（中华民国三十六年　丁亥）　五十三岁

1 月16 日至 20 日　中共代表提出恢复国共和谈的两个条件：遵守停战协定，取消伪宪法。国民党当局愿意恢复和谈，但拒绝中共的两个条件。

2 月28 日　国民党政府通知中共驻南京、上海的代表在规定期限内撤离，宣布国共谈判完全破裂。

3 月18 日　中共中央撤出延安。次日，国民党胡宗南部占领延安。

10 月10 日　《中国人民解放军宣言》发布，号召“打倒蒋介石，解放全中国”。

11 月　人民解放军解放石家庄。

12 月　中共中央在陕北召开会议，讨论和通过了毛泽东关于《目前的形势和我们的任务》的报告。报告中提出了著名的十大军事原则。

*　*　*

1 月1 日　午至郭沫若宅应其招宴，庆祝郭沫若与于立群结婚十周年，宾客在八十人以上。傍晚至一家春，贺贾祖璋结婚。

同日 发表《本志春季征文》（题材：一、“关于学校教育”；二、“故乡”），刊《中学生》一月号（总一八三期），未署名。

1月2日 与郭沫若、叶以群、洪深等联名抗议驻华美军侮辱与虐杀我国人民之罪行。（1947年1月4日《时代日报》）

下午，看电影《莎乐美》。

1月3日 与沈钧儒、章伯钧、郭沫若、许广平等二百余人联名发表《上海各界对北平美军暴行抗议书》。（上海《联合日报》晚刊）

1月4日 夜，为开明练习生补上国文课。

1月5日 开语文学会筹备会，到章雪村、周予同、方光焘、陈望道。陈望道拟《缘起》，章雪村拟《章程》，并商定邀约入会诸友之名单。

“今日为先父九十九岁冥诞，午刻设祭。”（日记）

1月6日 开人事会议。夜，到工商专科学校上国文课。

1月7日 开经理室会议。

1月8日 作诗《健吾兄〈和平颂〉上演为题一绝》（刊1941年1月11日《文汇报·笔会》第一四二期；收入《箧存集》时题名为《健吾撰讽刺剧〈和平颂〉兼叙阳世与冥世》，又收入《叶圣陶集》第八卷）。

同日 “健吾新作剧本《和平颂》，系一讽刺剧，旨在反内战，有阳世与冥世之分。最近将上演，健吾坚嘱作文，因题一绝赠之。‘人生苦难关冥世，讽刺流传见政情。谁识健吾酸楚意，和平颂里悼苍生。’”（日记）

同日 改定陈望道所拟《中国语文学会成立缘起》。《缘起》云：“语言文字问题是我们社会生活上的基本问题。靠着语言文字，我们才可以经营社会生活。我们对于语言文字理解得正确不正确，处理得适当不适当，往往在我们的社会生活上发生重大的影响。我们希望社会生活逐渐进步，趋向光明，不能不竭力追求正确和适当。在现代中国，有很多语文问题没有解决。关于语文的原理原则，大多数须待介绍和阐明。对于各个问题，彼此又见仁见智，须得会商协议，求得共循的道路。同人认为我们除各自努力研究外，还有集思广益共同探讨的必要。因此在上海组织这个‘中国语文学会’，期望参加的朋友以实际语文问题的研究，进一步做到原理原则的探讨和介绍。我们希望同道朋友热烈参加，共同努力，对于现代中国语文能有我们的贡献。”（1947年2月24日《文汇报》；《国文月刊》第五十五期，1947年5月10日）

同日 傍晚至章雪村家，参加“九九”消寒酒会，今日为“二九”。到范洗人、王伯祥、周予同、郑振铎、朱达君、卢芷芬、濮文彬、朱达先等。

1月9日 开明社干事会及编审会议。梅林来访，谈文协事。晚赴马上侯应高祖文之宴，王伯祥、郑振铎、丁晓先等同往。

1月11日 作《谈“利用”》（刊《中学生》二月号，总一八四期，署名圣陶；后收入《叶圣陶集》第六卷）。文章针对每一次的学生运动里，总有人说学生受了利用的论调展开论述，劝告说这话的中老年人，“先问明自己有没有被利用”。

同日 贺昌群来访。

1月12日 至启明义务学校演讲。

1月13日 接俞平伯来信，“欣感交集，即作一书复之”。（日记）

1月14日 作《记教师的话》（刊《中学生》二月号，总一八四期，署名圣陶；后收入《叶圣陶集》第六卷）。文章记叙部分教师对于“职务”的感想。

同日 开经理室会议。

1月15日 开董事会议，决定于二月间开临时股东会议，改选董监事。

1月16日 开编审会议。夜，为开明练习生上国文课。

同日 发表《努力》，刊《明社消息》第十八期（收入《叶圣陶集》

第十八卷时题名为《值得永远干下去的事业》)。文章叙说“开明人”出书的“稳重”和“认真”,表示要“作加倍的三倍的努力”,把“事业”做得更好。

1月17日 与开明同人在聚丰园宴陈此生、李章达。邀金仲华作陪。“陈君曾于三十一年在桂林相见。李君系初见,为军人中之老辈,追随中山先生,今则赋闲,与陈此生同为民主人士,今自香港来沪,盖为参加民主同盟之大会也。”晚,至濮文彬家,参加“九九”消寒酒会。(日记)

1月19日 午至万寿山餐馆应翦伯赞之招宴,到马叙伦、田汉、顾颉刚、周谷城、邓初民、潘梓生、胡绳、楚图南、蔡尚思、郑振铎、王伯祥、傅彬然等二十余人,皆历史学名流。

1月20日 观电影《居里夫人》。

同日 作书信《致范泉》(刊《文艺春秋》月刊第四卷第三期,1947年3月15日)。

1月21日 除夕。入夜祀先。(日记)

1月22日 俞平伯寄来长诗《遥夜闺思引》。“平伯寄来一长诗,为抗战期间所作,不欲发表,仅以示旧友。雨窗无事,录之,下午抄毕。此诗计三千七百字,文意在可晓不可晓之间。”(日记)

1月23日 徐调孚来,谈八年间沪居详况。汪刃锋、章元善夫妇、梅林来贺岁。

1月24日 夜,王伯祥、丁晓先、卢芷芬、傅又新来小叙,谈饮甚欢。

1月26日 偕胡墨林至章元善之母夫人处拜年。继至元善处小坐。又至夏师母家拜年。傍晚到悦宾楼,贺傅又新、章士贤之婚。为证婚人。

1月27日 “至文协会所,讨论举行普希金一百十周年纪念会事。”由文协与中苏文协主办,会期为下月十日。(日记)

1月28日 往八仙桥青年会大礼堂,参加“一·二八”十五周年纪念会。李济深、黄炎培、马叙伦、史良、郭沫若、许广平等到会。

1月29日 开经理室会议，于分店经理少有调动。

1月30日 开编审会议及杂志社联席会议。

1月31日 作《当代文选评〈民主·宪法·人权（序言）〉（潘光旦）〈饯梅兰芳〉（黄裳）》（刊《国文月刊》第五十二期，1947年2月20日），未署名。文章认为潘光旦的《〈民主·宪法·人权〉序言》深入浅出。“深入浅出，可以分做两橛讲，印入得深，表出得浅。……人间的道理说穿了原是人人能够懂得的，这叫做浅。要说穿一个道理却非下又精又博的工夫不可，这就叫深。”说黄裳的《饯梅兰芳》“情绪纷杂，咸感慨遥深，自由抒写，言尽而止，是一篇可观的随笔”。

1月1日至31日的日记，收入《叶圣陶集》第二十一卷。

1月 《开明新编国文读本（甲种）》第一至六册，由开明书店陆续出版，署叶圣陶、郭绍虞、周予同、覃必陶编。《开明新编国文读本（甲种）》专选白话，《开明新编国文读本（乙种）》专选文言，意在打破国文教科书历来“文白混合”的编辑体例。《开明新编国文读本（甲种）序》中说：“我们编这部读本，第一，希望切合读者的生活与程度。就积极方面说，足以表现现代精神的，与现代青年生活有关涉的，为现代青年所能了解，所能接受的，才入选。第二，希望读者读了这部读本，自己去读成本的书，所以一部分的材料是从成本的书中节录出来的。自修国文不能单靠一种读本，要多看成本的书才容易见功效。第三，既称读本，文字形式上应该相当的完整，所选文篇如有疏漏之处，我们都加上修润的工夫。这是要请各位作者原谅的。为着读者的利益起见，想来一定能蒙各位作者原谅。”“在每篇文字之后，我们写了短短的几句，或是指点，或是发问，意在请读者读过以后，再用些思索的工夫。可以思索的当然不止这些个，我们写的不过举例而已。”“这部读本另外有一种本子，后面不附注释。读者可以就需要选用一种本子。”

第一册（1947 年 1 月初版）

繁星　巴　金
火烧云　萧　红
佛兰克林做徒弟的时候　陶行知
少年时代的朱元璋　吴　晗
平民夜校开学演说　蔡元培
习惯成自然　翰　先
邮差先生　芦　焚
威尼斯的小艇〔马克·吐温原著〕　刘正训
两首诗
　太阳的话　艾　青
　一个小农家的暮　刘　复
科学的头脑　任鸿隽
人民的世纪　开明少年
济南的冬天　老　舍
交湖风景　朱自清
乞丐〔屠格涅夫原著〕　李岳南
聪明人傻子和奴才　鲁　迅
离枝之前〔萨尔丹原著〕　胡仲持
背影　朱自清
撤退〔格洛斯曼原著〕　茅　盾
撤退（续）　茅　盾
撤退（续）　茅　盾

第二册（1947 年 1 月初版）

野草　夏　衍
玻璃棺材〔柏吉尔原著〕　顾均正

泅水〔萨洛扬原著〕 吕叔湘
风筝 鲁 迅
伦敦的动物园 朱自清
人日谈劳动 柏 寒
怀疑与学问 顾颉刚
子产执政 张荫麟
太行山的西麓 丁文江
中国水灾的原因和预防〔贝克讲〕 荫 良
海滨琐记 曹揆百
　捞
　拾
车窗外 蹇先艾
辰州途中 沈从文
“拉拉车” 茅 盾
垣曲风光 卞之琳
春联儿 叶圣陶
输血者的故事〔D. Ferguson 原著〕 学 人
诗两首
　一句话 闻一多
　两个老鼠抬了一个梦 刘大白
高尔基 魏 信
高尔基（续） 魏 信

第三册（1947 年 3 月初版）

织女星和牵牛星 叶至善
冥王星的发现 《科学生活》
从昆明到重庆 冰 心

飞　朱自清
白杨树　茅　盾
杜鹃　郭沫若
我们的骄傲　叶圣陶
旧家的火葬　夏　衍
苦恼〔契诃夫原著〕　胡　适
猫的天堂〔佐拉原著〕　刘　复
“好儿子……”〔瓦希列夫斯卡原著〕　曹靖华
买旧书　施蛰存
冬晚　靳　以
野店　李广田
开放给大众的克里米亚　邹韬奋
联合国　柏　园
思想解放　梁启超
四个“有所”　朱　逊
好望号〔海哲斯曼原著〕　袁　俊
好望号（续）　袁　俊

第四册（1947 年 4 月初版）

“努力事春耕”　开明少年
一件小事　鲁　迅
怀念振黄　子　冈
北望集序　朱自清
国际知识不是专门学问　金仲华
以画为喻　叶圣陶
牢狱生活〔克鲁泡特金原著〕　巴　金
锦衣卫和廷杖　吴　晗
塞外怀古　方　回

詹天佑先生 《科学的中国》
我的同班 冰 心
丰塔马辣〔西隆涅原著〕 绮 纹
老牛〔潘林原著〕 沈雁冰
从掷石子说到原子弹 顾均正
读书 曹 孚
罗邱史德黑兰会议宣言
雁 楚图南
荷 贾祖璋
莱茵河 朱自清
夏季的旅行〔鹤见沽辅原著〕 鲁 迅

第五册（1947 年 9 月初版）

生物的历史〔房龙原著〕 沈性仁
蝉〔法布尔原著〕 王大文
常德的船 沈从文
千佛洞的壁画 向锦江
在沙漠中〔赫定原著〕 绮 纹
成都农家的春季 叶至诚
北平的夏天 老 舍
向生活学习 沙 汀
窗子以外 林徽因
窗子以外（续） 林徽因
圣尼古拉斯的逮捕〔Marko Cheremshina 原著〕 柳存仁
客〔潘林原著〕 施蛰存
孔乙己 鲁 迅
老残游记的文学技术 胡 适
教育家的孔子 张荫麟

我爱孔子 宋云彬
万世师表 袁　俊
朦胧的敬慕 萧　乾
教学合一 陶行知
“开卷有益” 傅彬然

第六册（1947 年 9 月初版）

说话 朱自清
谈气节 宋云彬
故乡 鲁　迅
故乡（续） 鲁　迅
战后访阿尔卑斯 萧　乾
语文杂记 吕叔湘
给高尔基的信〔契诃夫原著〕 程万孚
读者可以自负之处 夏丏尊
美术照相 刘　复
艺术的产生和发展 伯　韩
诗经的源起 朱自清
蔡元培先生 余　毅
哭一多父子 吴　晗
纪念但丁 陈衡哲
同情 斯　人
“好望号”改译本序 袁　俊
复活〔托尔斯泰原著〕 夏　衍
复活（续） 夏　衍
复活（续） 夏　衍
“为万世开太平” 曹　孚

《〈开明新编国文读本〉（甲种）提示举隅》，收入《叶圣陶集》第十六卷。篇名有《习惯成自然》（翰先）、《人民的世纪》

(《开明少年》)、《济南的冬天》(老舍)、《聪明人傻子和奴才》(鲁迅)、《背影》(朱自清)、《风筝》(鲁迅)、《辰州途中》(沈从文)、《春联儿》(叶圣陶)、《一句话》(闻一多)、《飞》(朱自清)、《白杨树》(茅盾)、《旧家的火葬》(夏衍)、《苦恼》(契诃夫)、《一件小事》(鲁迅)、《以画为喻》(叶圣陶)、《孔乙己》(鲁迅)和《故乡》(鲁迅)。另有《火烧云》(萧红)、《繁星》(巴金),收入《叶圣陶教育文集》第四卷(人民教育出版社 1994 年版)。

2 月1 日　开业务会议。计硕民自苏州来贺岁。

2 月2 日　与计硕民、王伯祥等游虹口公园。

2 月3 日　请计硕民为开明“衍福楼”书匾额及对联:“开来而继往,明道不计功”,嵌“开明”二字。夜,贺昌群来谈,“谓当局非垮不可”。与贺昌群及开明同人共饮于章雪村所,为潘子如饯行。

2 月4 日　开人事会议及经理室会议。夜,在范洗人寓参加“九九”消寒酒会,除开明同人外另有郑振铎、计硕民、贺昌群等共十三人。

2 月6 日　开编审会议。夜,为开明练习生上国文课,讲唐诗。

2 月7 日　夜至吴湖帆家应其招宴,并赏黄山谷草书长卷。

2 月8 日　接俞平伯来信。“前致平伯书,告以余读其诗,不甚了了。承渠寄来跋语数首,谓或有助于理解。灯下无事,录之。”(日记)

2 月9 日　上午续抄平伯之跋语。孔另境来,谈大地书店不能支持,行将收场。午后至光陆电影院观电影《圣马利亚之钟》。

2 月10 日　范寿康、张同光自台湾来。午间与范洗人、王伯祥等同觞范、张于章雪村寓。

2 月11 日　开人事会议及经理室会议。夜,臧克家来访。

2 月12 日　至暨南大学演讲,题为《文学系同学研究之标的》。开董事会预备会，商讨修改公司章程。

2月13日 作毕评论《读〈飞〉》（刊《中学生》三月号，总一八五期，署名圣陶；后收入《叶圣陶集》第十卷）。《飞》是朱自清的一篇议论性散文，叙说他坐飞机的经验，说“海上和天空太大，太单调，未必可观”。

同日 出席董事会。夜，为开明练习生上课，谈写字，“以清楚整齐为言”。至朱达君宅参加“九九”消寒酒会。同人“兴甚高，不觉俱醉”。（王伯祥日记）

2月16日 上午至沪光影院观电影《民主世界》。“二时半开临时股东会，修改章程，改选董监。邵力子来为主席，谈次，及国共拟重谈，由渠发动，共方无回音。余托其向内政部催问《中国作家》登记事。”夜，贺章士佼与宋宇结婚。席间与方光焘对坐，“渠于余前日在暨大讲话颇有评论，并言余写文太客观，少同情”。（日记）

同日 发表《也来谈谈》，刊《明社消息》第十九期。

同日 发表《不必效学官场的派头》，刊《明社消息》第十九期，署名翰先。

2月17日 作《“重新做人”》（刊《中学生》三月号，总一八五期，署名圣陶；后收入《叶圣陶集》第十二卷）。文章针对“我们……所培植的青年……一面在被杀，一面在杀人”的严酷的现象，希望全社会诚心诚意地“用口，用笔，用行动去唤醒已经失足的青年走上正路”。极其沉重地说：“我们要为我们中国人留一条生路。我们要努力超出禽兽不如的境界”。

同日 “作《中志》卷头言一篇。报载上海教育界发动‘抢救失足青年运动’，所谓‘失足青年’，系指盲从反动派，参加反民主之行动者。余之一文响应之。”又，开人事会议、经理室会议。“昨日投票之结果，余仍当选董事，得票最多。依昨日修改之章程，今后董事之任期为三年矣。”（日记）

2月19日 开第十届第一次董事会，推邵力子为董事长，章雪村为常务董事，范洗人为总经理，叶圣陶与章雪山为协理，朱达君、卢芷芬、王伯祥、周予同为襄理。修订董事会章程。

2月20日 下午开编审会议，并与章雪村、周振甫等讨论《国语词典》之编例。夜，为练习生上课，"以报纸所载一不通之文为材料，指其谬误。"

2月22日 作评论《一篇像样的作品》（刊《文艺春秋》第四卷第三期，1947年3月15日；后收入《叶圣陶论创作》，收入《叶圣陶集》第九卷时题名为《像样的作品》）。文章说像样的作品，"必须是具体的有所见"，"必须语言文字顺适畅达，一篇成个整体，每一句话成一句话"。

同日 夜至卢芷芬家参加"九九"消寒酒会。

2月23日 穆木天来访。午，应章雪山招饮，主客为丰子恺。

2月24日 开明社大会，欢迎新社员。

2月25日 开人事会议及经理室会议。

2月26日 赵家璧来访，赠《四世同堂》第一、二部，再次约请编《中国新文学大系》散文卷。

2月27日 开编审会议及杂志社联席会议。庞薰琹来访。夜，与范洗人、王伯祥、周予同在章雪村宅为明日去台湾的范寿康、李季谷饯行。邀郑振铎、魏建功、李季谷、陈济川、林本侨等作陪。

2月1日至28日的日记，收入《叶圣陶集》第二十一卷。

3月1日 发表《开明新编高级本国史》（杨东莼著）广告，刊《中学生》三月号（总一八五期），未署名（收入《叶圣陶集》第十八卷）。

同日 发表《中国语法纲要》（王了一著）广告，刊《中学生》三月号（总一八五期），未署名（收入《叶圣陶集》第十八卷）。

同日 发表《三国史话》（吕思勉著）广告，刊《中学生》三月号（总一八五期），未署名（收入《叶圣陶集》第十八卷）。

同日 发表《说“吾”》，刊《中学生》三月号（总一八五期），署圣陶启。（原文无题名，这里的题名是编者拟的）

同日 “中午，诸人会餐于雪村家，商如何加强店中同人工作效能，以勉应此后之艰难时日。傍晚开业务会议。”（日记）

3月2日 上午到八仙桥青年会，为其图书馆之读者作演讲。下午出席语文学会成立会，到十八人。通过会章。选举理监事。叶圣陶与章雪村、郭绍虞、周予同、陈望道、方光焘、朱经农、金兆梓、魏建功当选理事，马叙伦、郭沫若、郑振铎、徐蔚南当选监事。“会已成立，而进行研究非易，恐将成为空名之集团耳。雪村邀余与光焘、建功、陈麟瑞至其家小饮，畅谈语文方面之问题，甚快，九时散。”（日记）

同日 耿济之病逝，享年仅五十岁，遗下四个女儿和一个儿子。开明书店赙赠耿济之家属一百五十万元，叶圣陶与范洗人、章雪村、王伯祥、郑振铎、周予同、徐调孚、郭绍虞、傅彬然、朱达君等十人各送赙金五万元，合计共送二百万元。

3月3日 夜在王伯祥宅参加“九九”消寒酒会，“笑谈欢饮，几忘时艰之逼人矣”。（王伯祥日记）

3月4日 作《如果教育者发表〈精神独立宣言〉》（刊1947年3月7日《文汇报·新教育》第一期，署名圣陶；收入《叶圣陶集》第六卷时题名为《如果教育工作者发表〈精神独立宣言〉》）。文章认为“教育在今日，宜抱精神独立之旨”。

3月5日 开经理室会议。

3月6日 开编审会议。夜，为开明练习生上课。

3月7日 贺昌群来共饮，谈近怀。

3月8日 偕方光焘到章雪村家小饮，谈文法研究和词典编辑事。出席第十届第二次董事会。

3月9日 午后至卡尔登影院看电影《卡门》。

3月11日 夜，在家举办“九九”消寒酒会。到范洗人、朱达君、章雪村、濮文彬、卢芷芬、周予同、郑振铎、王伯祥、贺昌群、郑亦秀。

3月12日 与王伯祥、贾祖璋、顾均正到工商专科学校参加自然科学教学研究会。叶圣陶在致词中说："自然科之目标，在养成观察、研究，从而有所发见之习惯。"同日，汪刃锋来访。

3月13日 作诗《田寿昌创作三十周年纪念》（收入《箧存集》，又收入《叶圣陶集》第八卷）。

同日 至宁波同乡会，出席田汉五十寿辰及创作三十周年纪念会。"今日田寿昌五十寿，兼为创作三十年纪念，各界同人为之集会庆祝。余作诗两绝赠之，皆就其致力戏剧而言：'五十华年殊未老，卅春创作兴方酣。身为剧艺更新史，最识此中苦与甘。''众体兼收时出新，贯之以一为人民。源头活水此其是，愿奋如椽再卅春。'托晓先书之。""午后二时至宁波同乡会，庆祝会之会所也。到者满堂，演说与游艺杂厕。轮及余，即诵二诗。游艺有弹词，滑稽，各地戏剧，及朗诵寿昌旧作之剧本等项。盛会难得，会众盖亦感于心头之苦闷，借此题目以聊为发泄耳。七时，至会宾楼开宴。凡十余席，酒未半，诸人轮流唱戏，皆可听。九时归。"（日记）

3月14日 傍晚，至杏花楼，与郭沫若、巴金、郑振铎、靳以、洪深、田汉等为曹禺接风。曹禺谈美国作家对文协之观感。

3月15日 至万利酒家，为妹夫江红蕉祝五十寿。

3月17日 偕胡墨林至国际影院，观电影《八千里路云和月》，"材料琐碎，不成整体。平铺直叙，了无表现"。（日记）

3月18日 出席人事会议及经理室会议。

3月19日 作《关于本期的"笔谈会"》（刊《中学生》四月号，总一八六期，署名圣陶；收入《叶圣陶散文甲集》时题为《关于〈中学生与文艺〉笔谈会》，又收入《叶圣陶集》第十二卷）。本期"笔谈会"讨论的要点有：一、中学生往往特别爱好文艺，其心理因素和社会因素是什么？二、爱好文艺，当然不就是理解文艺。可是一部分中学生往往把爱好与理解看成一件事，热心阅读人家的东西，也动手写自己的，甚至立志把文艺作为终身事业。这是不是有弊病？如果有弊病，该怎么消解？三、理解文艺自然得从作品入手，要不要同时涉及理论？如果要的，怎样一种深入浅出的理论才是中学生所需要的，能够消化的？四、文艺在教育上的价值怎样？在国文科中的地位怎样？五、古典作品与现代新写实主义作品，就今日中学生说，哪一种尤其切要？还是两者不能偏废？六、您愿意推荐几种作品（包括翻译）或文艺理论的著作给中学生吗？推荐的时候，请附说理由。七、中学生读过作品以后，应该怎样去思考，去研究，才能真有所得？读过文艺理论以后，又怎样去思考，去研究？八、有些中学生还在看侦探、剑侠，以及鸳鸯蝴蝶派的小说，该怎样转移他们的兴趣？九、中学生应否练习文艺写作？语文教育与文艺教学的关系怎样？十、中学生喜欢自己办油印小刊物，内容往往偏于文艺方面，那些作品自然是幼稚的。文艺修养较深的人往往轻视他们，说还是少做这类事，多读些书好。这个看法对不对？十一、有人说，中学生喜欢摹拟文艺笔调，以至普遍文字也写不好了。这个看法对不对？刊载的文稿有十篇：萧乾《涉猎作品与探讨理论》、吕叔湘《关于中学生与文艺》、臧克家《不一定正确的答案》、荃麟《从一个基本的观念着手》、李广田《中学生与文艺》、平伯《读〈中学生与文艺〉》、适夷《逐项回答》、柯灵《中学生与文艺》、曹伯韩《要指导他们打好学习的基础》、丁易《文艺的教育价值》。另有朱自清的《中学生与文艺》因来稿迟了，刊登在下一期的《中学生》杂志。

3月20日 开编审会议。夜，参加周予同举办的“九九”消寒酒会。至此，九九已终，消寒酒会圆场。

3月22日 出席文协理事会。

3月23日 “我妹为母制寿衣，渠制内服衣裤，我们制外穿衣服。母之寿衣，十余年前已制过一回，携之西行，毁于乐山之轰炸，故须重制。”（日记）

3月24日 接俞平伯来信，“中录一词见示，书法端好”。（日记）

3月25日 梅林来谈文协及文艺界近事。夜，开明社大会，改选干事监事，叶圣陶继续为监事。继而“为年登整秩者称觞集庆”，并邀郑振铎、方光焘、吴觉农同莅欢饮。“年登整秩者”为：周予同五十，外客郑振铎与方光焘亦五十。孟通儒四十，叶至善、王清华等十人三十，王琴珠等四人二十，一共十八人，设两席“寿翁席”，祝寿者分坐八席。席间有吹奏演唱助兴，殿以独幕剧《未婚夫妻》。（日记）

3月26日 开明社干事监事第一次会议，推丁晓先为总干事。罗迦来访，谈营救骆宾基事。骆东北人，返乡省母，在沈阳被捕。

3月27日 作《文艺工作者和教育工作者一样》（刊1947年3月31日《文汇报·新文艺》第五期；又刊《文汇丛刊》第四期，1947年9月；收入《叶圣陶集》第六卷时题名为《文艺工作者和教育工作者一个样》）。文章说：我写过一篇《如果教育工作者发表〈精神独立宣言〉》。篇中至少包含以下几点意思：一、表示教育工作者不再承袭我国传统的教育精神；二、表示教育工作者不再无视是非善恶；三、表示教育工作者只对人民服务；四、表示教育工作者的终极目标是“为万世开太平”。文艺工作者与教育工作者一个样，也切需来一篇《精神独立宣言》，宣言之中也至少要包含《如果教育工作者发表〈精神独立宣言〉》里说的几点，只须把“教育”一律改为“文艺”就成了。

同日 出席中等教育研究会之座谈会。

3月29日 出席文协理事会，为营救骆宾基致电国民党政府主席及东北杜聿明司令，“皆以尊重人权为言，请即释放”。

3月30日 看电影《黑龙会之秘密》。

3月1日至31日的日记，收入《叶圣陶集》第二十一卷。

4月1日 发表《开明书店二十周年纪念文集》广告，刊《中学生》四月号（总一八六期），未署名（收入《叶圣陶集》第十八卷）。

同日 梅林来访，谈到南京后观感，及为郑振铎祝寿和吊唁耿济之事。陈白尘偕蒋牧良来访。陈白尘谈文艺界电影界事。出席明社干事会。

4月2日 开经理室会议。在章雪村宅与王伯祥、郑振铎为魏建功饯行，魏氏即将赴台北。饮后长谈，并同往来薰阁，看魏建功祖父训孙长卷。

4月3日 看杨绛四幕剧《称心如意》，“无甚深意，而对话俏皮，结构紧凑”。

4月4日 夜偕王伯祥等赴郑振铎宅陪席，郑振铎为魏建功作饯。

4月5日 至静安寺佛堂，出席文协与中苏文协联合会为耿济之举行的公祭。夜，出席业务会议第十二次常会。

4月6日 作词《鹧鸪天　振铎五十初度》，书于纪念册（收入《箧存集》，又收入《叶圣陶集》第八卷）。词曰：“今日为君举寿觞，不宜老友漫称扬。照人肝胆情犹昔，五十之年鬓未苍。翻旧简，出新章，共欣文史得津梁。精修笃学长无懈，伟绩他时讵易量。”

同日 午后至南京戏院看电影《南方人》。夜至会宾楼为郑振铎祝寿，到柳亚子、马叙伦、沈衡山、郭沫若、田汉、欧阳予倩、郭绍虞、周予同等近六十人。

4月7日 至储能中学参加教师研究会，谈国文教育与语文问题。

4月8日 至绍兴同乡会，为来沪参观的湘湖师范毕业班同学演讲。开明社第二届进修班筹备会议。进修班将于下周开始，共二十周。叶圣陶与丁晓先教国文，每周各一小时。又开编校部工作会议。晚与诸友至悦宾楼，章雪村、卢芷芬将出外视察分店，为之饯行。

4月9日 开语文学会第一次理事会。推定陈望道为理事长，方光焘为研究部主任，章雪村为总务部主任。

4月10日 开编审会议。又开经理室会议，决定章雪舟为推广部主任兼渝分店经理。靳以偕楼适夷来共商《中国作家》征集稿件之事。“此事算是从今上劲，希望能编成较为像样之刊物。”

同日 发表《当代文选评〈文学的标准和尺度〉（朱自清）》，刊《国文月刊》第五十四期，署名圣陶。文章说我国现在“以‘反封建’、‘反帝’、‘民主’为文学的标准和尺度”，这“是势所必至的归趋，不是什么人故意好奇立异的标榜”。

同日 作《夏先生纪念基金委员会启事》（刊《国文月刊》第五十四期；又刊《中学生》五月号，总一八七期，1947 年 5 月 1 日）。夏（丏尊）先生纪念基金委员会公布“第一届得奖者”名单，从事中学国文教学十多年的姚韵漪女士和陈逸人先生当选。

4月11日 梅林来谈文协事。至兰心戏院看儿童剧《表》。

4月12日 至殡仪馆吊戴应观之丧。访王辛笛。开董事会，通过上半年概算及修改组织系统。

4月13日 与开明同人游畲山。夜，贺昌群来访。

4月14日 至绍兴旅沪中学作演讲。开经理室会议。

4月16日 与范洗人等在聚昌馆为钱歌川饯行，钱将去台湾大学任教。开经理室会议，决定撤销福州分店。增设辞典委员会和教本委员会，叶圣陶和周予同分别担任主任。夜，陈白尘来访。

4月17日 应贺昌群招，与王伯祥、郑振铎、周予同同饮于永兴昌。

4月18日 作评论《关于〈读“飞”〉》（刊《中学生》五月号，总一八七期，署名刘永滔、叶圣陶；收入《叶圣陶语文教育论集》时题名为《关于〈读“飞”〉的一封来信和答复》，又收入《叶圣陶集》第十七卷）。

4月19日 开经理室会议，讨论修改章则。

4 月 20 日 作《零星的谈些》（刊《文艺复兴》第三卷第三期，1947 年 5 月 1 日；收入《叶圣陶散文甲集》题名为《济之先生逝世》，又收入《叶圣陶集》第六卷）。文章称颂耿济之为人的“纯朴”，以及他翻译介绍俄国文学的实绩。

4 月 21 日 作诗《夏先生周年祭》（刊《明社消息》第二十二期；收入《箧存集》时题名为《丏翁周年祭》，又收入《叶圣陶集》第八卷）。

同日 始给明社进修班上国文课。放工后与明社同人习唱昆曲《望乡》、《游园》。

4 月 22 日 梅林来谈文协事。开经理室会议。

4 月 23 日 夜，明社集会纪念夏丏尊先生逝世一周年。叶圣陶谈夏先生之小说《长闲》，周予同、章守宪、王伯祥诸人谈夏先生之为人，殿之以纪念歌。

同日 作评论《关于〈长闲〉》（刊《明社消息》第二十二期）。

4 月 24 日 观《中国作家》之投稿，不能满意。“（小说）皆只是无生命之记事而已，此由于作者修养之不足，无可强求。”（日记）

4 月 25 日 茅盾夫妇游苏归来，与郭沫若及塔斯社社长罗果夫等迎之于海关码头。

同日 开经理室会议。

4 月 26 日 午后至许广平家，开文协理事会。议定 5 月 3 日开社员大会，5 月 4 日开文艺节纪念会。

4 月 27 日 与明社同人习昆曲，为吹《游园》。

4 月 28 日 茅盾来谈旅苏情形。夜，与沈钧儒、郑振铎、许广平、田汉、阳翰笙、凤子等在郭沫若寓所举行“为茅盾先生及夫人洗尘小集”。席散，由沈钧儒致欢迎词，茅盾谈苏联文艺家关心中国文艺界之情形。

4 月 1 日至 30 日的日记，收入《叶圣陶集》第二十一卷。

5 月 1 日 发表《投稿之前可以请教老师》，刊《中学生》五月号

（总一八七期），署名圣陶（收入《叶圣陶集》第十八卷）。

同日　发表《语文通论》（郭绍虞著）广告，刊《中学生》五月号（总一八七期），未署名（收入《叶圣陶集》第十八卷）。

同日　发表《中国文学批评论集》（朱东润著）广告，刊《中学生》五月号（总一八七期），未署名（收入《叶圣陶集》第十八卷）。

同日　发表《中国文学史大纲》（容肇祖著）广告，刊《中学生》五月号（总一八七期），未署名（收入《叶圣陶集》第十八卷）。

同日　发表《夏季征文》（题材：一、“关于中学男女分校”；二、“怎样过本年的暑假”），刊《中学生》五月号（总一八七期），未署名。

5月2日　至青年会，出席文协与中苏文协在青年会合开的欢迎茅盾返国之茶会。茅盾杂谈苏行观感。

5月3日　应孔另境杏花楼之宴，座有茅盾与蒋寿同。至清华同学会，出席中华全国文艺界协会第九周年年会。到者百余人，邵力子、郭沫若等演说。会上改选文协理监事，定于5月8日开票。

5月4日　至黄金大戏院，出席文协第三届文艺节庆祝会。郭沫若、邵力子、茅盾、胡风讲演，并有游艺节目。

5月5日　作《储能中学校歌》。茅盾来访，金子敦来访。

5月7日　开经理室会议。

5月8日　出席第十三次业务会议常会。

5月9日　夜，赴钱君匋宅应其招宴，主客为茅盾。

5月11日　作毕评论《读〈史记孙叔通传〉》（刊《中学生》六月号，总一八四期，署名圣陶；收入《叶圣陶集》第十卷时题名为《读〈孙叔通定朝仪——人物的对话〉》）。

同日　至法藏寺，为夏丏尊先生周年作佛事。

5月13日　梅林来访，通报文协选举开票结果，叶圣陶仍当选为理事。又开经理室会议。

5月15日 杭州艺专教师唐英伟来访。唐原为《中学生》杂志绘画和木刻作者。夜，与巴金、吴朗西、范洗人、丁晓先饮于永兴昌。

同日 作《理应怎样与实际怎样》（刊《中学生》六月号，总一八八期，署名圣陶；后收入《叶圣陶集》第十二卷）。文章揭示教育方面存在的“理应怎样与实际怎样”不一致的现象，强调今后该是“人民的世纪”，不应承袭“皇帝时代的教育精神”，要确立新的教育理念。

5月16日 开经理室会议，议薪给办法。

5月17日 出席本届第四次董事会，通过组织大纲及经理会议室章程，并修正业务工作与会议章程及薪金系数改算办法。

5月18日 至文协会所，开第七届一次理事会，推定常务理事。叶圣陶仍为常务理事。

5月19日 与茅盾、范洗人等参观中华书局编辑部和图书馆。

5月20日 编定《少年国语读本》第一至四册。“今日编完国文第四册，即付排。此后尚须作五六两册之注释，事亦非轻。十余年前余所编高小国语，颇得教师之好评。后以通行国定本，遂从废弃。近来同人主张重行印行，供高小学生自由阅读。今日即删去其时事部分之若干篇，持以付排，定名为《少年国语读本》。”（日记）

5月21日 作《南京事件》（刊《中学生》六月号，署名圣陶；后收入《叶圣陶散文甲集》，又收入《叶圣陶集》第十二卷）。5月20日，京沪苏杭十六所大专科六千余名学生在南京游行，遭受军警压制，造成十余人受伤，当时称为“南京事件”。

同日 “因昨日南京之事，彬然谓宜在下月之《中志》加入一篇卷头言谈之。余执笔竟日，勉成千字一篇。此事直宜痛骂，言之甚不痛快。”（日记）

5月22日 至教育局出席语文教学设计实施计划委员会会议。九月间，联合国文教会代表将来我国考察语文教学。

5月23日 开经理室会议。

5月24日 偕胡墨林及王伯祥夫人等至丁晓先家，为丁晓先夫人祝五十寿。

5月26日 朱自清作书信《致叶圣陶》，允与叶圣陶、吕叔湘共编高中国文。信中谈及《闻一多全集》事，并为改动书稿《诗言志辨》中少许文字托叶圣陶帮忙。（《朱自清全集》第十一卷，江苏教育出版社1998年版）

5月28日 作《学生家属看学潮——我们对于最近学生运动的意见》（刊《朋友》半月刊第二期，1947年6月5日，署名叶圣陶、傅彬然、杨卫玉、贾祖璋、孙起孟；收入《叶圣陶集》第十一卷时题名为《我们对最近学生运动的意见》）。

5月29日 贺昌群来谈南京学生运动情形。

5月31日 到虹桥公墓，与郑振铎、王伯祥、周予同等送耿之济灵柩下窆。

5月1日至27日、29日至31日的日记，收入《叶圣陶集》第二十一卷。

同月 叶圣陶的文章《五四与文艺节》由美洲华侨青年文艺社编入《呼喊》一书出版，署美洲华侨青年文艺社主编，郭沫若等著。

同月 国民党当局决定恢复会考，全国学生群起反会考。5月18日，蒋介石发表谈话。国民党当局污诬“这次学潮有背景，受了什么势力的策动”。叶圣陶与柳亚子、杨卫玉、傅彬然、贾祖璋等发表文章，驳斥国民党当局的谬论，提出解决学潮宜采取的办法。（《朋友》半月刊第二期）

6月1日 至大光明影院观电影《璇宫艳后》。

6月3日 开经理室会议。夜与范洗人、王伯祥等开明同人至金仲华宅应其招宴。“仲华谈时事，以为前途殊少光明。”

6月8日 观电影《杀人者》于南京大戏院。

6月10日 开经理室会议。

同日 发表《当代文选评〈北大清华两校教授一百零二人告学生与政府书〉》，刊《国文月刊》第五十六期，未署名。文章说："近来有人写过一篇文字，说处在今日之世，教育工作者最应当争取精神独立；精神独立的条件有几项，其中一项是不自居于西席的地位，随时随事唯唯诺诺；要能够明辨是非善恶，并且是是非非，善善恶恶，这才可以收身教的效果。这个话很有道理。精神独立，多么值得追求的一种美德啊！现在读了这篇文字，让我们看见了具有这种美德的一百多位教授的独立精神。我们一方面钦佩这些个同辈的为道有得，另一方面欣喜下一代的得其所师，特地把这篇文字录在这儿，心中是无可比拟的感奋。"

6月11日 晚至华联同乐会，观明社话剧组同人彩演杨绛话剧《称心如意》。

6月12日 梅林来谈文协事。晚听话剧组同人对念台词。

6月13日 开经理室会议，讨论书籍增价事，决定自即日起加价五成。

6月14日 晚至南京路华联俱乐部，观明社同人游艺会，有唱歌、唱昆曲表演，殿之以三幕剧《称心如意》。

6月17日 开经理室会议。

6月18日 傍晚，茅盾来开明书店为同人谈游苏观感，随意叙说，历二小时。

6月19日 作《〈少年们的一天〉序》（编入开明少年社选编之征文集《少年们的一天》；后收入《叶圣陶序跋集》，又收入《叶圣陶集》第十七卷）。

6月20日 开经理室会议。贺昌群来访。

6月21日 夜与开明同人宴请茅盾夫妇、吴觉农夫妇、金仲华母子，邀郑振铎、贺昌群、濮文彬前来共饮。

6月22日 应周公南之约到南浦为小学教师作演讲，谈文艺。

6月24日 作诗《题濮文彬所藏程万里罗汉渡海图》。（日记）

6月25日 夜，李健吾来开明书店为明社话剧组作演讲。

6月27日 傍晚至吴淞路沙龙燕集，应熊佛西之招宴，主客为瞿菊农。他客还有茅盾夫妇、郭沫若、郭绍虞、郑振铎等。

6月28日 傍晚偕胡墨林至郑振铎宅应其招宴，主客为瞿菊农，陪席还有熊佛西、王伯祥、周予同、顾一樵、朱达君等。饮前宴后，共赏郑氏所购图籍明器等物。

6月1日至30日的日记，收入《叶圣陶集》第二十一卷。

7月1日 发表《答编者问——关于散文写作》，刊《文艺知识连丛》第一集之三《论普及》（收入《叶圣陶集》第九卷时题名为《关于散文写作——答〈文艺知识连丛〉编者问》）。

同日 发表《干什么以前的考虑》，刊《中学生》七月号（总一八九期），署名圣陶（收入《叶圣陶集》第十二卷）。文章说《中学生》杂志社同人“每天看几十封来信”，并就如何“择业”谈了如下看法：“在动手去干之前，应该下一番考虑。那件事至少要无害于人才干，有益于人当然更值得干；如果有害于人的，碰到了也不干。”

同日 发表《英译唐人绝句百首》（吕叔湘编注）广告，刊《中学生》七月号（总一八九期），未署名（收入《叶圣陶集》第十八卷）。

同日 发表《中国人学英文》（吕叔湘著）广告，刊《中学生》七月号（总一八九期），未署名（收入《叶圣陶集》第十八卷）。

同日 发表《暑期征文启事》（题材范围：一、“文艺习作短篇小说、速写、随笔、诗歌等都可以”；二、“书籍介绍介绍一册或数册适合青年阅读的书”），刊《中学生》七月号（总一八九期），未署名。

同日 开经理室会议。

7月3日 赵纪彬来访。

7月5日 至凯福饭店出席由李健吾和马宗融出面主持的茶会，招待法驻华文化专员和法国通讯社中国分社主持人。出席明社社员大会。

7月6日 朱自清之女采芝偕其夫王永良来访。

7月8日 “放工后，至会宾楼，文协宴请沈衡山、沙千里、林某其三位律师。盖三律师为文协出面，与春明书店交涉，责备其出版各作家选集为妨害著作权，结果议和解，春明交出纸版，并赔偿每一作者一百万元，此可谓大获全胜也。其实此类书已有十多年之历史，出版者非仅春明一家，一向无人过问，即亦自然流行。今文协代作者出面追问，自为本分中事。先对春明，居然胜利。此后再与他家交涉，即有先例可据矣。同席者沫若、雁冰、振铎、胡风、广平、梅林、适夷。九时半散。”（日记）

7月10日 发表《秦牧杂文》（秦牧著）广告，刊《国文月刊》第五十七期，未署名。广告中说：“秦牧的创作风格是和鲁迅先生相近似的。因此，我们盼望爱读鲁迅先生的杂文的读者们，来读一读秦牧的杂文。”

秦牧《赞开明书店》：“《秦牧杂文》这个书名，还是叶圣陶先生给我起的。”（中国出版工作者协会编：《我与开明》，中国青年出版社1985年版）

7月11日 开经理室会议。

7月13日 观电影《她一生中的几个男子》于国泰影院。为益友社文艺研究股作演讲。

7月14日 方光焘来访。方因同情学潮，被暨大当局解聘。

7月15日 至海光剧院观《大雷雨》。开经理室会议。

7月18日 晤章雪村、章雪舟、卢芷芬，听谈西南数省情形。开经理室会议，决定致函贺麟，《哲学评论》出版契约已届满，开明不拟续订。夜，在章雪村宅假座为雪舟、芷芬洗尘。

同日 作《谈谈本志的旨趣》（刊《中学生》八月号，总一九〇期，署名本社同人；后收入《叶圣陶集》第十八卷）。重申《中学生》杂志的“旨趣”：“在辅助中学程度青年性行知能各方面的基本学习。”

同日 作书信《致许广平》（收入《叶圣陶集》第二十四卷）。信上通报上海春明出版社盗印《鲁迅文选》，经交涉已为争得赔偿。

7月19日 出席董事会。邀曹禺来开明书店演讲，谈美国电影界戏剧界之情形。

7月21日 至清华同学会应刘大白女儿之招宴，商刘大白全集出版事。

7月22日 开经理室会议。开明书店宴郑振铎、巴金、魏建功等。

7月24日 夜，茅盾夫妇来访。

7月25日 马宗融来访，马因同情学潮，被复旦大学当局“勒休”。梅林来，谈济助贫困文友之事。陈白尘来谈电影界、话剧界情形。

7月26日 至女青年会，为其文艺团体作演讲。

7月27日 至青年会，为文化函授学校同学作演讲。

7月31日 夜，明社昆曲组举行曲会，邀昆曲大家俞振飞、“笛王”许伯遒来唱《哭像》、《三醉》。应邀来唱曲的还有赵景深夫妇及蔡漱六女士。

7月1日至31日的日记，收入《叶圣陶集》第二十一卷。

同月 发表诗《天地》，刊《京沪周刊》第一卷第二十六期，署名叶绍钧圣陶。

同月 《少年国语读本》第一册由开明书店初版，署叶圣陶撰，为小学高年级五、六年级语文教科书。内收《新学期》、《月姑娘的亲事（一）》、《月姑娘的亲事（二）》、《蝙蝠》、《检查身体》、

《学校新闻的一页》、《弦高》、《荀巨伯》、《飞机》、《海上的朝阳》、《“我要做一只木船”》、《雁》、《“你很有东西好写呢”》、《一星期的日记（一）》、《一星期的日记（二）》、《两个善忘的人》、《“我希望你们这样”》、《孙中山先生的少年时代》、《勇敢的消防队员》、《不用文字的书和信》、《文字的故事》、《君子国（一）》、《君子国（二）》、《甥女的相片》、《“再过七天工夫”》、《宝石案》、《冬天的风》。

同月 《少年国语读本》第二册由开明书店初版，署叶圣陶撰。内收《手和脑》、《人类的发明和生活技能》、《简短的故事四则》、《两个学生》、《纸》、《中华毛线厂》、《鲸》、《孙中山先生的故居》、《詹天佑》、《“卖花女”》、《项圈（一）》、《项圈（二）》、《谢姑丈送工具》、《蚕》、《消化》、《打麦》、《我的小弟弟》、《小舰回家去了（一）》、《小舰回家去了（二）》、《燕子》、《顶好的和顶坏的菜》、《喝干海水的赌赛》、《远足》、《扮演严嵩的》、《钓鱼的朋友（一）》、《钓鱼的朋友（二）》、《优厚的情谊》、《夏天的雨后》。

同月 《少年国语读本》第三册由开明书店初版，署叶圣陶撰。内收《孔子》、《岳飞（一）》、《岳飞（二）》、《到都市里去》、《它支持着大众的脚》、《浙江潮》、《各种的声音》、《世界最高峰的征服》、《我国的邮政》、《介绍信》、《聋哑学校（一）》、《聋哑学校（二）》、《“出师未捷身先死”》、《刮骨医毒》、《“我们把它作为题目”》、《篮球比赛》、《三棵银杏树》、《活动的图画（一）》、《活动的图画（二）》、《玄奘的西游（一）》、《玄奘的西游（二）》、《东郭先生和狼（一）》、《东郭先生和狼（二）》、《革命精神》、《规律生活》、《同伙的失踪（一）》、《同伙的失踪（二）》、《读书笔记》。

同月 《少年国语读本》第四册由开明书店初版，署叶圣陶撰。内收《公德》、《夜学校》、《项羽（一）》、《项羽（二）》、《过了苏彝士运河》、《巴拿马运河》、《过难的船（一）》、《过难的船（二）》、《过难的船（三）》、《优孟》、《老黄（一）》、《老黄（二）》、《一个节目》、《两个铁球同时着了地》、《揭开了天空的秘密》、《新定下的法律》、《遭到了不幸的人》、《“撕掉你的虚空的衣服”》、《一个议案》、《“踏花归去马蹄香”》、《机械的工作》、《科学发明的利用》、《博浪沙的大铁椎》、《我的游泳经验》、《夜工（一）》、《夜工（二）》、《组织旅行团的意见书》、《一个毕业生的演说》。

8月1日 发表《回问一句》，刊《中学生》八月号（总一九〇期），署名圣陶（收入《叶圣陶集》第九卷）。文章解答读者关于“怎样才可以把文字写好”、“怎样才可以写成像样的文艺”的提问。

同日 发表《开明新编国文读本》（甲种六册叶圣陶等编）广告，刊《中学生》八月号（总一九〇期），未署名。

同日 发表《近代英美散文选》（朱光潜、方重、戴镏龄编注）广告，刊《中学生》八月号（总一九〇期），未署名（收入《叶圣陶集》第十八卷）。

同日 开经理室会议。

8月2日 文协决定创办会刊《中国作家》，推叶圣陶任主编。“下午三时，至许广平家，开文协常务理事会。议定对困窘之会友三十一人，各致送八十万元。又议《中国作家》赶速出版，内政部之执照发出已四月，六个月内不出，执照即将失效矣。然余实不能编此志。投来者多不及水准之作，请诸人赶作一篇，凑成一册，复何意义。所谓‘为办杂志而办杂志’，至无聊矣。然他友均不作如是想，他们以为有胜于无，且出了再说。五时散。”（日记）

8月3日 至章雪村家，与周振甫、方光焘、魏建功谈字典之编辑，兼及语言文法。夜至洞庭东山同乡会，参加其图书室读者之集会，致辞，谈读书。

8月4日 臧克家偕艾芜来访。

8月5日 开经理室会议。晚，饮于章雪村家，同人而外，有陈达夫、程受百、张梓生、魏建功四人。

8月6日 “下午三时，雁冰来店，谈及《中国作家》出版事。彼此以为勉强凑集，必无佳篇。外间属望此志甚久，而所出平庸，殊失文协信誉。且开明承印此志，以目前工本之高，读者购买力之差，必致亏损。亏损而出一平平之杂志，亦甚无谓。至于内政部之执照，失其时效，亦未足惜。果有佳文，固不必以杂志形式出版也。余因托雁冰告有关诸友，望共喻此意，暂不主张此志之出版。”（日记）

8月7日 黎烈文来访，相别已十余年。

8月8日 开经理室会议及业务会议。

8月9日 参加中国福利基金会召集的会议，决定公演《文化春秋》六场，以其所得分与各文化团体，预估可收四万万元。

8月11日 与开明同人商《小学字典》编辑事。此后数日一直与同人研究，并商定体例。夜，茅盾来访。

8月13日 作毕评论《读〈风波〉》（刊《中学生》九月号，总一九一期，署名圣陶；后收入《叶圣陶论创作》，收入《叶圣陶集》第十卷时题名为《读〈风波——人物的行动〉》）。

8月15日 孔另境来访。

8月16日 发表评论《享受艺术》，刊《开明少年》第二十六期，署名编者（收入《叶圣陶集》第十二卷）。文章说“享受艺术”，“可以使生命进入一种较高的境界”，并再次申述《开明少年》的编辑思想：愿经常刊登艺术作品，帮助少年们得到“真实的感受”。

同日 “午后三时，至梅龙镇茶叙，讨论《中国作家》之出否。余与雁冰主暂时缓出，仓卒集事，必无佳绩。其他诸友均主出

之。既多数如是，但需集稿足数，即可已。”（日记）

8月17日 看电影《陶林格之画像》于金门影院。

8月18日 开字典编辑会议。开经理室会议。

8月19日 王耘庄来访。王氏在新疆文化运动委员会任职，为述新疆近况。

8月22日 午，过中元节祀先。

8月26日 开经理室会议。

8月27日 与开明同人驱车到漕河泾冠生园农场郊游。

8月29日 夜应吴朗西之邀至和成银行饮酒，同坐范洗人。

8月1日至31日的日记，收入《叶圣陶集》第二十一卷。

同月 作《〈开明新编国文读本〉（乙种）序》（刊入叶圣陶、徐调孚、郭绍虞、覃必陶合编的《开明新编国文读本（乙种）》，署名编者；后收入《叶圣陶语文教育论集》，又收入《叶圣陶集》第十六卷）。序文云：《开明新编国文读本（乙种）》“专选文言”，“以叙述文为主”，旨在打破“白话文言混合教学的方法”，在每篇文章之后有“提示举隅”，且另出注释本，各篇都有详尽的注释。

《开明新编国文读本（乙种）》第一册

儿时记趣	沈　复
口技	林嗣环
某氏母女	
何伶	
猫睛	俞　樾
活板	沈　括
鱼苗	周　密
故都戏事	周　密
昆虫之农工业	
稻	

第二册

齐田氏	《列子》
伊索寓言四则	林　纾
雪涛小说二则	江盈科
晏子使楚	《晏子春秋》
龙井题名记	秦　观
记九溪十八涧	林　纾
游潼关记	沈　复
记烟霞紫雪二洞	姚　光
乐山通信	叶圣陶
使鲁日记	姚　鼐
求阙斋日记	曾国藩
立志	高一涵
论毅力	梁启超
有恒与保守	蔡元培
与陶少云书	左宗棠
记造桥和尚	张　謇
费太公	钱基博
柳敬亭传	黄宗羲
爱迭生之幼年	唐　钺
促织	袁宏道
芙蕖	李　渔
荔枝图序	白居易
题画	戴表元
李龙眠画罗汉	黄淳耀
杂记	高士奇
雨势	张元长
记异	陆心源
以类为推〔耶方斯原著〕	严　复

第三册

蜃说	林景熙
山市	蒲松龄
记大同武州石窟寺	陈　垣
大同云冈石窟佛像记	袁希涛
玄奘之西行	孙毓修
玄奘之西行（续）	孙毓修
法显	孙毓修
黄宪传	范　晔
荆轲刺秦王	司马迁
咏荆轲	陶　潜
七律四首	
梅花	林　逋
初到黄州	苏　轼
临安春雨初霁	陆　游
冬景	刘克庄
修辞举例五则	刘　悚等
论王驾晴景诗	傅庚生
春在堂日记记概	俞平伯
宋元戏曲考序	王国维
北平笺谱序	鲁　迅
论传神	苏　轼
松壶画忆	钱　杜
宋九贤遗像记	宋　濂
七贤画序	欧阳修
祭外姑文	归有光
与叶讱庵书	顾炎式

《〈开明新编国文读本〉（乙种）“提示举隅”》，收入《叶圣陶集》第十六卷。篇名有：《林嗣环〈口技〉》、《沈括〈活板〉》、《欧

阳修〈卖油翁〉》、《刘义庆〈荀巨伯〉》、《罗贯中〈杨修之死〉》、《司马迁〈渑池之会〉》、《薛福成〈观巴黎油画记〉》、《五十步笑百步（〈孟子〉）》、《晏子使楚（〈晏子春秋〉）》、《黄宗羲〈柳敬亭传〉》、《白居易〈燕诗示刘叟〉》、《郦道元〈黄牛滩及西陵峡〉》和《司马迁〈荆轲刺秦王〉》。

9月2日 开经理室会议，决定章士敭任长沙分店经理。

9月4日 晚与开明同人宴赵斐云（万里）、范寿康，兼为方光焘、马宗融作饯，邀郑振铎作陪。赵斐云自北平来。范寿康自绍兴来。方光焘即去粤。马宗融将赴台。

9月6日 接俞平伯来信，"工楷书其近作五言诗，甚可爱"。（日记）

9月9日 梅林来谈文协事。开经理室会议。

9月10日 开明社会议，于出版业前途之危机，及应付此危机之对策，各抒意见。

9月11日 校《中国作家》校稿，19日毕。夜，陈白尘来访。

9月12日 开始校《闻一多全集》稿。"一多全集之原稿已由沫若处交来，尚缺一部分。其已来者将近七十万言。此书甚富学术性，宜为仔细校雠。而发售之际，人震于一多之名，亦必能畅销也。"

胡朴安逝世，章雪村以中国语文学会的名义挽以一联，由叶圣陶篆写，联曰："治许唯段桂严王是宗，由绚烂归平淡；说易在阴阳爻象之外，化朽腐为神奇"。（日记）

同日 开经理室会议。臧克家、艾芜来访。为王伯祥书一联："情超哀乐三杯足，心有阴晴万象殊。"午间与王伯祥等在章雪村家宴戴伸甫，戴氏明日将返台湾。

9月15日 夜与友人宴郭子杰。时，郭氏任职于联合国文教会。

同日 发表诗《悼念六逸先生》，刊《文讯月刊》第三卷第七期，署名叶绍钧。

9月16日 开经理室会议，决定赶排夏丏尊生前所编《字典》。夜应陈达夫招饮于章雪村宅。

9月18日 作评论《国文常识试题》（刊《中学生》十月号，总一九二期，署名圣陶；后收入《叶圣陶集》第十三卷）。文章抨击某大学“国文常识试题”故意与应试者为难，以及命题人把“篇名”和“作者的名儿”称为“常识”的“鄙陋”观念。

9月19日 开经理室会议。

9月20日 作书信《致朱东润》（收入《叶圣陶集》第二十四卷）。

9月21日 作《谈弘一法师临终偈语》（刊《觉有情》第八卷十月号，1947年10月1日；后收入《叶圣陶散文甲集》，又收入《叶圣陶集》第六卷）。文章解读弘一法师临终偈语：“君子之交　其淡如水　执象而求　咫尺千里　问余何适　廓而亡言　华枝春满　天心月圆。”

9月22日 写《闻一多全集》之金甲文文字。写堂对一副，送与王梦岩，贺其子之结婚。写七言联一屏，将以参加孙夫人园游会之义卖。又为某校书一堂名。“余写篆字，只能谓之尚可，去精熟尚远。今人篆字，余佩吴稚晖王福安，若能达彼二人之境界，则快慰矣。”（日记）

9月23日 续写《闻一多全集》金甲文字。开经理室会议。

9月25日 写《闻一多全集》金甲文字。夜，至实验戏剧学校观虹社彩排昆曲。“（赵）景深在此校任昆曲一科，约集曲友作一会串，名曰‘见习同期’。校中剧场有四百余坐位，今夕不得坐而立者无数，大概上海各曲社皆有人到，与曲社中人有关者亦到。”共排七出：《小宴》、《夜奔》、《跳墙、着棋》、《游园》、《酒楼》、《佳期》、《断桥》，演至十一时半而毕，“以项馨吾殷震贤之《佳期》，俞振飞张氏姊妹之《断桥》为佳。项年在五十左右，且系男子，而饰红娘细腻熨贴，令人心醉。俞则声出金石，演唱并美。微嫌其做作稍过火耳。”（日记）

9月26日 开经理室会议。傍晚，至祥生饭店，贺欧阳予倩夫妇六十岁，其母夫人八十岁。“到者多戏剧界人。开宴凡十六席，

酒半唱戏颇热闹。余以十时归。”（日记）

9月30日 傍晚，明社开大会，改选干事及监事。继开时事讲谈会，覃必陶讲联合国之各方面，傅彬然讲美苏对立，丁晓先讲殖民地之觉醒，周予同作总结。

9月1日至30日的日记，收入《叶圣陶集》第二十一卷。

10月1日 宋庆龄为上海文艺界人士募集福利基金，在西郊公园举办中秋游园晚会，叶圣陶捐赠墨迹多帧，与柳亚子、郭沫若、茅盾、田汉等人捐赠的墨迹一起，当场义卖。

同日 中华全国文艺协会会刊《中国作家》创刊号由开明书店出版。创刊号刊登了闻一多遗著《文学的历史动向》，以及朱自清的《论严肃》、胡风的论文《先从冲破气氛和惰性开始》、阿垅的《语言片论》、郭沫若的《浮士德简论》、郑振铎的《论古西域画》、巴金的《静夜的悲剧》、唐弢的《生命册上》、辛未艾的《儒者之泽深且远》、绿原的《你是谁》、林淡秋的《暮》、靳以的《母女》、苏汛的《端午茶》和冯辉的《姐姐》等。赵涵在《时与文》杂志第二卷第五期（1947年10月10日）发表题为《读〈中国作家〉》的评论，对绿原的诗《你是谁》、朱自清的论文《论严肃》、胡风的论文《先从冲破气氛和惰性开始》、巴金的散文《静夜的悲剧》、唐弢的散文《生命册上》、靳以的小说《母女》和冯辉的小说《姐姐》等作品，逐一评介后认为，“《中国作家》，在目前说起来，实在是一次可以喜欢的收获”。

10月2日 开四杂志社工作会议。为《中学生》杂志作一通函，请教育家和医学家作文，参加“中学生的健康问题”笔谈会。

同日 发表《理想的白话文——以上口不上口做标准》，刊《华北日报·国语周刊》新十八期，署名朱自清、叶绍钧。该文节选于叶圣陶作《〈我所知道的康桥〉指导大概》一文，见叶绍钧、朱自清合著《精读指导举隅》。

10月3日 出席八十七次经理室会议。

10月6日 窦存我居士来访，谈弘一法师纪念会事。

10月7日 作评论《工余随笔》（刊《今文学丛刊》第一集《跨越东海》，1947年10月30日；收入《叶圣陶论创作》时题名为《“言志”和“载道”》，又收入《叶圣陶集》第九卷）。文章就朱自清在《诗言志辨》一书中提出的“言志”与“载道”相对立的观点，提出自己的看法。《诗言志辨》，开明书店1947年8月出版。

同日 开八十八次经理室会议。

10月8日 开业务会议。

10月10日 “上午，克家来，谈文坛现况，于胡风颇不满，谓其为取消主义宗派主义之尤，于他人皆不满，唯其一小群为了不得。余于此等事向不甚措意，然胡风之态度骄蹇，亦略有不满也。”观电影于国际影院，片名《天堂之夜》。（日记）

同日 作《关于刊行现代作家文丛》（刊入春明书店出版的《现代作家文丛》第一辑各册，包括《鲁迅文集》、《郭沫若文集》、《茅盾文集》、《郁达夫文集》等共十二册，署名中华全国文艺协会）。

10月11日 程千帆偕潘伯鹰来访。

10月12日 至大法轮书局，与窦存我、苏慧纯、朱稣典诸位共商，定于12月9日循向例在玉佛寺纪念弘一法师，兼纪念夏丏尊先生、经子渊先生及震华法师。夜，陈白尘来谈，“亦颇不满于胡风”。（日记）

10月14日 开八十九次经理室会议，议定减少各杂志篇幅。一为纸源缺少，一为顾及撰者之购买力。

10月15日 作毕评论《讲解》（刊《中学生》十一月号，总一九三期，署名圣陶；后收入《叶圣陶语文教育论集》，收入《叶圣陶集》第十四卷时题名为《文言的讲解》）。

10月16日 午，与开明同人在永兴昌宴贵州文通书局华问渠。主持

《国文月刊》编辑会议，“与（周）予同（郭）绍虞等共谈《国文月刊》之编辑方针。结论为任其自然，有稿可用，即为登入。余意此志宜促进国文教学，而作文者不多，未能做到也”。（日记）

10月17日 开经理室会议。

10月18日 始点校闻一多所选之《唐诗大系》。

“梅兰芳演剧，同人多欲一观。今日托人购得花楼票十张，余与墨取其二。若非有人可托，戏票决难到手。花楼实为二等，逊池座一级也。而其价为七万一张，池座则八万矣。晚七时，与墨偕往天蟾。坐位尚好。场中秩序亦不恶。杨宝森之《失空斩》尚可，然其扮相及表演殊不见儒雅。梅演《贵妃醉酒》，以余观之，亦甚平平。其实对于平剧，余皆觉其无多意味，虽亦一种艺术，然其艺术殊粗疏也。梅与余同年，居然尚能作许多身段，不现老态，自亦非易。”（日记）

10月19日 发表《生活修养——给青年同学们》，刊《生活杂志》第三期。

10月20日 进修班秋季国文课开讲，每周一讲。续点闻一多《唐诗大系》。丰子恺来，谈弘一法师纪念会事。“渠此次来，专为陪其女儿观梅兰芳，连日往观。明日返杭，约定弘一纪念会时再来。”（日记）

10月21日 续点《唐诗大系》。开第九十一次经理室会议。

10月22日 傍晚，与开明同人在店中举行重阳节酒会，假来菊花多盆，分布四壁，到三十人。

10月23日 出席明社话剧组会议，决定排演《少年游》。

10月24日 作《工余随笔》（刊《创世》第三期，1947年11月1日；收入《叶圣陶集》第十一卷时题名为《枯坐听课》）。

同日 开第九十二次经理室会议。

10月25日 梅林来谈文协事。楼适夷来谈《中国作家》第二期集稿事。

同日 作书信《致朱自清》。刘烜在《闻一多评传》中说：叶圣陶作为开明书店的编辑，为《闻一多全集》作了很大的贡献。“全集中的金文、甲骨文，是叶圣陶亲自誊写的。叶圣陶以自己谨严的治学态度，来编《闻一多全集》。闻一多遗稿中的引文，他都组织人翻检古籍重新校核。他在给郭沫若的信中说：‘期其比较精善，庶无负一多先生矣。’1947年10月25日，他在给朱自清的信中说：‘闻氏全集已付排，缮钞之稿，容易错误，当初以为《死水》《红烛》必无问题，孰知抄者所据为拼印本，而拼印本不惟多错字，且有错简之处，校时始发觉，颇累了排字工友。其考据文字，引用处如有可疑，皆检原书查对。’”（刘烜著：《闻一多评传》，北京大学出版社1983年版，第386～387页）。

10月27日 接俞平伯来信，“论佛法甚精”。（日记）

10月28日 开第九十三次经理室会议。

10月29日 “拟续编国文乙种第二册，翻寻选文，竟不可得。所难者二。一为内容难适合初中学生之程度，二为文字往往有艰深处，欲求平易之文言，形质并美者，难乎其难。其实学习文言亦不必用教本，从前人看《三国演义》，为通习文言之门径，此日仍可沿用也。曾以开辟取材范围询叔湘，不知其能有所见告否。”（日记）

10月30日 午后开临时董事会，决于下月16日召集临时股东大会，讨论增资。夜，丁晓先、卢芷芬来谈开明书店扩建事。

10月31日 夜，茅盾、臧克家、艾芜来访，谈文友之态度及见解。开第九十四次经理室会议。

10月1日至31日的日记，收入《叶圣陶集》第二十一卷。

11月3日 “梅林来谈，语多愤慨。”（日记）

11月4日 开第九十五次经理室会议。

11月5日 作《〈学习国文的新路〉序》（刊入孙起孟、庞翔勋著

《学习国文的新路》；后收入《叶圣陶序跋集》，收入《叶圣陶集》第十三卷时题名为《养成两种好的习惯——〈学习国文的新路〉序》）。

同日　夜与王伯祥赴郑振铎所应其招宴，他客还有徐森玉、舒新城等。饮后观郑氏收藏之古物。

11月6日　傍晚与章雪村应俞庆棠女士之邀至民众学校，共商追悼俞颂华事。

11月8日　开业务会议。

11月9日　至玉佛寺，出席纪念弘一法师，以及纪念经子渊先生、夏丏尊先生和震华法师之仪式。

11月11日　傍晚至南洋女子中学作演讲。

11月12日　午间，王伯祥、夏师母等来祝叶圣陶生日。傍晚与开明同人至金仲华家，应其招宴。

11月13日　看《闻一多全集》中之《近代诗抄》，为之校改误字。夜，孔德祉来访，“言鸿君以上午离沪”。（日记）

11月14日　续校《近代诗抄》。开第九十六次经理室会议。开第二次业务全体会议。开第一次谈话会议。

11月15日　发表《工余随笔》，刊《文讯月刊》第七卷第五号（收入《叶圣陶散文甲集》题名为《深入》，又收入《叶圣陶集》第六卷）。作者所说的“深入”，就是“站在自己的位置，从践履方面着力”，体认得精切一点，“具体的说，就是站在儿子的地位，尽其为儿子；站在丈夫的地位，尽其为丈夫；站在父亲的地位，尽其为父亲；站在公民的地位，尽其为公民；站在教师的地位，尽其为教师；站在编辑员的地位，尽其为编辑员。这岂但是可以办到的，并且是非办到不可的，不然何以为人？何以处于人间？而真正办到的时候，那就是深入了。”

11月16日　开临时股东会议。

11月18日 作成评论《〈青春的旋律〉》（刊《中学生》十二月号，总一九四期，署名圣陶；后收入《叶圣陶集》第六卷）。文章评述苏联1946年体育节运动大会的纪录片《青春的旋律》。

同日 出席第十届第十次股东会议，决定增资手续。开业务会议。

11月19日 “傍晚七时，至成都菜馆，各杂志社编者聚餐。商定以后每两周举行一次，互通声气，借谋共进。《观察》编辑储安平谈其近来遭遇，以为文抨击美国反动评论家，受社会局传询。其寓所曾有可疑人物访问，自以机警未为所弋。后南京方面知其事，大约亦不扑灭其刊物，报纸又屡传其事，遂不复有下文。”（日记）

同日 作《〈叶圣陶文集〉序》（收入《叶圣陶文集》，上海春明书店1948年1月印行；又收入《叶圣陶集》第十七卷）。

11月20日 校阅茅盾之《苏联见闻录》。夜偕明社话剧组诸演员至戏剧学校彩排《少年游》。

11月21日 开第九十七次经理室会议。

11月22日 主持业务小组会议，讨论“推广事项”。

11月23日 至立信会计学校演讲，谈词学。

11月24日 梅林来谈文协事。夜，带明社话剧组在戏剧学校演出《少年游》。

11月25日 开第九十八次经理室会议。

11月27日 作评论《从梦说起——工余随笔之一》（刊《文艺丛刊》第三集《边地》，1947年12月1日；又刊1947年12月1日香港《星岛日报》；收入《叶圣陶论创作》时题名为《梦的创作》，又收入《叶圣陶集》第九卷）。文章阐述“创作”与“深入生活”的关系。

同日 主持业务分组会议，讨论题目仍为“推广”。邀孟君谋、吴茵夫妇来店参加话剧组座谈会。

11月28日 出席“营业”小组会议。

11月29日 开“人事”小组会议。次日，续会。

11月1日至30日的日记，收入《叶圣陶集》第二十一卷。

12月1日 出席“人事”小组会议。

同日 发表《冬季征文启事》（题目：“拟写信给外国青年朋友”），刊《中学生》十二月号（总一九四期），未署名。

12月2日 参加“出版与编译”小组会议。夜，与范洗人等赴傅耕莘寓，应其招饮。

12月3日 出席“业务竞赛”小组会议。

12月4日 夜，与开明书店各分店在章雪村家聚餐，听何容、方师铎介绍在台湾推行国语运动的体会。

12月5日 开第一百次经理室会议。傍晚至复旦同学会，参加上海各杂志聚餐会。“到者六十余单位，可谓大集合。议定筹备组织公会，并请政府配给纸张。会毕聚餐，八时半散。”（日记）

范泉《丐翁和叶老》：“到上海将近解放前的一段时间，白色恐怖更加严重，几个进步期刊的编辑人，经常到星期六晚上，轮流充当东道主，每次约在跟上次不同的地点，秘密聚餐，相互交换一些有关解放战争和文化艺术界意外遭遇的信息。参加秘密聚餐的，有《中学生》编辑叶圣陶、徐调孚，《世界知识》编辑冯宾符，《观察》编辑储安平，《文艺复兴》编辑郑振铎、李健吾等。我是《文艺春秋》月刊的编辑，我也参加了聚餐。”（中国出版工作者协会编：《我与开明》，中国青年出版社1985年版）

12月6日 “作一诗寿雪村。此次分店经理咸集，以为明年雪村六十寿辰，彼等未必共临，乘此机会，为之预祝，日期定于明日。诗曰：‘论交二十年逾外，未合称觞贡谀辞。依母情怀犹少日，任儿施展取无为。不名耽饮不辞醉，亦解超玄亦执持。我与从同为此咏，共看菊有傲霜枝。’中间两联所称四事，确为余与雪村所同也。”夜，开业务全会。（日记）

同日 朱自清作书信《致叶圣陶》。信中表示，接受叶圣陶提出的与叶圣陶和吕叔湘共同编写《开明新编高级国文读本》（六册）和《开明文言读本》（三册）的提议。三人共商确定体例、篇目，互相审阅稿件，共同署名。在具体分工上，朱自清负责选编《开明新编高级国文读本》，吕叔湘和叶圣陶负责选编《开明文言读本》。（《朱自清全集》第十一卷，江苏教育出版社1998年版）

12月7日 晨，应熊佛西邀请，至市立剧校参加其校成立二周年纪念仪式，与李熙谋、顾一樵、田汉等分别致辞。中午续开业务全会，并到静安寺出席俞颂华追悼会。夜至一家春，为章雪村夫妇预庆周甲，同人及家属共坐十三席。

12月8日 “子恺于上月度其五十寿辰，开明同人未有表示，今赠与一纪念册，各签名其上。余作一律：‘何以为君寿，吟诗博上娱。声名周海内，啸嗷对西湖。崇佛情非佞，爱人德不孤。巴山怀昔醉，此乐欲重图。’”夜至鸿运楼，与同人宴请各分店经理，并邀郑振铎、吴觉农等相陪。（日记）

12月10日 开第一百零一次经理室会议。

12月11日 发表《答〈大公报〉询问函（一、“我的第一本书是什么?”二、“它是怎样出版的?”三、“我的下一本书是什么?”)》，刊《大公报》“作家及其作品特辑”（收入《叶圣陶集》第九卷时题名为《我的第一本书——答〈大公报〉》）。

同日 接吕叔湘来信，示文言教本选编样式。作书复朱自清、吕叔湘。

12月12日 至复旦大学中文系演讲。往虹光戏院看电影《魂断蓝桥》。

12月13日 至华南酒家，参加《时与文》杂志社招邀之座谈会。

12月14日 出席开明书店股东临时会议，由董事代表章雪村及监察人代表詹沛霖报告增资完成，并通过修改章程第五条。

12月15日 校闻一多之《周易义证类纂》，“竟日工夫，仅校三十

余面”。（日记）

12月16日 “续校《周易义证类纂》，仍未毕。”（日记）

同日 作成评论《再谈讲解》（刊《中学生》1948年一月号，总一九五期，署名圣陶；后收入《叶圣陶语文教育论集》，收入《叶圣陶集》第十四卷时题名为《再谈文言的讲解》）。

12月17日 作《不应该受这样的教育》（刊《中学生》1948年一月号，总第一九五期；后收入《叶圣陶集》第十一卷）。

同日 梅林交来《中国作家》第二期文稿。高祖文来访。傍晚，至《科学画报》编者杨臣勋家，参加杂志编者聚餐会。

12月18日 开第一百零二次经理室会议，决议请吕叔湘、朱自清二人为特约编辑，与叶圣陶合编高中国文。夜，参加明社读书会，所读为屠格涅夫之《罗亭》。

同日 作《新年致辞》（刊《中学生》1948年一月号，总一九五期，署名圣陶；后收入《叶圣陶集》第六卷）。“致辞”重申一年前提出的“为万世开太平”的希望与憧憬。

12月19日 校茅盾之《苏联见闻录》。

12月20日 夜，参加明社读书会，所读为鲁迅之《呐喊》，与周予同、周振甫作导引。

12月22日 “今夕为冬至夜，我家祀先。”（日记）

12月23日 作《为万世开太平》（刊《国讯》第四百四十五期）。这是一短五百字的短文，“言明年之希望”。（日记）

同日 午，至梅龙镇应邵力子之招宴，到文协理监事二十人。开第一百零三次经理室会议。夜，到钱业中小学，为全体教师作演讲。

12月24日 作诗《题子恺所作画》（收入《箧存集》，又收入《叶圣陶集》第八卷）。“余到店后作一绝，题子恺之画，将以为《中学生》杂志之赠品者。其画作元旦日合家穿新衣，大姊正为稚弟穿上之状。余诗曰：‘深知天下犹饥溺，试着新衣色赧

然。安得家家俱饱暖，眉梢喜溢过新年。’”（日记）

同日 又作一绝寄巴蜀学校，颂其十五周年。诗曰：“张园我亦留鸿爪，巴蜀人皆颂盛名。十五年来如此绩，愿持精进祝长生。”

12 月25 日 作一诗，寿南通理锦峰七十岁。“此人余不之识，复旦一学生以笺来，坚请作之。诗甚不足道，敷衍之作也。‘乐育本天性，不厌唯循循。七十犹未已，从心得其真。桃李江南北，同庆揽揆辰。即此堪欣悦，翁乎宜万春。’即书于笺上。”（日记）

同日 午应姚蓬子之招宴，主客为邵力子。出席第十一届第一次董事会议。会毕共餐，欢迎邵力子，并为王辛笛游美饯行。

12 月26 日 作《现在》（刊 1948 年 1 月 1 日上海《新民报·夜光杯》，又刊 1948 年 1 月 11 日重庆《新民报》；后收入《叶圣陶集》第六卷）。文章希望“糊里糊涂”的人“自动的觉醒”，希望“清楚明白”的人“尽量的加多”，“两部分人的消长决定世界的前途”。

同日 开第一百零四次经理室会议。

12 月27 日 作《自己受用》（刊《开明少年》第三十一期，1948 年 1 月 16 日，署名编者；后收入《叶圣陶集》第十二卷）。文章强调“我们求各种知识，练各种能力，是为了供自己受用”。

12 月29 日 校《中学生》和《中国作家》校样。开第一百零五次经理室会议。

12 月30 日 竟日校《中国作家》校样。开第一百零六次经理室会议。

12 月31 日 续校《中国作家》。夜，明社开辞岁晚会。

同日 作《〈忘不了的事〉序》（刊入开明少年社编选的征文丛书《忘不了的事》，1948 年 1 月初版；后收入《叶圣陶序跋集》，又收入《叶圣陶集》第十七卷）。

同日 作书信《致范泉》(收入《叶圣陶集》第二十四卷)。

12月1日至31日的日记，收入《叶圣陶集》第二十一卷。

同月 散文小说集《李太太的头发》由上海博文书店出版。内收散文十篇：《读书》、《“双双的脚步”》、《与佩弦》、《国故研究者》、《“怎么能……”》、《“心是分别不开的”》、《两法师》、《假如我有一个弟弟》、《过去随谈》、《做了父亲》；小说二篇：《李太太的头发》、《某镇纪事》。

同月 《中华民国的成立》由中华书局出版，为《中华文库》小学第一集，署名叶绍钧、吴研因、玉志端。内容有《满清的末年》、《革命的酝酿》、《民国的成立》。

同月 《十种玩具》由中华书局出版，为《中华文库》小学第一集高级工艺类，署叶绍钧、吴研因等编。该书介绍《大力士》、《鹅与鸭》、《月亮婆婆》、《熊》、《鹦鹉在树上》、《黑种人头》、《假面具》、《跳舞的妖精》、《雄鸡》、《太阳灯》等十种玩具的制作法，书前有《卷头片语》。

本年 作《题〈江山情诗〉》(刊入姚江滨《江山情诗》，上海中国图书杂志公司1947年出版)。

本年 与巴金、茅盾、老舍、洪深等组成《中华文艺丛刊》编委会。《中华文艺丛刊》由上海中华书局出版，包括《孤岛时代》(罗洪)、《沉默的果实》(靳以)、《一个被迫害的女人》(葛琴)、《锦帆集》(黄裳)，等。

1948 年

（中华民国三十七年　戊子）　五十四岁

1 月5 日　沈钧儒、邓初民等在香港重建民主同盟，并发表宣言，反对国民党政府和美国的对华政策，愿与共产党及其他民主党派携手合作，实现中国的和平与民主。

3 月29 日　国民党在南京召开“行宪国大”，蒋介石和李宗仁分别当选为正、副总统。

5 月2 日　中共中央电示上海局：拟请茅盾等民主人士前来解放区协商召开新政协问题。

8 月7 日　华北人民代表会议在石家庄召开，以董必武为主席的华北人民政府成立。

11 月2 日　沈阳、营口解放。至此辽沈战役胜利结束，东北全境解放。

11 月6 日　人民解放军发动淮海战役。

12 月11 日　人民解放军发动平津战役。

*　　*　　*

1月1 日　发表《教育·文学》（谈话记录稿），刊《青年界》第四卷第五号，署名叶圣陶，姚吉记。

1月2日 至兰心戏院，观欧阳予倩根据《孔雀东南飞》改编的“新型平剧”《同命鸳鸯》。

1月3日 校毕《中国作家》第二期。

1月4日 观电影《神灯记》。

1月5日 为开明编辑郑缤书一联：“花好月圆心清人寿，酒甘茶热曲雅香温。”

1月6日 开百七次经理室会议。

1月7日 看《中国作家》清样。

1月8日 开第二十一次业务常会。

1月9日 开百八次经理室会议，决定薪给指数。

1月10日 傍晚偕胡墨林及开明同人共往郑振铎家，观古代明器并聚餐。

1月11日 至市立剧校作演讲。午间宴新自重庆来沪的刘仰之夫妇。

1月12日 作《修订中学课程标准》（刊《中学生》二月号，总一九六期，署名圣陶；后收入《叶圣陶集》第十二卷）。文章正面肯定教育部修订中学课程标准的第三项“要点”：“各科教材内容，注重在培养实际生活知能，尽量删减艰深理论的教材。”

同日 作《师生之谊》（刊《中学生》二月号，总一九六期，署名朱逊；后收入《叶圣陶集》第十二卷）。文章盛赞北方学生给老师热情洋溢的贺年信，认为“所有师生都密切的联系起来了”，仅此一点，就是教育“非常了不起的大事”。

1月13日 开百九次经理室会议，重新决定调整薪给。傍晚，开明同人请娄立斋谈经济情势。

1月14日 校茅盾《苏联见闻录》之原稿。

1月15日 续校《苏联见闻录》之原稿。

1月16日 校《闻一多全集》原稿。开百十次经理室会议。夜，参加明社读书会，讨论高尔基《母亲》。

1月17日　傍晚至金城银行餐厅应王辛笛招宴。王将赴美，与开明董监事叙别，并邀郑振铎、巴金、靳以、赵家璧诸人参加。

1月18日　至剧校观该校学生演出的《第二梦》，此为巴雷之剧本，洪深改译。

1月19日　沈福文来访。沈携其漆器来沪，将开展览会。

1月20日　午间在章雪村家与开明同人宴陕西教育厅科长梁午峰及教育部魏冰心。适任教于广州中山大学的方光焘来沪，遂挽同饮。出席百十一次经理室会议。

1月20日　作《〈挣扎〉序》（刊入中学生月刊社编选的征文集《挣扎》；后收入《叶圣陶序跋集》，又收入《叶圣陶集》第十七卷）。

1月21日　往汇丰银行四楼中英文化协会观沈福文之漆器品预展。

1月23日　出席百十二次经理室会议。傍晚与开明同人共往郑振铎家，观其所新得唐初之俑并聚餐。

1月24日　晨至玉佛寺，为先父百岁冥诞作佛事。下午为佛学院青年僧人作演说，谈读写之要。楞竟、淦泉二僧与叶圣陶谈“拟办学校，为社会服务”事。（日记）

同日　与郭绍虞等资助郑振铎。时，郑因好收藏而欠债。郑振铎日记云：下午，“（郭）绍虞来，（胡）墨林（叶圣陶夫人）来，绍虞交来‘合资’款八百万，他肯加入，诚为‘不安’！为什么老是穷朋友肯帮忙呢？有此八百，星一（1月26日）的债，可以对付过去了，感甚，几出涕！盖及时之助，较之八千八万尤为得力也！”

1月26日　午间至冠生园，应中国福利会美国人邓君及廖梦醒之招，同座有郑振铎、陈白尘、冯亦代。席间议翻译欧美人文主义之著作事，由美洛克番罗基金资助。

1月27日　出席百十三次经理室会议。至虹光影院看电影《鸳梦重温》。

1月29日 在开明书店主持杂志界聚餐会。

1月31日 出席百十四次经理室会议。

同日 朱自清作书信《致叶圣陶》。信中谈编《开明新编高级国文读本》事。(《朱自清全集》第十一卷，江苏教育出版社1998年版)

1月1日至31日的日记，收入《叶圣陶集》第二十一卷。

同月 发表《杂谈小学教学》，刊《生活的狂想》“论坛”栏。

同月 《叶圣陶文集》由上海春明书店出版，署叶圣陶选编，为《现代作家文丛》第五集。书前有中华全国文艺协会的《关于刊行现代作家文丛》及作者《序》（1947年11月19日）。第一辑收小说十一篇《一个朋友》、《义儿》、《潘先生在难中》、《遗舷子》、《某城纪事》、《秋》、《“感同身受”》、《一篇宣言》、《多收了三五斗》、《一个小浪花》、《英文教授》；第二辑收散文八篇《牵牛花》、《几种赠品》、《“苏州光复”》、《“心是分别不开的”》、《两法师》、《答复朋友们》、《邻居吴老先生》、《春联儿》；第三辑收童话七篇：《一粒种子》、《梧桐子》、《瞎子和聋子》、《稻草人》、《古代英雄的石像》、《皇帝的新衣》和《熊夫人幼稚园》。

2月3日 开百十五次经理室会议。夜，以《中学生》和《开明少年》的名义宴请金仲华、陈原、杨承芳、葛传槼、宦乡、娄立斋。

2月4日 接朱自清寄来国文教材二十余篇。

2月6日 开百十六次经理室会议。夜偕胡墨林及开明同人应金仲华之宴。

2月7日 至中国福利基金会讨论翻译欧美著作事，郑振铎和冯亦代开出书目八十余种。

2月8日 阴历小除夕，祀先。

2月9日 除夕。接俞平伯信，附朱自清诗《夜不成寐，忆业雅

〈老境〉一文，感而有作，即以示之》，“其意想甚萧飒，为之不怡”。

2月10日 至国际电影院观电影《夜店》。

2月11日 夜宴范洗人、傅彬然等开明诸友。

2月12日 至剧校观《狂欢之夜》。夜看电影《夜店》。

2月13日 开百十七次经理室会议，决定录用练习生。

2月17日 开百十八次经理室会议。冯友兰来访。

2月18日 开百十九次经理室会议，商讨沈阳分店撤销及开封分店紧缩事。夜至第十八民众学校演讲，谈国语教学。

同日 作《新精神》（刊《中学生》四月号，总一九八期，署名圣陶；后收入《叶圣陶集》第十二卷）。文章认为教育的“新精神”是“以生活为本位，随时学习，随时受用。知识不是点缀品，追求知识是为充实生活”。

2月20日 为程千帆所著《文论要诠》书封面字。开百二十次经理室会议。

2月21日 看《中国作家》文稿四篇。“靳以以为尚可，余以为实无佳处，杂取一些事实作小说，事实之背后无深旨，写人写物又皆平常，何堪为小说乎！”开董事会，报告营业情况。“上月开支超出营业数之半。虽上月为‘淡月’，然如此比例，究足惊心。”吕叔湘自南京来访。（日记）

2月23日 吕叔湘来，共商编辑国文课本事。

2月24日 吕叔湘来，谈字典之编辑事。开百二十一次经理室会议。夜，出席明社读书会，讨论《子夜》。

2月25日 夜宴吕叔湘，邀开明诸友范洗人、王伯祥等作陪。

2月26日 至中国福利基金会仍讨论翻译欧美著作事。与靳以谈《中国作家》第三期之文稿，所收小说数篇，“均不堪用”。（日记）

2月28日 开百二十二次经理室会议。

2月29日 看电影《幽谷芳草》于永安戏院。

2月1日至29日的日记，收入《叶圣陶集》第二十一卷。

3月1日 发表《答来问——关于〈学习国文该读些什么书〉的问题》，刊《中学生》三月号（总一九七期），署名圣陶（收入《叶圣陶集》第十三卷时题名为《答学习国文该读些什么书》）。文章指出："就最广的方面而言，凡是用中国文字书写的书籍文篇，都可以用来学习国文。可是我们不能就最狭的方面而言，指出什么什么书特别适于学习国文。专供学习国文用的书是没有的，除了国文教科书。而来信询问的人大多已经读过教科书，显然想在教科书以外再读些专用书，可惜那是没有的。"

同日 发表《苏联见闻录》（茅盾著）广告，刊《中学生》三月号（总一九七期），未署名（收入《叶圣陶集》第十八卷）。

同日 夜与开明同人宴张静庐、田一文（汉口文化供应社经理）、李孤帆和巴金。

3月2日 开百二十三次经理室会议。

同日 作书信《致巴金》（收入《叶圣陶集》第二十四卷）。

3月3日 开百二十四次经理室会议。

3月4日 接吕叔湘来信，谈编辑国文课本事。

3月5日 开百二十五次经理室会议。

3月6日 朱自清作书信《致叶圣陶》。信中谈编《开明文言读本》、《开明新编高级国文读本》及《闻一多全集》事。（《朱自清全集》第十一卷，江苏教育出版社1998年版）

3月7日 读毕《约翰·克利斯朵夫》。"此书可视为罗曼·罗兰所撰之近代文化史，于欧洲文明多所批判，非仅小说而已也。或谓此为罗兰中年之作，颇含尼采之色彩，罗曼于晚年亦不自满。我国译本出世以后颇为风行，影响读者之思想不小，而此与我国争取民主实有不利。余谓此亦难言，无论何书，善观之皆无害，不善观之未免不发生坏影响者。不宜以此责《约翰·

克利斯朵夫》与其译者也。”与范洗公人、章雪山等谈薪水制之宜否改革，及为新建房屋宜如何分配于同人事。（日记）

3月8日 开业务会议。“无非谈局势益坏，营业益艰。于讨论改变薪水计算法时，雪村出言不逊，意颇刻酷，虽不为任何人而言，余闻之殊气愤。余因发言表示反感。洗公继谈店中会议制原于公司章程制度无据，唯为集思广益而设，余闻之亦不快。饭罢到家，写一书致洗公，表示拟辞去董事及协理之职，此后唯为普通编辑员。余既不能说服他人，又不欲听不愿听之言，则唯有消极自退耳。且余于店事，固亦无能为力也。”（日记）

同日 “下午五时一刻出席廿三次业务常会，为薪给制度草案事研商至久，仍不能决。而雪村发言峻刻，圣陶纠弹之，几致不欢，比散已七时四十分，即席夜饭已八时矣。”（王伯祥日记）

3月9日 “午刻，洗公邀余与达彬二君同饮于永兴昌。谓余言昨夕余书所提，公甚表同情，唯须通过于董事会。公复言店事益难弄，拟引退，唯须得善者而交付之。达君亦表示消极，一由于身体不佳，二则渠负责调度经济之责，实甚重大。二时返店。经理室会议例会，余即不复出席。”（日记）

同日 “下午三时出席第一二七次经理室会议……圣陶仍缺席，不识酝酿何事耳。十时就寝，颇不能寐，公司前途殊堪忧也。野心者正协而相伺，村则瞢焉罔觉，仍一意孤行，师心愎谏而已，可胜叹感。”（王伯祥日记）

3月10日 夜出席明社读书会，谈说《倪焕之》。

3月12日 观电影《黛绿年华》于永安影院。

3月13日 将初选的《开明新编高级国文读本》和《开明文言读本》文篇分寄朱自清和吕叔湘过目，并作书，商工作进行步骤。下午至兴慈中学访校长范梅僧。

3月14日 作《“失学算什么！”》（刊《中学生》五月号，总一九八期，署名逸君）。

3月15日 接朱自清信，抄示诗《夜不成寐，忆业雅〈老境〉一文，感而有作，即以示之》，“读之不欢”。（日记）

同日 “午后彬然约谈明社章程兼及圣陶近态……大抵在村言语态度之得罪人，积衅已深，初非一朝一夕之故也。余以相忍勖彬然，并属转劝圣陶出席会议，未审能否以行耳。”（王伯祥日记）

3月16日 应中苏文协之邀，观苏联影片《七百年前》。“七时归。于电车中彬然劝余于店事不宜消极，并评论章氏昆仲之思路与态度。余非消极，实不愿费无谓之神思耳。雪村想心思每自是，视开明为一人之业，此余所看不惯者。本欲勉于扶掖，俾共守集议共商之路，而渠每出言不逊，余不能说服之，而心则不快，恒起反感。遂退出此局，亦使人知以后凡有决策，余无其份也。”（日记）

同日 “午后出席一二八次经理室会议，圣陶仍不出席。午前洗人以九日圣陶手书见示，谓辞去董事协理，不出席经理室及业务会议，专任编辑，与晓先、必陶比并，请减薪，置签到卡云云。书末且请在通讯录发表也。负气已深，无由疏解矣。耕莘适来，余以为症结仍在雪村，乃与予同约耕莘谈，属为向村切言以规之，或别有企画亦希转告，俾审进止，不知下文如何耳。”（王伯祥日记）

3月19日 “午刻，洗公邀至功德林聚餐，店中诸人外，并有守宪、觉农、耕莘三位。言及业务困难，前途可虑，而语多集中于余之退出。发言者皆谓余若不为主管人员，对内对外皆发生影响，此实挽留词之公式。余未肯枉己徇人，谢诸君之好意，而未允改其初意。而为此紧张，胸中颇闷闷。夜至彬然所谈，坐两小时。”（日记）

同日 “午间洗人约雪村、雪山、圣陶、予同、守宪、觉农、耕莘、彬然、达君及余饭功德林，各诉近怀，劝圣陶不必如此，而彼

甚执，仍无结果，殊可叹惋，三时半始返馆。”（王伯祥日记）

3月20日 “上午，晓先、均正、调孚、锡光、祖璋、彬然诸君邀余共谈，谓余若退缩，诸人之情绪皆受影响。晓先并谓诸人如共处一舟，不宜由一人顿荡，使舟失其安稳。余谢诸君爱我之厚，而以为余甚微藐，其进其退，均不致有如何影响，诸君亦夸张言之耳。”下午至女青年会演讲，谈作文之道。（日记）

同日 “下午二时开十一届四次董事会，圣陶仍提书辞职，当然未出席。问题愈演愈复，无法即决。会中竟未提及，留待明日晤（邵）力子再商之。……比晤西谛，即以圣陶事为问，似甚紧张，盖外界已喧腾矣。为剖析疏陈原委，彼此太息而已。”（王伯祥日记）

3月21日 至法藏寺，为章雪村母亲拜奠。顺访吴致觉，购《维摩诘经》一册而出。“守宪亦于座次劝余，余谢之。”（日记）

3月22日 “放工后，伯祥予同来我家，共饮畅谈，剖折店中诸友之品性，及店事之前途。二君亦劝余取消初意，此则余所不肯，言出必践，固其守然也。唯当不为追迫，以免使人难堪耳。三人共饮酒四斤，历两小时，为快。”（日记）

同日 “散馆后偕予同附车以行，小饮于祥经里圣陶家。余本往谊力劝勿萌退志，反复剖陈，无话不谈，历二小时。总之，二者之间作风不同，嫌隙已深，恐终难于合辙矣。最后圣陶勉抑情绪许不再提，且俟静观变化再定云云。”（王伯祥日记）

3月23日 “下午三时出席一二九次经理室会议，圣陶仍未莅席，而雪村电话促之亦未到，可见事态严重也。”（王伯祥日记）

3月24日 “以缮抄已就之选文寄叔湘。佩弦亦来信，渠愿任白话之一套，推余任文言第二册，以叔湘任文言第一册，京沪距离近，彼此商量接头容易。余因托叔湘定二册之目，并为作样本一篇。叔湘善于创意，精审之至，余故请其起例也。”夜，至会宾楼，祝杨晦五十寿。（日记）

3月26日 午应王伯祥招饮于永兴昌，"谈次复及店中诸人的癖性脾气"。(日记)

同日 "午约圣陶小饮永兴昌吃老半斋刀鱼面，纵谈近事，彼此得一倾吐，甚快。"(王伯祥日记)

3月27日 偕叶至善回苏州扫墓。

3月28日 晨冒雨上坟。"至于仁湾，访至坟客朱家。余所知朱心香一辈皆已亡故，今所遇为其子二人，其侄一人。到坟上观看，石栏颇有损坏，驳岸之石几已无存。如此坟工，略加整理即所费不赀。且整顿坟墓，余亦以为无多意思，且任之耳，坟客以一百二十万元，足足十年未皆上坟，酬以此数实不丰也。"下午至幽兰巷，访计硕民。游怡园。(日记)

3月29日 偕叶至善到青石弄看家屋。"园中三柳方呈新绿。杏花已谢，海棠将作花。广玉兰本干已去，自根处萌新条十数，上缀叶芽。枫树高齐屋檐，十年前仅两尺许耳。屋后一桃树，花开烂漫，一大枝出墙外。此是十年前由桃核萌发者也。爬墙草遍于四墙，叶芽尚未生。观房屋则泥饰颇有损坏，门窗亦须修理。询租住者，知屋间有漏处，而地板亦有动荡者。若将来回苏居住，徐徐修整，尚不甚费事。特不知何时实践此愿耳。"夜返沪。(日记)

3月31日 致吕叔湘信，讨论国文教本格式。夜，出席明社社员大会。

同日 复郭沫若、茅盾信，谈文协会费事。"答复沫若雁冰二位(关于美国捐与文协一款分配事)，则颇感不快。美作家共捐二千四百余美元，意在救济我国作家，交来而后，由余保管。曾捐助困窘者三十余人，其名氏由理事会决定，每人国币八十万元。又曾付出《中国作家》之稿费。此外会中杂用皆取给于是。今尚存一千九百美元。梅林之意，以为此款即可支持会用。最近沫若雁冰来信，言此款亟宜分配完毕，报告美国捐款者，否则无以取信于人，其言甚是。而所以致书于余，盖以为余乃管此事者，言外不无责备之意。不知余实无心管此等事，一切皆由梅林作主。而所谓总会者，确亦无事可为，仅有一会所，一书记，以及梅林为驻会秘书耳。设撤销会所，不用职员，亦复无妨。然梅林之居处即成问题，彼将何所往乎。余为此心中不安，拟即辞去总务部之责。但恐召开常务理事会时，他人不我许也。”（日记）

3月1日至31日的日记，收入《叶圣陶集》第二十一卷。

4月1日 发表《本年首次征文》（题材范围：“我们要怎样去适应当前的时代?”），刊《中学生》四月号（总一九八期），未署名。

同日 出席明社读书会，听剧校教师许之乔讲契诃夫戏剧。

4月8日 “六时，傍晚至银行公会餐厅，参加杂志社聚餐会。到者不足十人。《国讯》被勒令停刊，以其为共方宣传，《世界知识》与《时与文》同受警告，以其言论偏激，有损对美邦交。此事为谈话资料，多以滑稽事件视之耳。九时散。”（日记）

同日 “开明大局本无问题，只缘某氏家天下之一念在在鼓扇，以有今日。隳败之端已兆，恐难逭心责也。”（王伯祥日记）

4月9日 “今日作复（信）一天，共成十六封。”许之乔来访，谈剧校现况。夜，许之乔为明社读书会讲契诃夫之小说。（日记）

同日 作书信《致范泉》（收入《叶圣陶集》第二十四卷）。

4月10日 写长信与朱自清，皆谈编辑国文教本事。

同日 作《夏丏尊先生》（刊《创世纪》第十四、十五合期，1948年5月1日；后收入《叶圣陶集》第六卷）。（收入《叶圣陶集》第六卷时期次误为十五、十六合期——编者注）文章说：夏先生教育思想的“大旨”，“见于他的《受教育与受教材》一篇文字中。学生在一般中学里，至多受到了某种学科的教材，但是受教材并不等于受教育，受教育的范围宽广多了。必须食而能化，举一反三，知识能力从而长进，思想情感从而发皇，才是真正的受教育”。

4月11日 午后至许广平家，文协开理事会。“议定以美国捐来之钱，除去已用去者，将其余数百分之四十付港分会。余提辞去总务，不管钱财，大家不答应，无可奈何。”散会后，偕郑振铎至王伯祥所，三人小饮，“无所不谈，历两时许，甚快。”（日记）

4月13日 接朱自清信，“寄来所作白话本之注释及讨论练习等五篇”。

4月16日 许之乔与蒋可夫来访。

4月17日 晚赴杏花楼应王叔旸、王文彬之招宴。“二君在新加坡营书业，近拟编小学教本，推行于南洋。书由（宋）云彬（孙）起孟在港主持，编者近十人，而欲邀余审读其国语，挽彬然为编地理。”（日记）

4月18日 观电影《蛊姬》于永安影院。

4月21日 “（夜）校梅林所作小说一篇，在《中国作家》第三期中者。此志甚无聊，余不欲观。所以校梅林此篇，恐其有违碍处，影响代售之家也。”（日记）

4月22日 观电影《煤气灯下》于虹光影院。

4月23日 晨与开明同人集会纪念夏丏尊先生逝世二周年，致辞。

同日 陈白尘与蒋天佐偕来，“谈五四文协出特刊事。余不以此等事为然，大家凑些无聊文字，有何意义。但诸友均不欲如余之‘拆穿’也”。（日记）

4月24日 傍晚，至振铎家与文协诸君聚餐。“餐后谈会中悬赏征文，以期推进文艺之事。余亦无甚兴味，以今日文艺界情形，决无比较可观之作可以产生。会友所以出此，亦谓既有此会，即不能不有此一举，以免无何工作之讥耳。”（日记）

4月25日 偕胡墨林至山海关路育才学校观吟泉曲社彩排，看《写状》、《游园》、《惊梦》、《磨斧》、《刺虎》、《三醉》、《盗令》和《连环计》。

4月26日 作《夏丏尊先生碑文》，刻石立夏先生墓上，署叶绍钧撰记并书（收入《叶圣陶集》第六卷时题名为《夏丏尊先生墓记》）。

4月27日 梅林来谈文协事。

4月28日 应中苏文协之邀，观苏联新影片《新生命》。

4月29日 夜，明社举办书法座谈会，与王伯祥、丁晓先主讲。

4月30日 午至法藏寺，为夏丏尊先生二周年作佛事。到王伯祥、郑振铎、张梓生、章雪山等。夜偕王伯祥等开明诸友赴郑振铎家应其招饮，主客为丰子恺、魏建功，并共赏日人所印我国名画集。

4月1日至30日的日记，收入《叶圣陶集》第二十一卷。

5月1日 发表评论《屠格涅甫和他的〈罗亭〉》，刊《青年界》第五卷第四号，署名叶圣陶、赵景深。

5月3日 发表《关于体验——工余随笔之一》，刊香港《星岛日报·文艺》第二十三期。

5月7日 夜出席明社祝寿之会，向年六十、五十、四十、三十、二十的“寿星”致祝。

5月9日 应苏州社会教育学院马荫良邀请，与周予同至社会教育学院与新闻系同学座谈。并游拙政园、狮子林。夜返沪。

5月10日 夜至章雪村宅应其酒会，饮后吹笛唱《游园》引子一曲。

5月14日 至大光明影院观曹禺新片《艳阳天》之试映。观毕，应曹禺邀饮于新雅酒家。

同日 应邀至愚园路女子师范与学生座谈，并访女师教师杨慧修、夏康农。

5月15日 作《我们的宗旨与态度》（刊《中学生》六月号，总二〇〇期，署名圣陶；后收入《叶圣陶集》第十二卷）。本文是为“本志第二百期纪念特辑”写的，在谈及办刊的“态度”时说：《中学生》一直“把读者诸君称为朋友”，是“取辅导的态度的”。又说：“按月如期出版，那是守约，读者可以享受如期展读的快感。如果出版后期，那就是失信，读者就将因盼望不到而失望。我们深知守约是人间的起码道德，使多数读者感到失望也是我们自己深切的痛苦，所以十几年来一直希望出版准期，甚至提早几天。在抗战以前，出版条件优越，催稿寄稿也方便，出版准期可以说是做到了的。在抗战期间，编辑印刷都退到了后方，技术的拙劣与交通的不方便，致使出版准期成为奇迹，这是非常疚心的事。胜利以后我们迁回上海，可是印刷条件不如从前了，出版脱期还常常不免，虽然脱得不多，不过三天五天，总之是对不起读者的。以后拟提早集稿，提早排印，务望做到以前那样月月准期。”

同日 至虹光影院看电影《孤星血泪》。

5月16日 傍晚与卢芷芬饮酒，谈及开明前途。“渠谓此事业如花方开，便尔舍之，似亦可惜。余则以为未必能有佳境，而余之退缩，亦精神身体之衰颓使然。开明能有佳境，余固亦乐闻也。”（日记）

5月17日 “傍晚至锦江餐馆，应美人范君之邀。范为洛氏基金会代表，来商谈翻译名著事。到者皆熟友，参与此事之委员会者。谈至九时而散。”（日记）

5月20日 夜，高祖文来谈，“渠方游北平，为言北平知识分子近况。约星期日邀我店同人饮于其寓而去”。（日记）

5月21日 作《〈艳阳天〉观后》（刊1948年5月26日《大公报》，后收入《叶圣陶集》第十卷）。这是作者写给曹禺的一封信，评论文华电影公司根据曹禺作品拍摄的《艳阳天》。

5月23日 出席开明股东常会。夜与王伯祥、周予同、徐调孚、郑振铎至多伦路高祖文办公所，应其招宴。

5月24日 “昨日选举之董监揭晓。董事易叶圣陶、王馨迪为郑振铎、马荫良。监察人易濮文彬为陆桢祥，余仍旧。定今日下午五时召集第十二届第一次董事会。……仍推邵力子为董事长，雪村为常务董事，经、协、襄理悉仍旧贯，会场形势甚佳，播弄者无所施其技，移时毕会。”（王伯祥日记）董事会仍选叶圣陶为协理，坚辞。

5月25日 夜出席明社读书会，戈宝权应邀来讲瓦希列夫可卡娅之《虹》。

5月26日 夜至虹光影院看电影《新闺怨》。

5月29日 夜出席明社读书会，杨晦来演说《新闺怨》。

5月30日 至青年会，观儿童教育成绩展览会。

5月1日至31日的日记，收入《叶圣陶集》第二十一卷。

6月3日 陈烟桥来访。陈白尘来访。

6月4日 午间与顾均正、贾祖璋、王知伊至海军青年会，应《科学大众》杂志王天一之招宴。

6月5日 “到家，祭祖先，今日（阴历四月二十八日）为先父逝世纪念日也。”（日记）

6月6日 至第十八民众学校，为其教师谈国文教学。

6月9日 作《杂志界致书美大使》（刊1948年6月10日《大公报》第一张第四版，署名叶圣陶、杨卫玉、周予同、王伯祥、高祖文、冯宾保等；收入《叶圣陶散文甲集》时题名为《上海若干杂志给司徒雷登的公开信》，收入《叶圣陶集》第六卷时题名为《给司徒雷登的公开信》）。6月4日，美驻华大使司徒雷登在南京招待中外新闻记者。发表狂妄而带有威吓性的对于我国各地学生“反对美国对日政策运动”的书面声明。公开信希望司徒雷登和美国当局了解中国人民，拟定合理的“对华政策”。

6月11日 为王叔旸之新加坡上海书店看所编《现代小学课本》书稿。

6月13日 为新加坡上海书店看所编《现代常识课本》和《现代公民课本》书稿。

6月14日 “佩弦前日曾来信，言胃病复作，拟编成白话二册后，即解去编务。余复信谓且从缓议，此次合作，仍望如在蜀时之始终其事也。”午后至国货公司，观小教联主办之儿童创作展览会。观钱钟书所作《谈艺录》，“多评旧诗，博洽可佩”。(日记)

6月17日 作《重题“书巢”记》(收入《叶圣陶集》第六卷)。《记》曰:“伯翁藏书有巢，读书有巢，余前已记之。今兹重为整治，复命题额。老友好之，何说可辞。夫天下之书众矣，废寝食读之，犹不能尽其百一。而以有涯逐无涯，多读百十种奚益，少读百十种奚损?余方以是将废书不观，冀免牵缠，而为翁书是额，虽未敢笑其老而好事，亦复兴不同如面之叹矣。”

同日 王伯祥日记:“余以书巢重移成功，嘱圣陶为题新额，即应焉，并系长跋，力申彼废书不观之见，足征不同如面之叹，为非欺人也。”

6月19日 与王伯祥、周予同至郭绍虞宅，慰唁其母之丧。

同日 “下午三时开第十二届第二次董事会，圣陶提出辞去协理之职，并签到减薪各项，会中以其执意难回，已允解除协理，余事非董事会职权所及，应移经理室会议妥商办理。”(王伯祥日记)

6月20日 午至剧校观《夜店》，此为高尔基原作，柯灵、师陀改编。

6月22日 张敏逊脱离开明书店，自设文心书局于三马路千顷堂。叶圣陶为开明同人欢送张敏逊之签名纸作小序云:“敏逊先生和易坦率，与之接者，无不作春风旷原想。某等获交于开明，或杯酒时把，或谈笑偶亲，虽疏密有殊，而敬钦则一。今者先生将自营书肆，来相叙别，闻讯之余，不无怅惘。犹喜所业从同，旨趣仍谐，沪地非宽，过从弥便。爰各署名于此纸，以为交情不渝之券。”

6月23日 作《〈中学时代〉一周年》（刊《中学时代》第二十期，1948年6月30日；收入《叶圣陶集》第十八卷时题名为《信心和傻劲——〈中学时代〉一周年》）。

同日 傍晚，章守宪来访，“为余言勿萌退志云云，余谢之。留之共餐。守宪谈从事工业之经验，并述其对于学校教育家庭管理之感想，皆通达。八时去。”（日记）

同日 “圣陶辞协理余波今日已面为解答，可望勉抑所执，亦一快也。”（王伯祥日记）

6月24日 与开明同人在衍福楼为张敏逊设宴叙别。

6月25日 作《〈我〉序》（刊入开明少年社编选的征文集《我》，开明书店1948年7月出版；后收入《叶圣陶序跋集》，又收入《叶圣陶集》第十七卷）。

6月27日 偕胡墨林观电影《舞宫莺燕》于永安影院。

6月29日 川大教务长叶麐来访，谈时局。

6月1日至30日的日记，收入《叶圣陶集》第二十一卷。

同月 作《夏（丏尊）先生纪念基金委员会启事》（刊《国文月刊》第六十九期，1948年7月10日，署夏先生纪念基金委员会）。《启事》公布第二届“夏丏尊先生纪念基金”得奖名单，为张须先生和张大年先生。

7月1日 傍晚至梅龙镇，开文协理监事会，邵力子到会。

7月3日 下午到红梅酒家，为何香凝祝七十寿，致辞。

7月4日 至虹光影院观苏联去年体育节运动大会纪录片。

7月5日 朱自清作书信《致叶圣陶》。信中谈编《开明文言读本》、《开明新编高级国文读本》及《闻一多全集》事，又托叶圣陶帮买“吃的”葡萄糖。（《朱自清全集》第十一卷，江苏教育出版社1998年版）

7月6日 看美国斯坦培克之《苏联行》。“此书专记所见之琐事，能与人以真切印象，较雁冰之《见闻录》为胜。”（日记）

7月7日 金仲华来访。

7月9日 作诗《寿张葆灵七十》。（日记）

同日 傍晚在开明书店主持杂志界聚餐会。“谈次诸人均言政府于军事、政治、经济皆无办法，一切措施，唯以人民为敌，垮台殆不远矣。九时半散。”（日记）

7月10日 朱自清作书信《致叶圣陶》。信中谈编《开明文言读本》、《开明新编高级国文读本》，再托叶圣陶帮买“吃的”葡萄糖，说“弟急需葡萄糖”，可见朱先生当时身体之糟。（《朱自清全集》第十一卷，江苏教育出版社1998年版）

7月11日 夜至青年会，为其图书馆读者会作演讲。

7月15日 应熊佛西之约，至剧校会晤，谈叶至诚学业。

7月16日 夜至国际戏院，观沈浮、阳翰笙所作话剧《万家灯火》。

7月17日 “圣陶又提出书面要求，前提各条必须用书面答复，是此老秉性使然，当婉后为宜（恐余不肯提，特托彬然提出）。”（王伯祥日记）7月20日，董事会给叶圣陶书面答复。

7月18日 至交通大学作演讲。

7月20日 午间与开明同人宴高觉敷于聚昌馆，适丰子恺来沪，亦来小饮。

7月26日 俞均硕来访。郭绍虞来访。

7月28日 “上午有私立小学两教师来谈教师生活困苦情形，极大多数乃不如女佣；若遇疾病意外，更难对付。余亦无善言以慰之。”（日记）

7月29日 出席明社全体大会。放苏联影片《伏尔加，伏尔加》。

7月31日 至福利会，讨论翻译名著事。夜，偕郭绍虞赴尚公学校同学之宴，到男女同学将近二十人。

7月1日至31日的日记，收入《叶圣陶集》第二十一卷。

同月 《中学生手册》由开明书店出版，署中学生杂志社编。是书对青年健康、学习、升学、就业四大问题均有具体而切实之说明，附录近百年大事表、各国现势一览表、度置衡等。注明叶圣陶编写的《中学各科学习法·国文》，包括《认定目标》、《靠自己的力》、《阅读举要》、《写作须知》、《写作要举》、《附说写字》。

同月 发表《开明文言读本》，刊《开明》新六号，署名朱自清、叶圣陶、吕叔湘。

同月 发表《开明新编高级国文读本〈编辑例言〉》，刊《开明》新六号（刊入朱自清、吕叔湘、叶圣陶合编的《开明新编高级国文读本》，开明书店1948年8月出版，署名编者；后收入《叶圣陶语文教育论集》，又收入《叶圣陶集》第十六卷）。

同月 发表《开明文言读本〈编辑例言〉》，刊《开明》新六号（刊入朱自清、吕叔湘、叶圣陶合编的《开明文言读本》，开明书店1948年8月出版，署名编者；后收入《叶圣陶语文教育论集》，又收入《叶圣陶集》第十六卷）。

8月1日 访由蓉来沪的张天翼，将张安排住在开明书店客房。

8月2日 张天翼来访。

8月3日 往乐园殡仪馆吊朱稣典之丧。

8月4日 王芝九来访。偕王伯祥、丁晓先与王芝九叙于聚昌馆，王芝九谈河南大学迁苏情形。

8月6日 金克木、臧克家来访。

8月7日 读冯仲足译《苏联游记》（约翰逊著），“书中言苏联建国将三十年，以其制度不同，已产生一种新人。此观点殊为扼要”。

8月9日 与开明同人宴吴雨岩、程受百。

8月10日 “忽得佩弦之子来信，言乃父忽胃痛大作，入北大医院开刀，经过尚好，而未脱危险期。闻之不胜遥念。佩弦为胃疾折磨已久，时好时坏，今又大发，至于剖腹，不知其体力能胜否。治愈而后，能转于佳健否。因发一电致王稚圃（开明书店北平分店经理），请其代往探问，并以所见详告。”（日记）

8月11日 应朱达君招邀，偕胡墨林及开明另九对夫妇往苏州游荷花荡。夜十时到上海。

同日 “报载佩弦患病电讯，云动手术历五小时之久，属十二指肠溃疡，结句谓情形严重。”（日记）

8月12日 “放工前接王稚圃复电，言佩弦未脱险境。”陈烟桥、蒋天佐来访张天翼，陪往小坐。（日记）

8月13日 作《佩弦的死讯——悼朱自清先生》（刊《文艺春秋》第七卷第二期；后收入《叶圣陶散文甲集》，又收入《叶圣陶集》第六卷）。文章说：“佩弦是个好人，凡是认识他跟他有交谊的人都承认。他可不是‘烂好人’，不是无可无不可，随俗依违的那一流。只要看他几年来对于一些看不顺眼的大事都站出来说话，就可以知道。他这样做，我确切的知道，不是讨好什么人，不存什么企图，只是行其心之所安。目前由于多所顾虑，有所见到而不愿宣露出来的人似乎很多，这就是不能行其心之所安，结果弄到经常的不安。经常的不安才有所谓‘烦闷彷徨’，随时行其心之所安，又有什么‘烦闷彷徨’呢？”

同日 “晨，（傅）彬然在晒台上相呼，言顷见报载，佩弦于昨日上午十一时后逝世矣。呜呼，三日来唯惧传此消息，而今果然，默然无言。”“范泉来信，言其《文艺春秋》于十七日出版，乞余赶作一文，记佩弦之死。意不可却，即为动笔，至下午而完篇，仅二千言。所言皆不精当，未能尽佩之百一也。《大公报》记者来访，询佩之生平。”“夜间，臧克家杨慧修二位来，亦谈佩弦。导之访天翼，谈一时许。”（日记）

同日 作书信《致范泉》（收入《叶圣陶集》第二十四卷）。

8月14日 “彬然言我人之《中志》亦宜有一文记佩弦，促余动笔。

竟日仅得千六七百言，俟明日续为之。”(日记)

8月15日 “续作昨文数百字，仍未完。”“午刻，祀先，预过中元节。”偕胡墨林观电影《金石盟》于虹光影院。(日记)

8月16日 作《朱佩弦先生》(刊《中学生》九月号，总二〇三期“悼念朱自清先生”专栏，署名圣陶；后收入《叶圣陶散文甲集》，又收入《叶圣陶集》第十三卷)。文章说：“他是个不断求知不惮请教的人。到一处地方，无论风俗人情，事态物理，都像孔子入了太庙似的‘每事问’，有时使旁边的人觉得他问得有点儿土气，不漂亮。其实这样想的人才是‘故步自封’。不明白，不懂得，心里可真愿意明白，懂得，请教人家又有什么难为情的？在文学研究方面，这种精神使他经常接触书刊论文，经常阅读新出的作品，不但理解它们，而且与它们同其呼吸。依一般见解说，身为大学教授，自己自然有已经形成的一套，就把这一套传授给弟子，那是分内的事儿。也很有些教授在这么做，大家也觉得他们是行所当然。可是朱先生不然，他教育青年们，也随时受青年们的教育。单就他对于新诗的见解而论，他历年来关心新诗的发展，认明新诗今后的方向，是受着一班青年诗人的教育的，他的一些论诗的文字就是证据。但是，同样在大学里当教授的，以及在中学里当教师的，以及非教师的知识分子，很有说新诗是‘什么东西’的，简直认为胡闹。若不是朱先生的识力太幼稚短浅，就该是那些人太不理会时代的脉搏了。”

同日 “吴辰伯书来，言关于佩弦身后拟作三项：一、凑一笔款，赠其家属；二、各人作纪念文字；三、为出全集。并问开明有无出全集之意，宜尽先考虑。”“叔湘书来，云‘倒下去的一个个倒下去了，没有倒下的只有勉力多做一些事’。并主张佩所编《高级国文读本》一二两册出版逾万册以后，酌提售价百分之二，赠佩弦家属。友情皆可感。”“午后，续完昨文，全篇凡

三千余言。”“夜间，胡风雪峰来访张天翼，顺便看我，谈半小时而去。”（日记）

8月17日 “店中决定接受出佩弦之全集，因告吴辰伯。于叔湘之见，以为有未便处，拟别觅途径助佩遗族。又拟请李广田继佩编书，作书询之。”“高祖文来谈，坐一时许。”（日记）

同日 王伯祥上午十时出席一七一次经理室会议，“决致赙佩弦五亿元”。（王伯祥日记）

8月18日 “克家嘱为《文讯》杂志作纪念佩弦之文字，已允之，只得勉为。今日动笔，谈佩之《老境》一诗，竟日得二千五百言。”（日记）

同日 作评论《谈佩弦的一首诗》（刊《文讯月刊》第九卷第三期，1948年9月15日；后收入《叶圣陶散文甲集》，又收入《叶圣陶集》第六卷）。评说朱自清诗《夜不成寐，忆业雅〈老境〉一文感而有作》。

8月20日 夜，陈白尘来访。

8月21日 “浦江清来信，嘱为佩刊讣告于《大公报》，并代收上海之礼金。”吕叔湘来访。（日记）

8月22日 吕叔湘来访。夜叙餐，邀傅彬然、丁晓先、徐调孚、范洗人。

8月23日 “下午四时，梅林来，偕往清华同学会，晤其干事赵燕声君，商量同学会与文协联合举行佩之追悼会。日期定于本月三十日，其他布置亦逐一商定。”夜到青年会，应女青年会诸女士之招，谈如何写作。（日记）

8月24日 作《悼念朱自清先生》（刊《国文月刊》第七十一期，1948年9月10日，未署名；又刊香港学生文丛社选编的学生文丛第十一辑《我的学校》，署名叶圣陶；后收入《叶圣陶散文甲集》）。

同日 修改郭绍虞写的《悼念朱自清先生》一文。“绍虞为《国文

月刊》作悼念佩弦一文，其文全系文言调子，余为改之。亦费半日工夫。午后作书慰佩夫人，兼谈杂事。”（日记）

同日 “上午十一时出席编审会，报告通过章程，互推常务委员及主席，圣陶、均正、调孚、彬然、予同为常务委员，调孚任主席，订定每周四开常会，（每月）第一周四则并全会焉。”（王伯祥日记）

8月25日 陈梦家来访，为初识。读黄裳《旧戏新谈》，“此书于旧剧甚为内行，而议论编剧与剧中人物，时有妙绪，余深赏之”。傍晚，偕王伯祥、周予同、朱达君至郑振铎家，应其招宴。主客为潘光旦、陈梦家。（日记）

同日 “散馆后应西谛之约，与圣陶、予同共载以赴之，有顷默存至、森玉至、潘光旦至、起潜至、陈梦家至、达君至、祖文至，最后孙瑞璜至，七时半始入坐，且饮且谈，观默存与梦家斗口，致趣也。九时许乃罢，又坐至近十时始与予同共乘以归。”（王伯祥日记）

8月27日 与开明同人游漕河泾冠生园农场。

同日 俞平伯给叶圣陶信，哀悼朱自清逝世。信中说：“弟与佩兄往事如尘，但此间乏可深谈之友，恨不得飞度南云，与兄共洒此泪耳。盖心知其意者，惟我兄一人而已。”“其全集闻开明允印，甚佳。编纂者，清校同人将弟名列入，自谊不容辞，但亦不知如何着手也。一多全集未出而佩今往矣，身后浮名何益逝者耶！聊备尽各心而已。弟近来非常沉默，而一般的气压又很低，将来真不知如何也。”（《俞平伯致叶圣陶的信》，刊1981年3月7日《文艺报》第五期）

8月28日 “文联挽佩之联，托雪村撰句，托晓先书之。句曰：‘言行唯经典常谈，师表真堪垂后世；文章则雅俗共赏，才名自合冠群伦。’店中同人一联曰：‘长向文坛瞻背影，从教黉宇辍弦声。’皆颇工切，唯少哀挽之意。”傍晚，开明书店在衍福楼宴

请杨东莼、巴金、吴朗西、李健吾、钱歌川、郑振铎、王辛笛、陈岳生、端木蕻良等，叶圣陶作陪。（日记）

8月29日 在开明书店主持杂志界聚餐会，到冯宾符、高祖文等十一人。

8月30日 “天气甚热，又以下午开佩之追悼会，心不宁定，竟未作何事。”“四时，至清华同学会，晤佩弦之弟其清，及佩之女采芷。到者逾百人，言是四时，而延至五时始开会。致词者颇不少，皆不足听，唯健吾叙其受教时情形，泣下屡屡，最为恳切。六时半散，坐至疲矣。”驱车至高祖文所，应其招宴。（日记）

同日 作《在朱自清先生追悼会上的致辞》（刊《文潮月刊》第五卷第六期，署名叶圣陶，赵景深记录；后收入《叶圣陶集》第六卷）。致辞云：“一个人，生的机会只有一次，死者已经将这机会放手，咱们未死的人无法把他追回来了。咱们与死者生时能聚在一起，可说是有缘，今天追悼会，无非聚友追念之意。追悼不同于祭祀，却不外乎孔子所说的两个字：‘如在’。咱们今天开追悼会，正是用‘如在’的心情来追念死者。”“我现在不说颓丧伤感的话。记得一位朋友来信，有两句话可以说给未死者听听：‘倒下去的一个一个倒下去了。没有倒下去的，应该赶紧做一点事。’愿咱们大家保持这种心情，实做下去。”

8月1日至31日的日记，收入《叶圣陶集》第二十一卷。

同月 发表《认识与态度》，刊入叶圣陶、蔡尚思、江向渔、周予同等合著的《新教师的新认识》，上海华华书店出版，为《现代教育丛刊》之一。

同月 与郭沫若、朱自清、吴晗共同主编的《闻一多全集》由开明书店出版。

同月 《开明新编高级国文读本》（共六册，实出二册），由开明书店陆续出版。第一册署朱自清、吕叔湘、叶圣陶合编。第二册始署朱自清、吕叔湘、李广田、叶圣陶合编。书前有《编辑例言》。叶圣陶在为《开明新编高级国文读本》写的广告词曰："这读本共六册，承接着《开明新编国文读本（甲种）》，全部采语体文字，各篇的内容与形式比较的精深，供读者作进一步的研修。""每篇选文之后都附列四个项目，解析辅导不厌其详，尤其便于自修或教学。那四个项目是：一、篇题，提示本篇的体裁和宗旨，并叙述作者的略历和他的风格；二、音义，不作呆板的注释，务求有助于透彻理解；三、讨论，就内容、作法、鉴赏、批评各方面提出种种问题；四、练习，提示种种事项，让读者自己练力，在练习中增进他的阅读与写作的能力。"

《开明新编高级国文读本》第一册

邻舍吴老先生	叶圣陶
我的学生	男　士
华威先生	张天翼
一封没写完的信	康白情
在赣江上	冯　至
年画	孙福熙
山水画	承名世
动物的大小	海尔丹
地球！我的母亲！	郭沫若
居里夫人小传	陈衡哲
文人宅	朱自清
社戏	鲁　迅
活在谎话里的人们	李广田
我童年时的王国	苏　夫
离家	苏金伞
希望	北　原
政党是干什么的	费孝通
海德公园	费孝通

第二册

诗三首　臧克家
老马
鞭子
老哥哥
过去现在和将来　蒲　韧
八根火柴　塔　比
散文诗　屠格涅夫
利己主义者
自然
门槛
谈散文　李广田
如面谈　朱自清
说话与听话　叶圣陶
问与答　冯　至

《〈开明新编高级国文读本〉（一至二册）的讨论和练习举隅》，收入《叶圣陶集》第十六卷。篇名有《邻居吴老先生》（叶圣陶）、《华威先生》（张天翼）、《社戏》（鲁迅）、《生辰纲》（《水浒传》）、《无声的中国》（鲁迅）和《如面谈》（朱自清）。

同月 《开明文言读本》（共三册）由开明书店陆续出版，署朱自清、吕叔湘、叶圣陶合编。书前有《编辑例言》。叶圣陶在为《开明文言读本》写的广告词中说："第一册里有一篇三万字的《导言》，说明文言和现代语的种种区别。选文的次第以内容与形式的难易为后先，先是小记短篇，逐渐及到专书专著，使读者养成读文言书的能力。每篇后面附有四个项目：一、作者及篇题；二、音义；三、文法提示；四、讨论及练习。凭这四个项目，自修或教学都很方便。"

《开明文言读本》第一册

导言

〔八画〕其、彼、所、于、初、非、
宜、定、固、果、尚、况、
使、或、並、奈
並═并
〔九画〕者、則、是、哉、耶、故、
若、苟、即、信、殆、相、
某、致、祇、爱、垂、皆、
甚、矧、胡、曷
政═正
〔十画〕奚、盍、烏、豈、匪、俾、
倘、徒、特、益、差、殊、
容
乃═乃，浸═寖，借═藉
〔十一画〕率、旋、庸、遮、將、惟、
唯、許、設、假、既、從、
得、莫、焉、孰、第
〔十二画〕幾、惡、詎、然、為、無、
斯、猶、複、曾、厥
壹═一，渠═詎
〔十三画〕寖、滋、微、會、遂
〔十四画〕與（又═歟）、寧、嘗、
誠、蓋、輒、爾
〔十五画〕輩、蔑、審、適、請
〔十六画〕諸、獨
〔十七画〕雖、縱、彌
〔十八画以上〕歟、藉、靡、顧、屬
闔═盍，儻═倘

为学 彭端淑

第二册

海行所见	梁启超
山阴五日记游	俞平伯
瑠璃缾	洪　迈
书蒲永昇画后	苏　轼
缭绫	白居易
外交部之厨子	黄远生
囍日日记	黄远生
国体战争躬历谈	梁启超
责己重而责人轻	蔡元培
英文汉诂叙	严　复
和子由踏青	苏　轼
花木清玩	沈　复
夏畦秋霖图	李葆恂
西湖七月半	张　岱
水浒传自序	施耐庵
无家别	杜　甫
岳阳楼记	范仲淹
书博鸡者事	高　启
促织	蒲松龄
今别离	黄遵宪

第三册

虬髯客传	杜光庭
慈恩法师传（卷一节录）	慧　立
赤壁赋	苏　轼
天工开物（选录）	宋应星
稻	
砖	

车

麦

长恨歌传 陈　鸿

长恨歌 白居易

训俭示康 司马光

吴船录（节录） 范成大

绝句二十四首

春晓 孟浩然

登鹳雀楼 王之涣

鸟鸣涧 王　维

怨情 李　白

行宫 王　建

江雪 柳宗元

渡汉江 李　频

春怨 金昌绪

回乡偶书 贺知章

凉州词 王　翰

闺怨 王昌龄

送元二赴安西 王　维

早发白帝城 李　白

除夜 高　适

漫成一绝 杜　甫

逢入京使 岑　参

酒泉太守席上醉后歌 岑　参

枫桥夜泊 张　继

滁州西涧 韦应物

夜上受降城闻笛 李　益

秋思 张　籍

乌衣巷　刘禹锡
渡桑干　贾　岛
山行　杜　牧
论变盐法事宜状　韩　愈
梦溪笔谈（选录）　沈　括
刘晏计物价
范文正荒政
边防
雄州北城
乘隙
合龙门
包孝肃
郭进
县令
陕西盐法
运粮
阳燧
律诗十二首
过故人庄　孟浩然
送友人　李　白
春望　杜　甫
月夜忆舍弟　杜　甫
喜见外弟又言别　李　益
晚秋归故居　李昌符
除夜有作　崔　涂
客至　杜　甫
寄李儋元锡　韦应物
西塞山怀古　刘禹锡

遣悲怀　　　　　　　　元　稹
贫女　　　　　　　　　秦韬玉

《〈开明文言读本〉（一至三册）的讨论和练习举隅》，收入《叶圣陶集》第十六卷。篇名有《为学》（彭端淑）、《游子吟》（孟郊）、《桃花源记》（陶潜）、《口技》（林嗣环）、《核工记》（宋起凤）、《越谣歌》、《邹忌》（选自《战国策》）、《陌上桑》、《无家别》（杜甫）、《岳阳楼记》（范仲淹）、《促织》（蒲松龄）、《天工开物·稻》（宋应星）、《天工开物·砖》（宋应星）、《梦溪笔谈·运粮》（沈括）和《梦溪笔谈·阳燧》（沈括）。

孙伏园《中学生的文言教育——兼评〈开明文言读本〉》对《开明文言读本》作了以下评述：

"《开明文言读本》的《编辑例言》里说：'我们学习文言的时候，应该多少采取一点学习外国语的态度和方法，一切从根本上做起，处处注意它跟现代口语的同异。'这个观点是十分正确的。自从国语运动展开而且获得相当成就以来，这样从根本上做起的多少采取一点学习外国语的态度和方法以学习文言的主张，虽然也不是没有人提及，却还没有人真正实行过。《开明文言读本》是第一部完全站在国语的立场，认国语为标准的中国语文，以国语为纯粹的研究工具，从事讲解研究文言的选本。所以它是一部划时代的书籍。……何以朱自清先生等的《开明文言读本》却成了划时代的选本了呢？我所要说明的是：前乎此书的白话讲解或为口语或为文字，都是以文言为主，为使后辈学作文言，而文言又如此难懂，故不得不用白话加以解释；而此书却以国文为主，现代青年已有其自己正当语文，但不愿舍弃古代书籍的内容，也不愿舍弃古代文学的欣赏，故不得不用科学的方法，以研究并了解文言的一切。这两个'不得不'的事实是相同的，而两个'不得不'的方向是相反的。以当代口语讲解文言并不是前无古人，而完全站在国语的立场，以科学的方法研究文言，却成为划时代的了。

"《开明文言读本》的卷头有一篇五十三页的导言，分文言的性质、语言、词汇、文法、虚字五章，单印可以成为一个小册，便是用科学的态度和方法研究文言的一篇初步报告，也可以说是一部文言的简明文法书。我们不是没有简明的文法书，如《马氏文通》，如《汉文典》，如《高等国文法》和《中国国文法》，都是讲述文言的文法的；较近行世的《国语文法》，里面也有一半讲述文言的文法。但是完全站在国语的立场，处处注意文言和现代口语的同异，用科学态度和方法加以研究的，这五十三页的一篇导言要算是开山的著作了。

"《开明文言读本》卷首便说：'我们认为作为一般人的表情达意的工具，文言已经逐渐让位给语体，而且这个转变不久即将完成。因此，现代青年若是还有学习文言的需要，那就只是因为有时候要阅读文言的书籍：或者为了理解过去的历史，或者为了欣赏过去的文学。写作文言的能力决不会再是一般人所必须具备的了。'这个看法是最基本的、最正确的。中学的文言教学应该根据这个原则。"（《国文月刊》第七十五期，1949年1月10日）

王石泉《介绍〈开明文言读本〉》一文中说：

"现在中学里的国文教本，白话、文言兼收。经子史集，无所不包；诗词歌赋，应有尽有。这个风气从十一二年开始，相沿至今，并无改革。编者初意，是要学生红黄蓝白，酸甜苦辣，都看一点或者尝一点，结果杂乱无章，文体殊异，学生不知从何学起。更因为文白混合，刚上了朱自清的《背影》，又接着上韩愈的《原道》，忽古忽今，情绪上极为不调和。一般老师又认为国文教学不过是欣赏文学或介绍固有文化，除逐句讲解外，能够讲点谋篇布局，就算教得不错，很少有人认真的讲求教学方法。……叶绍钧、吕叔湘、郭绍虞以及不久前逝世的朱自清诸先生，都是从事国文教学多年而有贡献的语文教育家。他们对于编著国文教学的意见，可以归为六点。第一，文言、白话分开编著，避免混淆视听，两难俱精。第二，内容方面，凭背景亲切不亲切，需要迫切不迫切，头绪简明不简明这几个条件决定去取；形式方面，凭需要迫切不迫切，结构普通不普通，规律简单不简单这几个条件决定去取。第三，每篇后加指导，从所读的篇章出发，教读者想开去，或者自省体验，或者旁求参证。第四，作为表情达意的工具，文言已经逐步让位于语体，而且这个转变不久即将完成，学文言，为的是理解过去的历史或欣赏过去的文学，为使学生能够阅读各种风格的文字，纯文艺选文的百分比降低，广义的实用文的百分比增高。第五，因为名副其实的文言与口语之间有距离，学习文言时采取一点学习外国的态度和方法，注意文言与现代语的同异。第六，多从成本中选取教材，引起青年读成本书的兴趣。这些意见用叶绍钧先生的话来说，对于国文教学‘还是修订而并非改造’。但这种极为温和的修订，也没有得到教育当局的采纳。”（1949年2月9日成都《西方日报》）

同月 《儿童国语读本》第一册，由开明书店初版（1949年3月北平又出一版），署叶圣陶撰，为小学低年级三、四年级的语文教科书。内收《自己的画》、《挑选和计划》、《比从前更有趣味了》、《我们的学校》、《牵牛花蕾》、《向日葵花》、《一个笨人》、《懒汉和野兔》、《办报纸》、《菊花开了》、《黄老师的病况》、《怎样保护胃肠》、《“尽量吃呀”》、《“现在我们约定了”》、《运动会》、《轮流赛跑》、《买卖》、《钱币》、《人民币》、《万竹山》、《远足歌》、《鲫鱼和蟹》、《渔人的网》、《海边的渔人》、《各样生活》、《打猎》、《游牧生活》、《沙漠中的景象》、《骆驼》、《市集》、《航船埠头》、《火车站》、《怪东西》、《白胡须老人》、《水蒸气》、《日记》、《池塘》、《大年夜（一）》、《大年夜（二）》、

《大年夜（三）》。

同月 《儿童国语读本》第二册，由开明书店初版（1949 年 3 月北平又出一版），署叶圣陶撰。内收《中华》、《黄河的话》、《破碎的瓦罐头》、《商代人的书》、《纸和书》、《春天来了》、《春花》、《树木的叶子》、《“要是我们能象鸟儿一样”》、《飞机和飞艇》、《孙中山先生和农人》、《农人们的好朋友》、《农人们的仇敌》、《大家动手》、《菜秧》、《灌溉》、《治水》、《运河》、《长城》、《公路》、《“可爱的同学”》、《“生了几天病”》、《一封电报》、《两句话》、《不死药》、《比老虎更可怕》、《孔子》、《完全不一样（一）》、《完全不一样（二）》、《蚕儿》、《处处留心（一）》、《处处留心（二）》、《百灵鸟搬家（一）》、《百灵鸟搬家（二）》、《小鸟的回家》、《公园里》、《蜻蜓》、《月夜》、《种瓜人的夜》、《天上的桥》。

同月 《儿童国语读本》第三册，由开明书店初版（1949 年 8 月北平又出一版），署叶圣陶撰，内收《游泰山记》、《钱江大桥》、《淘金》、《皮筏索桥和溜索》、《运送邮件的脚差》、《一群鸽子》、《秋天早上》、《母亲的生日（一）》、《母亲的生日（二）》、《星》、《太阳地球和月亮》、《月食的一夜（一）》、《月食的一夜（二）》、《日食》、《报馆》、《图画和文字》、《地底下的历史》、《怀想从前》、《荒岛上的鲁滨逊（一）》、《荒岛上的鲁滨逊（二）》、《合群生活》、《河神的新娘（一）》、《河神的新娘（二）》、《云》、《龙》、《奇怪的野兽》、《植物的运动》、《气象台》、《霜的工作》、《冬眠的蛙》、《黑先生——最能干的工人》、《请黑先生出来》、《煤的歌》、《“让我拿一根火柴”》、《它们的唾沫》、《新年》、《杂耍》、《口技》、《请参加欢送会启》、《送别歌》。

同月 《儿童国语读本》第四册，由开明书店初版（1949 年 8 月北平又出一版），署叶圣陶撰。内收《踢毽子》、《轻气球》、《纪念堂》、《毕业生的信》、《大扫除》、《春天》、《月光》、《月光曲》、《从农家出来的画家》、《爱迪生的故事》、《孙中山先生逝世》、《一个恶魔》、《我们都是神枪手》、《岳飞》、《木兰（一）》、《木兰（二）》、《火烧赤壁（一）》、《火烧赤壁（二）》、《景阳冈（一）》、《景阳冈（二）》、《风和水》、《要是没有水》、《我们的力量》、《黄河老了》、《长江的两个水柜》、《瀑布》、《三峡》、《金顶看日出》、《孔庙和孔林》、《五月》、《穷人和富翁》、《对于乞丐要给钱吗》、《达尔文》、《毛虫和白菜》、《动物园》、《组织参观团意见书》、《书的生产（一）》、《书的生产（二）》、《一个提案》、《欢送会上的答辞》。

9月1日 发表《儿童国语读本（初小教学自修适用）》（叶圣陶撰共四册）广告，刊《中学生》九月号（总二〇三期），未署名（收入《叶圣陶集》第十八卷）。

同日 发表《开明新编高级国文读本（高中教育及自修适用）》（朱自清、叶圣陶、吕叔湘编）广告，刊《中学生》九月号（总二〇三期），未署名（收入《叶圣陶集》第十八卷时题名为《开明新编高级国文读本》，高中教学及自修适用）。

同日 发表《开明文言读本（高中教育及自修适用）》（朱自清、叶圣陶、吕叔湘编）广告，刊《中学生》九月号（总二〇三期），未署名（收入《叶圣陶集》第十八卷时题为《开明文言读本》高中教学及自修适用）。

同日 发表《清真词释》（俞平伯著）广告，刊《中学生》九月号（总二〇三期），未署名（收入《叶圣陶集》第十八卷）。

同日 发表《闻一多全集》（朱自清、郭沫若、吴晗、叶圣陶编）广告，刊《中学生》九月号（总二〇三期），未署名（收入《叶圣陶集》第十八卷）。

同日 发表《旧戏新谈》（黄裳著）广告，刊《中学生》九月号（总二〇三期），未署名（收入《叶圣陶集》第十八卷）。

同日 发表《诗言志辨》（朱自清著）广告，刊《中学生》九月号（总二〇三期），未署名（收入《叶圣陶集》第十八卷）。

同日 “作复信，谈佩弦全集事。”（日记）

9月2日 “靳以交来《中国作家》第四期稿，嘱为看一遍，因与调孚分看之。”“下午开编审会议，历一时有半。此为新成立之会。余于店中之会，仅参加此会与教育委员会耳。”（日记）

9月3日 “续看《作家》文稿。诸文实皆平常之至，看之乃如受罪。”（日记）

9月4日 “续看《作家》文稿。”（日记）

9月6日 “写复信数通，其中复佩弦夫人者颇长，谈佩身后诸事。”傍晚，与郑振铎至王艮仲家会吴晗。“辰伯两年为别，精健弥甚。谈平地近状，亦谈佩之全集。旋饮黄酒。食罢复谈。及驱车到家，将十二时矣。”（日记）

9月7日 文协诸友小叙于延福楼，谈征文评选及他事，至九时而散。

9月9日 “傍晚，偕彬然应王艮仲、许揆若、孙晓村、高祖文四人之招，聚餐闲谈。到者将四十人，共谈《中建北平版》之如何充实，上海友人宜如何供稿。发言者甚多，余默坐听之，历两小时有余。”（日记）

同日 发表《周易古经今注》（高亨著）广告，刊《国文月刊》第七十一期，未署名。广告云：“历来对于周易的解释，给汉朝的象数说，魏晋的玄学，宋儒的理气说闹糊涂了。本书著者高亨教授撇开历来的附会解释，专研卦辞爻辞。对训诂方面用力极勤。除了接受清代考证学的结论外，用周易来证周易，用群经诸子来证周易，为了考求一个字的确解，每列举很多例证来证明。训诂考完了，再来解释文义。所以从这本书里，不但可以得到周易的正确认识，还可以获得一种考证的方法。”

同日 发表《周易阐微》（徐世大著）广告，刊《国文月刊》第七十一期，未署名。广告云："著者抛弃了历来聚讼纷纭的周易注疏，专事研究经文，创立了新的解说。一、认六十四卦是指六十四种人事，合起来便成一部研究社会科学的书。二、认周易中的人生观及对政治道德的见解，和儒家道家都不相同，别成为三晋思想。三、从经文中考定周易作者为中行明，是晋国中行氏族人。四、周易是作者奉使，恋爱，被囚和求救的自叙传。这都是作者的创见，的确能给周易以新的评价。"

9月11日 "（贺）昌群忽来访，别无他事，因念及沪上友人，便乘兴（从南京）而来。适雪村家宴客，即拉与俱往。雪村开三年陈之酒一坛。二十余人畅饮之，乃有数人入于醉，子恺、鞠侯、昌群、振铎、雪村也。昌群本拟住振铎家，疲不能动，即宿雪村家。"（日记）

9月12日 "四时许，昌群来，谈时事，谈世界前途，昌群均有卓见。渠谓在南京可谈者寥寥，亦无聊事。学术研究，于今日为之，不啻自我麻醉。六时许饮酒。酒后复谈。既而白尘来。昌群即留宿客房中。"（日记）

9月13日 傍晚至郑振铎家。郑宴贺昌群、丰子恺，邀开明店同人作陪。十时归，"昌群仍宿于客室"。次日清晨返京。（日记）

9月14日 潘介泉来访。"为别十数年矣，大欢。留之小饮，畅谈历六小时。渠谈锋仍健，识见老到而现实。于教授之清苦，颇感愤慨。然谓为穷教授亦唯有在北平乃有意义也。渠明日即返平，仅得一晤，未免嫌其不足。"（日记）

9月16日 开编审常会，商量缩约名小说及童话，供小学高级生阅读。傍晚，应王翼云之招，宴于银行公会，晤金仲华、冯仲足、高祖文、张志让、张明养诸人。

9月17日 接浦江清来信，"详谈佩弦全集事。佩之骨灰将葬于西山清华墓园，又拟为佩向教部请恤。按恤例，任教满二十五年者，其遗族可得原薪百分之四十五。佩在清华工十三年，拟以

中学校之教历足之”。(日记)

9 月18 日　偕王伯祥、周予同至大新公司，观敦煌画展。

9 月19 日　晨，赴钱业公会杂志聚餐会，与诸友欢迎吴晗。二时半散，“与辰伯至我店谈话，议及佩弦全集出版事”。(日记)

9 月20 日　陈万里来访。陈时任江苏省卫生署署长。夜与高祖文、吴晗、金仲华、冯仲足、王翼云饮于马上侯，“言谈无禁，甚为畅适”。(日记)

9 月21 日　作《念辛亥，看建国——纪念建国三十七周年》(刊《中国建设》第七卷第一期，1948 年 10 月 1 日；收入《叶圣陶散文甲集》时改题名为《从辛亥革命看建国》，又收入《叶圣陶集》第六卷)。文章希望“人人尽各自的一份，把革命看作本份内的事。同时，种田的还是种田，做工的还是做工，当教师、医生、公务员的还是当教师、医生、公务员，大家决不说‘敝业是革命’。这是个重大的变更，很关紧要，革命真个成功必将在这上头生根”。

同日　出席文协理事会，讨论评阅“五四”征文之办法。邵力子到会。

9 月22 日　隋树森来访，以所译《世界大事年表》稿商出版。傍晚应储安平之招至《观察》社叙餐，到吴晗、高祖文、张季龙、张絅伯、施复亮、叶笃义。“辰伯谈北平搜捕学生情形，絅伯季龙谓于上海被拘学生，宜使少受冤屈。次及其他时事。聚餐而散。”“储安平请客单印有三事，别开生面：一、客不多邀，以五六人为度。二、菜不多备，以够吃为度。三、备烟不备酒。”(日记)

9 月23 日　开编审常会。

9 月24 日　上午至中国福利基金会，开翻译工作委员会，推定郑振铎为此会主席，商量以后新计划，并筹设西文图书馆。会毕，偕郑振铎至环龙路，观市美术馆所主办的雕塑展览会。傍晚，杨东莼应邀来开明书店演说，谈学问修养之要。与开明诸友偕杨东莼饮于马上侯。

9月26日 应比利时人善秉仁神父和高乐康神父的邀请，与赵景深、徐调孚、唐弢、臧克家、朱雯、罗洪、孔另境、梅林、范泉等到南京西路康乐酒家别墅厅茶聚并留影纪念。时，善秉仁神父等由北平来沪，搜集我国作家资料，拟编中国作家人名辞典。叶圣陶代表文协致欢迎辞。善秉仁在《和上海文艺界接触后》一文中说，上海集结着“一大部分的优秀作家”。他们生活虽然艰苦，但有“高超的理想”、“高尚的人格”和“不自私的牺牲精神”，正努力以自己的作品“使社会和国家日益进步”。该文称赞叶圣陶、赵景深和范泉等作家，“在经济极端的困难情形下，仍然为大众服务，主持出版事业，始终不懈”。

同日 晚应吴晗招饮，他客有金仲华、冯仲足、郑振铎、高祖文和黄裳。

9月28日 晚至镇华中学为国文教师作演讲。

9月29日 夜，与开明同人小饮，邀吴晗、郑振铎、高祖文和黄裳四人作客。

9月30日 沈柏寒来访。

9月1日至30日的日记，收入《叶圣陶集》第二十一卷。

同月 发表《朱自清先生传略》，刊《开明》新七号，未署名。

10月1日 应高祖文之邀，与吴晗、郑振铎、周予同、黄裳游苏州木渎镇，登灵岩山。

10月2日 访义庄。游狮子林、西园、留园、虎丘。夜返沪。

10月3日 看电影《纽约奇谈》于虹光影院。

10月4日 偕胡墨林游杭州。扫胡家两代之墓，游西湖。

10月5日 拜岳父母之墓。

10月6日 游灵隐寺。泛舟游湖。

10月7日 登吴山，眺望钱塘江。至杭州师范学校演讲。泛舟游湖。夜与开明书店杭州分店同人共餐。

10月8日　午间应杭州师范学校蒋校长招宴。夜抵沪。

10月10日　傍晚偕胡墨林及开明诸友至郑振铎宅，贺郑振铎、高君箴“银婚”佳期。

10月12日　梅林来谈文协事。

10月13日　致吕叔湘信，“谈文言读本第三四册之编辑”。

10月14日　杨刚来访，为初识。

10月16日　致潘介泉信，询《易卜生全集》翻译事，开明书店甚愿出版。夜偕胡墨林至虹光影院看电影《卡萨布兰卡》。

10月18日　“梅林来，以征文收到之小说两部交我审阅。此等作品殆不会好，而必须约略看过，亦是苦事。”（日记）

10月19日　“下午，杨慧修来谈胡风之为人及持论。此君自命不凡，否定一切，人家之论皆不足齿数，而以冗长纠缠之文文其浅陋。余于文艺理论向不措意，唯此君之行文，实有损于青年之文心。”（日记）

10月21日　夜间陈白尘来访，“亦谈胡风之文与人”。（日记）

10月22日　至兴慈中学出席弘一法师纪念堂落成仪式。

10月23日　出席翻译工作委员会会议。会后与靳以、郑振铎谈《中国作家》编辑事。夜，参加明社同人举办的持蟹赏菊会。

10月24日　“午刻，应王辛笛之招，会于悦宾搂。多《大公报》友人，听王芸生谈时局。今日报载，国军放弃郑州及包头，战局之坏，乃如墙崩。萧乾久未见余，渠年来受人排挤，怨气甚深，辄因酒后，向余倾诉。”（日记）

10月25日　下午六时，明社开大会，全体进餐后，放国产电影《花落水流红》。

10月26日　作《〈少年航空兵——祖国梦游记〉序》（刊入沙平著《少年航空兵——祖国梦游记》，署名翰先；后收入《叶圣陶序跋集》，又收入《叶圣陶集》第十七卷）。序文盛赞这部书

“描摹出新中国的轮廓”，“描摹出新中国的少年精神”。什么叫做少年精神？“少年精神”就是“永远向着未来，不要怀念过去；一切为了明日，不要迷恋昨日”。这种精神用我国的老话来说，就是所谓“日新不已”，“自强不息”，是天行人事的最高指导原则。

10月28日 “余冠英来书，告佩弦骨灰已于本月二十四日葬于香山万安公墓。”“下午六时半，应黄裳之邀，餐于锦江。同座为巴金、振铎、唐弢、靳以诸君。”（日记）

10月29日 “起一信稿，致各界较有实际知能之人，请各就所见，向青年说话。将于《中志》之明年一月号汇而刊之。”（日记）

10月31日 臧克家、穆木天来访。

10月1日至31日的日记，收入《叶圣陶集》第二十一卷。

11月1日 发表《司马迁之人格与风格》（李长之著）广告，刊《中学生》十一月号（总二〇五期），未署名（收入《叶圣陶集》第十八卷）。

11月2日 程千帆来访。梅林、靳以来谈《中国作家》事。夜至虹光影院看电影《功名尘土》。

同日 中国共产党派杜国庠邀请叶圣陶至解放区参加新政协。“杜守素来，谈近事，致远方之意，谢之。”（日记）

11月3日 为开明书店新建的编辑部楼书写楼名“怀夏楼”，并附志云：“开明创业之二十有二年，始得自建斯楼为编撰藏书之所，公议题曰怀夏楼，以纪念尽瘁于此之夏丏尊先生云。
叶绍钧书”。

11月5日 “夜间，白尘、克家二位来。言沙汀患病甚重（殆是胃溃疡），穷困无以为医，友朋宜量力资助。余出三十元。”（日记）

11月7日 汪刃锋来为叶圣陶画像。徐盈来访。为纪念明社成立五周年，夜在戏剧学校举行祝典，并包剧校学生演出的话剧

《欲魔》，即托尔斯泰之《黑暗势力》，由欧阳予倩改编。

11月9日 徐盈来访，谈时事。

11月10日 吴致觉来访，谈寺中近日苦况。臧克家来访。

11月14日 看电影《魔城喋血记》于虹光影院。

11月16日 作书信《致吴树德》（收入《叶圣陶集》第二十四卷）。

11月17日 开编审常会，讨论应合时宜，编中小学补充读物。夜间，张天翼来告别，张明日飞港养病。赵家璧来送张天翼，顺访叶圣陶。

11月18日 接吕叔湘来信，谈因时局动荡，“拟来开明专任”。

11月21日 观电影《天涯追踪》于民光影院。

11月22日 复吕叔湘信，“告知此间欢迎来店任事之意”。开编审会，讨论分担编辑中小学读本。

11月23日 作《添辟〈各科学习指导〉栏》（刊《中学生》十二月号，总二〇六期，署名圣陶；后收入《叶圣陶集》第十二卷）。

11月25日 作《〈我要向青年说的〉前言》（刊《中学生》1949年一月号，总二〇七期，未署名；收入《叶圣陶集》第十二卷时题名为《〈关于“我要向青年说的”笔谈会〉前言》）。《前言》中说：“我们编辑这个杂志，时常把出于真诚的意见贡献给当世青年。若说这些是教训，是指导，我们非但不敢，并且不愿。致教训作指导的人必然跟被教训受指导的人站在两起，而且意识上总觉得高高的在他们上头。我们虽然都是中年人，可是自信还有青年的朝气，处在青年中间一点儿不觉得生疏、局促，彼此尽可以披肝沥胆，无所不谈”，去年十一月一日，“我们”向四十位“研究各种学问，经营各种事业，具有深切经验，抱有高远的理想”的中老年人写信，“请他跟青年称心而谈”，“结果有三十一位先生寄了稿来，现在把他们的稿汇刊在这儿（排列以收到时间先后为序）”。寄稿的

"三十一位先生"是张东荪、朱光潜、俞平伯、樊弘、张孟闻、杨东莼、戈绍龙、李广田、袁翰青、朱洗、张先辰、吴耀宗、唐现之、俞寰澄、贺昌群、沈体兰、杨人楩、梁俊青、李烛尘、梁漱溟、胡厥文、廖世承、林砺儒、郑昕、徐盈、潘震亚、周予同、杨卫玉、郭绍虞和黄炎培。

11月27日 接吕叔湘来信，吕决定到开明书店任职。夜，以《中学生》杂志社的名义宴娄立斋、冯仲足、魏金枝、戈宝权等。

11月28日 偕胡墨林到城隍庙听书，汪云峰说《金枪记》、钱雁秋说《西厢记》、杨振雄说《长生殿》。

11月29日 作书信《致吴安贞》(收入《叶圣陶集》第二十四卷)。

11月30日 吕叔湘来访。午间与开明诸友在聚昌馆宴吕叔湘、宋易和沈陶孙。

11月1日至30日的日记，收入《叶圣陶集》第二十一卷。

12月1日 "为店中作一书致著作人。盖近以周转困难，原定每月付旧存书版税，新出再版则一次付版税之办法，已不能实行。今改每月付半数，新出及重版则分为六次付云。"(日记)

同日 发表《创作论》(李广田著)广告，刊《中学生》十二月号(总二〇六期)，未署名(收入《叶圣陶集》第十八卷)。

12月3日 傍晚至厚德福餐馆，参加杂志界编者聚餐会。"而到者寥寥，连余仅六人。与仲足翼云共饮，亦甚畅快。八时半散。"(日记)

12月4日 "圣陶两日未到馆，暂住红蕉所，侍其太夫人云。"(王伯祥日记)时，叶圣陶接中国共产党上海地下组织通知，为防国民党特务残害，到妹妹叶绍铭家暂避，前后约半个月。

12月5日 午后至大富贵菜馆，为练习生姜东生证婚。

12月6日 傍晚至梅龙镇，"应姚蓬子之邀，与邵力子共餐。文友均集，共十一人。席间无甚谈话。九时散"。(日记)

12月7日 吴研因来访。吴任教育部司长，以请假的方式从此辞官。

12月9日 午间与开明诸友宴吴研因夫妇于挹江楼。沈柏寒来访。

12月10日 夜在开明书店主办杂志界编者聚餐会，“听贾开基分析战局，甚为详尽”。（日记）

12月14日 傍晚偕胡墨林及开明诸友访金仲华母亲，“老太太将以明晨乘轮赴香港，与之话别”。（日记）

12月16日 夜间为开明练习生上课，讲《游子吟》。

12月17日 午间应赵家璧招饮于其寓。

12月19日 吴觉农来转达中共之意，邀请叶圣陶至解放区参加新政协。“觉农来，为远方致意，余再度谢之。”（日记）

12月21日 接吕叔湘信，“言渠定于后日挈眷迁沪”。“入夜，祀先，今夕为冬至夜也。”（日记）

12月22日 作《〈我要向青年说的〉书后》（刊《中学生》1949年一月号，总二〇七期；收入《叶圣陶集》第十二卷时题名为《〈关于“我要向青年说的”笔谈会〉后记》）。《后记》强调“一切的知识根本就是道德”，“德行须从民主来修养”，以及“必须把旧的传统观念根本铲除”等思想。

同日 偕胡墨林看电影《战地钟声》于国泰影院。

12月23日 吴致觉来，共商合译《牛津字典》事。

12月24日 贺昌群来访。

12月25日 吕叔湘夫妇来开明，“暂住我屋对面亭子间中”。（日记）

12月26日 导吕叔湘访各家。傍晚与开明诸友至王翼云家，应其招宴。

12月27日 与吕叔湘夫妇共进晚餐，谈编辑事。

12月28日 决定离沪入解放区。“午后，偕彬（傅彬然）、予（周予同）二兄访铎（郑振铎）兄，谈近事，无结论。”“暂拟偕墨一游，缘是心不宁定，竟夕未得好睡。”这里的“近事”和“一游”均指去解放区。（日记）

12 月29 日 将去解放区的决定告诉妹妹和妹夫。夜宴吕叔湘全家。

同日 “圣陶、彬然有图南意，余谓如无牵掣，值得一行。吾终觉伊等对人殊不能尽情。人之对之，亦不免大有寥廓之感耳。”（王伯祥日记）王伯祥对老朋友事前未能把去解放区的事向他说明而不悦。

12 月30 日 将去解放区的决定告诉范洗人。次子叶至诚离沪去苏北解放区。

12 日 31 日 夜出席开明同人辞岁之宴。

12 月 1 日至 31 日的日记，收入《叶圣陶集》第二十一卷。

同月 作《〈熟悉的人〉序》（刊入开明少年社编征文集《熟悉的人》，开明书店 1949 年 1 月出版；后收入《叶圣陶序跋集》，又收入《叶圣陶集》第十七卷）。

1949 年

（中华民国三十八年　己丑）　五十五岁

1月1日　毛泽东为新华社写的新年献词《将革命进行到底》发表。

1月21日　蒋介石宣告“引退”。李宗仁出任国民政府代总统。

1月31日　北平和平解放。

2月1日　国民党中央党部由南京迁往广州。

3月25日　中共中央和人民解放军总部迁至北平。

4月21日　毛泽东、朱德向人民解放军发布向全国进军的命令。

4月23日　南京解放，国民党反动派统治宣告灭亡。

7月2日　朱德代表党中央在全国第一次文代会上致词。

7月6日　周恩来在全国第一次文代会上作政治报告。毛泽东亲临会场，作重要讲话。

9月21日至30日　中国人民政治协商会议第一届全体会议在北平举行。会议通过中华人民共和国定都北平，北平（自27日起）改称北京；采用公元纪年；以《义勇军进行曲》为代国歌；国旗为五星红旗。会议通过了《中国人民政治协商会议共同纲领》，产生了中央人民政府，选毛泽东为主席，朱德、刘少奇、宋庆龄、李济深、张澜、高岗为副主席。

10月1日 中华人民共和国成立。北京三十万人在天安门广场举行隆重庆典。

11月 人民解放军相继解放遵义、桂林、梧州、柳州、重庆等地。

* * *

1月1日 访傅彬然，“谈出游程序”，复与章士敭商量。午后至天蟾舞台观平剧《铁公鸡》、《走麦城》和《蝴蝶梦》。

同日 发表评论《文艺创作》，刊宁波《春风》半月刊第三卷第六期（收入《叶圣陶集》第九卷）。

1月2日 傍晚偕胡墨林到丁晓先家聚餐，他客有傅彬然。

1月4日 傍晚范洗人、章雪村、王伯祥等开明十位同人在朱达君宅设宴，为叶圣陶、胡墨林、傅彬然赴香港饯行，兼为吕叔湘洗尘。邀郑振铎、卢芷芬、章士敭等作陪。

1月6日 傍晚至郑振铎宅应其招宴，范洗人、章雪村、周予同、王伯祥、朱达君等作陪。夜，范洗人、徐调孚、吕叔湘等来话别。

同日 “午后出席编审全会，圣陶提请加聘（吕）叔湘为编委，并拟推为常委云，当为转提明日经理室决之。”（王伯祥日记）

1月7日 偕胡墨林登永生轮赴香港，与傅彬然、卢芷芬、章士敭同行。丁晓先、朱达君、叶至善等到华盛码头送行，十一时启碇。

1月9日 舟泊基隆，游台北。

1月11日 抵香港，住九龙德邻公寓，宋云彬夫妇、陈劭先夫妇来访。夜，应陈劭先邀宴。宋云彬“告以后种种情形”。

同日 王伯祥“作书致圣陶，寄九龙嘱（宋）云彬转，盖今日得渠台北信，知泊舟登岸获一游，即日放航直指香港，遂作信答寄耳”。（王伯祥日记）

1月12日 夏衍来访，“所谈与士敏云彬相同而加详，谓昨日又接北方来电，询余到否，一切尚待商谈，缓数日再决”。访金仲华于其寓所，并谒其母夫人，“仲华亦小心过分，谓余出来为佳，留沪不妥。余于此终未能深信。若不为有事可做，仅为避扰，决不欲有此一行也”。(日记)

同日　作书信《致沪上诸友》(收入《叶圣陶集》第二十四卷)。函云：“诸公均鉴：在台寄一书，想先达览。昨日下午登岸（抵香港），暂寓旅舍。已晤云少爷（宋云彬），略谈大概，其详须俟晤夏公（夏衍）方知。此行甚安适，无风无浪，长乐（郑振铎）有兴，亦可出此途。乞容翁（王伯祥）转告之。”叶圣陶热切希望郑振铎也赴解放区。

1月13日　晤高祖文、李正文、夏康农等。“皆最近到港者也。抗战期间，一批人初集于桂林，继集于重庆，胜利而后，皆返上海，今又聚于香港，以为转口。余固不在此潮流之中。而事势推移，亦不免来此一行。”接王伯祥、徐调孚来信，“皆言此别颇惆怅”。

1月14日　陆联棠、陈原、李正文、宋云彬来访。午后金仲华来，导出游。

1月15日　读“毛泽东之文告”。柳亚子夫妇来访。夜应大公书局主人徐少眉之招宴。

1月16日　宋云彬来，导访邵荃麟夫妇。然后至冯乃超寓所聚餐，晤周而复、夏衍诸位。

1月17日　与胡墨林、傅彬然各合拍相片一张，寄明社同人作小别之纪念。又与胡墨林、傅彬然、宋云彬、卢芷芬、章士敭、章士敏、陆联棠八人合影，为旅港纪念。夜应上海书局方志勇之招宴。

1月18日　应新中国书局之约，谈编辑小字典事，主编为陈原和邵荃麟。杨东莼来访。访曹伯韩、柳亚子。

1月19日　朱智贤、陈此生来访。《文汇报》三记者来访。刘湖深、千家驹、萨空了等来访。夜应胡仲持招宴。

1月21日 午间应《文汇报》徐铸成招宴。访务实中学，晤蒋仲仁、朱光熙。

1月22日 金仲华来访。宋云彬邀观电影《双重生活》。夜饮于宋云彬家。夏衍来谈北上事，“谓后日有船北驶”。

1月23日 上午写信寄上海。午后应曾昭抡夫妇、朱智贤、严希纯四人之茶会，晤马季明、卞之琳。夜应徐伯昕、邵荃麟、陈原等之招，宴于红星酒家，谈出版编辑方面事。

1月24日 观苏联影片《西伯利亚史诗》。臧克家、钟敬文、高祖文来访。

1月25日 楼适夷来访。赴刘湖深宅应其招宴。

1月26日 以群来，导往张骏祥白杨夫妇家，应其招宴。

1月27日 接范洗人信，告郑振铎于日内来港，与曹禺同行。夜在金仲华家吃年夜饭，同座有柳亚子夫妇。

同日 作诗《香港赠刘湖深》（收入《叶圣陶集》第八卷）。诗中写道：“世运方如春渐至，向荣致实愿双修。”刘湖深乃诗人刘延陵之子。

1月28日 旧历除夕。楼适夷来访。夜在宋云彬所吃年夜饭。十时后，以群来，导往郭沫若之寓所，出席除夕晚会，到者五十余人。

1月29日 为白杨作一绝句：“骏祥写剧入人意，白杨演剧移人情。夫妇同趋俱进道，一双璧人照眼明。”李儒勉来访。

1月30日 宋云彬导游荔子角。夜邹荻帆夫妇来访。

1月31日 应《华商报》主持人邓文钊之招宴，同座有陈叔通、马寅初、包达三、张絅伯、盛丕华、吴羹梅、俞寰澄、廖夫人、方方、潘汉年等。接范洗人信，即复。

1月1日至6日的日记，收入《叶圣陶集》第二十一卷。

1月7日至31日的日记，收入《叶圣陶集》第二十二卷。

同月 《幼童国语读本（小学低年级适用）》第一、二、三、四册，由开明书店出版，署叶圣陶撰、丰子恺绘（同年4月再版，8月北平印第一版）。《幼童国语读本（小学低年级适用）》第一、二、三、四册的内容与《开明国语课本》第一、二、三、四册相同。《开明国语课本》第一、二、三、四册，开明书店1932年6月出版，是小学一二年级理想的读本。

2月1日 访僧人巨赞、觉光。游蓬瀛仙馆。

同日 发表《幼童国语读本（小学低年级适用）》(叶圣陶撰、丰子恺绘，共四册）广告，刊《中学生》二月号（总二〇八期），未署名（收入《叶圣陶集》第十八卷）。

2月2日 种牛痘，“此系北上之准备，如在北朝鲜登陆，即需用此证明书”。访阳翰笙、史东山夫妇。

2月3日 午后出席香港文协欢迎新来港诸友之同乐会，致辞。

2月4日 金仲华来访。初识王亚南。

同日 作《谈抽象词语》(刊1949年2月7日香港《大公报·思想与生活》第二期，后收入《叶圣陶集》第十七卷）。

2月5日 杨慧修、张志让、巨赞和尚来访，“巨赞和尚示余其所拟改革佛教组织之计划”。夜观电影《天伦乐》于景星影院。

2月6日 游西林寺，访达德学院和容龙别墅。夜应刘火子、金端苓夫妇招宴，柳亚子夫妇同座。

2月7日 访袁水拍。赴中国酒家应方志勇之招宴，谈其书局所编南洋教科书之事。楼适夷、周而复来访。

2月8日 黎澍、袁水拍、萧乾来访。傍晚，文化供应社开社务会，出席旁听。

2月9日 杨乔来访。杜守素来访。傍晚至侯外庐家，出席学术工作者协会香港分会之宴会，到宾主二十七人，谈叙甚欢。

2月10日 杨东莼来谈青年教育问题。

2月11日 “与彬然冒雨出门，至荃麟所，观北方来之各种出版物。有友人三十许会集，共谈对此等出版物之观感。”（日记）

2月12日　《文汇报》二记者来访。钟敬文来访。金仲华来谈，“论及中共之优点在知过而改，能深察客观情势，且不惮批评。余深然其言”。（日记）

2月13日　往平安戏院观苏联影片《政府委员》。至六国饭店，应港九教师福利会之招宴，致辞。至海景楼，应周而复、吉少甫之招饮，商文艺小丛书之编辑计划。

2月14日　洪遒、朱智贤、林焕平等来访。观沈起予译泰纳之《艺术哲学》。

2月15日　商务印书馆香港分馆经理徐应昶来访。应叶以群相托，写介绍《西伯利亚史诗》影片之横幅。陈原来访，谈编辑和香港学校教育。

同日　作《谈谈写口语》（由钟敬文编入《方言文集》，香港新民主出版社1949年5月出版，署中华全国文艺协会香港分会方言文学研究会编）。

2月16日　至上海银行访章元善，共游浅水湾。

2月17日　至胜利影院看苏联影片《以血还血》，影片仅映开头一部分即被官方禁止，极为愤慨。李儒勉来访。

2月18日　章元善偕马季明来访。

同日　作《往实际方面钻——介绍〈思想与生活〉》（刊1949年7月6日上海《文汇报》；又刊入傅彬然著《思想与生活》，开明书店1949年8月出版；后收入《叶圣陶集》第六卷）。所谓“往实际方面钻”是指“思想跟生活融和在一块儿，表里如一，即知即行”。

2月19日　与宋云彬至太古码头迎郑振铎，“彼此相见甚愉悦。于是同返九龙酒店，振铎赁得一房间，在我室之右”。午应徐伯昕招宴。陪振铎访曹禺、以群、阳翰笙，皆未遇。夜应徐应昶、李孤帆招宴。散席后访夏衍。

2月20日　至汉华中学，参加教育座谈会，致词。夜至以群寓所小宴。散后，电影界十余人来谈叙。

2月21日 夜赴红星酒家陆联棠之招宴，主客为郑振铎。夜，徐铸成、陈钦源来访。

2月22日 偕胡墨林、郑振铎、萧乾至达德学院民主堂开文艺座谈会（与会者还有曹禺、以群、楼适夷、马思聪、张瑞芳等），发表演说：一、文艺勿为社会科学之例证与文艺理论之演绎；二、文艺创作必注重语言文字。

2月23日 与《文汇报》社编辑部同人谈报纸应注意之点。陈钦源陪游公园。

2月24日 午间柯灵作东，为叶圣陶、郑振铎、曹禺等饯行。"饮威士忌，余饮颇多，至于入醉。与家宝谈话，不记所言为何，总之衷有所感，至于流泪。"（日记）

2月25日 迁入大中华旅馆。午应徐铸成招宴，与郑振铎等在上海餐馆午餐。夜至六国饭店，应王芸生、萧乾之招饮。

2月26日 香港地下党组织将叶至陶等安排住入大同旅馆，准备北行。

2月27日 登挂葡萄牙国旗之苏联货船北上，同行者全部化装潜行，"余之身份被派为管舱员"。"从香港同乘轮船北上的二十七人中，民主人士有柳亚子、陈叔通、马寅初、俞寰澄、张絅伯诸位老前辈，文化界人士有郑振铎、宋云彬、傅彬然、曹禺诸位老朋友，还有新相识的好多位，大多数都年过半百，可是兴奋的心情却还像青年。因为大家看得很清楚，中国即将出现一个崭新的局面，并且认为，这一回航海决非寻常的旅行，而是去参与一项极其伟大的工作。至于究竟是什么样的工作，应该怎样去做，自己能不能胜任，就我个人而言，当时是相当模糊的。"（叶圣陶：《〈北上日记〉小记》，《叶圣陶集》第二十二卷）

2月28日 午前，船离香港。

2月1日至28日的日记，收入《叶圣陶集》第二十二卷。

3月1日 《中学生》杂志三月号（总二〇九期）出版。自这一期开始，叶圣陶不再担任该志的编辑工作。《中学生》杂志署“张明养、周予同、顾均正、徐调孚编”。叶圣陶与茅盾、胡愈之等开始筹办《进步青年》杂志。5月1日出创刊号，署宋云彬、茅盾、孙起孟、叶圣陶、周建人、胡愈之、袁翰青、傅彬然编辑。叶圣陶在《〈进步青年〉与〈中学生〉合并》一文中说：“今年三月间，我们到了解放了的北平。一些关心教育的朋友与我们谈起，在这社会大转变期间，青年界很需要《中学生》那样的杂志。那时候上海还没有解放，出《中学生》的北平版当然不可能，朋友们就怂恿我们另出一种。我们不敢辜负朋友们的好意，匆匆地约稿，匆匆地排印，出版了《进步青年》的创刊号，出版期正好赶上‘五四’的三十周年，是值得珍重的。”

同日 在船上举行第一次晚会。“轮及余说笑话，余以谜语代之。谜面为我们一批人乘此轮赶路，谜底为《庄子》篇名一。云彬猜中为《知北游》，‘知’盖知识分子之简称也。云彬索奖品，要余作诗一首，并请柳亚老和之。”（日记）

同日 深夜作诗《自香港北上呈同舟诸公》（收入《箧存集》，又收入《叶圣陶集》第八卷）。诗云：“南运经时又北游，最欣同气与同舟。翻身民众开新史，立国规模俟共谋。篑土为山宁肯后，涓泉归海复何求。不贤识小原其分，言志奚须故自羞。”

同日 发表评论《读了〈煤〉想到的》，刊《小说》月刊第二卷第三期（收入《叶圣陶论创作》，收入《叶圣陶集》第九卷时题名为《经验和语言——读了〈煤〉想到的》）。文章论李纳的短篇小说《煤》。小说写的是浪子回头的事儿，题名寓“煤能使废铁化成钢”之意。

3月2日 柳亚子、陈叔通、张季龙和《自香港北上呈同舟诸公》。

柳亚子和诗云：“栖息经年快壮游，敢言李郭附同舟。万夫联臂成新国，一士哦诗见远谋。渊默能持君自圣，光明在望我奚求。卅年匡齐惭无补，镜里头颅只自羞。”

陈叔通和诗云：“奔赴新邦未是游，涉川愧说用为舟。纵横扫荡妖氛靖，黾勉艰难国是谋。总冀众生能解放，岂容小己各营求。青年有责今方始，如我终蒙落后羞。”

张季龙和诗云：“开浪长风比壮游，八方贤俊喜同舟。经纶首作三年计，夜食须为万众谋。学运大潮黉沼起，奇才异技野田求。衔泥聚土成丘陆，回顾平生不自羞。”（第三句谓恢复经济应首作三年计划，末句后改作“群力擎天漫自羞”）

同日 晚上仍为晚会，与宋云彬合唱昆曲《天淡云闲》，“此在余为破天荒，自然不合腔拍”。最后全体合唱《义勇军进行曲》。（日记）

3月3日 开座谈会，题为“文化及一般社会方面如何推进新民主主义之实现”，张季龙为主席。晚上仍为晚会。

3月4日 主持开第二次座谈会，题仍为“文化及一般社会方面如何推进新民主主义之实现”，谈今后新闻工作和电影。晚上仍为晚会，胡墨林唱《唱春调》。夜，轮船“遇国民党军舰盘问，因而故为改道，作向朝鲜行驶状，遂延迟行程一小时余”。（日记）

同日 宋云彬和《自香港北上呈同舟诸公》。诗云：“蒙叟寓言知北游，纵无风雨亦同舟。大军应作渡江计，国是岂容筑室谋。好向人民勤学习，更将真理细追求。此行合有新收获，顽钝如余只自羞。”

3月5日 抵烟台，徐中元市长和贾参谋长出迎，“徐贾二君态度极自然，无官僚风，初入解放区，即觉印象甚佳”。（日记）

3月6日 华东党部郭子化秘书长、匡亚明宣传部长等三人“为我们谈解放区种种情形，以及战争所以致胜之道”。与郑振铎、宋云彬诸友游街市。夜，出席烟台市党政军民之欢迎会。

3月7日 乘吉普车离烟台，夜宿三李庄农家土炕。晤青年干部姜汝，“聆其所谈，颇头头是道。余思共产党从生活中教育人，

实深得教育之精意。他日当将此意发挥之”。(日记)

3月8日 出席乡村“三八”妇女大会，“余被拉致辞，略述蒋管区妇女近况”。夜出席在田野间举行的欢迎会，观《拥护毛主席八项条件》、《交易公平》、《积极生产》、《开荒》等歌舞剧，“余亦以为如此之戏，与实生活打成一片，有教育价值而不乏娱乐价值，实为别开途径之佳绩”。(日记)

3月9日 抵潍坊特别市。

3月10日 出席市政府之茶会，致词。参观图书馆。午后乘火车于晚八时许抵青州市（益都），“听吴仲超君谈收藏保管文物之情形，头头是道，至为心折。诬共党者往往谓不要旧文化，安知其胜于笃旧文人多多耶”。(日记)

3月11日 至孟家村，“华东党政军各机关俱在此村及其周围”，出席茶会、宴会。出席欢迎会，华东军区许世友司令员致欢迎辞。陈叔通、柳亚子、曹禺和叶圣陶致答词。叶圣陶在答词中说：“来解放区后，始见具有伟大力量之人民，始见尽职奉公之军人与官吏。其所以致此，则由此次解放战争实为最大规模之教育功课，所有之人皆从中改变气质，翻过身来，获得新的人生观也。此意尚未想得周全，他日当为文表达之。”夜观平剧《空城记》、《三岔口》、《御碑亭》和《芦花荡》。

3月12日 参观托儿所及军官教导团，与蒋军投降军官十余人座谈。

3月13日 与杜聿明、王耀武谈话。

3月14日 抵济南，初晤赵俪生，游大明湖。访华东大学。出席座谈会，听党政军干部介绍攻克济南的经过及接收济南后之处理方法。

3月15日 抵德州，正副市长设宴款待。

3月16日 抵沧州。夜登从天津开来的专列赴京。“解放军以刻苦为一大特点。而招待我人如此隆重，款以彼所从不享用之物品

与设备，有心人反感其不安。”（日记）

3月17日 抵石家庄，晤自石家庄上车的杨之华、邓颖超。

3月18日 凌晨，抵天津。十时许抵北平，叶剑英市长及李维汉、郭沫若、马叙伦、沈衡山等到车站迎接。前来迎接的还有“已十余年不见，且曾有海外东坡之谣传”的胡愈之，“乍见之际，欢自心发”。住六国饭店。访王稚圃、李维汉。（日记）

3月19日 访沈雁冰，“承告此间文教方面之大概情形”。晤周扬，“谈组织全国文艺界协会事”。晚，叶剑英、罗迈、齐燕铭、连贯等设宴为叶圣陶一行洗尘。（日记）

3月20日 晨偕胡墨林访俞平伯夫妇，“多年不见，共叹老苍”。俞平伯示新作长诗《寒夕凤城行》手稿，“记北平围城时之事，携归读之”。午后偕郑振铎访赵万里，由赵陪同访潘介泉于红楼，未遇。“遂访（朱）孟实、（沈）从文。从文近来精神失常，意颇怜之。余谈一切，五时始辞出。”夜，应罗迈、周扬之招宴，出席文协理监事会。（日记）

3月21日 至陈竹隐家，观朱自清书室，“物在人亡，几欲陨涕”。晤清华大学教授十余人，与浦江清谈朱自清遗集出版事。又晤燕京校长陆志韦等。夜听罗迈谈话，谈及和谈、新政协和统一战线诸问题，“其言至亲切”。（日记）

3月22日 董必武来访。许昂若来访。出席教师联合会筹备会。出席文协理监事与华北文协理事之联席会议，决定筹备中华全国文学艺术工作者代表大会，与郭沫若、沈雁冰、周扬、郑振铎、田汉等四十二人组成筹备委员会，郭沫若为筹备委员会主任，沈雁冰和周扬为副主任。又推出出席世界和平大会文艺方面之代表。

3月23日 赴北京饭店，出席“学术工作者协会在平会员谈话会”。访潘介泉于红楼。

3月24日 张云波、丁易、叶苍岑来访。出席文代筹备会，会议推定郭沫若、茅盾、周扬、叶圣陶、艾青、沙可夫、李广田为筹委会常务委员。同日，与郑振铎、宋云彬联名致书“文管会”，请备款收购东安市场书铺的旧杂志。

3月25日 中共中央迁至北平，至西郊机场欢迎毛主席、周副主席。同日，胡愈之来谈，“颇广余之闻知”。初晤李广田。

1月7日至3月25日的日记，以《北上日记》为题，刊《人民文学》1981年第七期；后收入《日记三抄》，花城出版社1982年1月出版。

3月26日 参加学术工作者协会之理事会，参加文协筹委会之常务会。

同日 宋云彬日记：“中午偕圣陶夫妇暨振铎、彬然同赴北大俞平伯等之宴。列名具柬邀请者凡十七人，俞平伯、王重民、朱光潜、金克木、郑天挺、林庚、吴晓铃、季羡林、沈从文、顾小刚、向达、孙楷第、黄文弼、魏建功、杨人楩、韩寿堂、赵万里。地点为孑民纪念堂。圣陶饮白干不及半斤，竟大醉，泣不可抑，盖怀念其好友朱佩弦，触景多感故也。”（宋云彬：《红尘冷眼》，山西人民出版社2002年版）

3月29日 至华北局出席教育会议，作演讲。

3月30日 午后偕胡墨林和宋云彬赴王府井大街凤凰厅听大鼓书。

3月1日至25日的日记，收入《叶圣陶集》第二十二卷。

4月1日 至师范大学演讲，题为《教育漫谈》。

4月4日 与友人集会，筹组教育座谈会，共商教科书编审委员会之事。午后偕胡墨林至俞平伯家唱昆曲。

4月5日 到上海女中演讲。参加国文教育座谈会。

4月6日 出席无党派友人会议，听罗迈报告国共和谈之事。至师大附中演讲。出席华北文协招待外来文友之茶话会，致辞。

4月7日 始出任华北人民政府教科书编审委员会主任之职，周建人和胡绳为副主任。晚赴国民戏院看大秧歌表演。

4月8日 与沈雁冰至冯乃超寓所，共商文协大会之邀请代表名单。晚赴北京饭店应陆定一、周扬、晁哲甫之宴，为商如何组织教科书编审机构事。

4月10日 主持教育座谈会，讨论接管上海教育之问题。

4月11日 与沈雁冰等人共商出版《进步青年》杂志事。

4月12日 参加座谈会，讨论接管京、沪、杭教育机关之问题。

4月14日 至沈雁冰寓所，开文协评选委员会小说组之首次会议。

4月15日 主持教科书编审委员会第一次会议。出席文协代表会筹委常委会扩大会议。

同日 宋云彬日记："下午编审委员会开第一次会议。地点在六国饭店。出席者圣陶、彬然、胡绳、周建人、王子野、孙起孟、叶蠖生、金灿然、孟超。商决分国文、史地、自然三组。国文组为圣陶（兼），孙起孟、孟超及余四人，每周开会一次，余为召集人。"（宋云彬：《红尘冷眼》，山西人民出版社 2002 年版）

4月16日 参加全国青年代表大会之筹备会。参加南社、新南社纪念会。

同日 宋云彬日记："柳老为纪念南社、新南社，在中山公园来今雨轩召开茶话会，下午二时与圣陶伉俪应邀而往，来宾甚多，中共方面李立三、叶剑英、连贯、杨之华、周恩来等先后来到，今日亚老乐哉。"晚八时，周恩来在北京饭店作报告，报告与南京代表谈判结果。（宋云彬：《红尘冷眼》，山西人民出版社 2002 年版）

4月17日 参加教育座谈会。

4月18日 代表文协出席五一、五四纪念大会之筹备会。

4月20日 将《进步青年》创刊号文稿送京华印书局排版。《进步青年》于 5 月 4 日创刊，由叶圣陶、茅盾、周建人、胡愈之、宋云彬、孙起孟、袁翰青、金仲华、宋云彬、傅彬然等十人组成编委会。

4月22日 主持教科书编审委员会国文组工作会议。教科书编审委员会会址选定东四二条五号。

4月23日 出席《解放日报》招集的座谈会。

4月24日 夜偕胡墨林及宋云彬、欧阳予倩、赵超构、萨空了等在东安市场五芳斋宴饮，庆我大军解放南京。

4月25日 至文协筹备会，出席常委会。是日，迁居东四二条。

4月26日 与教科书编审委员会史地组同人集会，讨论史地教科书。

4月27日 始审改高小国文课文书稿。至文协筹备处开小说评选组会议。

4月29日 开教科书编审委员会第二次会议，通过该会章程。

4月30日 开文协筹委常委会。

5月1日 发表《二千年间》(蒲韧著）广告，刊《中学生》五月号（总二一一期)，未署名（收入《叶圣陶集》第十八卷)。

5月3日 出席文协评选会各小说组组长会议。晚，开明书店在玉华台宴客，主客为开明董事长邵力子。

5月4日 出席全国青年代表大会开幕式。叶圣陶为大会筹备委员。

同日 发表《〈进步青年〉发刊辞》，刊《进步青年》创刊号，署名编者（收入《叶圣陶集》第十八卷)。《发刊辞》中说："我们一班朋友对于教育都有些兴趣，有些信念。我们以为教育为政治服务是必然的，世间决没有跟政治不相干的教育，教育独立只是一种虚无缥缈的想头。"又说："进步的教育偏重在熏陶。熏陶就是在潜移默化之中渐渐地养成好思想，好习惯。见效虽不能怎么快，可是它的影响是深刻的，持久的。"最后说："我们愿意把'进步'这个词儿标在杂志的名称里头，作为跟青年挽着胳膊，齐步迈进，争取不断进步的信约跟凭证。"

同日 发表《加紧学习，迎接五四!》，刊《进步青年》创刊号，署名朱逊（收入《叶圣陶集》第十二卷)。

同日 发表《敬告在校青年》，刊《进步青年》创刊号，又刊《中学生》五月号（总二一一期），均署名圣陶（收入《叶圣陶集》第十二卷）。文章希望在校青年和老师共同养成好的学风。

同日 发表《不断的进步》，刊《人民日报》第六版（刊 1949 年 6 月 5 日香港《华商报·星期增刊》第二十期；后收入《“五四”三十周年纪念专辑》，新华书店 1949 年 9 月出版；又收入《叶圣陶集》第六卷）。文章说：“全部的新人生哲学就是学习的对象”，“这就来了加紧学习的切需”。

5 月5 日 出席文管会与学术工作者协会联合召开的纪念“五四”三十周年座谈会，周恩来到会作报告，谈民主与科学。夜赴三庆戏院观叶盛兰演周瑜。

5 月7 日 召集教科书编审委员开国文组会议。与《进步青年》编辑同人谈杂志的编辑要点。晚，《进步青年》社宴客，沈雁冰、胡愈之、赵超构均到。

5 月9 日 杨之华来访，谈纪念瞿秋白事。

5 月10 日 出席文协筹委会，讨论国统区之邀请代表名单。夜，听华北人民政府主席董必武的报告。

5 月13 日 开教科书编审委员会全委会。

5 月14 日 与邵力子到天津，参加开明书店天津分店之开幕式。次日返京。

5 月16 日 将高小国语课本（共三册）书稿审改完毕，始审改高小历史课本书稿。

5 月17 日 开文协筹委常务会。开教科书编审委员会之业务研究会。

同日 宋云彬日记：“晚有座谈会，谈编教科书，除圣陶有较深刻之见解外，余人均尚空谈，可谓白费时间。”（宋云彬：《红尘冷眼》，山西人民出版社 2002 年版）

5 月18 日 到辅仁大学演讲，谈学制及大学教育问题。

5月20日 参加华北小学教育会议开幕式，致辞。

5月22日 偕胡墨林赴颐和园应柳亚子之午宴，同座还有俞平伯夫妇、宋云彬、傅彬然等。

5月23日 开教科书编审委员会史地小组常会。将高小历史课本书稿审改完毕，始审阅高中历史课本书稿。

5月25日 上海解放，与友人共饮申庆。

5月27日 作审查教本之意见书，开教科书编审委员会全体委员会议。

5月29日 应吴玉章、黎劭西邀请，到师范大学商发起中国文字改革研究会之事。

5月31日 开教育座谈会，拟教育方针及设想。

6月1日 到师范大学中文系演讲。

同日 发表《文艺书简》（李广田著）广告，刊《中学生》六月号（总二一二期），未署名（收入《叶圣陶集》第十八卷）。

同日 《中学生》六月号（总二一二期）刊登“迎接新时代”特辑，执笔者为杜若、陈岳生、郭绍虞、戴文保、潘震亚、魏金枝、黄裳、唐弢、陈白尘、许杰、胡曲园、邱祖铭、杨刚、金仲华、周光歧、周谷城、漆琪生、李健吾、王芸生、靳以、胡仲持、邱汉生、贺昌群、冯宾符、张孟闻、余之介、杨卫玉。编者在“前言”中说：“一个新的时代已经到来。所有的人都怀着兴奋的心情来迎接这一新时代，尤其是年轻的一辈更对这一时代怀着极大的希望，并愿对时代贡献其全部的生命。”“可是他们在过去二十年中所受的都是反动的落后的教育，因此对于这一伟大的新时代，不免有些认识不清或了解不够。现在我们特以‘迎接新时代’一题为范围，恳请一向爱护本志的先生们写出一些意见，编成这个特辑（排列以收到时间先后为序）。读者在读了本期特辑的文字后，也许能够对新时代获得一个正确的了解与认识，从此改变过去的生活方式，成为新时代的健全分子吧。”叶圣陶参予了这一特辑的筹划。

6月3日 晚与宋云彬赴北海公园看放烟火。

6月4日 参加北平市中小学教育工作者代表大会，致辞。下午至北京饭店听刘少奇、陈云作经济政策报告。

6月8日 上午到师范大学演讲。下午到朝阳门外第四女中演讲。

6月10日 参与国统区革命文艺运动报告之起草委员会。徐特立来访，谈解放区于艰苦中办教育之情形。

6月11日 被推为新政协筹备委员。开教育座谈会，听丁瓒报告参观苏联教育观感。齐燕铭来访。

6月12日 出席新政协筹备组会议，与沈雁冰、郑振铎、欧阳予倩、田汉、侯外庐、曾昭抡同属“文化界民主人士”组。午间赴欧美同学会之宴，同座有陈叔通、马寅初、茅盾、郑振铎等。

同日 作《回忆瞿秋白先生》(刊1949年6月28日《新民报晚刊》第三版；编入《忆秋白》，人民文学出版社出版；后收入《叶圣陶散文甲集》，又收入《叶圣陶集》第六卷)。文章说：“认识秋白先生大约在民国十一二年间，常在振铎兄的寓所里碰见。谈锋很健，方面很广，常有精辟的见解。我默默地坐在旁边听，领受新知异闻着实不少。”随后又写到瞿秋白给《中学生》写过稿子，牺牲时的遗嘱说“有一些材料”，“可以交给我，由我作小说”。

6月14日 开文代会常务委员会。将高中历史课本书稿审改完毕，始审阅地理课本书稿。

6月15日 参加新政协筹备会，毛主席、朱德到会讲话。次日，仍参加新政协筹备会。

6月18日 参加新政协筹备会第二小组之会，“第二小组主起草新政协组织条例”。

6月19日 参加新政协全体筹备委员会议。

同日 宋云彬日记："潘家洵来，向圣陶告诉，谓苏州解放后征粮甚急，其夫人曾被押追。圣陶致函周恩来，请加调查。函稿交余斟酌，余谓措辞须极谨慎，不可使对方误会为地主说话也。"（宋云彬：《红尘冷眼》，山西人民出版社 2002 年版）

6 月 20 日 晚与宋云彬、朱达君、郑振铎、傅彬然等在润明楼聚餐，商开明今后方针。

6 月 21 日 至文协会所，开文代会筹备会常务会。

6 月 22 日 拟教科书编审委员会国文组工作计划。

6 月 23 日 至怀仁堂，参加平剧晚会，观谭富英之《空城计》、《失街亭》、《斩马谡》和《锁麟囊》。

6 月 24 日 上午九时至北京饭店，"与谭平山、周新民等四人讨论新政协组织条例之纲要，以便提出于小组会议，为讨论之依据"。（日记）

6 月 25 日 开教科书编审委员会全体会议，决定着手编撰各科教本。至文协会所，开扩大常务会议。

同日 作《划时代》（刊 1949 年 6 月 30 日《文艺报》第九期，后收入《叶圣陶集》第六卷）。文章用"划时代"三个字来形容文代会，说"文学艺术必须将从这个划时代的大会而划时代"。

6 月 26 日 出席发起教育工作者代表筹备会之座谈会，由李维汉邀集。

同日 作《祝文代大会》（刊 1949 年 7 月 2 日《光明日报》第三版，后收入《中华全国文学艺术工作者代表大会纪念文集》，又收入《叶圣陶集》第六卷）。文章说："人人都说解放军识解高，教养好，从来未有，凭这样的军队来进行革命，自然马到成功。我们可以这样说，今天来会的是手执另外一种武器的解放军，今天这个大会就是这批解放军的大检阅。那么，'以文会友'，'声气应求'之类的话怎够描述这个大会呢？"

6 月 28 日 "午后二时至北京饭店，开第二组全体会议。就廿四日

商定之新政协组织条例提纲，逐一讨论。”“末了推定起草者十一人，余亦在内。”（日记）

同日 上海文代会代表巴金、辛笛、李健吾、赵家璧、唐弢、柯灵来访。夜，出席文代会全体筹备委员会议。

6月29日 出席文代会南方一团之集会。叶圣陶与周建人、胡绳、宋云彬、孟超同属“南方一团”。开文代会预备会，为大会主席团成员。

6月30日 开文代会预备会，为大会主席团成员。

6月11日、12日、14日至16日、18日、19日、21日、23日至26日、28日至30日的日记，收入《叶圣陶集》第二十二卷。

7月1日 改写《教育工作者代表会议缘起》。

同日 发表《依靠口耳》，刊《华北文艺》第六期（收入《叶圣陶论创作》，又收入《叶圣陶集》第十七卷）。文章说：“现代的事物跟现代人的心思，要用现代的语言才能表达得精确而且入神——现代的语言是必须依靠口耳的。”提倡“有意的依靠口耳，把笔语跟口语归到一致”。

同日 《中学生》七月号（总二一三期）刊登《本年第二次征文题——解放前后》。《征文题》说：“这是一个范围相当广泛的题目”，“可从您所最熟悉的与必须写的或值得写的方面下手。比如在解放前后您的思想生活起了什么变化，您的学习方法与重心有怎样的改变，您的家庭、学校与社会环境发生怎样的转变等等问题”。叶圣陶参予了这一特辑的筹划。

同日 “（朱）文叔来馆，候军管会交际处信，盖应圣陶之聘，将北上佐编教科书也。”（王伯祥日记）

7月2日 第一次文代会开幕，参加大会主席团，为大会小说组委员兼召集人，以及大会章程及重要文件起草委员会委员。19日，大会闭幕，任文联全国委员和文协全国委员。

7月3日 与胡绳、金灿然议设立编审局之事。开教代会发起人之会。

7月4日 发表《零星的感想》，刊《进步青年》第三期，署名朱逊（收入《叶圣陶集》第十二卷）。

7月5日 到怀仁堂参加“七七”纪念会。

7月6日 至怀仁堂，听周恩来向文代会代表作政治报告。至北京饭店，应董必武、薄一波、聂荣臻之招宴，庆贺“七七”。将地理课本书稿审改完毕，始审阅中学政治课本书稿。

7月8日 至怀仁堂，出席文代会主席团会议。讨论如何组织各个协会（如文学、美术、戏剧、电影等），如何定今后议程。

同日 “下午（徐）调孚自怀夏楼至，同出席卅九次业务常会，出圣陶寄余书，知北平将有社会科学工作者代表大会之召集，贱名已被提到该大会之史学组，劝余如接通知必北行一晤云云，友情可感。”（王伯祥日记）

7月9日 开教科书编委会全体常会，拟定课程标准。

7月10日 偕胡墨林游中山公园。

7月11日 午间至玉华台，欢迎王统照，“别十余年矣，苍白殊甚，骤见之几乎不相识”。至出版委员会，与胡愈之、周建人、胡绳、黄洛峰等共议新中国政府成立后出版部的工作。

7月14日 应华北党政军及所属各机关的邀请，赴鸡尾酒会，招待文代会代表。

7月15日 出席文代会南方第一代表团之集会。出席民盟召开的纪念会，纪念闻一多、李公朴、杜斌丞、黄竞武、曾伟、陶行知。至美专，观文代会主办之艺术展览会。

7月16日 出席中小学教师暑期学习会开幕式，致辞。至怀仁堂，参加中苏友好协会之发起人大会，朱德、周恩来、郭沫若、吴玉章发表演说。

7月17日 至怀仁堂，投票选举全国文联委员。

7月19日 至怀仁堂，出席文代大会闭幕式。当选为文代会全国委员。晚，至国民大戏院，观招待文代会之舞蹈会。

7月20日 午间至惠尔康，应郑振铎、辛笛、唐弢、柯灵之招宴。他客多解放区作家。

7月21日 至北京饭店，中共中央宴文代会全体代表，宾主约七百人，设席七十桌。

7月23日 出席教代会筹备会，致辞。出席教代会筹备会代表座谈会。当选为文协全国委员。

7月24日 出席教代会筹备会主席团会议。

7月25日 列席华北政府委员会扩大会议。出席统战部招待文教会筹备委员之宴会，开教代筹委会主席团会议，修改教代筹备会章程，确定常委名单。

同日 宋云彬日记："朱文叔校国语第三册，发见《细菌》一课有问题，与圣陶商讨一个上午，加以正。"（宋云彬：《红尘冷眼》，山西人民出版社2002年版）

7月26日 出席教代筹委会。夜，与潘介泉、钟敬文、郑振铎等在灶温共饮。

7月27日 出席教代筹备会大会，被推为新政协代表。

7月28日 参加文协全国委员首次会议。夜，出席全体教代筹备员之茶会，周恩来到会作报告。

7月31日 至留香饭店，晤上海来参加文代会之诸友，"与巴金、梅林谈较久。旧日文协取消，梅林需有服务之所，一时亦无由决定"。召集教代会代表座谈，到陈鹤琴、吴研因、董纯才等数十人。

7月1日至6日、8日、11日、14日至31日的日记，收入《叶圣陶集》第二十二卷。

同月 叶圣陶校订的《新编初中精读文选》由文化供应社开始出版，包括《语体文选》六册、《实用文篇》一册、《语法篇》一册、《文章作法篇》一册、《文言文选》三册。同年 9 月出齐。

编辑例言

一　本书为初级中学国文科精读的教材，及自修国文的课本。

二　本书选材的标准：

1. 符合新民主主义的精神；

2. 切合现代学生的思想与生活；

3. 为初中学生所能理解和接受；

4. 注重国文的教学价值，使学生易于仿作；

5. 包有各种文章体裁，使学生能正确的理解和分析普通的文章；

6. 包有各类文学作品，使学生增加文学的常识和兴趣。

三　本书取材，多从名著中节录，引起学生研读原著或作者的其他作品的兴趣，使精读与略读的学习相互配合。

四　本书选材，为文字形式上的完整，有时对原作稍加删节和修润，敬请原作者鉴谅。

五　本书以《语体文选》为主，分编六册，供初中三学年的教学，每学期一册。

六　本书为便利有些学校教学文言文起见，另编《文言文选》三册，供初中三学年的教学，每学年一册。

七　本书另编《语法篇》一册，使学生了解我国语文法则的梗概，适合初中第一学年教学。

八　本书另编《文章作法编》一册，使学生了解各体文章的作法和修辞学大意，适合初中第二学年教学。

九　本书另编《实用文篇》一册，使学生了解各种日常实用文件的体式和作法，适合初中第三学年教学。

十　本书各册选文之后，附有：

1. 作者　作者的简单介绍；

2. 题解　作品的主题、内容概要和体裁；

3. 注释　比较难解的词汇、典故、成语和人名地名，加以注释。

《语体文选》目录

第一册

第二册

第三册

四　蚕儿和蚂蚁　　叶绍钧
五　诗两首
　一个小农的暮　　刘　复
　吹笛猎人　　马凡陀
六　月光曲　　田边尚雄著
　　丰子恺译
七　罗丹　　张崧年
八　墨水壶　　左琴科
九　爱因斯坦画像记　　佚　名
一〇　凡卡　　契诃夫著　学　文译
一一　美与同情　　丰子恺
一二　秃的梧桐　　苏　梅
一三　野草　　夏　衍
一四　马老太太之死　　佚　名
一五　蜡烛　　西蒙诺夫著　茅　盾译
一六　野店　　李广田
一七　济南的冬天　　老　舍
一八　蝉　　法布尔著　王大文译
一九　老牛　　潘林著　沈雁冰译
二〇　马门教授　　斯　人

第四册

一　学习和知识分子　　孙起孟
二　我的读书经验　　郭沫若
三　我的同班　　冰　心
四　我当选了膳委　　何孝达
五　诗两首
　一句话　　闻一多
　胜利带来了一切　　陶行知

第五册

一一　诗两首
　　我为少男少女们歌唱　何其芳
　　生活是多么广阔　何其芳
一二　毛遂　聂绀弩
一三　“差半车麦秸”（上）　姚雪垠
一四　“差半车麦秸”（下）　姚雪垠
一五　方县长　适　夷
一六　《李有才板话》的来历　赵树理
一七　关于《李有才板话》　茅　盾
一八　白毛女（上）　贺敬之等
一九　白毛女（中）　贺敬之等
二〇　白毛女（下）　贺敬之等

第六册

一　怎样做新中国的知识青年　林砺儒
二　谈理想　默　涵
三　记念刘和珍君　鲁　迅
四　文章与题目　鲁　迅
五　北平的夏天　老　舍
六　海燕　高尔基
七　吹号者　艾　青
八　孔乙己　鲁　迅
九　同情　斯　人
一〇　黄梨洲论学生运动　胡　适
一一　论胡适　夏康农
一二　艺术的产生和发展　伯　韩
一三　新文学的建设　宋云彬
一四　黄省三（上）　曹　禺
一五　黄省三（下）　曹　禺

《〈语体文选〉作者简介、题解、注释举隅》，收入《叶圣陶教育文集》第四卷（人民教育出版社 1994 年出版）。篇名为《聪明人傻子和奴才》。

《实用文篇》　文化供应社 1949 年 9 月初版

目录

《〈实用文篇〉习题举隅》，收入《叶圣陶教育文集》第四卷（人民教育出版社 1994 年出版）。篇名为《书信（一）——书信的种类和体式》、《书信（二）——书信和礼仪》、《书信（三）——书信和诸文体》。

《语法篇》　文化供应社 1949 年 7 月初版

目录

《〈语法篇〉习题举隅》，收入《叶圣陶教育文集》第四卷（人民教育出版社 1994 年出版）。篇名为《语句的习惯用法·习题》。

《文章作法篇》　文化供应社 1949 年 9 月初版

目录

一〇　记叙文的材料
一一　记叙文的顺序
一二　记叙文剪裁
一三　经验和想象
一四　小说和记叙文
一五　抒情文
一六　随笔
一七　写景
一八　散文和韵文
一九　说明文
二〇　说明文和记叙文议论文
二一　说明文的方法
二二　说明文的对象（一）
二三　说明文的对象（二）
二四　语义的诠释
二五　独语式和问答式
二六　议论文
二七　命题
二八　证明
二九　演绎和归纳
三〇　辩证法
三一　戏剧
三二　诗歌
三三　知情意
三四　文学
三五　文章的组织
三六　作文的修养和态度

《〈语法篇〉习题举隅》，收入《叶圣陶教育文集》第四卷

（人民教育出版社 1994 年出版）。篇名为《作文的修养和态度·习题》。

《文言文选》待查。

8月1日 始审阅民校课本书稿。

8月2日 参加教育部之座谈会，出席者为教代会筹备会之各地代表。

8月3日 宋云彬日记："从彬然方面得来消息，上海开明书店同人组织店务委员会，联名函请常务董事章锡琛退休。二十年前雪村策动同人，联名请经理杜海生辞职，'后之视今，亦犹今之视昔，悲夫'。"（宋云彬：《红尘冷眼》，山西人民出版社 2002 年版）

8月4日 宋云彬日记：夜在灶温设宴款自上海来北平之开明同人，有卢漱玉、钱琴珠、陈延辉、孔黎明、王润华、孙国浩、卢芷芬等。"余与圣陶、彬然、振铎等曾提意见，请开明编辑部一部分人员来北平，在平设编辑分所。余等原意，无非以将来首都在北平，北平为人才集中之地，在此设一编辑机构，编书征稿，均较方便耳。而周予同竟误会余等别有用意，谓将以此作退步，备将来脱离编审会时重返开明，殊令人齿冷也。"（宋云彬：《红尘冷眼》，山西人民出版社 2002 年版）

8月5日 夜出席北平开明新旧同人联欢会。

8月6日 偕胡墨林、叶至美游什刹海。宋云彬、叶蠖生同行。

8月7日 与胡愈之、胡绳谈成立编审局之种种准备。开文字改革会发起人第二次会议，筹备成立"中国文字改革协进会"。

8月8日 始审阅政治课本《中国革命》书稿。次日，始审阅政治课本《调查统计研究》书稿。

8月9日 发表《纪念杨贤江先生》，刊《人民日报》第四版（收入《叶圣陶散文甲集》，又收入《叶圣陶集》第六卷）。文章说："我跟贤江在商务印书馆相识，同在编译所。"随后写到杨贤江的"生活最有规律"，以及他所从事的革命活动。

8月12日 发表《佩弦周年祭》，刊《进步日报·生活副刊》（收入《叶圣陶散文甲集》，又收入《叶圣陶集》第六卷）。文章痛惜好友的早逝，说如果“迟死八个月”，“我就可以在北平跟你会面”；“如果迟死十年二十年”，我国就会有“一部全新的文学史”。

8月12日 晨偕胡墨林及朱文叔、王蕴如赴中国旅行社招待所访章雪村。时，章雪村被同人劝请退休，黯然挈眷北上。参加朱自清先生逝世一周年纪念会。

8月13日 开教育座谈会，讨论学制问题。夜，宴章雪村。

8月15日 与陆定一、胡愈之、黄洛峰等谈将来出版总署之规划。

8月16日 拟中学国文课标准。

8月17日 宋云彬日记：“晚与吴大锟、潘介泉、高祖文等在圣陶卧室共饮，尽白酒一瓶。介泉语言松爽，富有幽默感，常令人忍俊不禁。说圣陶年青时一故事：某次宴饮，主人强客酒，圣陶恶之，再四拒绝。伯翁从旁解劝，谓圣陶故不善饮，请勿强。圣陶正色曰，否否，余故善饮，独今夕不饮耳。”（宋云彬：《红尘冷眼》，山西人民出版社2002年版）

8月18日 邀胡愈之在公园茗叙，谈自己的“性习”，“希望得不在将来出版署范围之内，以求心安。”（日记）

8月19日 宋云彬日记：“审阅新华书店出版之《中等国文》第三册，选有徐特立文章两篇，均不知所云，非特文句不通，语意亦不连贯。近来朋辈中颇有强调所谓思想问题者，以为只要思想搞通，文章写不通也无关重要；又，凡解放区刊布之小册子，不论其文字如何不通，必奉为至宝，大有‘曾经圣人手，议论安敢到’之概。最近彬然与朱智贤合辑一书，供师范作教本，所搜集者皆解放区材料（大抵是讲各科教学法的），文句不通，出人意表，而彬然则赞美不置。圣陶曾因此大为不快，颇有辞职不干之意。此类文字，如任其谬种流传，毒害青年将不知伊于胡底。圣陶拟订中学课程标准，其中有一项说明：‘一个词儿用得合适不合适，一个虚字该补上还是该删掉，都是内容问题，不是文字问题。表达内容既然以语言为工具，惟有语言运用的得当，才能表达得当。’至哉言乎！圣陶殆有为而发欤?”（宋云彬：《红尘冷眼》，山西人民出版社 2002 年版）

8 月20 日 始审阅农民读本书稿。

8 月23 日 集会讨论小学政治课本的编辑办法。与陆定一、胡愈之、宋云彬等谈创办《新华月报》事，决 10 月 10 日出版第一期，拟照开明《月报》规格，为综合性的刊物，每期约五十万字。

8 月27 日 下午至北大孑民纪念堂，与北大、清华国文系教师座谈大一国文之目标。

8 月28 日 访顾颉刚、潘介泉。迁入东四八条。“余家居北屋，三间，为全屋之精华。与其他房屋均不能比。因而显见其特殊，余往日之不欲居此，即以是故。地板，前后玻窗，有洗浴室，盖上等之家屋也。”（日记）

8 月30 日 与王瑶等人共商大学一年级国文文选事。

8 月 2 日、7 日、15 日、18 日、20 日、23 日、28 日的日记，收入《叶圣陶集》第二十二卷。

9 月1 日 与高中国文教师谈高三国文选材问题。王楷元来访。

同日 发表《〈进步青年〉与〈中学生〉合并》，刊《中学生》九月号（总二一五期），又刊《进步青年》第五期，均署名圣陶（收入《叶圣陶集》第十八卷）。《中学生》杂志从二一六期起，与北平出版的《进步青年》合并，名称改用《进步青年》。

9 月3 日 与北大教师王瑶、清华教师赵西陆等拟定大一国文（现代文之部）全目。

9 月4 日 高祖文来访。

9 月5 日 至华北大学，开文字改革会第四次发起人会。

9月6日 至华文学校报到，参加政治协商会议。晤金仲华、徐铸成。

9月7日 章元善、施复亮、王芸生、赵超构等来访。午后至北京饭店，听周恩来报告。

9月8日 午后至北京饭店，与政协筹备会“第二组”成员“共同讨论共同纲领之草案”，“凡七章六十条，逐条诵读而推敲之”。

9月9日 上午至勤政殿，参加小组会议，讨论共同纲领。晤陈叔通。

9月11日 参加国文教学座谈会。午间至欧美同学会，应张菊生之招宴。同席还有郭沫若、沈雁冰、胡愈之、沈衡山、马寅初、宋云彬、黄任之、郑振铎、陈叔通、马叙伦等。

9月13日 至来今雨轩，出席文联召集的座谈会。“夏衍谈上海解放后之情况。荃麟谈香港文艺界情况。黄药眠谈东北之观感。荒煤谈华中文艺活动未见开展。刘白羽谈军队文艺工作。皆有可听。”

9月14日 午后至北京饭店，讨论共同纲领。

9月17日 午后至勤政殿，参加政协筹备会全体会议。夜到怀仁堂看戏，有程砚秋之《红拂传》和袁世海、李少春之《野猪林》。

9月18日 晁哲甫来访。出席华北政府及各党派各团体北平分支机构联合举行的宴会，宴请全体政协代表。

9月19日 至华文学校，与教育界政协代表讨论政协、政府两个组织法。

9月21日 人民政协会议开幕，叶圣陶作为中华全国教育工作者代表会议筹备委员会的代表出席。“先为毛氏致开幕辞，继之，刘少奇、宋庆龄、何香凝、张澜、高岗、陈毅、黄炎培、李立三、赛福鼎、张治中、程潜、司徒美堂十二人相继讲话，历二小时有余。……以内容言，自以毛氏之言为充实，次之则刘少奇、宋庆龄二人亦有意义。”（日记）

9 月 22 日 下午，至怀仁堂参加政协第二次全体会议。

9 月 23 日 上午至北京饭店，参加小组会，讨论国旗、国都、纪年之问题。“国旗系公开征求，应征者甚众，选出三十余幅，彩印分发与全体代表，于今日分组讨论。余之一组之意见，多数赞同首数幅，即红旗上缀一黄星，又加一条黄条纹者。黄条纹象征黄河，示我国文化发源于黄河流域，为我国之特征。究竟采用何式，尚待综合各组意见，反复详究而后定。至于国都，一致赞同定于北平，改北平之名为北京。纪年则一致赞同用公元。”下午三时，仍至怀仁堂参加全体会议。（日记）

9 月 24 日 下午仍至怀仁堂参加政协全体会议。

9 月 25 日 上午九时至北京饭店，参加政协组织法草案整理委员会。下午至怀仁堂，参加政协全体会议。散会后至东总布胡同十号，应胡愈之之邀，谈出版总署事。

9 月 27 日 下午仍至怀仁堂参加政协全体会议。大会发言结束后讨论政协组织法、中央人民政府组织法两草案，又讨论国都、纪年、国旗，决用五星红旗。“五星一大四小，均在四分之一之部分内，四星集向大星，确比前次小组讨论者为好看。”国歌，决以《义勇军进行曲》暂代。至于国名，“两个文件内皆明书‘中华人民共和国’，大家不赞同用‘中华民国’为简称。以‘中华民国’与‘中华人民共和国’绝非同物也。此诸决议通过，复大鼓掌。此确是一大事件，值得永远纪念。”（日记）

9 月 29 日 作《中国人民站起来了》（在新华社电台的演讲，刊《进步青年》第二百十七期，1949 年 11 月 1 日；后收入《叶圣陶散文甲集》，又收入《叶圣陶集》第六卷）。叶圣陶 9 月 28 日日记：“回家后，作广播演词，得八百字光景，入睡已十二时过。余从毛氏所谓‘中国人民站起来了’发挥，谓以后必将涌起爱国主义之高潮，因为一切都属于人民自己所有。此意殆未经人说过。”

9月29日 参加政协小组讨论会。至怀仁堂出席政协全体大会。通过共同纲领草案及中央人民政府副主席与全体委员名额等。

9月30日 政协胜利闭幕，被推选为政协常委。

9月4日至10日、13日至15日、17日至19日、21日至30日的日记，收入《叶圣陶集》第二十二卷。

同月 作《大学国文〈现代文之部〉序》(刊《新观察》第二卷第七期；刊入《大学国文〈现代文之部〉》，新华书店1949年10月出版；后收入《叶圣陶语文教育论集》，收入《叶圣陶集》第十三卷时题名为《大学一年级国文的教学目的和学习方法——〈大学国文〉(现代文之部) 序》)。文章说："大学国文的目标应当卑之无甚高论，就在乎提高同学们的写作能力。写作能力跟阅读能力有关联，阅读得其道，无论在思想吸收方面或者技术训练方面，都是写作上的极大帮助。现在说写作能力差，大概阅读能力也不见得没有问题吧。而且，即使不管写作，阅读能力也非常切要，吸收的途径虽然那么多，阅读到底是最宽广的一条。因此我们修改我们的决定：大学国文的目标就在于提高同学们的阅读能力跟写作能力。"

10月1日 在教科书编审委员会会所主持升旗礼，致辞。到车站迎苏联代表团。参加开国大典。

10月2日 参加新华书店工作会议之主席团会议。胡愈之被任命为新华书店总编辑，叶圣陶和胡绳为副总编辑。

10月3日 新华书店工作会议开幕，致辞。朱德、陆定一、沈雁冰、宋云彬、沈衡山、赵树理到会讲话。

同日 作《先要学会讲话——在全国新华书店工作会议上的即席发言》(收入《叶圣陶集》第十八卷)。

10月4日 出席出版工作会议，陆定一作政治报告。

10月5日 向教科书编审委员会全体同人谈参加政协情形及三个文件之要点。

10月6日 与朱文叔、叶蠖生、蒋仲仁等重行审订中小学课程标准。开语文组全体会议。

10月7日 与朱文叔、金灿然等审查小学课程标准总纲草案。出席出版委员会召集之在京出版界茶话会，致辞。

10月8日 与周建人、叶蠖生、朱文叔、金灿然等审查中学课程标准总纲草稿。

10月9日 出席政协全国委员第一次会议。毛泽东当选为全国委员会主席，周恩来为副主席。

10月11日 参加出版工作会议，作工作报告。午间至玉华台，应陆定一、徐特立之邀宴，主客为张菊生。同席还有周建人、胡愈之、沈雁冰、黄洛峰、郑振铎、祝志澄、徐伯昕、陈叔通等。

10月12日 与出版界同人集议培养新人事。参加出版组小组会议，讨论新华书店与三联书店之分工。“下午，集数人通读仲仁所改小学课程标准总纲，历三小时。”（日记）

10月14日 改定中小学课程标准总纲。

10月15日 吴觉农来访。吴觉农、傅彬然、顾均正、朱达君共谈开明书店事，“商如何改为公私合营。余于此无意见，旁听而已。”这是叶圣陶在日记里首次记到开明书店公私合营的事。

10月16日 “成仿吾送来政务院各部署主持人之初步名单，请提意见，俾政府委员会作最后决定。余名在出版总署，与乔峰同为愈之之副。他们何以提及余，不之知。余实怕尸其名。就实际而言，余岂能助理全国出版事业之大计乎。唯提出余不愿为，亦殊鲁嗦。”午间至玉华台，应张菊生之邀宴。同被请者为胡愈之、黄洛峰、徐伯昕、章雪村、陈叔通等。散后，与章雪村至胡愈之寓所，谈出版界事。雪村“又言开明最好能趋入于公私合营之途”。夜，至玉华台，应《学习》杂志编委会之招宴。（日记）

10月17日 “竟日治杂事，修改余所拟之中学语文课程标准，依据

前此众人公商之意见。”（日记）

10月18日 出席出版工作大会。傍晚与出版工作会议全体代表入中南海颐年堂见毛主席。

10月19日 出席出版工作会议闭幕式。陆定一致闭幕辞。

10月20日 至华北大学，开文字改革协会理事会，被选为常务理事。午间“至东安市场润明楼，与达君、均正、愈之、觉农、振铎诸人会餐，商开明问题。达君、均正表示开明最好改为公私合营，编辑与发行均可以相通。愈之言此事可考虑，而其基础须在开明之自愿。达君言当先经董事会讨论，再提出于股东会，乃可作决定，手续亦合法。三时散。”这是叶圣陶在日记中第三次记及开明书店公私合营的事。

同日 中央政府公布政府各机关负责人名单，叶圣陶为出版总署副署长。署长胡愈之，副署长周建人。

10月21日 在出版总署开语文组会议。又主持鲁迅纪念会。

10月22日 与胡愈之、胡绳、黄洛峰、徐伯昕商出版总署成立之问题。

10月24日 与胡愈之、胡绳等商出版总署人事安排。邀魏建功来，“与语文组同人共读高小语文第二册课文，仅十余篇，已至日暮”。（日记）

10月25日 作歌词《国旗》（编入《高级小学国语课本》第一册，新华书店10月出版，未署名）。“下午作成《国旗歌》一首，插入高小语文第一册。人民共和国业已成立，课本中无所表现，亦说不过去也。为此之故，初小语文八册且须重行排版。”（日记）

10月27日 开出版总署成立之筹备会。

10月28日 改朱文叔所撰高小语文课文。“渠以十月一日开国大典为题材，此题未易写，写来殊呆板。”又集同人讨论朱智贤所撰《教育学》之第一章。次日，“续改文叔所为课文”。（日记）

10 月31 日 开出版总署成立之筹备会。参加中小教联学习小组长联席会议，致辞。

10 月 1 日至 8 日、10 日至 22 日、24 日、25 日、27 日至 29 日、31 日的日记，收入《叶圣陶集》第二十二卷。

同月 作成《中学语文科课程标准（草稿）》(刊《中学语文教学》1980 年第 6 期；收入《叶圣陶语文教育论集》时题名为《中学语文科课程标准》，收入《叶圣陶集》第十六卷时题名为《中学语文科课程标准（草稿）》)。

11 月1 日 “改文叔所为课文一篇。”(日记)

同日 开出版总署成立大会，致辞。

11 月2 日 开《新华月报》编辑会议。开文教委员会首次工作会议。郭沫若为文教会主任，陆定一、陈伯达为副主任。

11 月3 日 在出版总署讨论文书制度。

同日 作诗《咱们的新国家》(编入《高级小学国文课本》第三册，新华书店 1949 年出版，未署名)。

11 月5 日 至贝满中学，为中学教师演讲，题为《如何教白话文》。冯宾符来访。

11 月7 日 在出版总署，谈全署各局准备工作计划。夜，应联营书店北京分店之招宴。

11 月8 日 在出版总署开成立编审局之筹备会。下午赴文教委员会之会，周恩来到会，与各部署负责人商各部署之组织条例。

11 月9 日 始审阅郭地编写的《革命故事集》，此书将代替政治课本。

11 月11 日 在出版总署开署务会议。至教育部晤柳湜和程今吾，谈明春教科书之选定问题。

11 月14 日 柳湜、程今吾、方与严来出版总署，与叶圣陶谈教科书事。

11 月17 日 与出版总署第一处（语文、史地、教育三组）同人谈明年教科书方面的编辑工作。

11月18日 在出版总署开署务会议，讨论四处明年工作计划。

11月19日 始审阅武行生所撰高小政治课本书稿。

11月21日 卫生部正式成立，与周建人前往祝贺，致辞。

11月22日 在出版总署开署务会议，谈各局明年工作计划。

11月23日 至政务院，参加周恩来召集之会议。

11月25日 在出版总署开署务会议，仍讨论明年之工作计划与预算。

11月26日 与金灿然等谈辑集李大钊遗稿事。

11月27日 出席郑振铎召集的整理旧文学座谈会，与各大学文学院教授共商整理旧文学事。

11月28日 始审阅叶蠖生撰写的近代史教本书稿。

11月29日 参加新华印刷厂工会成立大会，致辞。

11月30日 因不习惯于机关工作而烦闷。“余于工作时间之延长，学习之必须领导而又领导不来，出版署责任之重，编审工作之难以作好，一时纷集于胸，颇思脱去此公务机关。墨（胡墨林）劝之，谓不宜如是。余思竟尔离去，诚令人觉其怪，然余实不习此也。”（日记）

同日 “调孚转到圣陶书，劝余北上就事，为新政府效劳，其意可感。当前处境亦正宜换换口味，无如家庭安排殊难落位，而气力渐衰，亦正不易应因耳。”（王伯祥日记）

11月1日至19日、21日至23日、25日至30日的日记，收入《叶圣陶集》第二十二卷。

12月2日 向上海出版界参观团谈编辑方面事。列席中央人民政府委员会第四次会议。

12月4日 卢文迪和蔡同庆来访，谈中华书局之编辑方针。

12月6日 出席一处（语文、史地、教育三组）工作会议。

12月8日 与国文教科书编辑人员共拟初中语文和大一国文（文言

之部）的目录。

12月9日 与出版总署同人谈《政协共同纲领浅释》之编例。

12月10日 午间至玉华台，出版总署宴上海出版界同人。

12月11日 钱君匋来访，询出版方针。

12月12日 出席出版总署举行青年入团宣誓仪式，致辞。

12月15日 参加陆定一召集的政府各机关及北京人民团体之编译工作座谈会。

12月17日 始为北京市妇联修润妇女读本书稿。

12月20日 参加中苏友协之集会，为斯大林祝寿。吕叔湘来访。

12月21日 与宋云彬、朱文叔等谈初中语文一、二册书稿，“其中不能满意者多，还待重选”。

12月23日 “午后（金）灿然持圣陶书见访，谈移时。”（王伯祥日记）

12月24日 为出版总署工作人员作业务讲话，题为《语文杂谈》。

12月26日 出席第四处（数学、物理组）工作会议。

12月29日 程今吾来访，谈教育部拟设立教科书设计审查委员会之事。

同日 作《语文随笔》(刊1950年1月4日《人民日报》第六版；后收入《叶圣陶语文教育论集》，又收入《叶圣陶散文乙集》，收入《叶圣陶集》第十七卷时题名为《从活的语言里去找》)。

12月30日 写信复周予同，决定招其子光圻来出版总署工作。

12月31日 在出版总署主持辞岁晚会，致辞：“谓我人已度过具有世界历史意义之一年，明年将为开始努力建设之年，宜各欢欣，珍重。”随后是“游艺节目”，“余吹笛子一曲，（宋）云彬唱昆曲两支。继之全体扭秧歌，而余竟无法扭。最后为交际舞”。(日记)

12月1日至19日、21日至23日、25日至31日的日记，收入《叶圣陶集》第二十二卷。